汽车检修技能提高教程丛书

汽车发动机电控技术与检修 第3版

主　编　王盛良
副主编　刘案榕　温轩华

机 械 工 业 出 版 社

本书主要介绍了汽车发动机电控燃油喷射系统、电控发动机主要传感器、电子气门系统、涡轮增压控制系统、可变气门正时系统、电控节气门系统、进气惯性增压及涡流控制系统、发动机燃油系统电控装置、电控发动机点火系统、曲轴箱通风控制系统、燃油蒸气排放控制系统、废气排放控制系统、电控发动机的辅助控制系统、油电混合动力、稀薄燃烧技术等发动机电子控制系统的基本构造、工作原理及检修方法。本书涉及车型均为市面上保有量较大、较新的车型。本书第 3 版还补充了近年出现的汽车发动机电控新技术，供读者阅读参考。

本书内容系统详实，图文并茂，具有较强的实用性。可作为中、高职类汽车专业教材，也可供汽车维修人员、汽车驾驶人以及汽车管理人员学习使用。

图书在版编目（CIP）数据

汽车发动机电控技术与检修/王盛良主编. —3 版. —北京：机械工业出版社，2017. 5
（汽车检修技能提高教程丛书）
ISBN 978-7-111-56691-5

Ⅰ. ①汽…　Ⅱ. ①王…　Ⅲ. ①汽车 - 发动机 - 电子系统 - 控制系统 - 车辆修理　Ⅳ. ①U472. 43

中国版本图书馆 CIP 数据核字（2017）第 088863 号

机械工业出版社（北京市百万庄大街 22 号　邮政编码 100037）
策划编辑：连景岩　杜凡如　责任编辑：连景岩　杜凡如　李　然
责任校对：肖　琳　　　　　封面设计：鞠　杨
责任印制：李　飞
北京铭成印刷有限公司印刷
2017 年 6 月第 3 版第 1 次印刷
184mm × 260mm · 18. 5 印张 · 446 千字
0 001—3 000 册
标准书号：ISBN 978-7-111-56691-5
定价：49.90 元

从书序

我国的汽车工业发展为什么远不如高铁工业、工程机械快？在我国汽车产销量均出现井喷式增长的黄金时期，自主品牌汽车为什么没有处于主导地位？与美、日等汽车强国相比，为什么总是形似而神非？这些是值得我们所有汽车行业从业者深思的问题。作为近30年我国汽车工业发展的参与者，笔者一直在反思、总结。从20世纪80年代末至90年代中期的手工单台生产，到现在的工业化流水线批量生产；从拥有几千家汽车制造企业和上千个品牌，到现在只剩下几个自主品牌和数十个汽车制造企业；自主品牌的国内市场占有率从95%以上，到现在的不足10%。我们缺技术吗？缺资源吗？缺市场吗？除了上层建筑的问题，面对汽车保有量以每年10%～20%的速度递增的庞大市场，作为汽车人，我们还应该思考怎样实现弯道超车。

笔者在编写汽车专业教材时采用了“积木法”，中国的汽车工业要脱颖而出也要走“积木法”路线，这样既能降低研发、生产成本，避免造成资源分散与浪费，又能提高产品品质和市场竞争力。而要走“积木法”路线，就必须以教育为手段，因为汽车上的每一个小“积木”都能成就一番大事业。作为汽车专业人士，作为想进入汽车行业的有志之士，在万众创新、全民创业的大好形势下，成就自我，成就中国汽车产业，已经迎来最好的契机。如何把汽车“积木”变成产业项目，把项目变成特色，把特色变成效果，把效果变成效益。这是我们要不断思考的问题。

在本套教材编写再版时，笔者留下大量空间，供汽车专业的教育者、学习者、读者来补充、完善，也期待与高、中等院校汽车专业老师、学生及汽车从业人士，就专业、就业、创业及汽车企业孵化器等问题开展专题讲座与探讨，解决学与用的问题；与汽车制造企业及汽车售后企业，就项目运营、节能减排、创新发展、特色服务及操作进行面对面的交流，解决提高品牌、企业竞争力的问题。

笔者一直在摸索、一直在努力、一直在开拓，尽管培养了一大批优秀汽车行业从业者，指导了一大批汽车售后企业，也拥有一些投入生产的新项目、新技术、新工艺、新方法，但终归力量有限，中国汽车产业的发展，仍然任重道远，需要大家共同努力。本套教材仍存在许多不足，期待同行与读者批评指正，以惠及更多汽车同仁！

参与本套丛书编写的有王盛良、刘案榕、温轩华、王正红、冯建源、谌刚华。

王盛良

目　录

第1章 电控发动机概述

基本思路：

电控发动机从大的角度来说可分为两部分：发动机和电控系统。发动机由两大机构五大系统（柴油发动机为四大系统）组成，电控系统由传感器、电控单元、执行部件三部分组成。根据已掌握的发动机两大机构和五大系统，电控发动机与传统发动机相比，曲柄连杆机构、润滑系统没有变动，配气机构、起动、冷却、点火和燃料供给系统都增加了较多的控制技术，在以后的章节中我们采用“积木法”按三个问题四条线专题介绍。

1.1 电控发动机的基本结构

电控发动机是为了改善发动机的动力性、燃油经济性，降低排放污染，提高发动机加速和减速性能及改善发动机的起动性能，在传统发动机的基础上发展起来的。主要利用现代的电子控制技术对原有传统发动机的两大机构五大系统进行改进和改造，在原有传统发动机基础上增加了电子控制系统。而电子控制系统主要由三大“积木”组成：传感器、电控单元、执行部件，如图1-1所示。

传感器的功能是检测发动机运行状态的各种电量、物理量和化学量等参数，并将这些参数转变为电信号通过线路输送给电控单元。

执行器是执行电控单元发出的命令，能够完成某项功能的装置。例如，喷油器的通电时间受电控单元控制，能够准确地喷油。

电控单元（俗称电脑）的英文缩写为ECU（或ECM），有的发动机电控单元与自动变速器的电控单元集成在一起，称为动力控制模块（PCM）。它是一种综合控制电子装置，其功用是为各传感器提供参考电压，接受传感器或其他输入装置的电信号，并对所接受的电信

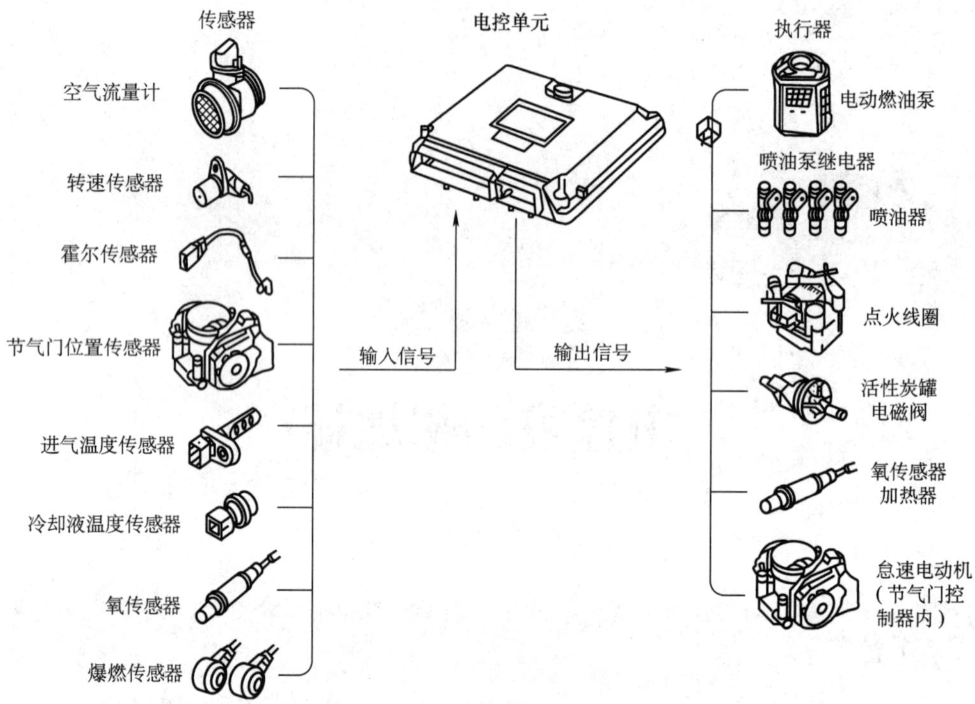

图1-1　桑塔纳2000GSi轿车发动机电子控制系统

号进行存储、计算和分析处理，根据计算和分析结果对执行部件发出指令。

1.2　应用在发动机上的电子控制系统

电控发动机的控制系统主要包括电控燃油喷射系统和电控点火系统，除此以外还包括怠速控制系统、排放控制系统、进气控制系统、增压控制系统、巡航控制系统、警告系统、自诊断与报警系统、失效保护系统、应急备用系统等。

1.2.1　电控燃油喷射系统

电控燃油喷射（Electronic Fule Injection，EFI）系统以一个ECU为控制中心，控制喷油器的喷油时刻和喷油时间，使发动机在各种工况下都能获得最佳浓度的混合气。在电控燃油喷射系统中，喷油量控制是最基本也是最重要的控制内容，ECU主要根据进气量确定基本喷油量，再根据其他传感器（如冷却液温度传感器、节气门位置传感器等）信号等对喷油量进行修正，使发动机在各种运行工况下均能获得最佳浓度的混合气，从而提高发动机的动力性、经济性和排放性。此外，EFI系统还包括喷油正时控制、断油控制和燃油泵控制。

1.2.2　电控点火系统

电控点火系统（Elccronic Spark Advance，ESA）最基本的功能是控制点火提前角。该系统根据各相关传感器信号，判断发动机的运行工况和运行条件，选择最理想的点火提前角点燃混合气，从而改善发动机的燃烧过程，以实现提高发动机动力性、经济性和降低排放污染的目的。此外，电控点火系统还具有闭合角控制和爆燃控制功能。

1.2.3 其他辅助控制系统

（1）**怠速控制系统** 怠速控制（Idle Speed Control，ISC）系统为发动机辅助控制系统，其功能是在发动机怠速工况下，根据发动机冷却液温度、空调压缩机是否工作、变速器是否挂入档位等，通过怠速控制阀对发动机的进气量进行控制，使发动机随时以最佳怠速转速运转。

（2）**排放控制系统** 其功能主要是对发动机排放控制装置的工作实行电子控制。排放控制的项目主要包括：废气再循环（EGR）控制，活性炭罐电磁阀控制，氧传感器和空燃比闭环控制，二次空气喷射控制等。

（3）**进气控制系统** 其功能是根据发动机转速和负荷的变化，对发动机的进气进行控制，以提高发动机的充气效率，从而改善发动机的动力性。

（4）**增压控制系统** 其功能是对发动机进气增压装置的工作进行控制。在装有废气涡轮增压装置的汽车上，ECU 根据检测到的进气管压力，对增压装置进行控制，从而控制增压装置对进气增压的强度。

（5）**巡航控制系统** 其功能是当驾驶人设定巡航模式后，ECU 根据汽车运行工况和运行环境信息，自动控制发动机工作，使汽车自动维持一定车速行驶。

（6）**警告系统** 其功能是由 ECU 控制各种指示和报警装置，一旦控制系统出现故障，该系统能及时发出信号以警告提示。

（7）**自诊断与报警系统** 在发动机控制系统中，ECU 都具有自诊断系统，以对控制系统各部分的工作状况进行监控。当 ECU 检测到来自传感器或输送给执行部件的故障信号时，立即点亮仪表板上的“CHECK ENGINE”故障指示灯，以提示驾驶人发动机存在故障。同时，系统将故障信息以设定的数码（故障码）形式储存于存储器中，以便维修人员确定故障类型和范围。对车辆进行维修时，维修人员可通过特定的操作程序调取故障码。

（8）**失效保护系统** 失效保护系统的功能主要是当传感器或传感器线路发生故障时，控制系统自动按 ECU 中预先设定的参考信号工作，以使发动机能继续运转。例如，冷却液温度传感器电路有故障时，可能会向 ECU 输入低于 -50℃或高于 139℃的冷却液温度信号，失效保护系统将自动按设定的标准冷却液温度信号（80℃）控制发动机工作，否则会引起混合气过稀或过浓，导致发动机不能工作。

此外，对发动机工作影响较大的传感器或电路发生故障时，失效保护系统则会自动停止发动机工作。例如，若 ECU 没有收到点火器返回的点火确认信号，失效保护系统则立即停止燃油喷射，以防止大量燃油进入气缸而不能点火。

（9）**应急备用系统** 其功能是当控制系统 ECU 发生故障时，自动启用备用系统（备用集成电路），按设定的信号控制发动机转入强制运转状态，以防车辆停驶在路途中。

除上述控制系统外，应用在发动机上的电控系统还有冷却风扇控制系统、配气相位控制系统、发电机控制系统等。应当说明的是，上述各控制系统在不同的汽车发动机上，只是或多或少地被采用。此外，随着汽车技术和电子技术的发展，发动机电子控制系统的功能将日益增多。

1.3 汽油机电控燃油喷射系统概述

1.3.1 汽油喷射系统发展概述

燃油喷射技术最早应用于飞机发动机上，第二次世界大战结束后，燃油喷射技术才逐渐被应用于汽车发动机上。1954 年，德国奔驰汽车公司在其生产的 300BL 四冲程发动机上使用了燃油喷射技术，该车装用的机械式汽油喷射系统与柴油机供给系统基本相同，利用柱塞泵和喷油器直接向气缸内喷油，此后改进为向进气管喷油。

机械式汽油喷射系统采用连续喷射方式，即发动机运转过程中，喷油器连续不断地将汽油喷入进气管。机械式汽油喷射系统简称为 K 型汽油喷射系统，K 是德语 Kontinuum（连续）的第一个字母。K 型汽油喷射系统是利用机械方式控制汽油喷射量的。

机电结合方式汽油喷射系统是 20 世纪 60 年代末，在机械式汽油喷射系统的基础上加以改进的产品，简称“KE 型”汽油喷射系统，其中“E”代表电子控制。它与机械式汽油喷射系统的主要区别在于：在燃油分配器上增加了一个由 ECU 控制的电液式压差调节器，ECU 根据冷却液温度、节气门位置等传感器的输入信号控制电液式压差调节器的动作，调节燃油供给量，达到对不同工况混合气空燃比修正的目的。KE 型汽油喷射系统研制成功后，主要应用在德国奔驰 380SE、500SL 型汽车上。

电控燃油喷射技术的研究与开发始于 20 世纪 50 年代，1953 年美国本迪克斯（Bendix）公司开始着手开发电子控制燃油喷射装置（Electrojector），并在四年后公布了成果。德国博世（Bosch）公司于 1967 年推出了 D-Jetronic 电控燃油喷射装置，1968 年，德国大众汽车公司首次将博世公司研制的 D-Jetronic 应用在轿车上。此后，美国、日本等国的汽车公司也纷纷在自己生产的轿车上装用电子控制燃油喷射装置。1972 年，博世公司又推出了博世 L-Jetronic电控燃油喷射装置。到目前为止，各种汽车上应用的电控燃油喷射系统都是以博世公司产品为原形发展而来的。近几年来，性能更好、技术要求更高的缸内喷射式电子控制燃油喷射技术也已在研究与开发之中。

电控燃油喷射系统技术日趋完善，性能优越，使电控燃油喷射从 20 世纪 70 年代末开始得到迅猛发展，并广泛应用于现代汽车发动机上，成为现代车用汽油燃料供给系统的主流。

1.3.2 电控燃油喷射系统的组成与原理

电控燃油喷射系统由燃油供给系统、空气供给系统和电子控制系统三部分组成。典型的电控燃油喷射系统构成如图 1-2 所示。

1. 燃油供给系统

燃油供给系统主要由燃油箱、电动燃油泵、燃油滤清器、燃油压力调节器及喷油器等组成，如图 1-3 所示。工作时，电动燃油泵将燃油箱的汽油源源不断地泵出，经燃油滤清器滤除杂质和水分后，在燃油压力调节器的调节作用下，使喷油器内的燃油压力差始终保持为一定值。喷油器在 ECU 的控制脉冲作用下间歇喷油，将适量的燃油喷入进气管，与空气混合形成空燃比适当的可燃混合气。

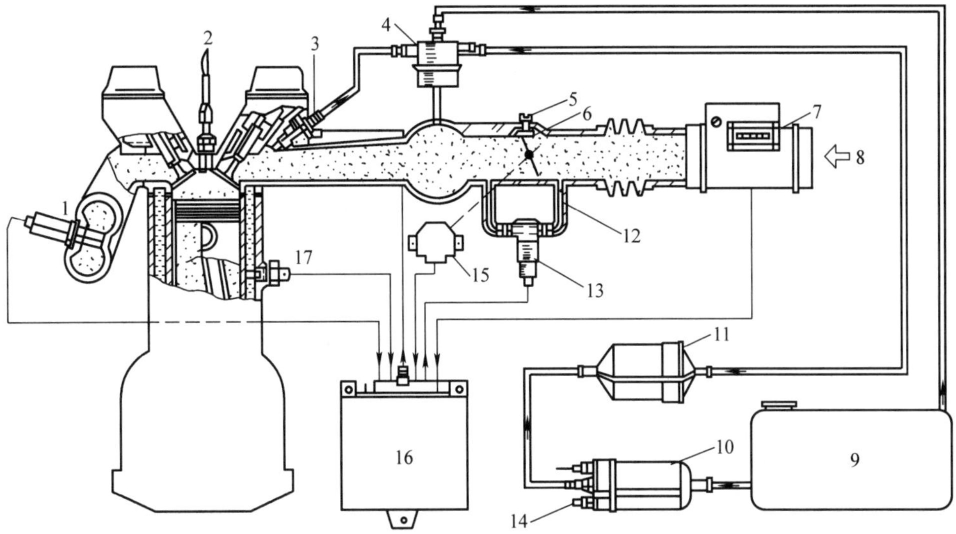

图 1-2 典型的电控燃油喷射系统组成

1—氧传感器 2—火花塞 3—喷油器 4—燃油压力调节器 5—怠速调整螺钉 6—怠速旁通道
7—空气流量计 8—空气进入 9—燃油箱 10—电动燃油泵 11—燃油滤清器
12—怠速辅助空气通道 13—怠速控制阀 14—燃油泵电动机连接导线
15—节气门位置传感器 16—ECU 17—冷却液温度传感器

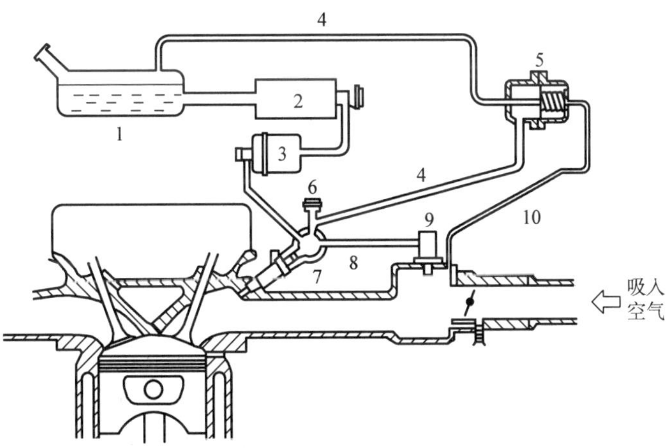

图 1-3 燃油供给系统

1—燃油箱 2—电动燃油泵 3—燃油滤清器 4—回油管 5—燃油压力调节器
6—阻尼减振器 7—喷油器 8—输油管 9—冷起动喷油器 10—真空管

2. 空气供给系统

空气供给系统主要由空气滤清器、空气流量计、节气门及怠速空气调整器等组成，如图1-4 所示（以 L 型 EFI 系统为例）。在气缸进气行程真空吸力作用下，适量的空气经空气滤清器滤清后，经节气门和（或）怠速通道至进气歧管，与喷油器喷出的汽油混合后从进气门进入气缸。

在汽车运行时，空气的流量由节气门开度控制。发动机处于怠速工况时，节气门关闭，空气由怠速旁通道和怠速辅助通道进入气缸，通过怠速调节螺钉改变怠速旁通道的通气量，可调整发动机的怠速；ECU 通过控制怠速调节电磁阀，可调节怠速辅助空气通道的空气流量，以实现发动机怠速的自动控制。

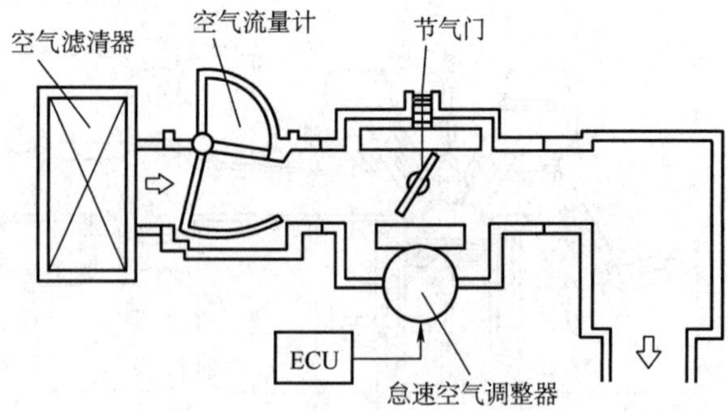

图 1-4 空气供给系统

3. 电子控制系统

电子控制系统的功能是根据发动机中各种传感器送来的信号和发动机基本状况控制喷油时间、点火时刻等。该系统由传感器、ECU 和执行器三部分组成，如图 1-5 所示。ECU 根据空气流量信号和发动机转速信号确定基本的喷油时间（喷油量），再根据其他传感器（如冷却液温度传感器、节气门位置传感器等）对喷油时间进行修正，并按最后确定的总喷油时间向喷油器发出指令，使喷油器喷油（通电）或断油（断电）。

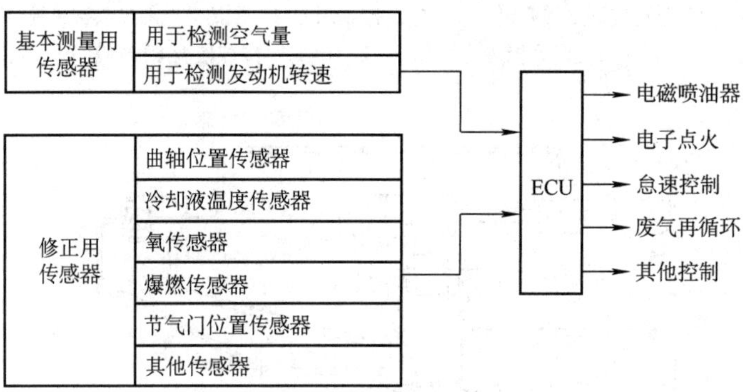

图 1-5 电子控制系统原理框图

（1）**传感器** 传感器是一种信号转换装置，安装在发动机的各个部位，其功用是检测发动机运行状态的各种电量、物理量和化学量等参数，并将这些参数转变为电信号输送给 ECU。发动机电控系统常用传感器和开关信号如下：

1）空气流量计（Air Flow Sensor，AFS）或进气歧管绝对压力传感器（进气压力传感器）（Manifold Absolute Pressure Sensor，MAPS）。其功用是检测进入发动机的进气量信号，空气流量计可直接检测进气量信号，进气压力传感器只能间接测量进气量信号。

2）曲轴位置传感器（Crankshaft Position Sensor，CPS）和凸轮轴位置传感器（Cylinder Identification Sensor，CIS）。曲轴位置传感器的功用是检测发动机曲轴转角和转速信号，凸轮轴位置传感器的功用是检测活塞上止点位置信号，故称为气缸识别信号。在相当一部分汽车上，曲轴位置传感器与凸轮轴位置传感器做成一体，统称为曲轴位置传感器。

3）节气门位置传感器（Throttle Position Sensor，TPS）。其功用是检测节气门开度和加、减速信号，如节气门全开、全闭和部分开启等，通过 ECU 对节气门开度信号进行处理，即可得到加速、减速信号。

4）冷却液温度传感器（Coolant Temperature Sensor，CTS）。其功用是检测发动机冷却液温度信号，作为燃油喷射和点火控制的修正信号，也是其他控制系统（如怠速控制系统等）的控制信号。

5）进气温度传感器（Intake Air Temperature Sensor，IATS）。其功用是向 ECU 提供进气温度信号，作为燃油喷射控制和点火控制的修正信号。

6）爆燃传感器（Knock Sensor，KS）。其功用是检测汽油机是否爆燃及爆燃强度，作为点火正时控制的修正（反馈）信号。

7）氧传感器（Oxygen Sensor，O_2S）。其功用是通过检测排气中氧的含量，向 ECU 输送空燃比反馈信号，进行喷油量的闭环控制。

8）车速传感器（Vehicle Speed Sensor，VSS）。其功用是检测汽车的行驶速度，为 ECU 提供车速信号，用于巡航控制和限速断油控制，也是自动变速器的主控信号。

9）起动开关（Start，STA）。发动机起动时，通过起动开关为 ECU 提供起动信号，作为燃油喷射和点火控制的修正信号。

10）空档安全开关（Neutral Safe Switch，NSW）。其功用是检测自动变速器的档位选择开关是否处于空档位置。

11）制动灯开关。在制动时，由制动灯开关向 ECU 提供制动信号，作为燃油喷射控制和点火控制的修正信号。

12）空调开关（A/C）。当空调开关打开，空调压缩机工作，发动机负荷增大时，由空调开关向 ECU 输入信号，作为燃油喷射控制和点火控制的修正信号。

13）动力转向开关。当转向盘由中间位置向左右转动时，由于动力转向油泵工作而使发动机负荷加大，此时向 ECU 输入信号，作为燃油喷射控制和点火控制的修正信号。

14）巡航（定速）控制开关。当进入巡航控制状态时，向 ECU 输入巡航控制状态信号，由 ECU 对车速进行自动控制。

（2）ECU　ECU 是发动机电子控制系统的核心，其功用是根据各种传感器和控制开关输入的信号，对喷油量和喷油时刻进行实时控制。ECU 还可对多种信息处理，实现 EFI 系统以外其他诸多方面的控制，如点火控制、怠速控制、废气再循环控制等。

（3）**执行器**　执行器是控制系统的执行机构，其功用是接受 ECU 输出的各种控制指令完成具体的控制动作，从而使发动机处于最佳工作状态。发动机电子控制系统主要的执行部件有电动燃油泵、喷油器、点火器、怠速控制阀、节气门控制电动机、废气再循环阀、进气控制阀、二次空气喷射阀、活性炭罐电磁阀、油泵继电器、风扇继电器、空调压缩机继电器、自诊断显示与报警装置、仪表显示器等。

1.3.3 电控燃油喷射系统的类型

电控燃油喷射系统发展至今，已有多种结构形式，下面按不同的分类方法予以介绍。

1. 按喷射位置分类

按喷射位置不同，电控燃油喷射系统可分为进气管喷射（图 1-6）和缸内喷射（图 1-7）两种类型。

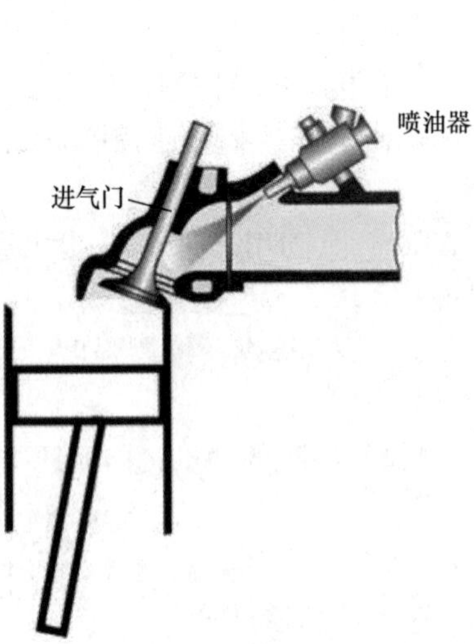

图 1-6　进气管喷射示意图

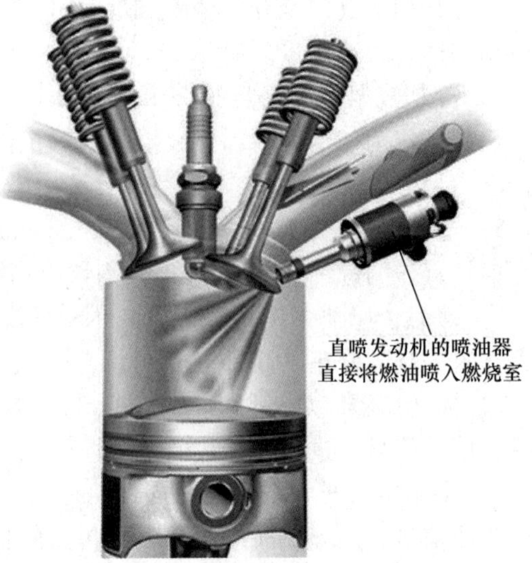

图 1-7　缸内喷射示意图

缸内喷射将喷油器安装在发动机气缸盖上，汽油直接喷射到气缸内。这种喷射方式的喷油压力高，喷射时间要求很严，且喷油器要承受高温、高压，其结构较为复杂。因此，缸内喷射只是在早期的机械控制燃油喷射装置中采用。近年来，人们又致力于研究开发缸内喷射式电控燃油喷射装置，其目的是使发动机能满足更高的动力性、经济性和排放控制要求。

目前汽车上应用的电控燃油喷射系统（图 1-8）都采用进气管喷射方式，按喷油器的数量不同，又可分为单点喷射（SPI）系统和多点喷射（MPI）系统，如图 1-9 所示。

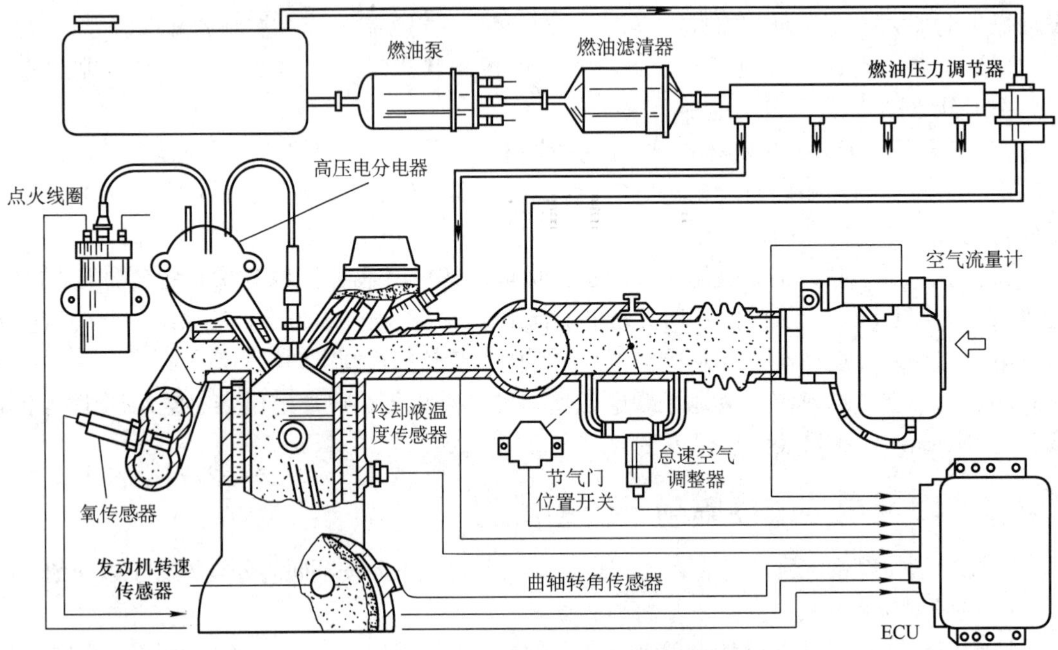

图 1-8　电控燃油喷射系统（L 型）

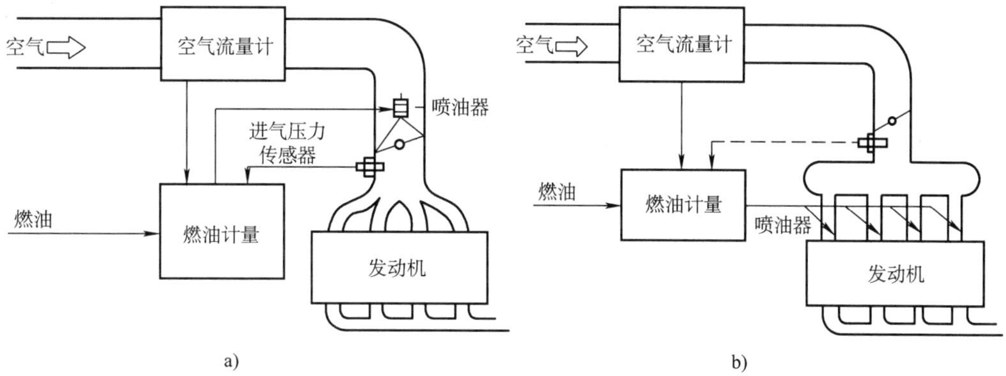

图 1-9　单点喷射系统与多点喷射系统

a）单点喷射系统　b）多点喷射系统

（1）单点喷射（SPI）系统　燃油喷射装置有一个或两个喷油器，安装在节气门体处，因此也称为节气门体式燃油喷射装置。SPI 的控制精度稍低于 MPI，但执行机构简单、成本较低、工作可靠性相对较高。从 20 世纪 80 年代开始，SPI 在一些汽车上得到了应用。

（2）多点喷射（MPI）系统　燃油喷射系统有与发动机气缸数相等的喷油器，安装在进气门处的进气歧管上。MPI 喷射方式燃油的控制精度、喷油变化灵敏度等均优于 SPI，是目前广泛采用的燃油喷射系统。

2. 按喷射方式分类

按喷射方式不同，燃油喷射系统可分为连续喷射方式和间歇喷射方式。

连续喷射方式是指发动机在运转过程中，汽油连续不断地喷射在进气道内并在进气管内蒸发后形成可燃混合气，再被吸入气缸内。由于连续喷射系统不必考虑发动机的工作时序，故控制系统结构较为简单。德国博世公司的 K 系统和 KE 系统均采用了连续喷射方式。

间歇喷射又称为脉冲喷射或同步喷射，其特点是喷油频率与发动机转速同步，且喷油量只取决于喷油器的开启时间（喷油脉冲宽度）。因此，ECU 可根据各种传感器所获得的发动机运行参数动态变化的情况，精确计量发动机所需喷油量，再通过控制喷油脉冲宽度来控制发动机各种工况下的可燃混合气的空燃比。由于间歇喷射方式的控制精度较高，被现代发动机集中控制系统广泛采用。

如图 1-10 所示，间歇喷射按各缸喷油器的喷射顺序又可分为同时喷射、顺序喷射和分组喷射三种形式。

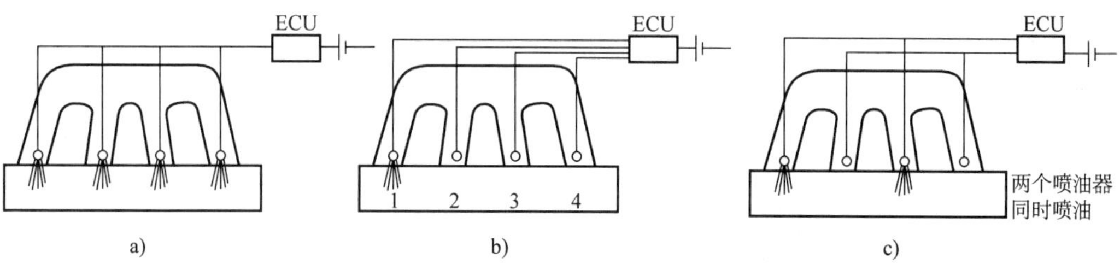

图 1-10　间歇喷射的喷油器喷射顺序分类

a）同时喷射　b）顺序喷射　c）分组喷射

1）同时喷射是指发动机在运行期间，各缸喷油器同时开启、同时关闭。通常将一次燃烧所需要的汽油量按发动机每工作循环分两次进行喷射。同时喷射不需要判缸信号，而且喷油器驱动回路通用性好，结构简单。采用此种喷射方式，对各缸而言，喷油时刻不可能都是最佳的，其性能较差，一般用在部分缸数较少的发动机上，如韩国大宇轿车上装用的四缸发动机就是采用此种喷射系统。

2）分组喷射是将喷油器按发动机每工作循环分成若干组交替进行喷射。分组喷射中，过渡空燃比的控制性能介于顺序喷射和同时喷射之间，喷射时刻与顺序喷射方式一样，需判缸信号，但喷油器驱动回路等于分组数目即可。

3）顺序喷射则是指喷油器按发动机各缸的工作顺序依次进行喷射，是缸内喷射和进气管喷射都可采用的喷射方式。相比而言，顺序喷射方式可在最佳喷油情况下，定时向各缸喷射所需的喷油量，故有利于改善发动机的燃油经济性。但要求系统能对喷油的气缸进行识别，同时要求喷油器驱动回路与气缸的数目相同，其电路较复杂，多在高档轿车发动机控制系统中采用。

3. 按对空气量的计量方式分类

电控燃油喷射系统按对进气量的计量方式不同，可分为间接测量方式（D型）和直接测量方式（L型）。

（1）D型电控燃油喷射系统（图1-11） D是德语Druck（压力）一词的第一个字母。D型电控燃油喷射系统利用进气压力传感器检测进气管内的绝对压力，ECU根据进气管内的绝对压力传感器和发动机转速推算出发动机的进气量，再根据进气量和发动机转速确定基本喷油量。

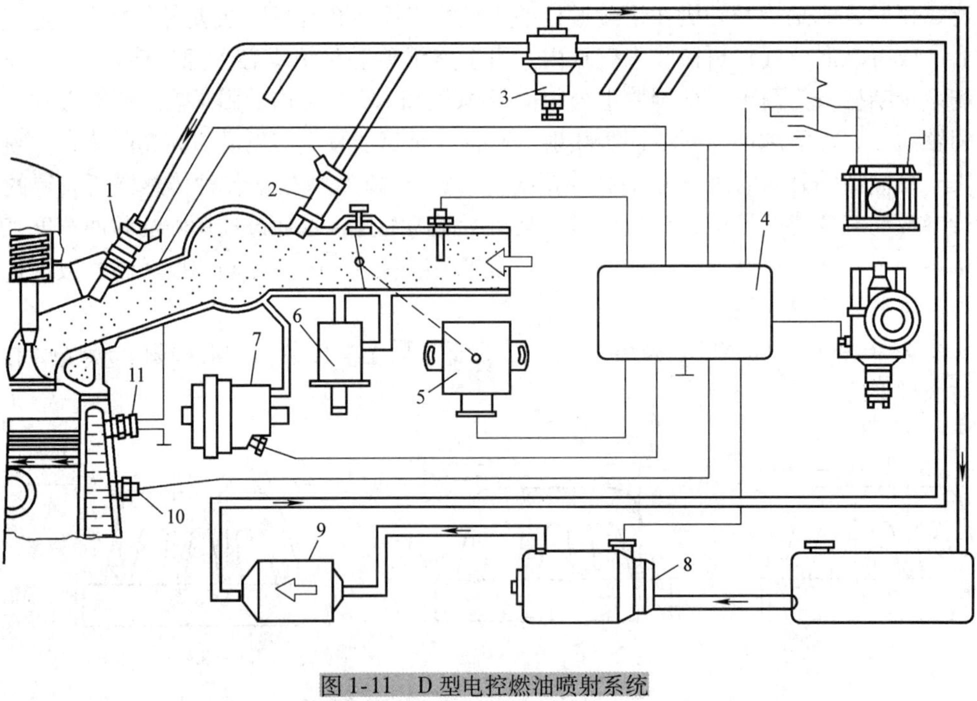

图1-11　D型电控燃油喷射系统

1—喷油器　2—冷起动阀　3—燃油压力调节器　4—ECU　5—节气门位置传感器

6—怠速空气调整器　7—进气压力传感器　8—燃油泵　9—燃油滤清器

10—冷却液温度传感器　11—热限时开关

（2）L 型电控燃油喷射系统（图 1-12）　L 是德语 Luft（空气）一词的第一个字母。L 型电控燃油喷射系统利用空气流量计直接测量发动机的进气量，ECU 不必进行推算，即可根据空气流量计计算与该空气量相应的喷油量。由于消除了推算进气量的误差影响，其测量准确度高于 D 型。

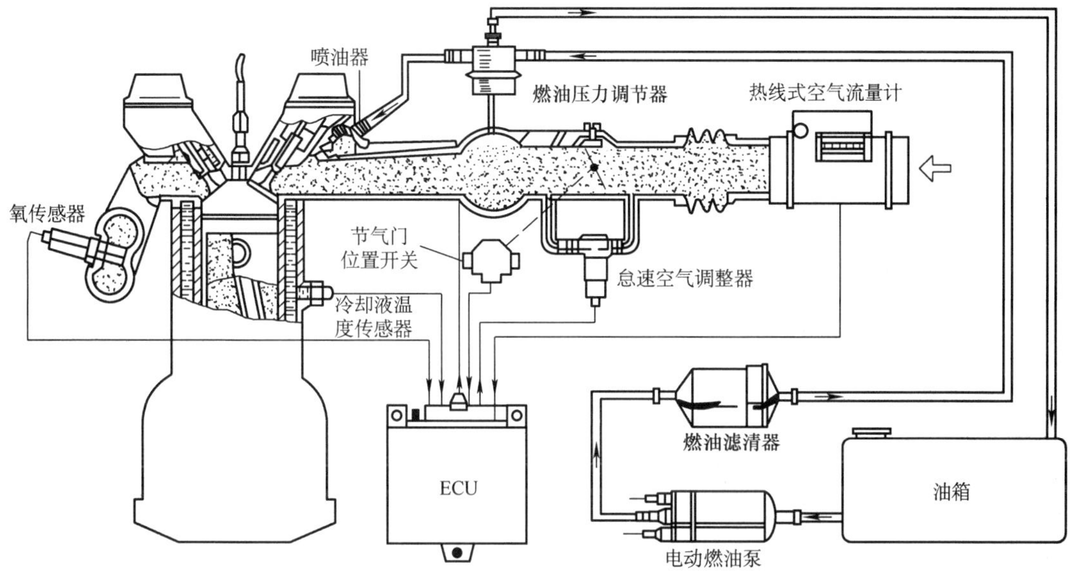

图 1-12　L 型电控燃油喷射系统（热线式）

4. 按有无反馈信号分类

电控燃油喷射系统按有无反馈信号可分为开环控制系统和闭环控制系统。

（1）开环控制系统　开环控制系统就是把根据试验确定的发动机各种运行工况所对应的最佳喷油量的数据事先存入计算机中，发动机在实际运行过程中，根据各个传感器的输入信号，判断发动机所处的运行工况，再找出最佳喷油量，并发出控制信号。控制信号经功率放大器放大后，再驱动电磁喷油器动作，由此控制混合气的空燃比，使发动机处于最佳运行状态。

开环控制系统不带氧传感器等反馈传感器，只受发动机运行工况参数变化的控制，且按事先设定在计算机 ROM 中的试验数据流工作。其优点是简单易行，缺点是精度直接依赖所设定的基准数据的精度和电磁喷油器调整标定的精度。但当喷油器及传感器系统电子产品性能变化时，混合气就不能正确地保持在预定的空燃比值上。因此，开环系统对发动机及控制系统的各个组成部分的精度要求高，系统本身抗干扰能力较差，且当使用工况超出预定范围时，就不能实现最佳控制。其工作情况如图 1-13 所示。

（2）闭环控制系统　闭环控制系统又称为反馈控制系统，其特点是加入了反馈传感器，输出反馈信号给控制器，以随时修正控制信号。闭环控制系统在排气管上加装了氧传感

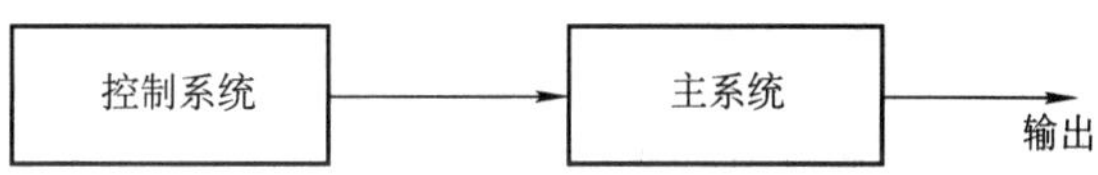

图 1-13　开环控制系统的工作情况

器，可根据排气管中氧含量的变化，测出发动机燃烧室内混合气的空燃比值，并把它输入计算机中再与设定的目标空燃比值进行比较，将偏差信号经功率放大器放大后再驱动电磁喷油器喷油，使空燃比保持在设定的目标值附近。因此，闭环控制可达到较高的空燃比控制精度，并可消除因产品差异和磨损等引起的性能变化对空燃比的影响，工作稳定性好，抗干扰能力强。闭环控制系统的原理如图 1-14 所示。

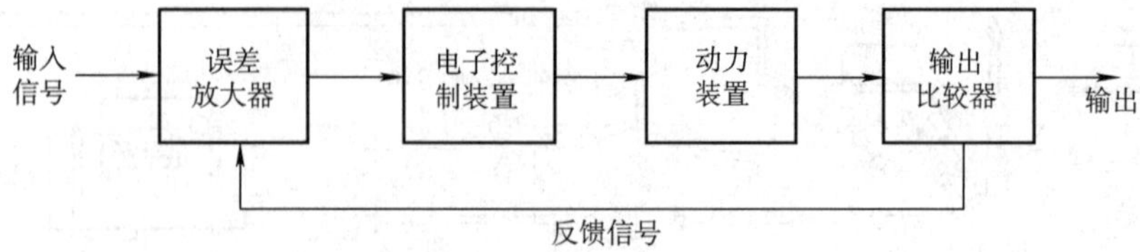

图 1-14　闭环控制系统的原理

采用闭环控制的燃油喷射系统，可保证发动机的空燃比在理论空燃比（14.7）附近很窄的范围内运行，使三元催化转化器对排气的净化处理达到最佳效果，如图 1-15 所示。因为发动机某些特殊运行工况（如起动、暖机、加速、怠速、全负荷等）需要控制系统提供较浓的混合气来保证发动机的各种性能，所以在现代汽车发动机电子控制系统中，通常采用开环与闭环相结合的控制方式。

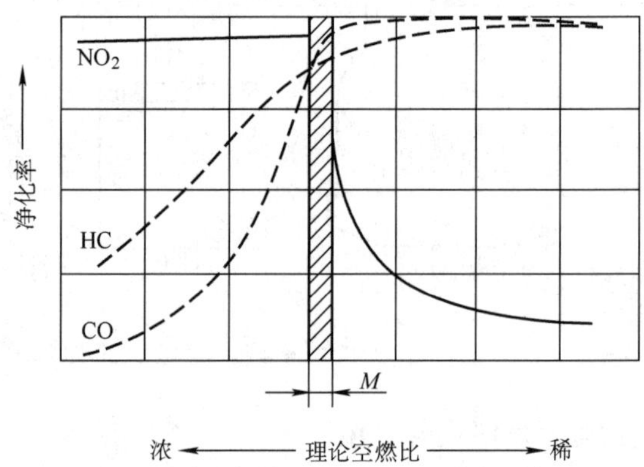

图 1-15　三元催化转化器的净化特性曲线

1.3.4　电控燃油喷射系统的功能

电控燃油喷射系统的功能主要是对喷油正时、喷油量、断油及燃油泵进行控制。

1. 喷油正时控制

在采用间歇喷射方式的电控燃油喷射系统中，必须控制喷油器喷油的开始时刻，这就是喷油正时的控制。其控制目标一般是在进气行程开始前，喷油结束。

对于多点间歇喷射发动机，喷油正时分为同步喷射和异步喷射。同步喷射是指在既定的曲轴转角进行喷射。在发动机稳定工况的大部分运转时间里，喷油系统以同步方式工作。发动机在起动和加速时，为了保证起动迅速、加速响应快，ECU 会根据冷却液温度、节气门变化程度适当地增加供油量，此时应采用与曲轴无关的异步喷射。

（1）同步喷油正时控制

1）同时喷射正时控制。早期生产的间歇燃油喷射发动机多是同时喷射，其喷油器的控制电路和控制程序都较简单，其控制电路如图 1-16 所示。

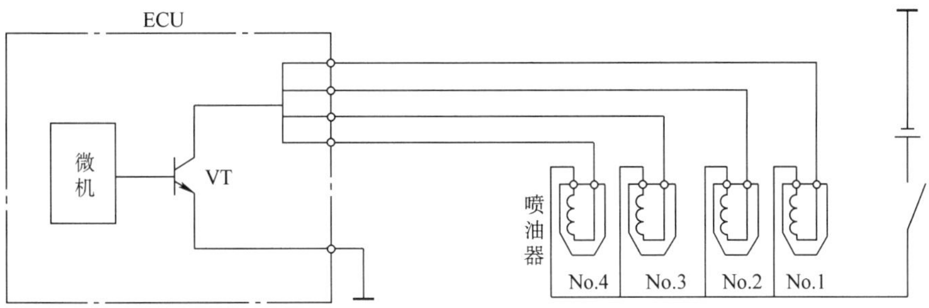

图 1-16　同时喷射正时控制电路

所有的喷油器并联连接，ECU 根据曲轴位置传感器送入的基准信号，发出喷油器控制信号，控制功率晶体管的导通和截止，从而控制各喷油器电磁线圈电路同时接通和切断，使各缸喷油器同时喷油。通常曲轴每转一转，各缸喷油器同时喷射一次。图 1-17 所示为某发动机喷油器的喷油正时波形，由于在发动机的一个工作循环中喷射两次，这种喷射方式也称为同时双次喷射。两次喷射的燃油，在进气门打开时一起进入气缸。图 1-18 所示为同时喷射的正时图。

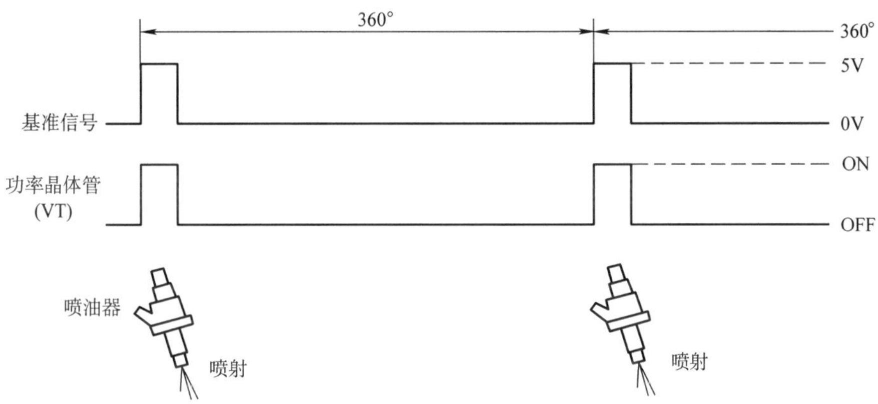

图 1-17　喷油正时波形

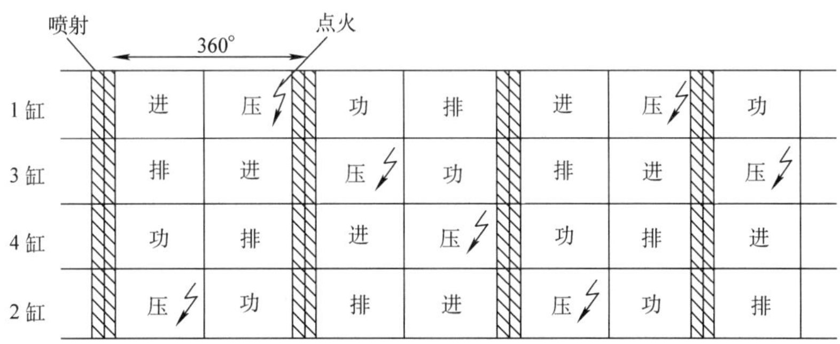

图 1-18　同时喷射的正时图

2）分组喷射正时控制。分组喷射一般是把所有气缸的喷油器分成2～4组，由ECU分组控制喷油器，两组喷油器轮流交替喷射。图1-19所示为四缸发动机的分组喷射正时控制电路，喷油器分两组，ECU通过两个端子分别对各组喷油器进行控制。

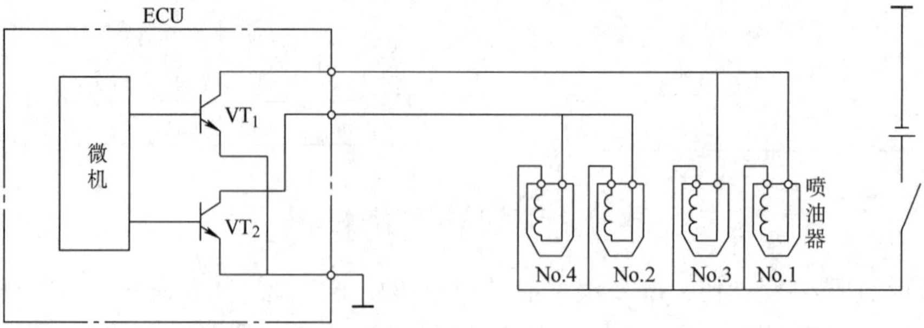

图1-19　分组喷射正时控制电路

分组喷射喷油正时的控制是以各组最先进入做功行程的气缸为基准，在该气缸排气行程上止点前某一位置，ECU输出指令信号，接通该组喷油器电磁线圈电路，该组喷油器即开始喷油。通常每一工作循环中，各喷油器均喷射一次或两次，一般多是发动机每转一转，只有一组喷射。图1-20所示为分组喷射的正时图。

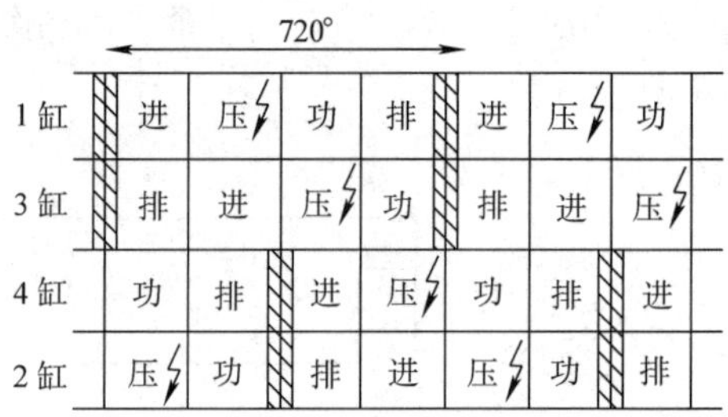

图1-20　分组喷射的正时图

3）顺序喷射正时控制。顺序喷射也称为独立喷射，曲轴每转两圈，各缸喷油器都轮流喷射一次，像点火系统一样，按照特定的顺序依次进行喷射。顺序喷射正时控制电路如图1-21所示，各缸喷油器分别由ECU进行控制，驱动回路数与气缸数目相等。

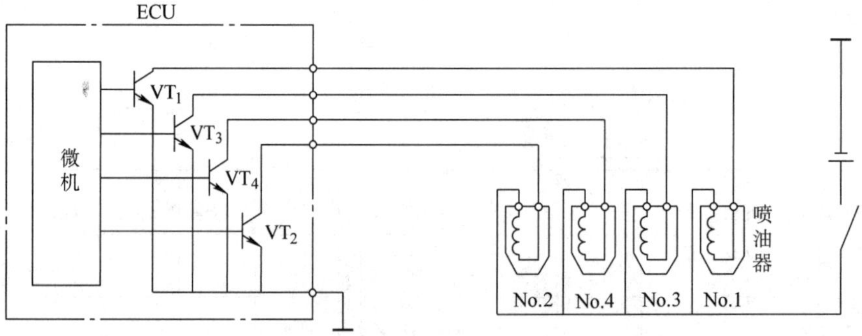

图1-21　顺序喷射正时控制电路

采用顺序喷射方式的发动机，ECU根据曲轴位置传感器信号（Ne信号）、凸轮轴位置传感器信号（G信号）和发动机的做功顺序，确定各缸工作位置。当确定某缸活塞运行至排气行程上止点前某一位置时，ECU 输出喷油控制信号，接通喷油器电磁线圈电路，该气缸即开始喷射，如北京切诺基发动机在各缸排气行程上止点前 64°开始喷射，喷油顺序与点火顺序一致。图 1-22 所示为日本本田四缸发动机的顺序喷射正时图。

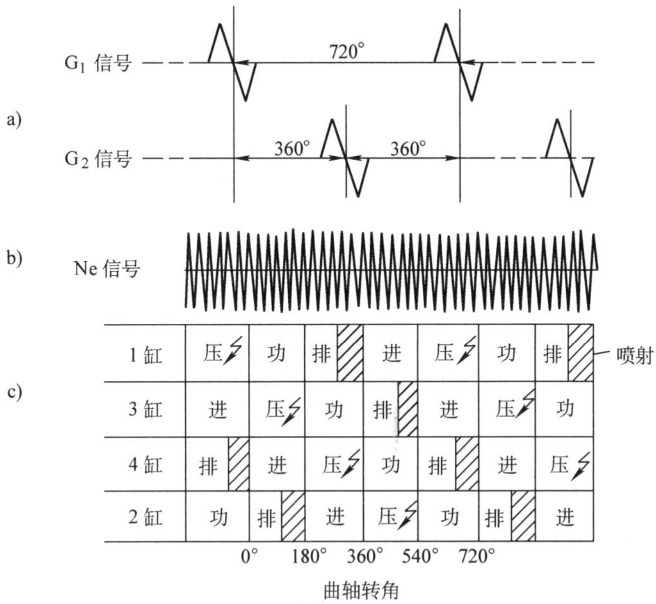

图 1-22　日本本田四缸发动机的顺序喷射正时图

（2）异步喷油正时控制

1）起动时异步喷油正时控制。在有些电控燃油喷射系统中，为了改善发动机的起动性能，在起动时使混合气加浓。除了一般正常的曲轴转一转喷一次油外，在起动信号 STA 处于接通状态时，ECU 接收到第一个凸轮轴位置传感器信号（G 信号）后检测到第一个曲轴位置传感器信号（Ne 信号）开始，以一个固定喷油持续时间，同时向各缸增加一次喷油。

2）加速时异步喷油正时控制。发动机从怠速工况向起步工况过渡时，由于燃油惯性等原因，会出现混合气稀的现象。为了改善起步加速性能，在普通电控燃油喷射系统中，ECU 根据节气门位置传感器怠速触点信号（IDL 信号）从接通到断开时，增加一次固定喷油持续时间的喷油。在综合控制的系统中，ECU 在 IDL 信号从接通到断开后检测到第一个 Ne 信号时，增加一次固定喷油持续时间的喷油。

在有些发动机中，当节气门急速开启或进气量突然变大时（急加速），为了提高加速响应特性，仅在加速期间，在同步喷射的基础上再加上异步喷射。

2. 喷油量控制

喷油量的控制是电控燃油喷射系统最主要的控制功能之一，其目的是使发动机在各工况下，都能获得最佳的混合气浓度，以提高发动机的经济性和降低排放污染。

当喷油器的结构和喷油压差一定时，喷油量取决于喷油时间。在汽油机电控燃油喷射系统中，喷油量的控制是通过控制喷油器喷油时间实现的。

喷油量控制可分为同步喷油量控制和异步喷油量控制。同步喷油量控制又分为发动机起动时的喷油量控制和发动机起动后的喷油量控制，二者的控制模式有所不同。

（1）起动时的同步喷油量控制 在发动机起动时，由于转速波动大，无论 D 型 EFI 系统中的进气压力传感器还是 L 型 EFI 系统中的空气流量计，都不能精确地测量进气量，也就无法确定合适的喷油持续时间，因此起动时的基本喷油时间不是根据进气量（或进气压力）和发动机转速计算确定的，而是 ECU 根据起动信号和冷却液温度，由内存的冷却液温度—喷油时间图（图 1-23）找出相应的基本喷油时间 T_P，然后加上进气温度修正时间 T_A 和蓄电池电压修正时间 T_B，计算出起动时的喷油持续时间，如图 1-24 所示。

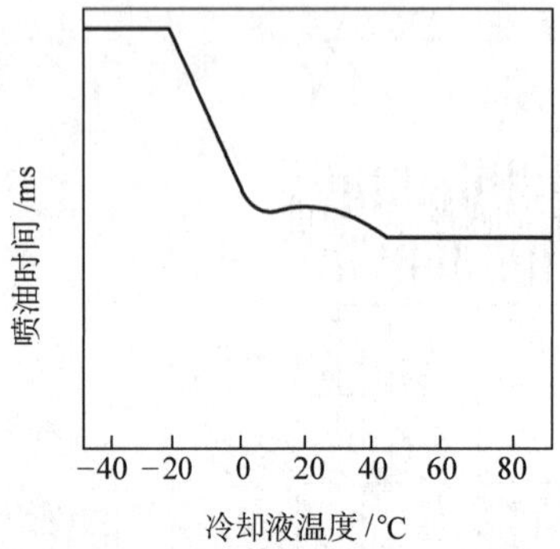

图 1-23 起动时的基本喷油量

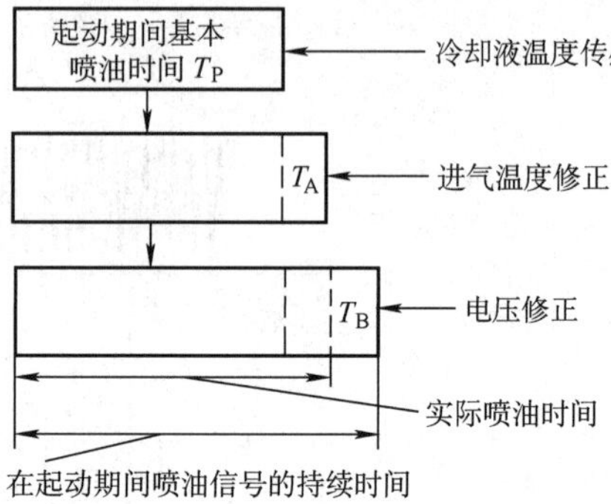

图 1-24 喷油时间的确定

电压修正是因为喷油器的实际喷油时刻比 ECU 发出喷油指令的时刻晚，即存在一段滞后时间（图 1-25），使喷油器喷油的实际时间比 ECU 确定出的喷油时间短，导致喷油量不足，实际空燃比高于发动机要求的空燃比。蓄电池电压越低，滞后时间越长。因此，ECU 需根据蓄电池电压修正喷油时间，以提高喷油量控制的精度。

（2）起动后的同步喷油量控制 发动机转速超过预定值时，ECU 确定的喷油持续时间满足下式：

$$喷油持续时间 = 基本喷油持续时间 \times 喷油修正系数 + 电压修正值$$

式中，喷油修正系数是各种修正系数的总和。

D 型 EFI 系统中，ECU 根据发动机转速信号（Ne）和进气管绝对压力信号（PIM）由内存中的一个基本喷油时间三维图（三元 MAP 图）确定基本喷油持续时间，如图 1-26 所示。

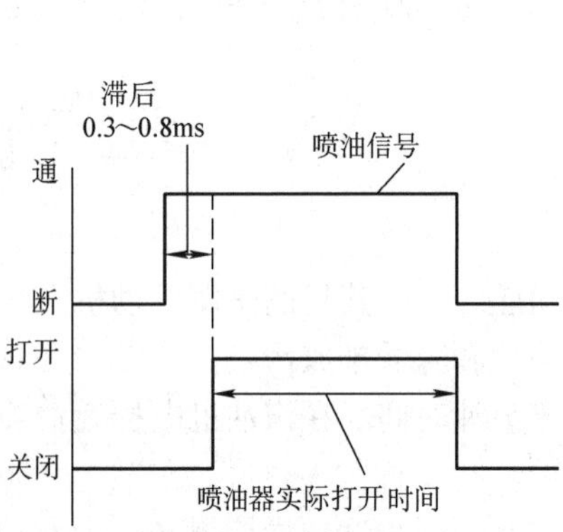

图 1-25 喷油滞后时间

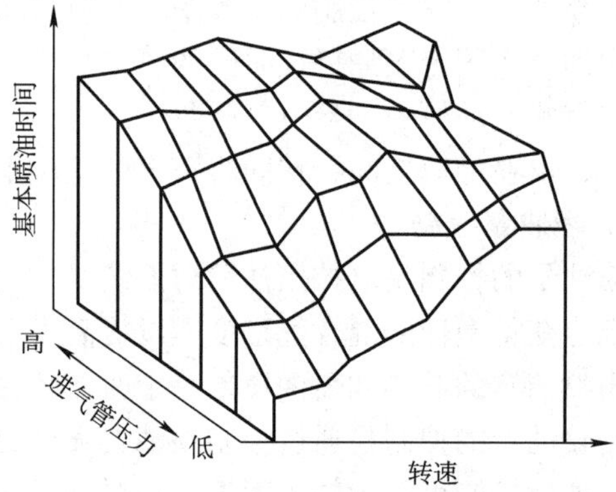

图 1-26 三元 MAP 图

L 型 EFI 系统的基本喷油时间由发动机转速信号（Ne）和空气流量计流量信号（Vs）确定。这个基本喷油时间是实现既定空燃比（一般为理论空燃比：A/F = 14.7）的喷射时间。

在确定基本喷油时间的同时，ECU 由各种传感器获得的发动机运行工况信息，对基本喷油时间进行修正。

1）起动后的加浓修正。发动机完成起动后，点火开关由起动（STA）位置转到接通点火（ON）位置，或发动机转速已达到或超过预定值，ECU 额外增加喷油量，使发动机保持稳定运行。喷油量的初始修正值根据冷却液温度确定，然后以一固定速度下降，逐步达到正常。

2）暖机加浓修正。冷机时，燃油蒸发性差，为使发动机迅速进入最佳工作状态，必须供给浓混合气。

冷却液温度越高，对应的喷油量修正系数越小；反之，冷却液温度越低，对应的喷油量修正系数越大，如图 1-27 所示。

暖机加浓还受节气门位置传感器中的怠速触点（IDL）接通或断开控制，根据发动机转速，ECU 使喷油量有少量变化。

3）进气温度修正。发动机进气密度随发动机的进气温度变化而变化，ECU 根据进气温度传感器 THA 信号修正喷油持续时间，使空燃比满足要求。通常以 20℃ 为进气温度信号的标准温度，低于 20℃ 时，空气密度大，ECU 增加喷油量，使混合气不致过稀；进气温度高于 20℃ 时，空气密度减小，ECU 使喷油量减少，以防混合气太浓。增加或减少的最大修正量约为 10%。如图 1-28 所示，由进气温度修正曲线可知，修正约在进气温度 −20 ~ 60℃ 之间进行。

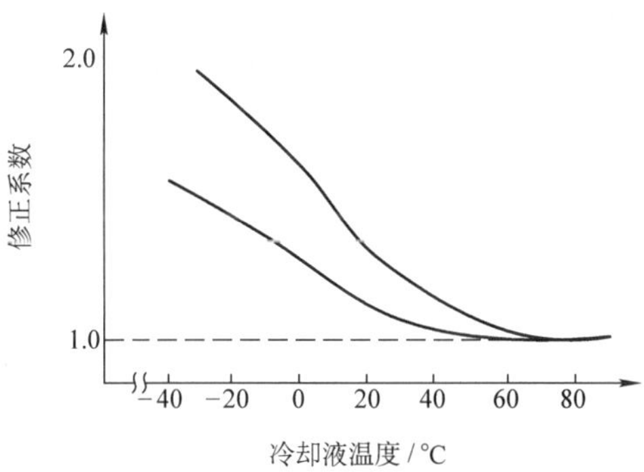

图 1-27　暖机加浓修正系数

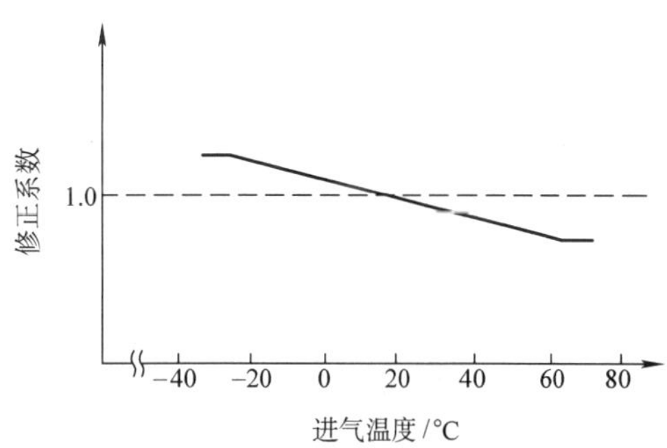

图 1-28　进气温度修正系数

4）大负荷工况喷油量修正。发动机在大负荷工况下运转时，要求使用浓混合气以获得大功率，ECU 根据发动机负荷增加喷油量。ECU 根据进气压力传感器或空气流量计、节气门位置传感器输送的信号判断发动机负荷状况，决定相应增加的燃油喷射量。大负荷的加浓量约为正常喷油量的 10%~30%。有些发动机的大负荷加浓量还与冷却液温度信号（THW）有关。

5）过渡工况喷油量修正。发动机在过渡工况下运行时（如汽车加速或减速行驶），为获得良好的动力性、经济性、响应性，空燃比应做相应变化，即需要适量调整喷油量。

ECU主要根据进气管绝对压力或空气量、发动机转速、车速、节气门位置、空档起动开关和冷却液温度判断过渡工况，对喷油时间进行修正。

6）怠速稳定性修正（只用于D型EFI系统）。在过渡工况下，决定基本喷油时间的进气管绝对压力，相对于发动机转速将产生滞后。节气门以下进气管容积越大，怠速时发动机转速越低，这种滞后时间越长，怠速就越不稳定。进气管绝对压力变动，发动机转矩也变动。由于压力较转速滞后，转矩也较转速滞后，造成发动机转速上升时，转矩也上升，转速下降时，转矩也下降。

为了提高发动机怠速运转的稳定性，ECU根据PIM和Ne信号对喷油量进行修正。随进气管绝对压力增大或转速降低，增加喷油量；随进气管绝对压力减少或转速增高，减少喷油量。

（3）断油控制

1）减速断油。发动机在高速下运行急减速时，节气门完全关闭，为避免混合气过浓、燃料经济性和排放性能变差，ECU停止喷油。当发动机转速降到某预定转速之下或节气门重新打开时，喷油器投入工作，如图1-29所示。冷却液温度低或空调机工作需要增加输出功率时，断油和重新恢复喷油的转速较高。

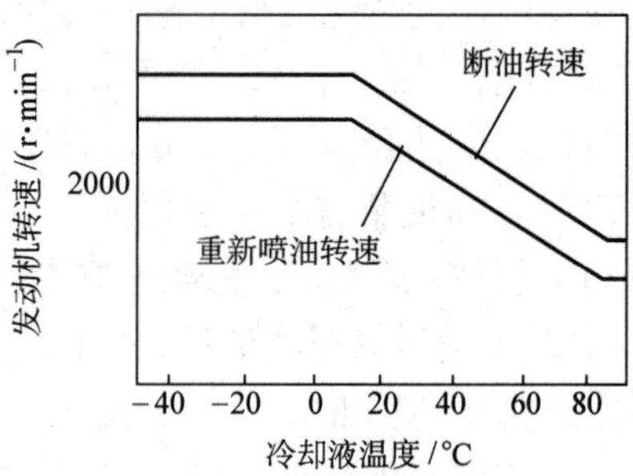

图1-29 减速断油控制

2）发动机超速断油。为避免发动机超速运行，发动机转速超过额定转速时，ECU控制喷油器停喷。

3）汽车超速行驶断油。某些汽车在运行速度超过限定值时，停止喷油。ECU根据节气门位置、发动机转速、冷却液温度、空调开关、停车灯开关及车速信号完成上述断油控制。

（4）燃油泵控制 当点火开关打开或发动机熄火后，EFI系统中的燃油泵一般预先或延迟工作2~3s，以保证燃油系统必需的油压。在发动机起动和运转过程中，燃油泵应保持正常工作，打开点火开关但不起动发动机，或关闭点火开关，应适时切断燃油泵控制电路，使燃油泵停止工作。

部分EFI系统中装有的电动燃油泵有高、低两个转速档，发动机工作时，EFI系统根据发动机的转速和负荷来控制燃油泵以高速或低速运转。

1.3.5 电控燃油喷射系统的优点

众所周知，要提高汽车的动力性、经济性和降低排放污染，主要是通过控制混合气的空燃比来实现。EFI系统能实现混合气浓度（即空燃比）的高精度控制，比传统化油器式汽油机燃料供给系统和K型、KE型汽油喷射系统有明显的优越性，具体如下：

1）能充分利用吸入空气的惯性作用，增大充气量，提高发动机的动力性。在进气系统中，由于没有像化油器供油那样的喉管部件，只要合理设计进气管，进气压力损失就小。

2）可进行适量的空燃比修正。当汽车在不同地区行驶时，可根据大气压力或外界环境温度变化引起的空气密度的变化对空燃比进行修正。

3）可提高发动机起动和暖机性能。发动机起动时，由ECU计算起动喷油量，且能使发动机顺利经过暖机运转。

4）具有汽车加减速反应灵敏特点。在汽车加减速行驶的过渡阶段，空燃比控制系统能迅速响应。

5）能有效降低排放、节省燃油。在各种运行工况下提供最佳的混合气空燃比，且燃油雾化好，各缸分配均匀，使燃烧效率提高。

6）电控燃油喷射系统配用排放物控制系统后，大大降低了 HC、CO 和 NO_x 三种有害气体的排放。

7）具有减速断油功能，能降低排放，节省燃油。减速时，节气门关闭，发动机仍以高速运转，进入气缸的空气量减少，进气歧管真空度增大。在化油器系统中，此时会使黏附于进气歧管壁的汽油蒸发进入气缸，使混合气变浓，燃烧不完全，排气中的 HC 含量增加。而在 EFI 系统中，当节气门关闭而发动机转速超过预定转速时，喷油就会停止，使排气中 HC 的含量减少，并可降低燃油消耗。

练习与思考题

一、填空题

1. 电控燃油喷射系统用英文表示为________，怠速控制系统用英文表示为________。

2. 目前，应用在发动机上的子控制系统主要包括电控燃油喷射系统、____________和其他辅助控制系统。

3. 在电控燃油喷射系统中，除喷油量控制外，还包括喷油正时控制、________和________控制。

4. 传感器的功用是________________________________。

5. 电控燃油喷射系统按有无反馈信号分为__________和__________两类。

二、简答题

1. 电控燃油喷射系统由哪几部分组成？各有什么作用？

2. 电控燃油喷射系统有哪些优点？

3. 什么是开环控制系统？什么是闭环控制系统？

4. 电控燃油喷射发动机起动后各工况下喷油量的修正内容有哪些？

5. 断油控制包括哪些内容？

第2章

电控发动机的主要传感器

基本思路：

学习传感器要先区分有源传感器和无源传感器，有源传感器需了解信号源与电源（电压、电流）的变化关系；无源传感器需了解信号源与产生电信号的变化关系。另外，对每个传感器的名称、作用、安装位置、接线柱的特征及连到何处要全面掌握。对传感器的学习主要以电的流动路线来分析和研究，只要把握住每一个回路，传感器的工作原理就不难掌握。在实习时掌握每一传感器的拆装、测量方法，可为我们后面学习汽车电控发动机的检修奠定坚实的基础，因为传感器是汽车发动机的“神经系统”，要及时准确地向发动机“大脑”提供各种参数，确保发动机的正常运行。

广义地讲，传感器是一种能把物理量或化学量转变成便于利用的电信号的器件。一般都要求传感器具有高灵敏度、高精度、抗干扰的稳定性和线性等。有些传感器的信号需要处理才能输入ECU，该类传感器系统的框图如图2-1所示，进入传感器的信号较弱，而且混杂有干扰信号和噪声。为了方便随后的处理过程，首先要将信号整形成具有最佳特性的波形，有时还需要将信号线性化。该工作是由放大器、滤波器以及其他一些模拟电路完成的，在某些情况下，这些电路的一部分是和传感器部件直接相连的。成形后的信号随后转换成数字信号，并输入到微处理器。

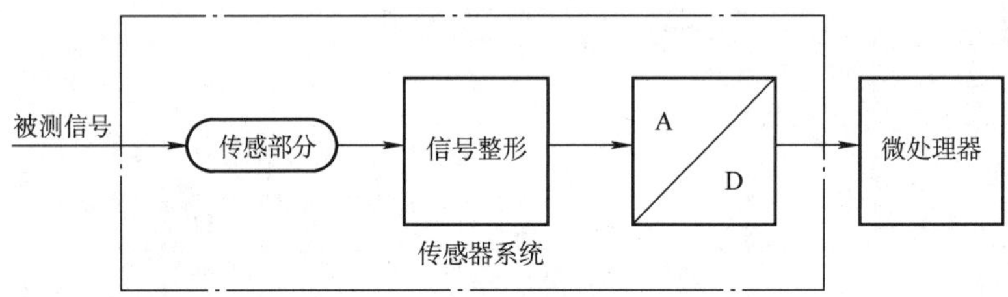

图2-1　传感器系统的框图

按照传感器工作是否需要电源，可以将传感器划分为两类：有源传感器和无源传感器，如图 2-2 所示。

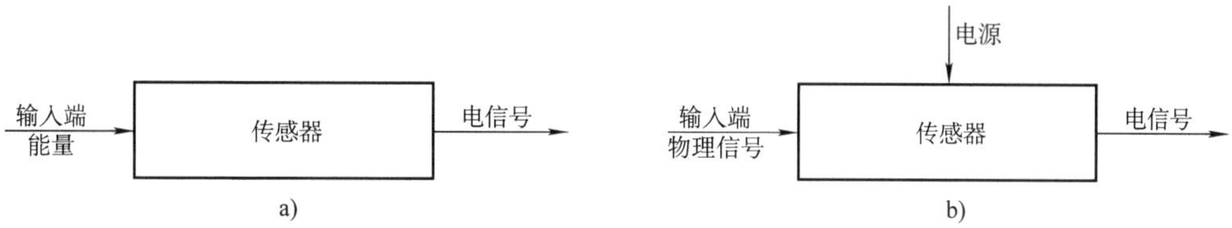

图 2-2　有源传感器和无源传感器

a）无源传感器　b）有源传感器

2.1　空气流量计的结构原理与检测

2.1.1　空气流量计的功用

电子控制汽油喷射发动机为了在各种运转工况下都能获得最佳浓度的混合气，必须正确地测定每一瞬间吸入发动机的空气量，以此作为电控单元（ECU）控制喷油量的主要依据。ECU 控制点火提前角也需要参考空气量信号，有些 ECU 根据空气流量信号来监控节气门位置传感器的性能。空气流量计是 L 型电控发动机中的部件，它的作用是准确地测量每一时刻吸入发动机的空气流量，并转换成电信号然后将此信号输送给 ECU。

2.1.2　空气流量计的结构与原理

空气流量计有翼片式、卡门涡旋式、热线式、热膜式和量芯式五种。其中翼片式、卡门涡旋式和量芯式空气流量计属于体积式空气流量计，对大气压力和温度的变化进行修正。热线式和热膜式空气流量计属于质量流量式空气流量计，因而无需对进气温度和空气压力进行修正。量芯式空气流量计应用较少。

空气流量计一般安装在空气滤清器和节气门体之间的进气道上。

1. 翼片式空气流量计

翼片式空气流量计也称为叶片式空气流量计，安装在空气滤清器后方的进气道上，如图 2-3、图 2-4 所示。翼片式空气流量计结构简单、可靠性好，测量精度不受电源电压波动的影响。但是进气阻力大、急加速响应慢、外形尺寸大、布置比较困难，用于宝马 535、雷克萨斯 ES300、沃尔沃 760 等发动机上。

翼片式空气流量计由测量板、补偿板、回位弹簧、电位计、旁通道、怠速调整螺钉和接线插头等组成。空气推力使测量板打开一个角度，当推开测量板的力和回位弹簧变形后的弹力相平衡时，测量板便停止转动。与测量板同轴转动的电位计轴带动可变电阻滑动触头滑动，当测量板保持某一开度时，即保持一定的空气通道面积，同时电位计也具有一定的电阻值，其测量端子便将一定的电压信号输送到发动机 ECU。

在翼片式空气流量计内，通常还有一个电动燃油泵开关。当发动机起动运转时，测量片

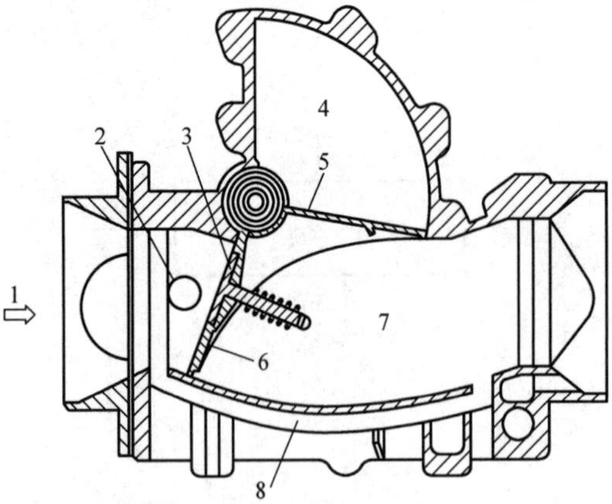

图 2-3　翼片式空气流量计的原理图

1—空气进口　2—进气温度传感器　3—阀门　4—阻尼室
5—缓冲片　6—旋转翼片（测量片）　7—主气道
8—旁通气道

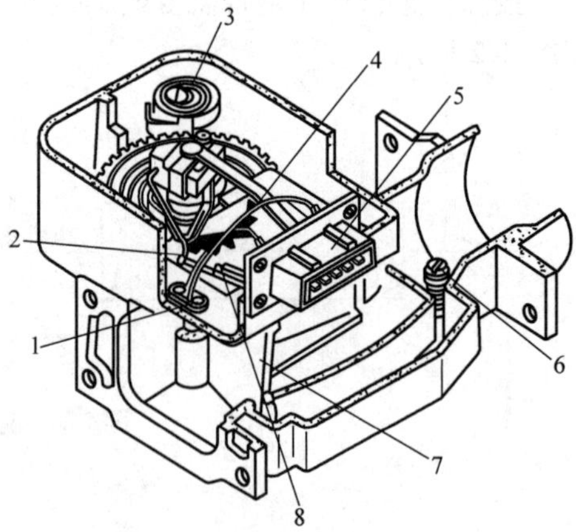

图 2-4　翼片式空气流量计的结构图

1—进气温度传感器　2—电动燃油泵动触点
3—回位弹簧　4—电位计　5—导线插接器
6—CO 调整螺钉　7—测量用的旋转翼片
8—电动燃油泵开关触点

偏转，该开关触点闭合，电动燃油泵通电运转；发动机熄火后，测量片在回转至关闭位置的同时，使电动燃油泵开关断开。此时，即使点火开关处于开启位置，电动燃油泵也不工作。这种设计可以在发生交通意外时，防止发动机熄火后燃油泵继续泵油而发生二次事故。

空气流量计内还有一个进气温度传感器，用于测量进气温度，为进气量做温度补偿。

翼片式空气流量计导线插接器一般有 7 个端子。丰田系列的翼片式空气流量计有 7 个接线柱。也有将空气流量计内部的电动燃油泵控制触点开关取消后，变为 5 个端子的。也有 4 个端子的，因为有的发动机带有涡轮增压系统，那么它的翼片式空气流量计中就没有安装进气温度传感器，因为它需要测量中冷器后的进气温度。图 2-5 所示为日产和丰田车用翼片式空气流量计插接器端子图。

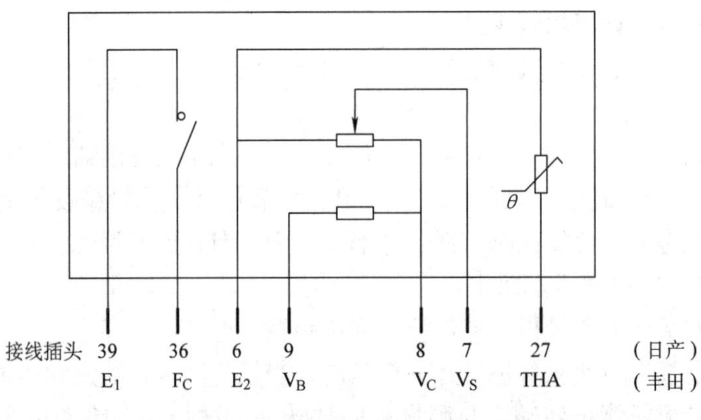

图 2-5　翼片式空气流量计插接器端子图

THA—进气温度传感器信号　V_S—空气流量计输出信号　V_C—ECU 输给传感器的电源（5V）
V_B—电源电压（12V）　E_2—传感器的搭铁线　F_C—燃油泵开关　E_1—油泵开关搭铁

当发动机在热怠速运行时，进入发动机的空气量为一定值。当旋出怠速调整螺钉时，经旁通空气道进入的空气量就多，而经翼板计量的空气量就少，发动机 ECU 就少喷油，而空气的总量是定值，因而混合气的浓度就稀；反之，混合气的浓度就浓。因此，翼片式空气流量计上的怠速调整螺钉可起到调整混合气浓度的作用。

2. 卡门涡旋式空气流量计

卡门涡旋式空气流量计的特点是体积小、重量轻、进气道结构简单、进气阻力小，输出的是数字信号，发动机 ECU 易于处理，属空气体积流量型，需要根据大气压力和进气温度对空气密度进行修正。

在空气流量计的进气管道正中间设有一流线型或三角形的涡旋发生器，当空气流经该涡旋发生器时，在其后部的气流中会不断产生一列不对称却十分规则的被称为卡门涡旋的空气涡旋。根据卡门涡旋理论，这个涡旋行列是紊乱地依次沿气流流动方向移动，其移动的速度与空气流速成正比，即在单位时间内通过涡旋发生器后方某点的涡流数量与空气流速成正比。因此，通过测量单位时间内涡流的数量就可计算出空气流速和流量。根据检测方式的不同，卡门涡旋式空气流量计可分为超声波检测式和反光镜检测式。

（1）**超声波检测式卡门涡旋空气流量计**　超声波检测式卡门涡旋空气流量计由涡旋稳定器、超声波发生器、涡旋发生器、超声波信号发射器、超声波接收器等组成。

图 2-6 和图 2-7 所示为超声波检测式卡门涡旋式空气流量计的结构和工作原理，在其后半部的两侧有一个超声波发射器和一个超声波接收器。在发动机运转时，超声波发射器不断地向超声波接收器发出一定频率的超声波。当超声波通过进气气流到达接收器时，由于受气流中涡旋的影响，使超声波的相位发生变化。ECU 根据接收器测出的相应变化的频率，计算出单位时间内产生的涡旋的数量，从而求得空气流速和流量，然后根据该信号确定基准空气量和基准点火提前角。三菱汽车 4G64 发动机采用了这种形式的卡门涡旋式空气流量计，其与进气温度传感器和进气压力传感器装在一起。

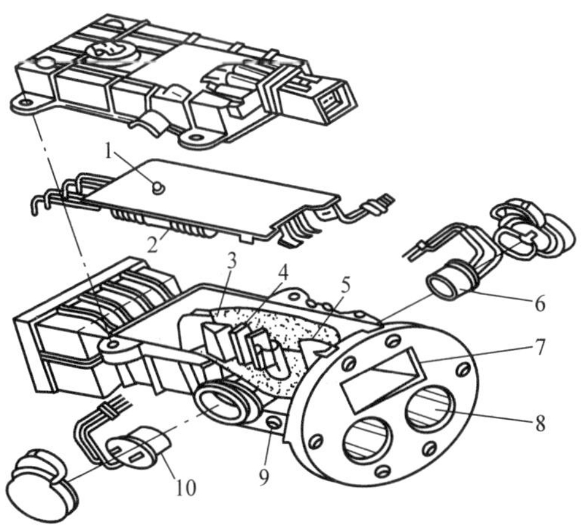

图 2-6　超声波检测式卡门涡旋空气流量计的结构
1—大气压力传感器　2—集成控制电路　3—涡旋发生器　4—涡旋稳定器　5—涡旋　6—超声波接收器　7—主空气道　8—旁通空气道　9—进气温度传感器　10—超声波发生器

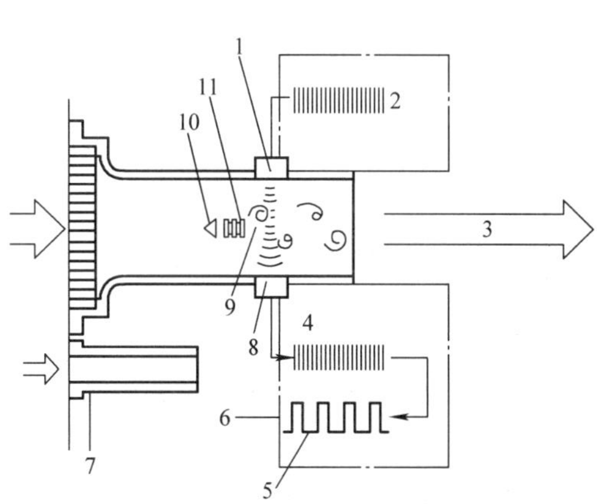

图 2-7　超声波检测式卡门涡旋空气流量计的工作原理
1—超声波发射器　2—超声波发生器　3—节气门前方空气道　4—与涡旋数对应的声波　5—整形后的矩形波　6—接 ECU　7—旁通气道　8—超声波接收器　9—卡门涡旋　10—涡旋发生器　11—涡旋稳定器

（2）**反光镜检测式卡门涡旋空气流量计**　图 2-8 和图 2-9 所示为反光镜检测式卡门涡旋空气流量计的结构和工作原理。在图 2-8 内有一个发光二极管和一个光敏晶体管，发光二极管发出的光束被一片反光镜反射到光敏晶体管上，使光敏晶体管导通，反光镜安装在一个很薄的金属簧片上，金属簧片在进气气流涡旋的压力作用下产生振动，其振动频率与单位时间内产生的涡旋数量相同。由于反光镜随簧片一同振动，被反射的光束也以相同的频率变化，致使光敏晶体管也随光束以同样的频率导通、截止。ECU 根据光敏晶体管导通、截止的频率即可计算出进气量。雷克萨斯 LS400 轿车即采用了这种形式的卡门涡旋式空气流量计。

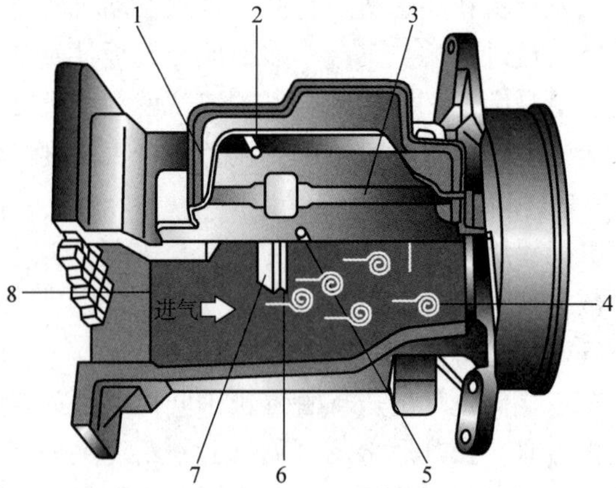

图 2-8　反光镜检测式卡门涡旋空气流量计的结构

1—镜子　2—发光二极管　3—金属簧片　4—涡旋　5—光敏晶体管　6—导压孔　7—涡旋发生器　8—气流

3. 热线式空气流量计

博世公司生产的汽油喷射系统及一些高档轿车采用这种空气流量计，如别克、沃尔沃等。在其进气道内的取样管中有一根铂丝（即热丝），经通电后发热，如图 2-10 所示。当发动机起动后，空气流过铂丝周围，使其热量散失，温度下降，此时与铂丝相连的桥式电路将改变电流，以保持铂丝温度恒定，维持电桥平衡，如图 2-11、图 2-12 所示。当空气流量

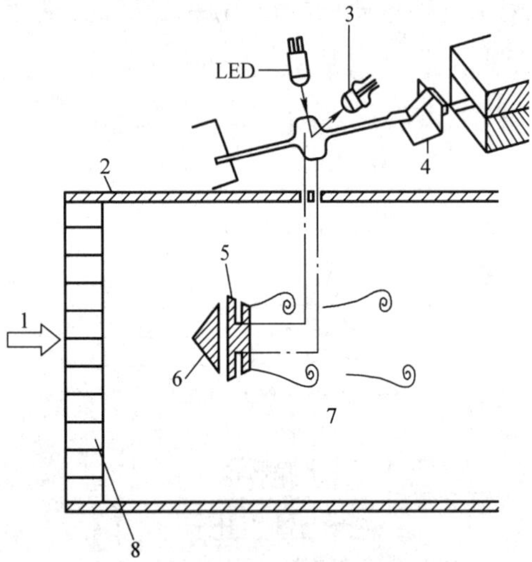

图 2-9　反光镜检测式卡门涡旋空气流量计的工作原理

1—空气进口　2—进气歧管　3—光敏晶体管　4—簧片　5—压力基准孔　6—涡旋发生器　7—卡门涡旋　8—整流栅

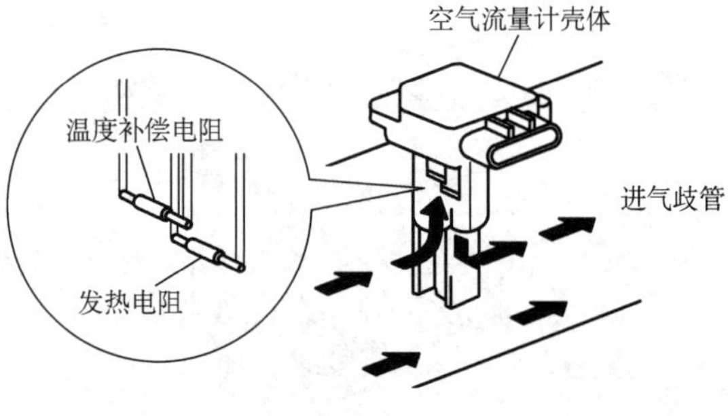

图 2-10　热线式空气流量计的工作原理

变化时，流过铂丝的电流也随之发生变化，ECU 通过电量的变化得到空气流量。根据铂丝在壳体内的安装部位不同，热线式空气流量计分为主流测量和旁通测量方式两种结构形式。热线式空气流量计属于质量流量型空气流量计，能测出空气质量，响应时间短，测量精度高。

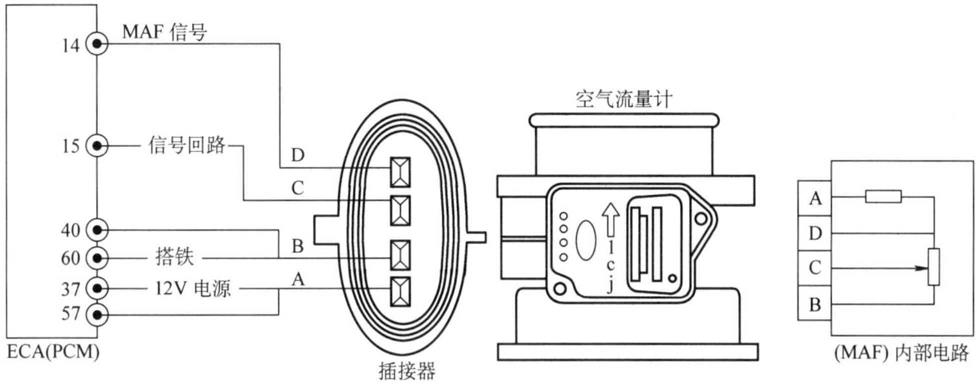

图 2-11　热线式空气流量计

热线式空气流量计是由防回火和滤脏物的金属网、取样管、铂金热线、温度传感器、控制电路、接线插头等组成的。

4. 热膜式空气流量计

如图 2-13 所示，热膜式空气流量计的原理与热线式基本相同，只是将热线改为热膜。热膜由发热金属铂固定在薄的树脂膜上构成，或者将热线、补偿电阻、精密电阻等镀在一块陶瓷片上，使制造成本大为降低，且使发热体不直接承受空气流动所产生的作用力，增加了发热体的强度，提高了空气流量计的可靠性和使用寿命。但由于其发热元件表面制作一层绝缘保护薄膜，存在辐射热传导作用，因此反应灵敏度稍差。热膜式空气流量计用于桑塔纳 2000GSi、捷达、别克、奔驰等汽车。

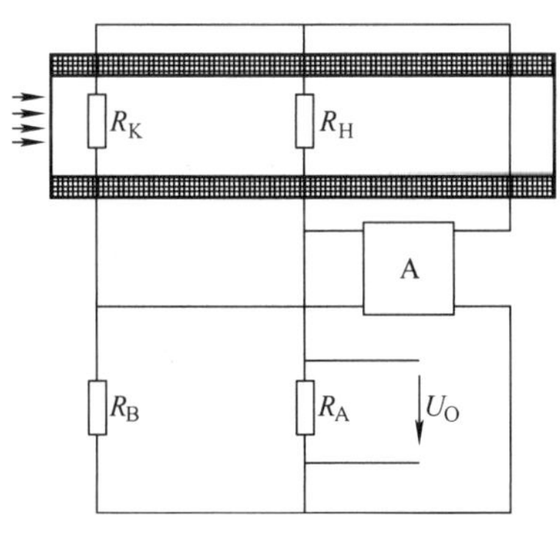

图 2-12　热线式空气流量计的检测电路

A—混合集成电路　R_H—热线电阻　R_K—温度补偿电阻　R_A—精密电阻　R_B—电桥电阻

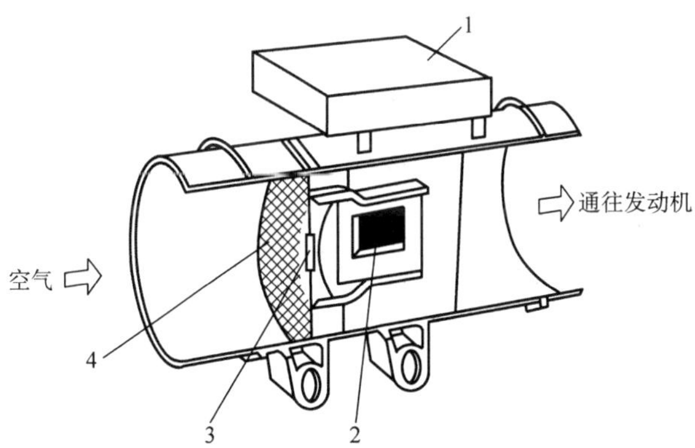

图 2-13　热膜式空气流量计

1—控制电路　2—热膜电阻　3—温度传感器　4—金属网

5. 量芯式空气流量计

量芯式空气流量计的特点是进气阻力小、检测精确、可靠性高。马自达929车型采用这种流量计，如图2-14所示，量芯式空气流量计一般由量芯、电位计、进气温度传感器等组成。量芯式空气流量计用一个可沿进气道方向移动的滑动量芯代替翼片式空气流量计内的旋转翼片，量芯在进气气流的推动下向后移动，打开进气通道，并停止在进气推力与复位弹簧力相平衡的位置上（图2-14）。量芯在移动时带动电位计滑动触点，将进气量的大小转变为电位计电阻的大小，ECU根据电位计电阻的变化或电压的变化测量进气量，如图2-15所示。量芯式空气流量计没有设置旁通道和怠速调整螺钉，当发动机处于怠速时，混合气的浓度由ECU根据氧传感器反馈的信号进行调节。

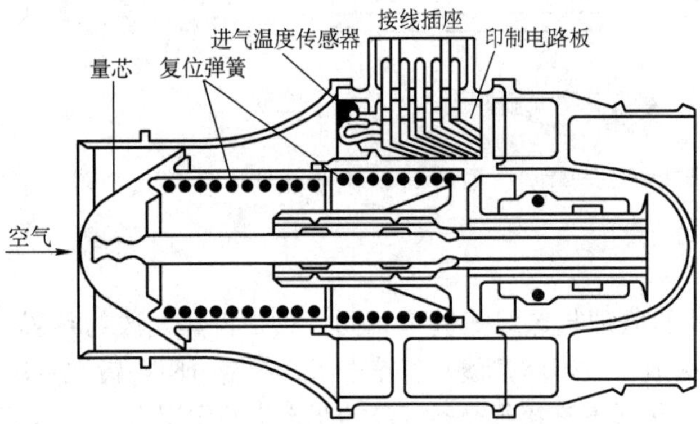

图2-14 量芯式空气流量计

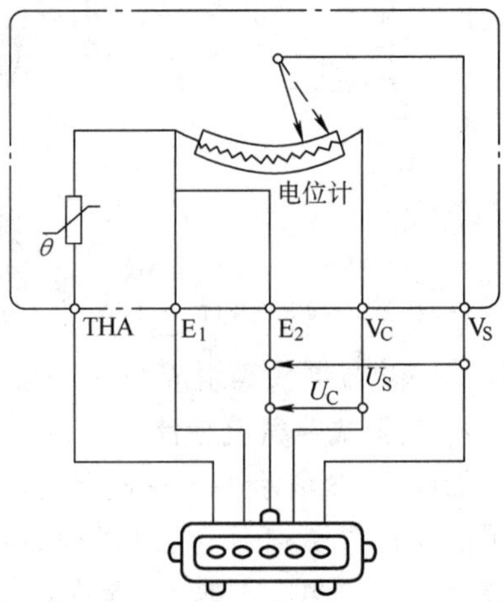

图2-15 量芯式空气流量计的工作原理

THA—进气温度传感器信号 V_S—空气流量计传感器输出信号 V_C—ECU输给传感器的电源（5V） E_2—空气流量计搭铁 E_1—进气温度传感器搭铁

2.1.3 空气流量计的常见故障及原因

空气流量计常见的故障是信号电压过高或过低。若空气流量计或其电路发生故障，如信号电压过高或过低、信号电压在测量范围内不正确，如果ECU并没有判断出来有故障，将会引起发动机失速。但是如果ECU将其与凸轮轴位置传感器信号和节气门位置传感器信号计算出的值相比较相差较大时，ECU将判定其有故障，失效保护系统使ECU根据起动信号和节气门位置传感器信号按固定的喷射时间控制发动机工作。此时发动机的性能大大下降，电控单元在控制点火提前角时会忽略空气流量信号。

以奥迪A6 ANQ发动机空气流量计为例，故障码有16486——空气质量计G70信号太小；16487——空气质量计G70信号太大。

失效保护：由节气门角度和转速作为替代，发动机的使用性能下降。

翼片式空气流量计常见故障：①电位计电阻不准，造成空气流量信号不正确，导致发动机功率下降，运行不平稳，油耗增加；②电位器滑片与滑道接触不良，造成空气流量计的空气流量信号时通时断，导致发动机间断运行或不工作；③叶片转轴复位弹簧变弱，造成空气流量计计量过大，导致发动机油耗增加，排污上升，排气管“放炮”；④电动油泵开关接触不良，造成发动机起动后油泵断电不工作，导致发动机起动后随即熄火。

热线、热膜式空气流量计常见故障：①热线或热膜沾污，造成空气流量计电压下降，供油量过小，导致发动机运转不平稳或不工作；②热线或热膜断路，造成空气流量计无信号输出，导致发动机不工作；③温度补偿电阻不良，造成空气流量计信号不准，导致发动机油耗过高或运转不正常。

量芯式空气流量计常见故障：①量芯移动不灵卡滞，造成空气流量计信号不正确，导致发动机功率下降，起动后熄火，运转不平稳，加速不畅，油耗增加；②电位计电阻不准，造成空气流量计信号不准，导致发动机功率下降，运转不稳，油耗增加；③电位计滑动触点磨损或接触不良，造成传感器信号时有时无，导致发动机间断运行或不工作；④量芯复位弹簧变弱，造成空气流量计计量过大，导致发动机油耗增加，排污上升，排气管“放炮”。

2.1.4　空气流量计的拆装与检测方法

空气流量计的形式有很多，拆装方法也不一样，拆装时要注意以下问题：点火开关必须关闭；空气流量计一般不允许解体；拆卸空气流量计时要注意不要让灰尘进入进气道。

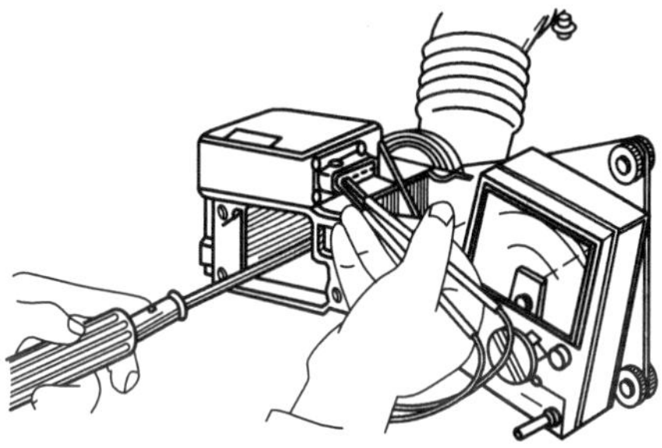

图 2-16　翼片式空气流量计电阻的测量

1. 翼片式空气流量计的检测

1）检测空气流量计的电阻，具体操作如图 2-16 所示，丰田车系的测量结果见表 2-1。

表 2-1　丰田皇冠 2.8 型轿车翼片式空气流量计的电阻标准值

端　　子	电阻值/kΩ	条　　件
$FC—E_1$	∞	计量板全关闭
	0	计量板非全闭
$V_S—E_2$	0.02	计量板全关闭
	0.02 ~ 1.00	计量板从全关到全开
$V_C—E_2$	0.10 ~ 0.30	
$THA—E_2$	4.00 ~ 7.00	0℃
	2.00 ~ 3.00	20℃
	0.90 ~ 1.30	40℃
	0.40 ~ 0.70	60℃

2）检测空气流量计的电压。丰田皇冠翼片式空气流量计的电压标准值见表 2-2。

表2-2　丰田皇冠翼片式空气流量计的电压标准值

端　子	电压值/V	条　件	
FC—E_1	12	计量板全关闭	
V_S—E_2	3.7~4.3	点火开关置于ON位置	计量板全关闭
	0.2~0.5		计量板全开
	2.3~2.8	怠速	
	0.3~1.0	3000r/min	
V_C—E_2	4~6	点火开关置于ON位置	

3）示波器测波形。起动发动机，进行在线测量，电压信号为模拟信号，急加速和急减速波形都不能有空白处，否则说明流量计已经损坏。一般电压在1.20~4.53V范围内，如图2-17所示。

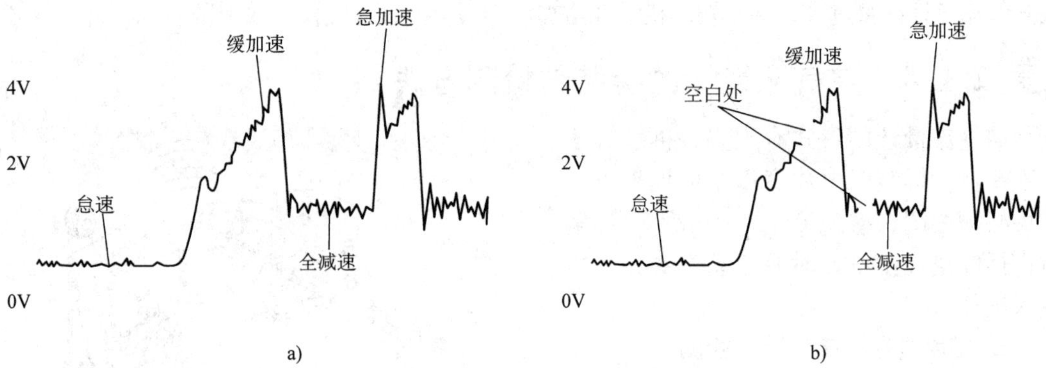

图2-17　翼片式空气流量计的示波图

2. 卡门涡旋式空气流量计的检测

以丰田雷克萨斯LS400轿车1UZ-FE发动机的反光镜检测式卡门涡旋空气流量计为例介绍其检测方法。

（1）检测空气流量计的电阻　点火开关置于OFF位置，拔下空气流量计的导线插接器，用万用表电阻档测量空气流量计上THA与E_1端子之间的电阻，如果电阻值不符合标准值，则须更换空气流量计。卡门涡旋式空气流量计THA—E_1端子间的电阻值见表2-3。

（2）检测空气流量计的电压　插好此空气流量计的导线插接器，用万用表电压档检测空气流量计端子THA—E_2、V_C—E_1、KS—E_2间的电压（图2-18），其标准电压值见表2-4。若电压不符合要求，则须检查导线的连接情况和ECU是否工作异常。

表2-3　进气温度电阻值

端　子	标准电阻/kΩ	温度/℃
THA—E_1	10.0	-20
	4.0~7.0	0
	2.0~3.0	20
	0.9~1.3	40

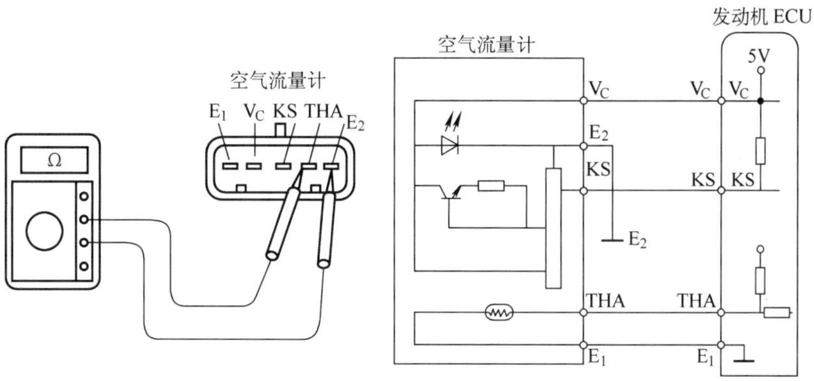

图 2-18 丰田雷克萨斯 LS400 轿车卡门涡旋式空气流量计电压的测量

表 2-4 传感器的标准电压值

端　子	电压/V	条　件
THA—E_2	0.5～3.4	怠速、进气温度为 20℃
	4.5～5.5	点火开关置于 ON 位置
KS—E_2	2.0～4.0	（脉冲发生）怠速
V_C—E_1	4.5～5.5	点火开关置于 ON 位置

（3）示波器测波形　波形的上限应接近参考电压 5V，下限应接近对搭铁电压 0V，如图 2-19 所示，脉冲宽度相等，波形无峰尖或圆角，频率不能变化无规律、杂乱。

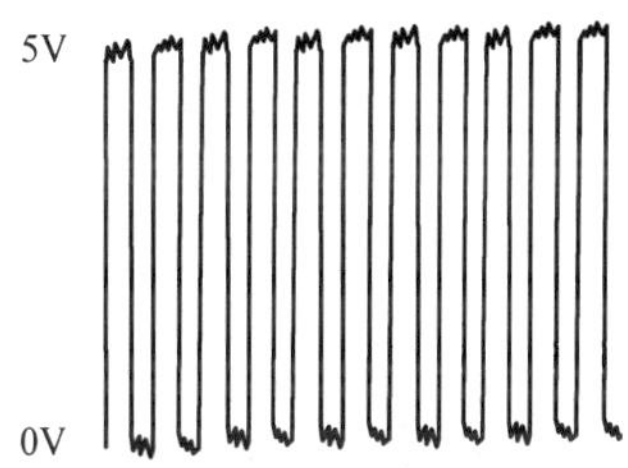

图 2-19 卡门涡旋式空气流量计的示波图

3. 热线式空气流量计的检测

以日产 Maxima 汽车发动机的热线式空气流量计为例（图 2-20）介绍其检测方法。

1）检查主电源。拔下空气流量计线束插接件，打开点火开关，检查端子 E 与搭铁线之间是否有电压，有就进行第 2）步，没有则须检查空气流量计与 E. C. C. S（燃油喷射控制模块）继电器之间的线束是否导通，如果不导通，修理线束或插接件。

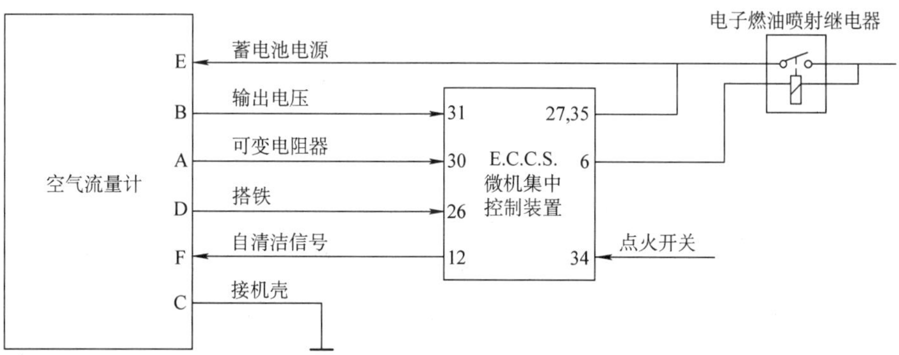

图 2-20 热线式空气流量计（主流测量方式）

2）检查搭铁线。点火开关置于OFF，拔下ECU线束插接件，检查端子C是否搭铁，不导通则修理线束或插接件。

3）检查输入信号线路。重新插上空气流量计线束插接件和ECU线束插接件，起动发动机并充分暖机，检查输入信号线路，检查端子D与E. C. C. S端子26之间的线束是否导通。

4）在线束插接件连接的情况下，将空气流量计线束插接件的橡胶罩拔开，打开点火开关，起动发动机并充分热机，检查端子A与搭铁线之间的电压，在打开点火开关（停机）时电压应小于1.0V；在怠速（发动机充分热机）时应为1.3～1.7V。

5）检查ECU针状端子是否损坏或ECU线束或插接件连接情况。修理完毕后，连接好ECU线束插接件，并再次测试。

6）检查自清洁功能。装好热线式空气流量计及其导线插接器，拆下此空气流量计的防尘网，起动发动机并加速到2500r/min以上。当发动机停转后5s，从空气流量计进气口处，可以看到热线自动加热烧红（约1000℃）约1s。如无此现象发生，则须检查自清信号或更换空气流量计。

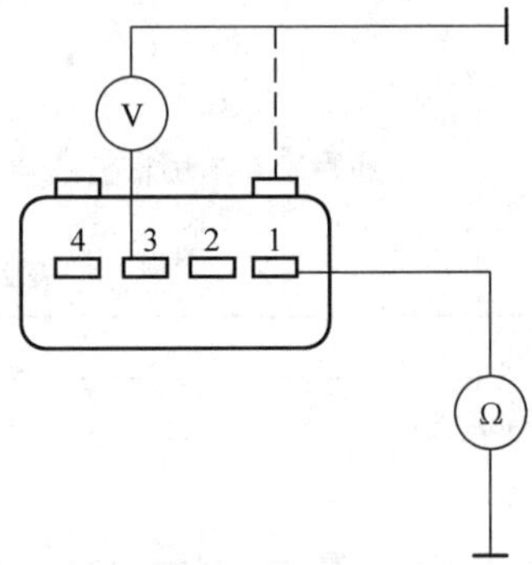

图2-21　奥迪A4 AEB发动机的热膜式空气流量计的检测

1—搭铁　2—MAF信号　3—12V电源（从油泵继电器）　4—ECM

4. 热膜式空气流量计的检测

如图2-21所示，以奥迪A4 AEB发动机的热膜式空气流量计为例介绍其检测方法。

1）电压测量。MAF信号（空气流量信号）：怠速时约为1.1V；3000r/min时约为1.9V。

2）故障诊断仪读取数据块。选择功能“读取测量数据块”（功能08）及显示组2，屏幕显示：

读取测量数据块2			
1	2	3	4

显示区4将显示进气量，单位为g/s，小于1.8g/s为进气系统有泄漏，应检查进气系统，大于4.0g/s为发动机负荷太大，应消除额外负荷（如空调和动力转向等）。其规定值为1.8～4.0g/s，如显示不符合规定要求，或故障存储器存储了与空气流量计有关的故障，则须检测空气流量计的供电。

3）示波器测试波形。热膜式空气流量计的信号波形如图2-22所示，有的热膜式空气流量计（别克的空气流量计）是数字信号，如图2-23所示。其检测方法如下：传感器有三个接线柱，A为信号（频率），B为搭铁，C为电源12V。测量信号线，电压应为0～5V的平均电压；示波器测波形应为方波；频率信号应随进气量增大而增大，怠速时频率信号为2000Hz，频率信号低于1200Hz ECM会记录故障。

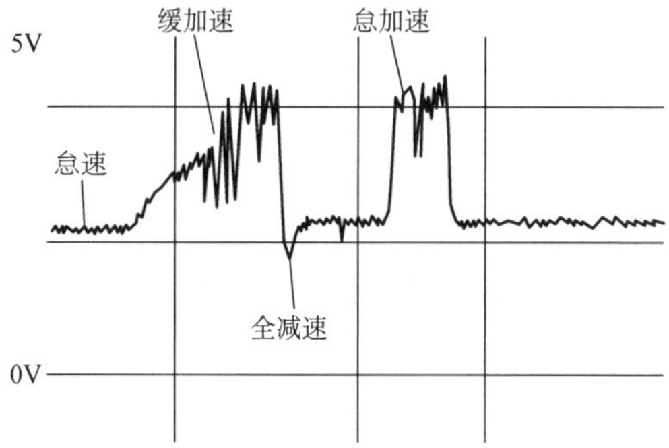

图 2-22　热膜式空气流量计的信号波形

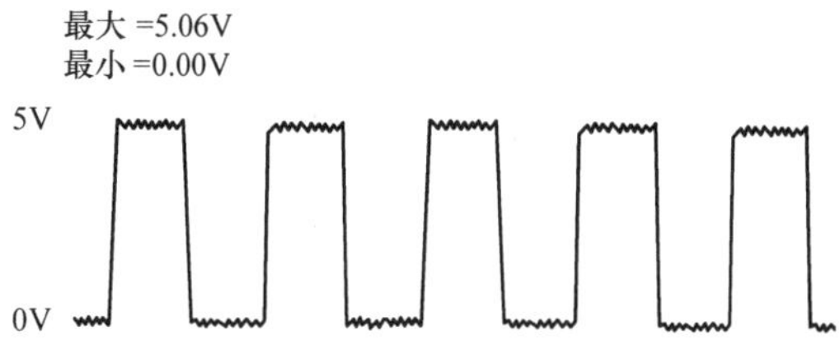

图 2-23　别克空气流量计波形

5. 量芯式空气流量计的检测

量芯式空气流量计的检测主要是检查其电阻和工作电压，如果检测值与规定值相差太大，必须更换。

（1）**电阻测量**　V_C—E_2 间的电阻一般为 0.2～0.4kΩ；V_S—E_2 间的电阻应随量芯的移动慢慢变化，THA—E_2 间的电阻在 20℃时为 2～3kΩ，60℃时为 0.4～0.7kΩ。

（2）**电压测量**　V_C—E_2 间的电压一般为 5V；V_S—E_2 间的电压怠速时为 2.8V，熄火后为 4V；THA—E_2 间的电压在 20℃时为 2.5V。

2.1.5　空气流量计的案例分析

（1）**故障现象**　捷达 5V 发动机怠速不稳，部分负荷冒黑烟，有时换档熄火。

（2）**故障排除**　ECU 内故障存储为空气流量计故障，但具体检测空气流量计电路时情况正常，更换空气流量计故障依旧，更换 ECU 后冷车正常，热车后故障依旧。这时用 V. A. G1551 故障诊断仪检测全车数据块，发现 08 数据组第 7 组第 2 区氧传感器电压变化频率慢。正常变化应为 20～30 次/min，此时平均只有 5～6 次/min，说明氧传感器有故障。更换氧传感器，故障排除。

（3）**故障分析**　此故障在于 ECU 内出现空气流量计信号与氧传感器信号的矛盾，实际上是由于氧传感器失准，造成误调节，但从结果上看与空气流量计信号严重超差，造成氧传感器无法调整是一样的。这里 ECU 优先考虑重要信号即空气流量计信号，只要能正确理解 ECU 的故障提示，问题就不难解决。这个故障可理解为，从与空气流量计有关的故障，很容易联想到氧传感器，这就需要对其原理多了解一些，问题也就不难解决了。

2.2　进气歧管绝对压力传感器的结构原理与检测

2.2.1　进气歧管绝对压力传感器的功用

进气歧管绝对压力（MAP）传感器，其功用是测量进气歧管内空气的绝对压力，并将其转变为电压信号输送到发动机 ECU，发动机 ECU 据此信号和转速信号确定实际进气量，用于修正点火提前角和控制喷射时间。目前这种测量方式应用比较广泛，如桑塔纳 2000GLi 的 AFE 发动机、三菱的 4G69 发动机。

因为这种测量方式是属于间接的测量，进气质量随进气温度及大气压力变化，所以有些进气歧管绝对压力传感器与进气温度传感器装在一起来测量空气质量，如图2-24所示。标致307汽车就采用这种进气压力传感器，其进气歧管绝对压力传感器和进气温度传感器做成一体，传感器持续测量进气管路中的压力，同时测量发动机的进气温度。

2.2.2　进气歧管绝对压力传感器的结构与原理

进气歧管绝对压力传感器常见的类型有半导体压敏电阻式、三线高灵敏度可变电阻式和膜盒传动可变电感式。安装位置有通过真空软管安装（图2-25）和直接安装在进气管上两种。

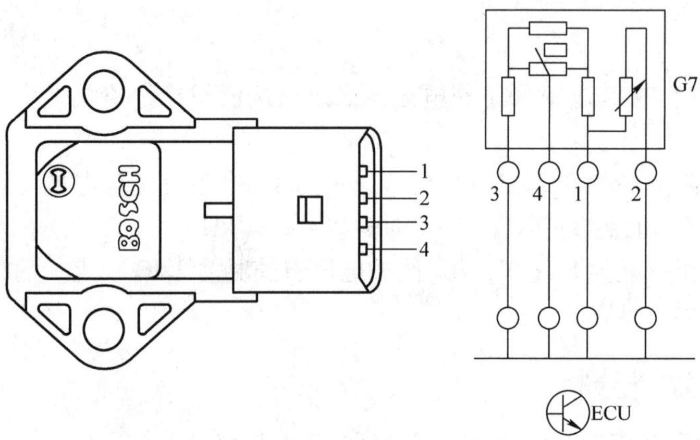

图2-24　进气温度、压力传感器的接线示意图

1—搭铁　2—进气温度信号　3—5V电压　4—进气压力信号

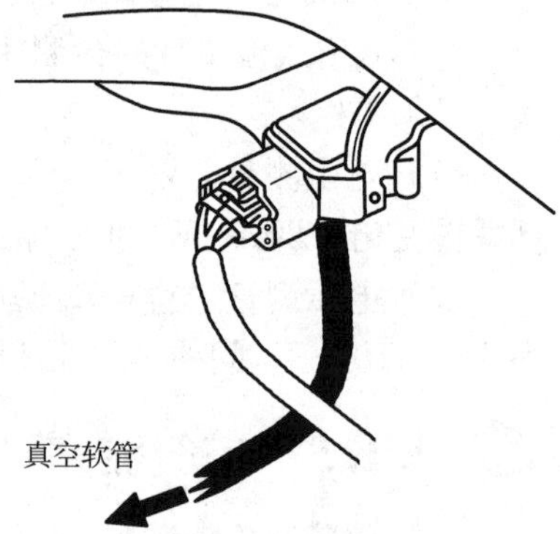

图2-25　通过真空软管安装的进气歧管绝对压力传感器

1. 半导体压敏电阻式进气歧管绝对压力传感器

半导体压敏电阻式进气歧管绝对压力传感器由硅膜片、集成电路、滤清器、真空室和壳体等组成，如图2-26所示。硅膜片是压力转换元件，它是利用半导体的压电效应制成的。硅膜片的一面是真空室，另一面是导入的进气压力。集成电路是信号放大装置，它的端头与ECU连接。

发动机工作时，从进气管来的空气经进气歧管压力传感器的滤清器滤清后作用在硅膜片上，硅膜片产生变形（由于进气流量对应着相应的进气压力，故进气流量越大，进气管压力就越高，硅膜片变形也就越大），使扩散在硅膜片上电阻的阻值改变，导致惠斯顿电桥输出的电压变化。进气歧管压力传感器上的集成电路将电压信号放大处理后送至ECU，此信号成为ECU计算进入气缸空气量的主要依据。

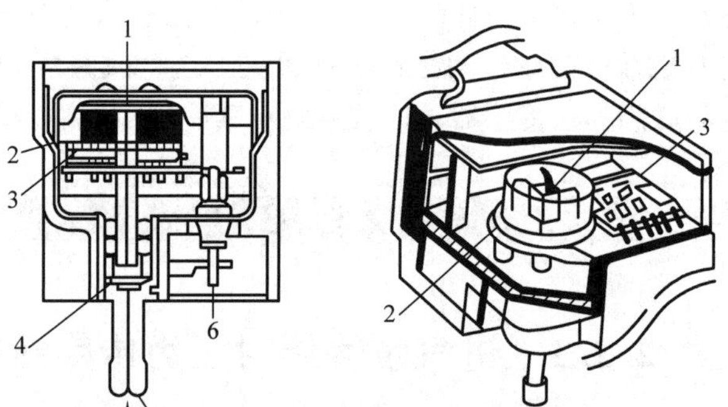

图2-26　半导体压敏电阻式进气歧管绝对压力传感器

1—硅膜片　2—真空室　3—集成电路　4—滤清器　5—进气端　6—接线端

传感器输出的信号电压具有随进气歧管绝对压力增大呈线性增大的特性。

2. 三线高灵敏度可变电阻式进气歧管绝对压力传感器

三线高灵敏度可变电阻式进气歧管绝对压力传感器主要由壳体、膜片、可变电阻器、滑片、连接管道、电插接器等组成，如图 2-27 所示，膜片上部与大气相通，下部与进气歧管相通。发动机 ECU 输给传感器 5V 的基准电压，当进气歧管内的压力低时（小负荷时），膜片带动滑片下移，电阻增大，传感器输出 1.5 ~2.1V 的低电压；当进气歧管内的压力高时（大负荷时），膜片带动滑片上移，电阻减小，传感器输出 3.9 ~5.0V 的高电压。

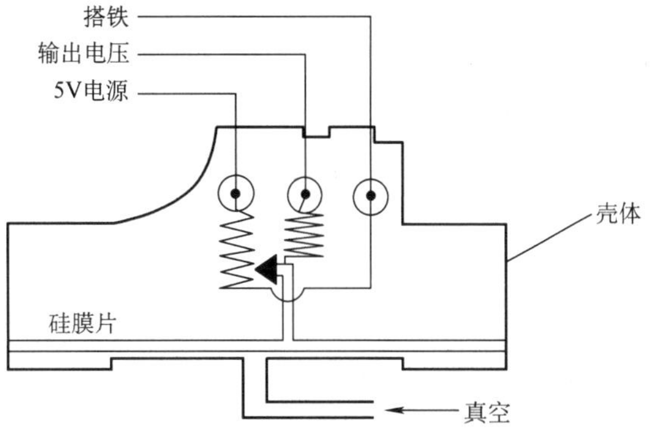

图 2-27　可变电阻式进气歧管绝对压力传感器

3. 膜盒传动可变电感式进气歧管绝对压力传感器

真空膜盒传动的可变电感式进气歧管绝对压力传感器主要由膜盒、铁心、感应线圈和电子电路等组成，如图 2-28 所示。其工作原理如图 2-29 所示。膜盒是由薄金属片焊接而成，其内部被抽成真空，外部与进气歧管相通，外部压力变化将使膜盒产生膨胀和收缩的变化，置于感应线圈内部的铁心和膜盒联动，感应线圈由两个绕组构成，其中一个与振荡电路相连，产生交流电压，在线圈周围产生磁场；另一个为感应绕组，产生信号电压。当进气歧管压力变化时，膜盒带动铁心在磁场中移动，使感应线圈产生的信号电压随之变化。该信号电压由电子电路检波、整形和放大后，作为传感器的输出信号送至 ECU。

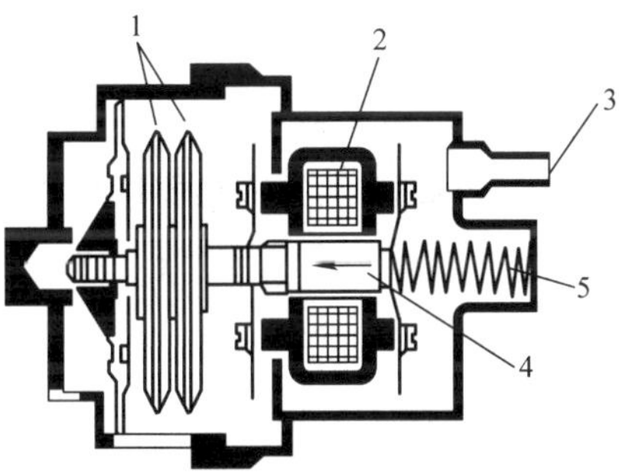

图 2-28　膜盒传动可变电感式进气歧管绝对压力传感器的结构

1—膜盒　2—感应线圈　3—至进气歧管　4—铁心　5—回位弹簧

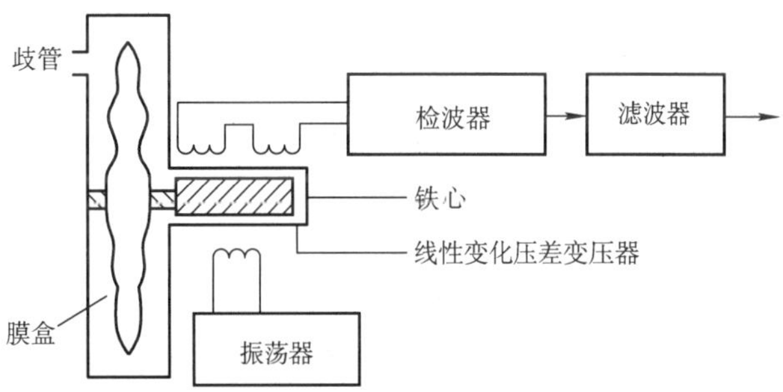

图 2-29　膜盒传动可变电感式进气歧管绝对压力传感器的工作原理

2.2.3　进气歧管绝对压力传感器的常见故障及原因

进气歧管绝对压力传感器无信号或信号不正确，会使喷油控制失常，将造成发动机不能起动、起动困难、怠速运转不柔和、加速时抖动、发动机失速、燃油消耗过大等故障。

进气歧管绝对压力传感器常见的故障原因：连接进气歧管绝对压力传感器的真空管路接头处或传感器内部有泄漏，使信号电压不正常或无信号输出；进气歧管绝对压力传感器插接器端子或其内部电路接触不良或断路，使传感器信号不正常或无信号输出；进气歧管绝对压力传感器的压敏元件或相关部件失常而使信号电压不正常。

故障码的实效保护：如果ECU能够判断进气歧管绝对压力传感器已经有故障，就会调用后备值进行代替。

故障码监测、设置条件和故障可能的原因如下。

1. P0106——进气压力信号超量程（以广州本田飞度为例）

检测条件：点火钥匙置于ON位置，在75ms之内没有凸轮轴和曲轴信号，发动机转速小于250r/min。

设置条件：进气歧管绝对压力传感器输送给ECU的电压小于2.196V，持续300ms。

可能的原因：间歇性故障；5V电压供电电路对搭铁短路；5V电压供电电路断路；MAP传感器内部故障；MAP传感器信号电路断路；MAP传感器信号电源对搭铁短路；ECU 5V供电电路故障；ECU MAP传感器信号故障。

2. P0107——MAP传感器电压过低（以广州本田飞度为例）

检测条件：发动机转速在600~3500r/min之间，节气门位置传感器电压小于1.2V，蓄电池电压大于10V。

设置条件：MAP传感器信号电压小于0.039V，持续1.7s。

可能的原因：间歇性故障；5V供电电压电路对搭铁短路；5V供电电压电路断路；MAP传感器内部故障；MAP传感器信号电路对搭铁短路；MAP传感器信号电路对传感器搭铁电路短路；ECU 5V供电电路故障；ECU MAP传感器信号故障。

3. P0108——MAP传感器电压过高（以广州本田飞度为例）

检测条件：发动机转速在600~3500r/min之间，节气门位置传感器电压小于1.2V并持续1.7s，蓄电池电压大于10V。

设置条件：MAP传感器信号电压大于4.96V。

可能的原因：间歇性故障；MAP传感器信号电路对5V供电电路短路；MAP传感器信号电路对蓄电池短路；MAP传感器内部故障；MAP传感器信号电路断路；传感器搭铁电路断路；ECU故障。

4. P0105-1——进气歧管压力过高（以三菱4G64发动机为例）

故障说明：信号线对5V或12V短路。

5. P0105-2——进气歧管压力过低（以三菱4G64发动机为例）

故障说明：传感器搭铁线、5V或信号线开路；信号线对搭铁短路。

失效控制模式：停止补偿喷油；停止自学习数据更新；发动机未起动时，系统给定固定值约为100kPa；发动机运转时，从节气门位置传感器及转速信号表估算压力值。

2.2.4 进气歧管绝对压力传感器的拆装与检测方法

直接在进气歧管上安装进气歧管绝对压力传感器时，要注意密封好不能漏气，固定螺栓的拧紧力矩须符合规定要求。安装通过软管连接的进气歧管绝对压力传感器时，要注意真空管不能折叠、堵塞或漏气。

1. 半导体压敏电阻式进气歧管绝对压力传感器的检测

富康汽车的进气歧管绝对压力传感器为压敏电阻型，工作电压为5V，进气歧管绝对压力传感器的外形和电路如图 2-30 所示。进气歧管的压力通过真空管导入传感器内，使元件发生变形，产生与进气歧管绝对压力相对应的电压信号，并通过 3 号端子向 ECU 输出。进气歧管压力与传感器信号电压的关系如图 2-31 所示。

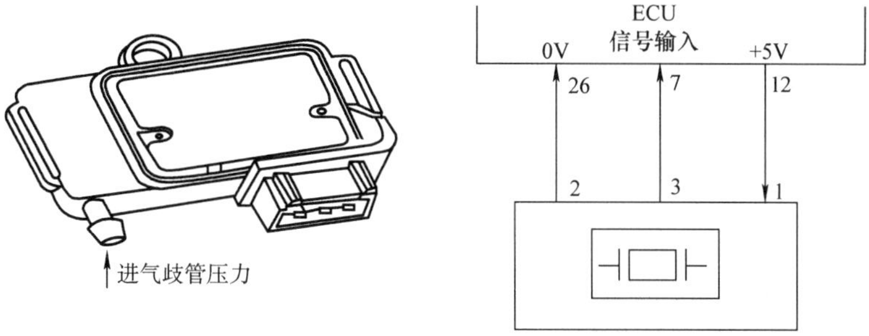

图 2-30 进气歧管绝对压力传感器的外形和电路（富康）

（1）**静态测量** 检测进气歧管绝对压力传感器的电源电压，接通点火开关，测量 ECU 12—26 号端子之间的电压，应为 5V。测量进气歧管绝对压力传感器端子 1 和端子 2 之间的电压，应为 5V。如果 ECU 12—26 号端子之间的电压不正常，则需检修 ECU 的电源线路或 ECU；如果 ECU 12—26 号端子之间的电压正常，而进气歧管绝对压力传感器端子 1 和端子 2 之间的电压低或无，则需检修进气歧管绝对压力传感器与 ECU 之间的线路。

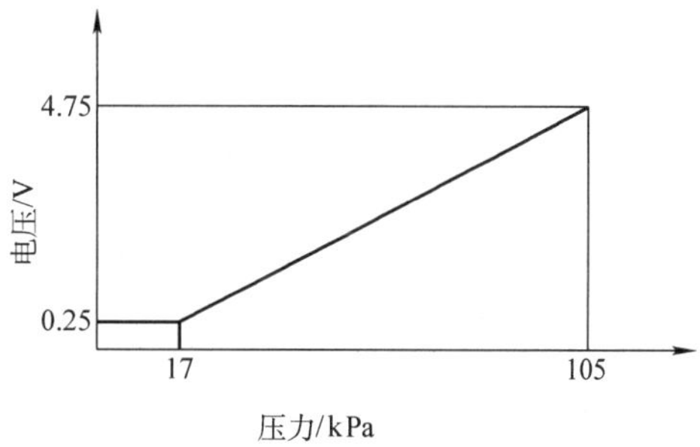

图 2-31 进气歧管绝对压力与传感器信号电压的关系

（2）**动态测量** 接通点火开关，在发动机怠速（进气歧管绝对压力为 40kPa）和发动机全负荷时（进气歧管绝对压力为 100kPa），测量 ECU 7—26 号端子之间的电压，应分别为 1.4V 和 4.5V；测量进气歧管绝对压力传感器端子 2 和 3 之间的电压，应分别为 1.4V 和 4.5V。

如果 ECU 7—26 号端子之间的电压低或无，而进气歧管绝对压力传感器端子 2 和端子 3 之间的电压正常，则需检修进气歧管绝对压力传感器与 ECU 之间的线路。

如果进气歧管绝对压力传感器端子 2 和端子 3 之间的电压低或无，则需检修或更换进气歧管绝对压力传感器。

2. 膜盒传动式进气歧管绝对压力传感器的检测

由于这种传感器是利用 12V 电源完成变压作用的，所以拔下插座就无法检测传感器的好坏。如图 2-32 所示，检测时，将万用表（电压档）的表笔分别插入导线插接器与两端子接触，测量其输出电压。测量方法如下：在不动插座的情况下打开点火开关，将万用表表笔与 Vs、E 端子接触。在开放真空管道、加上大气压的情况下，电压值约为 1.5V，而在手动真空泵对真空管道吸气的情况下，电压值应从 1.5V 向降低方向变化；发动机怠速运转时，电

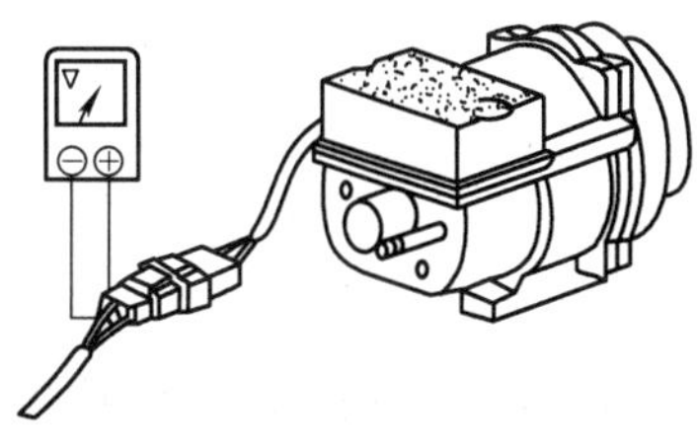

图 2-32 测量膜盒传动式进气歧管压力传感器的输出电压

压值约为0.4V，而当发动机转速升高时，此电压值也升高。

3. 检修举例

以广州本田飞度1.3L发动机的进气歧管绝对压力传感器的故障码（DTC）为例，介绍故障码的处理流程，其电路如图2-33所示。

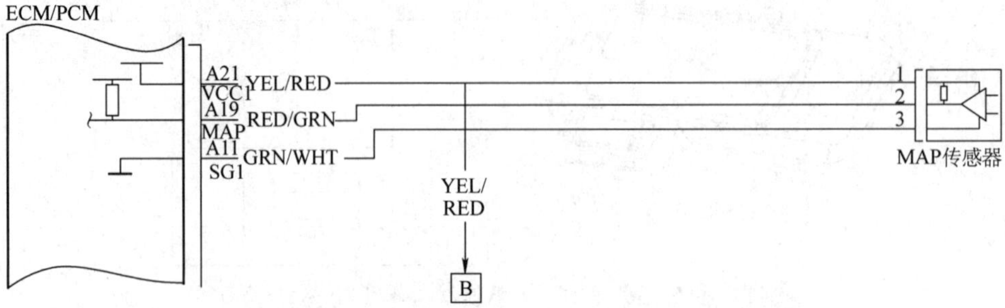

图2-33　进气歧管绝对压力传感器与ECM/PCM连线的电路图

（1）DTC为P0107——MAP传感器电路电压过低

① 将点火开关置于ON位置。

② 用本田PGM测试仪检查数据表中的MAP传感器，观察其是否指示101kPa或2.9V。如果是，为间歇性故障，系统目前正常，检查MAP传感器和ECM/PCM处是否连接不良或端子松动；如果不是，转到下一步。

③ 将点火开关置于OFF位置。

④ 断开MAP传感器3芯插头。

⑤ 将点火开关置于ON位置。

⑥ 测量MAP传感器插头SG1与VCC1之间的电压，观察是否约为5V。如果是，转到第⑧步；如果不是，转到下一步。

⑦ 测量ECM/PCM插头的A11号端子与A21号端子之间的电压，观察是否约为5V。如果是，维修ECM/PCM和MAP传感器之间的导线断路故障；如果不是，若ECM/PCM没有最新版本的软件，则对其进行升级，或者用一块确认良好的ECM/PCM更换，然后重新检测，如使用确认良好的ECM/PCM后，故障现象消失，则更换原来的ECM/PCM。

⑧ 用本田PGM测试仪检查数据表中的MAP传感器，观察其指示值是否为2kPa或更低或电压为0V。如果是，转到下一步；如果不是，更换MAP传感器。

⑨ 将点火开关置于OFF位置，断开ECM/PCM插头。

⑩ 检查MAP传感器插头的MAP端子与车身搭铁之间的导通性，观察是否导通。如果导通，维修ECM/PCM与MAP传感器之间的导线短路故障；如果不是，若ECM/PCM没有最新版本的软件，则对其进行升级，或者用一块确认良好的ECM/PCM更换，然后重新检查，如果使用确认良好的ECM/PCM后，故障现象消失，则更换原来的ECM/PCM。

（2）DTC为P0108——MAP传感器电路电压过高

① 起动发动机，如果发动机无负载转速保持在3000r/min以上，直到散热器风扇起动，然后让其怠速运转。

② 用本田PGM测试仪检查数据表中的MAP传感器（进气压力传感器），观察其是否指

示 101kPa 或 2. 9V。如果是，转到下一步；如果不是，为间歇性故障，系统目前正常，检查 MAP 传感器和 ECM/PCM 处是否连接不良或端子松动。

③ 将点火开关置于 OFF 位置，断开 MAP 传感器 3 芯插头。使用跨接线连接 MAP 传感器 3 芯插头的 MAP 和 SG1 端子。

④ 将点火开关置于 ON 位置。

⑤ 读取 MAP 传感器的数据，观察其指示值是否为 101kPa 或 2. 9V 以上。如果是，转到下一步；如果不是，更换 MAP 传感器。

⑥ 拆除跨接线，检查 MAP 传感器 3 芯插头的 VCC1 与 SG1 端子之间的电压，观察是否约为 5V。如果是，转到下一步；如果不是，维修 ECM/PCM 与 MAP 传感器之间的导线短路故障。

⑦ 将点火开关置于 OFF 位置，使用跨接线连接 ECM/PCM 插接的 A11 号端子与 A19 号端子。

⑧ 将点火开关置于 ON 位置，用本田 PGM 测试仪检查数据表中的 MAP 传感器，观察其指示值是否为 101kPa 或更高或是电压为 2. 9V 以上。如果是，若 ECM/PCM 没有最新版本的软件，则对其进行升级，或者用一块确认良好的 ECM/PCM 更换，然后重新检查，如果使用确认良好的 ECM/PCM 后，故障现象消失，则更换原来的 ECM/PCM；如果不是，维修 ECM/PCM 与 MAP 传感器之间的导线短路故障。

2. 2. 5　进气歧管绝对压力传感器的案例分析

故障案例：雪佛兰汽车进气压力传感器故障。

（1）**故障现象**　一辆通用雪佛兰轿车随着发动机温度升高出现怠速不稳的现象，并且温度越高怠速越粗暴，最后导致熄火，再次起动非常困难，只有等温度下降后才可再次起动，并且仪表板上发动机的故障指示灯不亮。

（2）**故障检查**　读喷油脉宽观察喷油器的喷油情况，发现当车抖动时，喷油量明显减少，显然是电控单元给喷油器的指令有问题。造成这种情况的原因有两个，一是各传感器输送的信号有误，二是喷油器的驱动回路接触不良。

读取故障码，找到位于仪表板下的诊断座，通过故障解码器得到故障码 34。34 为 MAP 信号电压过高，于是调查进气压力传感器及其线路。传感器为三线式，打开点火开关测量其传感器的电源电压，符合标准值 4 ~6V；测量传感器到电控单元的导线电阻接近 0Ω，也正常；测量其信号线在不同真空度时的对地电压，输出电压较标准值高。更换该传感器后故障现象立即消失。

（3）**故障分析**　传感器输出较高的电压，表示进气管的压力比较低，即进气量少，负荷小，电控单元根据该信号减少喷油时间，造成了混合气过稀。在暖机过程中，由于有起动后加浓及冷车加浓，故障现象被掩饰，随着暖机过程的结束，混合气变得过于稀薄而导致熄火。通过这次维修得知，故障灯不亮并不意味着电控系统一定无故障，有时可能是未完全损坏的隐性或历史性故障，因此一定要先读取故障码，从原理上进行系统分析，以便少走弯路。

2.3　曲轴和凸轮轴位置传感器的结构原理与检测

2.3.1　曲轴和凸轮轴位置传感器的功用

曲轴转速传感器与曲轴位置传感器，虽然它们所测量的内容不同，在电控系统中两者通常都采用对脉冲的检测方法进行测量。转速是通过对随发动机转速变化的脉冲信号频率进行测量而得到的，曲轴转角是由相对曲轴转角位置不变的脉冲信号所产生的时刻与发动机转速值的运算得来的。因此，发动机转速传感器一般与曲轴位置传感器制成一体，有些干脆就是共用同一个传感器或共用一个脉冲信号，这样就将曲轴转速传感器和曲轴位置传感器合在一起，简称为曲轴转速传感器或曲轴位置传感器。其安装部位有在曲轴前端、凸轮轴前端、飞轮上和分电器内的，不同车辆所采用的结构形式不完全一样。同样的道理，凸轮轴位置传感器和凸轮轴转速传感器也是做成一体，简称为凸轮轴转速传感器或凸轮轴位置传感器。

ECU 根据曲轴位置传感器输出信号可以知道两个气缸的活塞在接近上止点位置，但并不清楚是哪个气缸，还需要有判缸信号相配合，即需要有凸轮轴位置传感器向 ECU 提供信息，故凸轮轴传感器是一个提供气缸判别定位信号的传感器，它与曲轴位置传感器产生的曲轴位置和转速信号相配合，可以保证发动机正常喷油和点火顺序。

曲轴位置与转速传感器和凸轮轴位置与转速传感器检测发动机的转速信号和发动机曲轴位置信号输入发动机 ECU，具体功能如下：

1）它是控制喷油时刻和点火时刻不可缺少的信号源。

2）计算机收到此信号后可反映的信息有发动机转速、转速的急剧变化、是加速还是减速。

3）利用缺齿信号和点火线圈的相应信号可进一步判断 1 缸和它的对应缸是压缩行程还是排气行程，计算机分析多次成功点火时，由发动机转速的变化来确定是否点火失败。

4）有些发动机的点火开关起动档没有给 ECU 判断发动机是否处于起动状态，就只能以曲轴位置与转速传感器和凸轮轴位置与转速传感器是否有信号，并且是否一致为依据，这两个信号缺一不可，这是给 ECU 发送发动机正在运转信号的传感器，非常关键。例如，本田的雅阁及飞度就是这样控制的。

5）有些发动机的凸轮轴位置传感器有两个，作用是不同的，如本田雅阁 2.0L、2.4L 发动机中曲轴位置传感器和排气凸轮轴位置传感器为 VTC（可变配气相位）的标准信号，进气凸轮轴位置传感器仅作为 VTC 工作的监测信号。

6）在点火提前角闭环控制中，发动机 ECU 利用凸轮轴位置信号和爆燃信号来修正每个气缸的点火提前角。

2.3.2　曲轴和凸轮轴位置传感器的结构与原理

按工作原理分类，曲轴和凸轮轴位置传感器可以分为磁电感应式（也称为磁脉冲式）、霍尔式和光电式。光电式传感器只能安装在分电器内，而磁电感应式和霍尔式的传感器一般安装在分电器内、曲轴前端及凸轮轴前端。有的 V 形发动机凸轮轴位置传感器有两个，分别是进气凸轮轴位置传感器和排气凸轮轴位置传感器。

1. 磁电感应式传感器的原理

磁电感应式曲轴位置传感器由永久磁铁、信号转子和感应线圈等组成，其结构如图2-34所示，电路如图 2-35 所示。该传感器分为上、下两部分，上部分产生的信号称为 G 信号，下部分产生的信号称为 Ne 信号。都是利用带有信号齿的转子旋转，使信号发生器感应线圈内的磁通变化，从而在感应线圈处产生交变的感应电动势，将此信号放大后，送入 ECU。

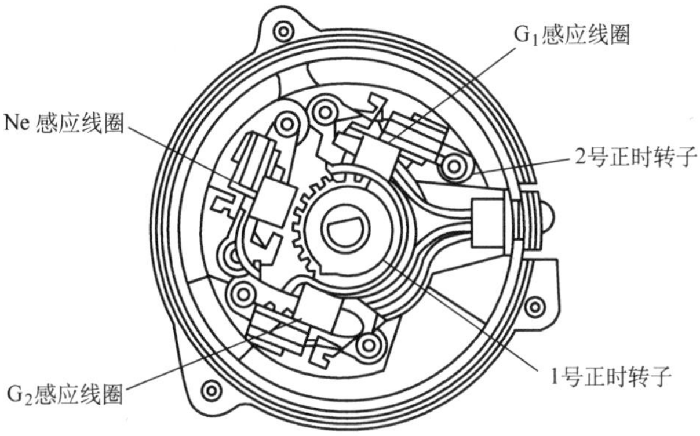

图 2-34　安装在分电器内的磁电感应式曲轴位置传感器的结构

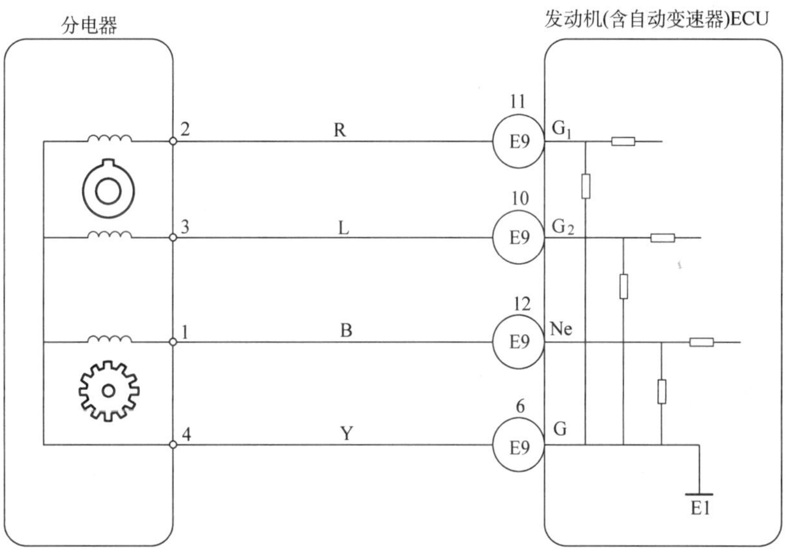

图 2-35　磁电感应式曲轴位置传感器的电路

Ne 信号由固定在下部等间隔的 24 个信号齿的转子（2 号正时转子）及固定在其对面的感应线圈产生。就转子上的一个信号齿而言，当转子旋转时，信号齿与感应线圈的凸缘部（磁头）的空气间隙发生变化，导致通过感应线圈的磁场变化而产生感应电动势。因信号齿靠近及远离磁头时，将产生一次增减磁通的变化，所以，每一个信号齿通过磁头时，将在感应线圈处产生一个完整的交流电压信号。2 号正时转子上有 24 个齿，故转子转动一圈，感应线圈将产生 24 个交流信号，其中一个周期的脉冲相当于 30°曲轴转角（720°/24 = 30°）。更精细的转角检测，是利用 30°曲轴转角时间，由 ECU 再分成 30 等份，即产生 1°曲轴转角信号。同理，发动机转速的检测，由 ECU 依照 Ne 信号的两个脉冲（60°曲轴转角）所经过的时间为基准计算发动机转速。

G信号的作用是判别气缸及检测活塞上止点位置。G信号由G转子（1号正时转子）及其对面对称的两个感应线圈 G_1 和 G_2 产生。G信号的产生原理与Ne信号相同，曲轴每转两圈（分电器轴转一圈），G_1 和 G_2 感应线圈各产生一个脉冲信号，只要G转子凸齿在1缸位于上止点时与 G_1 或 G_2 感应线圈靠近，ECU即可根据 G_1 和 G_2 确定1缸上止点位置，并以此为基准，根据Ne信号和各缸工作顺序确定其他缸的工作位置。

捷达AT、GTX、桑塔纳2000CSi型轿车磁电感应式曲轴位置传感器的结构如图2-36所示，它安装在曲轴箱内靠近离合器的缸体上。

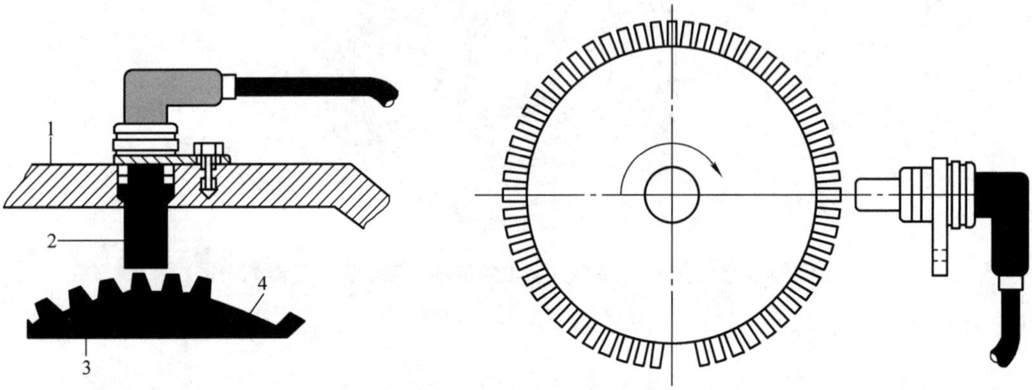

图2-36 捷达轿车磁电感应式曲轴位置传感器的结构

1—缸体 2—信号发生器 3—信号转子 4—大齿缺（基准标记）

传感器信号转子为齿盘式，在其圆周上间隔均匀地制作有58个齿（57个小齿缺和1个大齿缺）。大齿缺输出基准信号，对应于发动机1缸或4缸压缩上止点前一定角度。当ECU接收到宽脉冲信号时，便可知道1缸或4缸活塞即将到达上止点位置，至于即将到来的是1缸还是4缸活塞，则需根据凸轮轴位置传感器输入的气缸识别信号来确定。

2. 霍尔式传感器的原理

如图2-37所示，霍尔效应原理是指给一个半导体元件（霍尔基片）通电流，同时在垂直于电流的方向施加磁场，这时就会在霍尔基片的两侧（垂直于电流和磁场方向）产生电压信号。霍尔式传感器由触发叶轮（触发叶轮的齿数与发动机的缸数相同）、霍尔基片和带导板的永久磁铁组成，如图2-38所示。霍尔式传感器的安装位置有：分电器内，曲轴前端，飞轮壳上，凸轮轴前、后端等。

霍尔式传感器的工作原理如图2-38所示。A、B是霍尔基片通电流方向，C、D是产生电信号方向，触发叶轮转动，当叶轮齿对准永久磁铁和霍尔基片时，磁力线被旁通，霍尔基片上的磁场消失，霍尔基片不产生感应电压；当气隙对准永久磁铁和霍尔基片时，磁力线通过霍尔基片，霍尔基片产生感应电压。

霍尔式传感器的应用情况：

1）叶轮齿等宽式。这类传感器一般只用来检测发动机的转速信号，所以还必须再配以曲轴位置传感器。

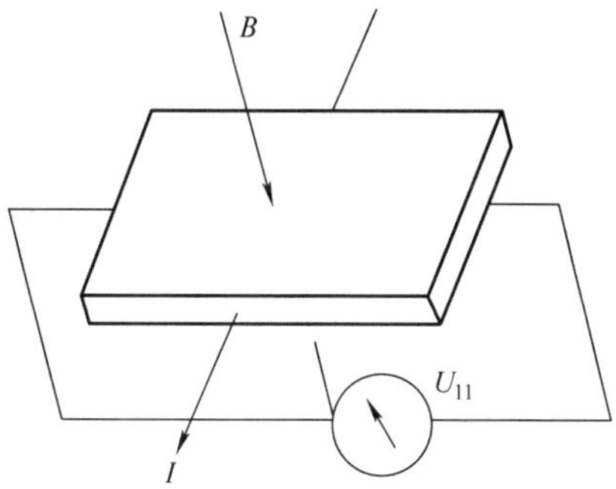

图 2-37　霍尔效应原理

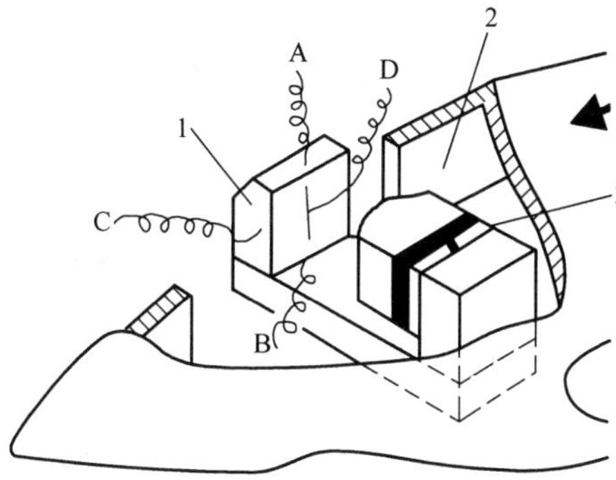

图 2-38　霍尔式传感器的工作原理

1—霍尔基片　2—信号转子叶片　3—永久磁铁

2）叶轮齿不等宽式。这类传感器可用来检测转速和曲轴位置信号，其特点是有一个齿与其他的齿不等宽，用其测发动机 1 缸上止点信号。

3. 光电式传感器的原理

光电式传感器一般安装在分电器内，主要由发光二极管、光敏二极管、遮光盘和控制电路等组成，如图 2-39 所示。

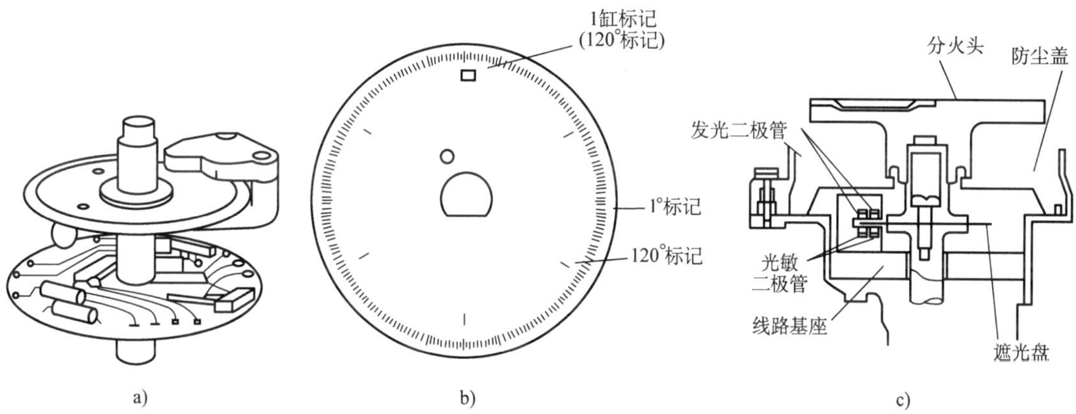

图 2-39　光电传感器的结构与原理

a）实物外形图　b）六缸发动机用　c）结构原理图

发光二极管、光敏二极管和控制电路都装在固定底板座上，发光二极管与光敏二极管位置相对，分别位于遮光盘的两侧。遮光盘固定在凸轮轴上，与凸轮轴一同转动。遮光盘边缘刻有 360 条缝隙，每转过 1 条缝隙对应凸轮轴 1°转角。在遮光盘边缘还刻有表示 1 缸上止点位置的缝隙和 60°（六缸机）或 90°（四缸机）间隔的缝隙。当遮光盘挡住发光二极管的光线时，光敏二极管截止，控制电路输出低电压。当缝隙对准发光二极管与光敏二极管时，光线照射到光敏二极管上，控制电路输出高电压。凸轮轴转一周，由 360 条缝隙所控制的电路将输出 360 个脉冲信号，每个脉冲信号对应于凸轮轴 1°转角（曲轴 2°转角），此信号作为向 ECU 输入的转速信号（Ne 信号）。由缝隙较宽的 1 缸上止点位置标记和 60°（或 90°）间隔缝隙所控制的电路将向 ECU 输入 1 缸上止点位置信号和缸序判别信号（G 信号）。

2.3.3　曲轴和凸轮轴位置传感器的常见故障及原因

发动机转速与曲轴位置传感器有故障时，会造成发动机不能工作或发动机起动后立即熄火。发动机转速与曲轴位置传感器的常见故障有：传感器插接器或内部线路接触不良或断路而使传感器信号弱或无信号输出；传感器感应线圈有短路或搭铁而使传感器信号弱或无信号输出；传感器安装松动或间隙不当而使传感器信号弱或无信号输出。

三菱4G64发动机的常见故障码及原因如下：

1）P0335-0。无58X曲轴传感器信号，故障原因是传感器与ECM开路或短路。

失效保护模式：无补救措施，发动机无法起动。

2）P0335-8。58X信号错误，故障原因是连接插头不良、线束抗干扰能力差、58X齿圈质量有问题导致进入ECM的58X信号脉冲数量不正确。

失效保护模式：无补救措施，严重时发动机无法起动或突然停机。

2.3.4　曲轴和凸轮轴位置传感器的拆装与检测方法

要注意曲轴和凸轮轴位置传感器的安装力矩和间隙应符合标准。例如，别克凯越汽车的凸轮轴位置传感器螺栓（1.6L双顶置凸轮轴）的安装力矩是7N·m，曲轴位置传感器固定螺栓（1.6L双顶置凸轮轴）的安装力矩是6.5N·m。

1. 磁脉冲式曲轴和凸轮轴位置传感器的检修

现以丰田皇冠3.0轿车的曲轴和凸轮轴位置传感器为例介绍其检查方法，以富康发动机的曲轴和凸轮轴位置传感器的故障为例介绍具体检修方法。

（1）检查电阻（表2-5）

表2-5　曲轴位置传感器的电阻

端　子	条　件	电阻值/Ω	端　子	条　件	电阻值/Ω
G_1—G－ G_2—G－	冷态	125～200	Ne—G－	冷态	155～235
	热态	160～235		热态	190～290

（2）检查输出信号　拔下曲轴位置传感器的导线插接器，当发动机转动时，G_1—G－、G_2—G－、Ne—G－端子间应有脉冲信号输出。如果没有脉冲信号输出，则需更换曲轴位置传感器。

（3）检查传感器线圈与信号转子的间隙　用非导磁塞尺测量信号转子与传感线圈磁头之间的气隙，如图2-40所示，气隙应为0.2～0.4mm。若气隙不符合规定，则应更换传感器总成。

（4）检查波形　曲轴和凸轮轴位置传感器的波形如图2-41所示。

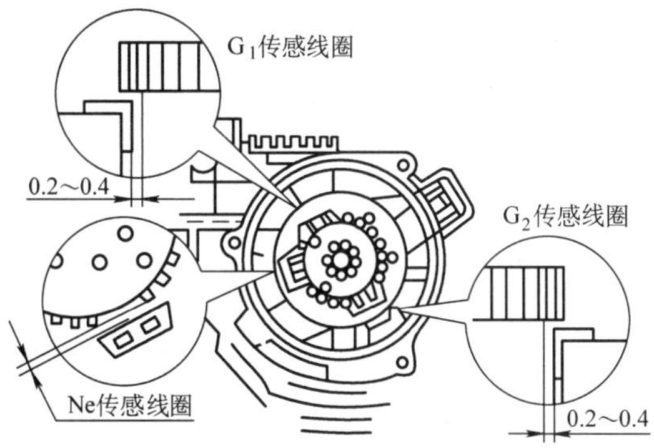

图 2-40　传感器线圈与信号转子的间隙

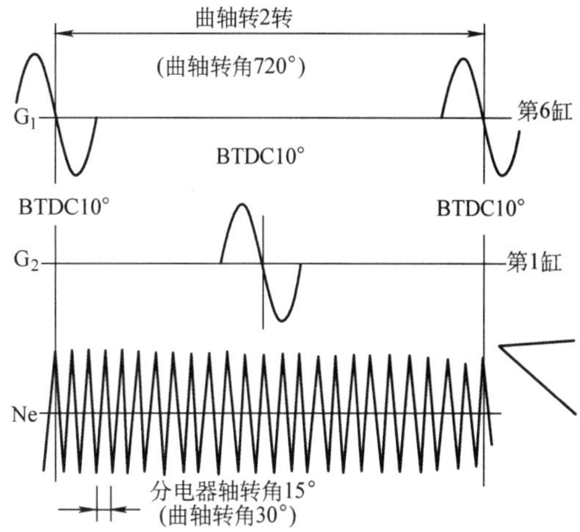

图 2-41　曲轴位置和转速传感器的波形

（5）检修示例　富康轿车发动机的传感器的铁心与信号触发齿轮之间有 0.5～1.5mm 的间隙，其安装结构示意图如图 2-42 和图 2-43 所示。信号触发齿轮有 58 个齿（60 个齿缺 2 个），转动一圈使感应线圈产生 58 个交变电压脉冲，感应线圈产生的电压波形如图 2-44 所示，ECU 据此信号频率的变化计算得到发动机的转速参数。信号触发齿轮的两缺齿应位于 1、4 缸上止点前 114°，ECU 根据此信号脉冲做曲轴位置的判断。

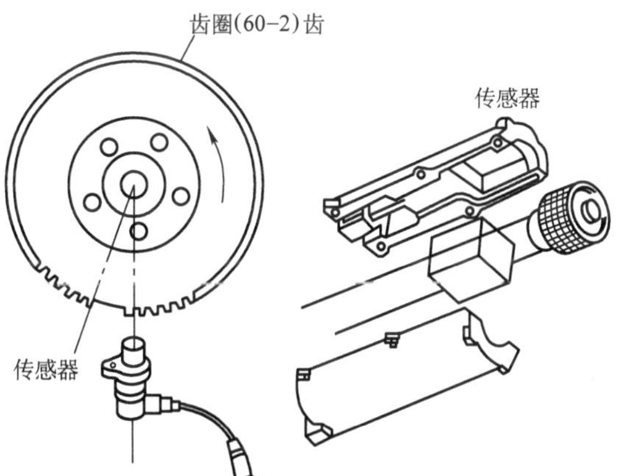

图 2-42　富康轿车发动机的传感器的安装位置

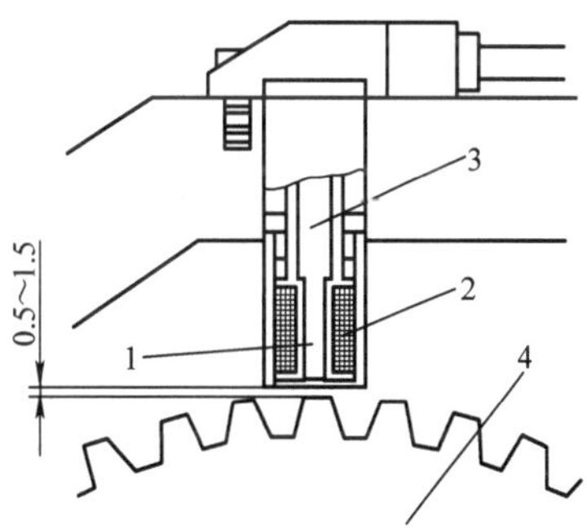

图 2-43　富康轿车发动机的传感器的结构

1—铁心　2—感应线圈

3—永久磁铁　4—信号触发齿圈

富康轿车发动机的曲轴和凸轮轴位置传感器的故障检修方法如下：

1）拔出发动机曲轴和凸轮轴位置传感器的插接器，用万用表测量传感器的电阻，应为 420Ω。如果电阻过大或过小，都需要更换发动机曲轴和凸轮轴位置传感器；如果电阻正常，进行下一步检测。

2）检测传感器的绝缘性。测量传感器信号正极和信号负极与屏蔽端子之间的电阻，应为∞。如果不是∞，则说明传感器线圈绝缘不良或对搭铁短路，需更换发动机曲轴和凸轮轴位置传感器。

3）测量传感器与轮齿之间的间隙，应为0.5～1.5mm。如果间隙不正常，更换传感器。

4）检测传感器的波形。将示波器的输入端子与传感器的信号输出端子相连接，起动发动机，观察示波器显示的传感器信号输出端子的电压波形，正常的波形应如图2-44所示。如果无信号电压波形或波形不正常，更换传感器。

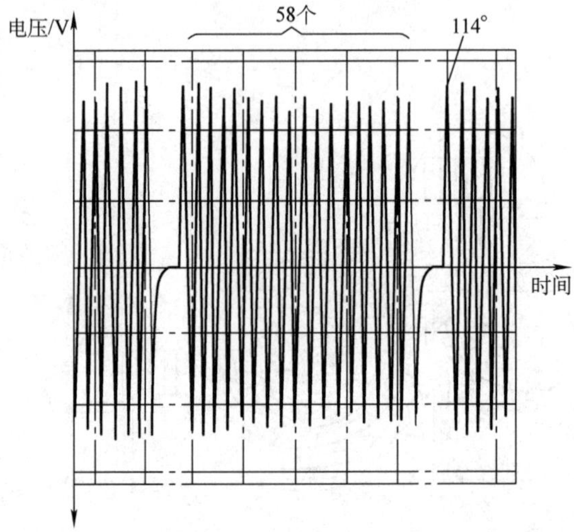

图2-44　发动机曲轴和凸轮轴位置信号的波形

2. 霍尔式传感器的检修

霍尔式曲轴位置传感器的检修主要是检查电源电压、信号输出电压和连接导线电阻。各型号霍尔式传感器的检查方法基本相同。下面以切诺基汽车曲轴位置传感器为例介绍其检修方法。

（1）**检查电源电压**　接通点火开关，用万用表直流电压档检测插头上端子A与C之间的电源电压，应为8V（图2-45）。如果电源电压为0，则断开点火开关，用万用表电阻档检测端子A与ECU插头端子7之间的电阻，阻值应小于0.5Ω。如果阻值为∞，说明电源线断路，检修或更换导线即可；如果电源电压为0，电源线路也良好，说明ECU故障，应予以更换。

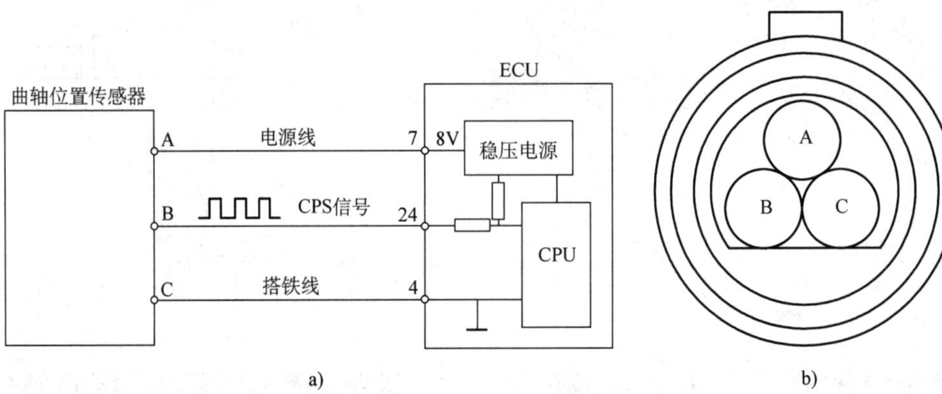

图2-45　切诺基汽车曲轴位置传感器

a）传感器连接电路　b）传感器端子位置图

（2）**检查信号电压**　接通点火开关，起动发动机并运转，传感器端子B与C之间的信号电压应在0.3～5V之间变化。也可在B、C端子之间串接一个发光二极管（正极连接“B”端子）和一个300Ω/0.25W电阻进行测试。发动机运转时，发光二极管应当间歇闪亮。如果电源电压正常，二极管不闪亮，说明传感器有故障，应更换新的传感器。

（3）检查电阻　关闭点火开关，拔下曲轴位置传感器的导线插接器，用万用表测量传感器端子 A 与 B 或 A 与 C 之间的电阻，应为∞，否则应更换曲轴位置传感器。

3. 光电式传感器的检修

光电式传感器的信号是数字信号，其检查方法与霍尔式传感器类似。光电式传感器的功能元件通常被密封得很好，但损坏分电器套或密封垫，以及维修不当时可能使油污和污物进入敏感区域造成污损，这些都可能引起不能起动、失速和断火等故障。

如果示波器显示波形异常，检查不良的线和线束插头，检查示波器和传感器的连线，确认相应的零件是在转动的（分电器等），当故障出现在示波器上时，摇动线束，这可以提供进一步证据，证明光电式传感器是否有故障的真正的根本原因。

2.3.5　曲轴和凸轮轴位置传感器的案例分析

案例分析 1

（1）故障现象　宝马 528i 冷车时能顺利起动，热车后行驶正常，但停车熄火后无法再起动。等车放凉后再起动，又能顺利起动。

（2）故障检修　用 ADC2000 检测发动机 ECU，显示为曲轴位置传感器故障。换一新的传感器后，冷、热车都能顺利起动。可路试几公里后停车熄火，又无法再起动，并出现起动时有回火、点火错乱及反转现象。用 ADC2000 再次读取故障码，无故障码显示。该车为每缸各有一个点火线圈，不应有点火错乱现象。从故障现象来看，问题还是出现在曲轴位置传感器上。拆检该传感器，发现其线路有一处已经磨破，里面的金属线就剩一丝相连。将此导线连接好并用绝缘胶布包住，装复后试车，冷、热车均能顺利起动，故障现象不再出现。

案例分析 2

（1）故障现象　一辆海南马自达旅行轿车因水泵漏水，开到一家汽车快修店更换新水泵。更换水泵后，发动机起动后不能着车，且没有着车征兆。

（2）故障分析与检修　从故障现象来看，此故障的原因可能是无点火高压电或喷油器不喷油，而最有可能造成此类故障的是曲轴位置传感器信号不正常。从之前的维修过程来看，故障有可能与更换水泵有关。该车装备 JM491Q-E 2.2L 单点喷射的汽油发动机，水泵安装在曲轴前端的带轮左上方，在它的下方约 20cm 处，安装有磁感应式曲轴位置传感器。检查曲轴位置传感器的插接器和连接线路，均良好。断开插接器，测量曲轴位置传感器的线圈电阻值，几乎为 0，说明该传感器的磁感应线圈短路。检查曲轴位置传感器的外部，没有人为碰伤或其他异常痕迹。传感器的密封是良好的，拆卸水泵时不可能有水渗入到内部。更换新的曲轴位置传感器后，发动机仍然不能起动。拆下空气滤清器，起动发动机，发现喷油器时而喷油，时而不喷油。于是拔下高压线，接上火花塞，观察点火高压电，结果只在起动时跳了一次电。断开蓄电池负极后再装回，起动发动机。此时喷油器喷油正常，但高压电仍然只跳一次电。此时怀疑新装上的曲轴位置传感器性能不良，测量传感器线圈，电阻值为 1280Ω。起动发动机，用万用表测量曲轴位置传感器的输出电压（当时没带示波器），为 0.6V 左右。根据经验判断，此传感器的输出电压偏低。将曲轴位置传感器与触发齿轮之间的间隙调小，再次起动发动机，输出电压达到 1.8V，但故障依旧。检查点火电路的线路连接情况，无异常。该发动机点火系统采用同时点火方式，有两个点火线圈，每个点火线圈有两根接线，一根是电源线，另一根是来自 ECU 的控制线。起动发动机，测量电源线，电压正常，但ECU未输出控制信号。考虑到ECU有故障的可能性不大，因此故障排查工作陷入了困境。再次询问更换水泵的维修人员，确定他没有超范围修理。于是怀疑新更换的曲轴位置传感器性能不良。将新的曲轴位置传感器拆下，与损坏的传感器做了比较，结果发现新传感器的磁力明显弱于损坏的传感器。几经周折，购买到了磁力与旧的基本相同的曲轴位置传感器。换上后，发动机恢复正常。

修复后，对第二个新传感器的电阻值和输出电压值进行了测量，为1280Ω和1.8V，与第一个新件一样。因此，推断可能是第一个新传感器的磁力弱，产生的信号有失真，造成ECU计算不准确所致。可惜当时没带示波器，不能观察和比较两个新传感器的信号波形。

2.4 节气门位置传感器的结构原理与检测

2.4.1 节气门位置传感器的功用

1）检测节气门开度的大小，将节气门的开度信号转换成电压信号输送到发动机ECU。

2）反映车辆的加、减速状态；反映发动机的负荷状态；反映发动机的怠速状态。

3）控制减速断油。

4）进行自动变速器的换档控制。

5）发动机运行时，如果空气流量计有故障，有的发动机控制系统的失效保护是由ECU根据节气门位置传感器信号和转速信号来控制喷油器的通电时间。

6）副节气门位置传感器是防滑系统中的器件，能反映副节气门的位置信号。

2.4.2 节气门位置传感器的结构与原理

节气门位置传感器安装在节气门体上，副节气门位置传感器安装在副节气门上。常见的类型有开关式（触点式）节气门位置传感器、线性式（电位计）节气门位置传感器和综合式节气门位置传感器。如果按是否能调整分类可以分为可调整节气门位置传感器和不可调整节气门位置传感器。可调整节气门位置传感器的固定螺钉的孔是椭圆形的，松动固定螺钉可小范围地调整节气门位置传感器的位置。

1. 开关式节气门位置传感器

开关式节气门位置传感器应用在早期的电控发动机上，因为触点容易烧蚀，而且不能准确地反映发动机的各种工况，目前应用较少。如图2-46a所示，开关式节气门位置传感器由可动触点和两个固定触点（怠速触点和功率触点）构成，可动触点可沿导向凸轮沟槽移动，导向凸轮由固定在节气门轴上的控制杆驱动。节气门在全关状态时，节气门位置传感器检测并输出怠速信号；节气门处在中间状态时，节气门位置传感器无信号输出；节气门开度大于50°时，节气门位置传感器检测并输出节气门大开度信号，如图2-46b所示。

2. 线性式节气门位置传感器

线性式节气门位置传感器的结构和原理如图2-47所示。线性式节气门位置传感器是一个电位计，利用触点在电阻体上的滑动来改变电阻值，测得节气门开度的线性输出电压，可知节气门开度和节气门开闭速度。

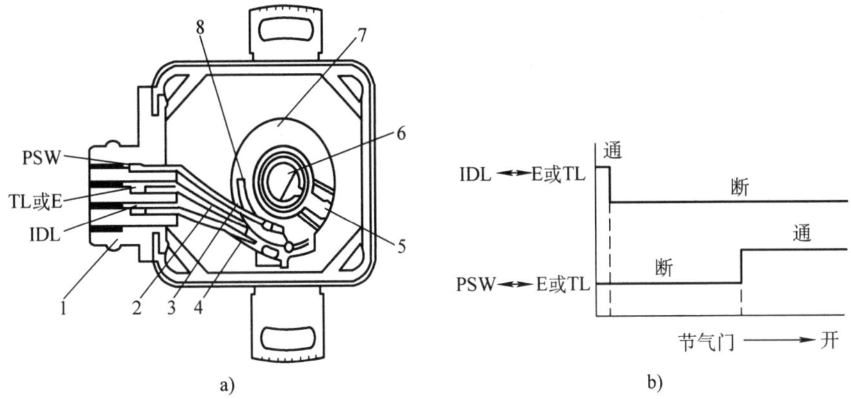

图 2-46　开关型节气门位置传感器

a）结构图　b）输出信号

1—插接器　2—可动触点　3—功率触点　4—怠速触点　5—控制臂

6—节气门轴　7—凸轮　8—槽

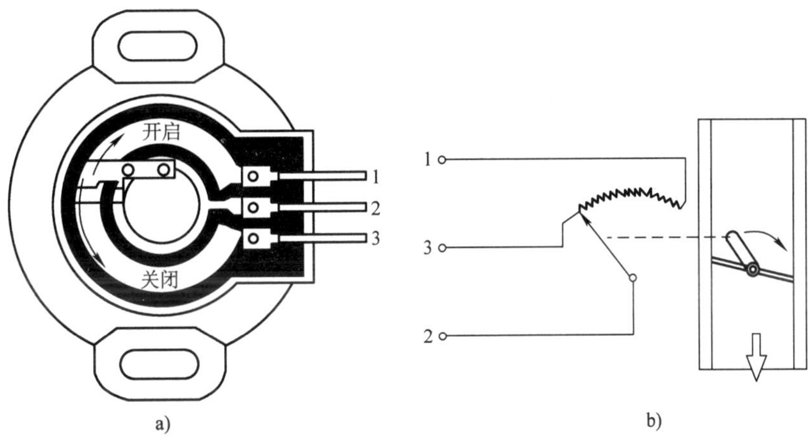

图 2-47　线性式节气门位置传感器的结构和原理

a）结构图　b）原理图

1—电源电压　2—信号输出端子　3—搭铁端子

一般在节气门全关时电压信号应约为 0.5V，随节气门增大，信号电压增强，全开时约为 5V。

3. 综合式节气门位置传感器

综合式节气门位置传感器在线性式节气门位置传感器的基础上增加了像开关式节气门位置传感器的怠速触点，发动机的怠速信号由怠速触点来提供。

如图 2-48 所示，综合式节气门位置传感器由两个与节气门轴联动的电刷触点、电阻器和怠速触点等组成。当节气门转动时，一个电刷触点可在可变电阻器上滑动，测得与节气门开度相对应的线性输出电压输送到发动机 ECU；另一电刷触点在节气门

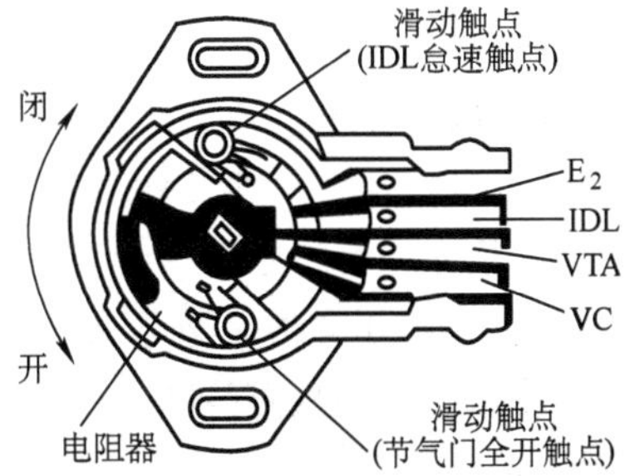

图 2-48　综合式节气门位置传感器的结构

全关时与怠速触点（IDL）接触，向 ECU 输出怠速信号；ECU 通过获得单位时间内节气门开度的变化率，可测得发动机的加、减速信号。

2.4.3　节气门位置传感器的常见故障及原因

节气门位置传感器的故障是信号不正确或无信号输出，可能会导致发动机无怠速或怠速不稳、加速困难或不能加速、发动机油耗和排气污染增加等问题。

节气门位置传感器的常见故障如下：

1）传感器滑片与电阻接触不良而使信号中断或时有时无。

2）传感器电阻或内部电路有断路或短路，使其无信号电压输出或信号电压不正确。

3）传感器滑片和电阻及相关零件松动、变形，使信号电压不准确。

当节气门位置传感器或其电路发生故障时，ECU 将始终接受节气门处于全开或全关状态信号，无法对喷油量进行精确控制。此时，在失效保护系统中，通常按节气门开度为 0°或 25°设定标准的节气门位置传感器。

当节气门位置传感器出现故障时，就会有故障码。下面以别克凯越汽车为例介绍故障码（DTC）。

P0122——节气门位置传感器电压过低，如图 2-49 所示。

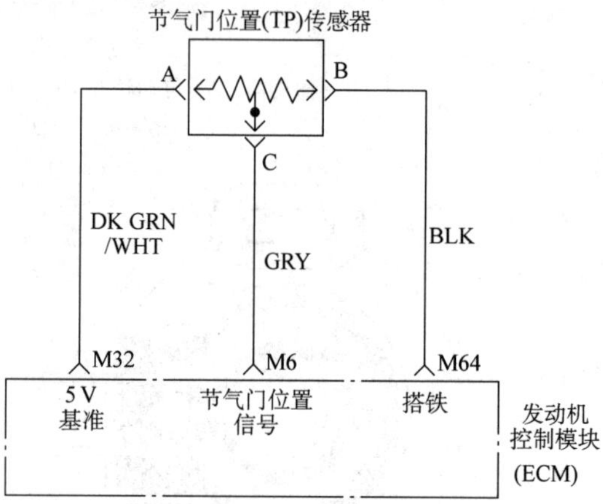

图 2-49　别克凯越汽车的节气门位置传感器

电路说明：发动机控制模块（ECM）向节气门位置（TP）传感器提供 5V 基准电压信号和搭铁。节气门位置传感器向发动机控制模块发回有关节流板开度的电压信号，当节气门关闭时，电压信号约为 0.33V；当节气门全开时电压超过 4.3V。

设置故障码的条件：节气门位置传感器指示节气门电压小于 0.14V。

设置故障码时发生的操作：

1）故障指示灯（MIL）点亮。

2）发动机控制模块记录诊断失败时的工作状况，这些信息将保存在冻结故障状态和故障记录的缓存中。

3）存储以往故障码。

4）当车速低于 3km/h 时，节气门位置角默认为 0%；当车速超过 3km/h 时，默认为 10%，故障诊断仪不显示默认值。

清除故障指示灯/故障码的条件：

1）如果在运行诊断的连续 4 个点火循环中没有出现故障，故障指示灯将熄灭。

2）在连续 40 次预热循环未出现故障时，将清除以前故障码。

3）故障码可用故障诊断仪清除或断开发动机控制模块电源 10s 以上。

测试说明：

1）车载诊断系统检查会提醒技术人员完成一些基础检查并将冻结故障状态和故障记录

数据保存在故障诊断仪中（如适用）。这样创建了故障发生时所提取数据的电子副本，然后，信息将被存储在故障诊断仪中以备日后参考。

2）节气门位置传感器具有自动调零功能。如果电压读数介于 0.2～0.9V，发动机控制模块将认为节气门位置传感器处于关闭位置（0%）。

3）模拟高电压信号，以识别信号电路中的开路故障。

4）如果还设置了其他故障码，检查 5V 基准电路是否对搭铁短路。

5）如果在探测节气门位置信号电路时测试灯亮，则节气门位置信号电路对搭铁短路。

6）更换发动机控制模块后，必须重新编程。

2.4.4　节气门位置传感器的拆装与检测方法

1. 节气门位置传感器的拆装步骤

1）将节气门位置传感器装在节气门腔体上，不要拧紧螺栓。

2）插上节气门位置传感器的线束插接件。

3）起动发动机并充分暖机。

4）用检测仪进行“节气门位置传感器调整”。

5）用电压表测量节气门位置传感器的输出电压。

6）旋转节气门位置传感器本体，把输出电压调整到 0.45～0.55V。

7）拧紧安装螺钉。

8）拔下节气门位置传感器线束插接件几秒钟，然后重新插上。

有的节气门位置传感器更换后，要进行清除故障自诊断存储器中故障码的初始化操作。富康汽车初始化的方法是：通电 10s 后将加速踏板一踩到底。

2. 节气门位置传感器的调整

1）起动发动机怠速运转。

2）用万用表测量节气门位置传感器 IDL 信号线电压。

3）当节气门止动螺钉和挡杆之间间隙小于 0.35mm 时（节气门开度 $<3°$），IDL 信号线电压应为 0V。

4）当节气门止动螺钉和挡杆之间间隙大于 0.70mm 时（节气门开度 $>3°$），IDL 信号线电压应为 5V。

5）若不符合以上要求，则松开传感器两个固定螺钉，慢慢转动传感器给予调节。

6）直至 IDL 信号线电压符合 3）、4）要求，并紧固传感器固定螺钉。

注意：有一些车没有怠速开关 IDL，若需调整节气门位置传感器，可在节气门完全关闭时，调整节气门传感器位置使其 VTA 电压值小于 0.8V。

3. 开关式节气门位置传感器的检测方法

点火开关置于“OFF”位置，拔下节气门位置传感器的插接器，用万用表电阻档在节气门位置传感器插接器上测量怠速触点和功率触点的导通情况，如图 2-50 所示。当节气门全闭时，怠速触点 IDL 应导通；当节气门开度超过 50°时，功率触点 PSW 应导通；在其他开度下，两触点均应不导通，否则，应调整或更换节气门位置传感器。

4. 综合式节气门位置传感器的检测方法

（1）节气门位置传感器怠速触点的检测　关闭点火开关，拔下节气门位置传感器的线束插接器，用万用表电阻档测量节气门位置传感器上的 IDL—E_2 端电阻（图 2-51）。当节气门关闭时，IDL—E_2 之间的电阻为 0Ω；当节气门打开时，IDL—E_2 之间的电阻为∞，否则应更换节气门位置传感器。

（2）节气门位置传感器电阻的检测 关闭点火开关，拔下节气门位置传感器的线束插接器，检查信号端子与搭铁端子 VTA—E_2 之间的电阻（图 2-51），该电阻应随节气门开度的增大而呈线性增大。

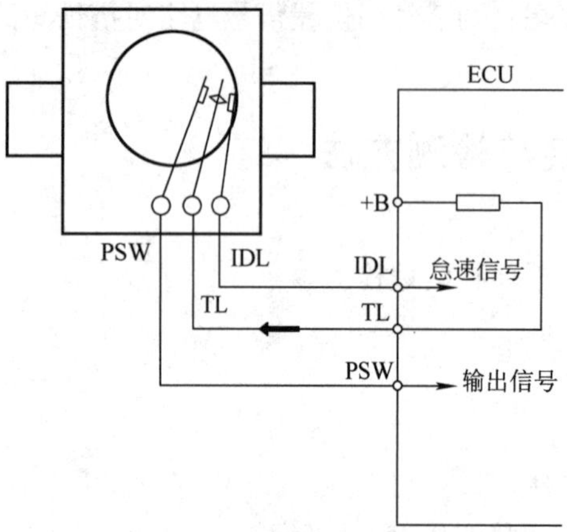

图 2-50 开关式节气门位置传感器

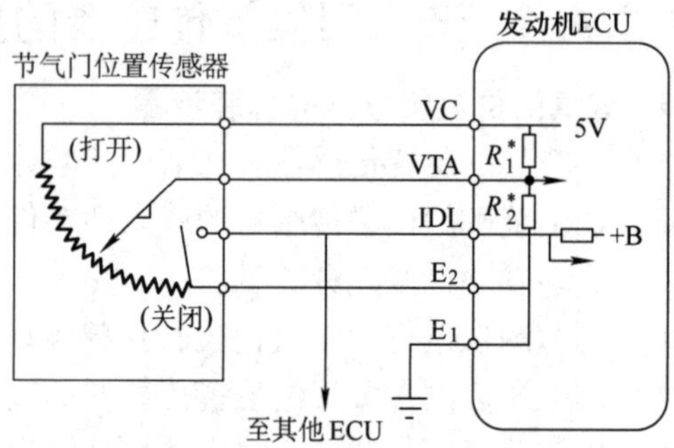

图 2-51 综合式节气门位置传感器

（3）节气门位置传感器电压的检测 插好节气门位置传感器的插接器，打开点火开关，发动机 ECU 插接器上 IDL、VC、VTA 三个端子应有电压（图 2-51），其电压值应符合表 2-6 规定。

表 2-6 节气门位置传感器的电压

端 子	条 件	标准电压/V
IDL—E_2	节气门开	9～14
VC—E_2	—	4.0～5.5
VTA—E_2	节气门全闭	0.4～0.8
	节气门全开	3.8～4.5

2.4.5 节气门位置传感器的案例分析

故障案例：丰田佳美轿车“发闯”。

（1）故障现象 丰田佳美轿车，装备 5S-FE 型四缸多点喷射发动机。发动机高速运转正常，只是在节气门开大的初始阶段，发动机出现故障现象：车辆行驶中，每踩一次加速踏板，车辆就发生一次闯动。进厂前更换过火花塞，做过免拆清洗，故障依旧，故障灯不亮。

（2）故障检修 读取故障码为正常码，说明电控系统正常。检查点火系统，火花塞正常，高压线也正常。用点火正时灯检查，将卡钳分别卡到一缸高压线上，怠速时观察正时灯闪亮情况，各缸点火正常，发动机加速抖动时无断火现象，点火提前角也正常。当拔下进气管上的某个真空软管时，怠速转速提高。说明怠速时混合气过浓，所以在拔掉真空软管放进一些新鲜空气时，燃烧状况改善。于是决定拆洗节气门体和怠速阀，当拆下节气门体后，发现节气门两侧有较厚积尘，厚度近 1mm。清洗节气门体和怠速阀后，装回试车，故障排除。由于节气门内壁胶体过厚，使节气门在开启初期，虽然节气门已经开始开大，但进气缝隙两侧胶体堵塞，进气量不能随之增加，但节气门位置传感器已经转动，怠速触点已经断开，怠速阀关闭。节气门位置传感器的电信号已传给 ECU，喷油量开始增多，因此形成节气门开启的初始阶段混合气过浓，燃烧不好的现象，发动机动力不能适当提高。当节气门继续开大后，胶体堵塞作用下降，进气量突然增大，发动机动力突然增加，因而形成车辆突然向前闯动的现象。节气门再开大时，则汽车运行正常。

2.5　温度传感器的结构原理与检测

冷却液温度传感器是用于检测发动机冷却液温度的传感器，安装在发动机冷却液通路上，该传感器将冷却液温度的信号输入到 ECU，ECU 根据冷却液温度进行喷射量和点火时刻的修正控制。大众汽车将冷却液温度传感器简称为 CTS，丰田汽车将冷却液温度信号简称为 THW。

丰田汽车将进气温度传感器简称为 THA，也有的汽车公司将其简称为 IATS。进气温度传感器是用于检测发动机吸入空气温度的传感器，发动机在工作过程中，进气量的多少与当时吸入空气的密度有关。如果直接测量空气的密度较为困难，而空气的密度与进气温度成比例，因此可根据这一关系间接地确定空气密度的大小。由于吸入空气温度的变化会引起空气密度发生变化，ECU 检测到的信号电压也变化，通过分析、比较、计算后确定出空气密度的大小，发出指令控制喷油器适当地增加或减少汽油喷射量，以获得最佳空燃比。D 型汽油喷射系统中，进气温度传感器一般安装在空气滤清器的壳体内；L 型汽油喷射系统中，进气温度传感器一般安装在空气流量计内。

2.5.1　温度传感器的功用

1. 冷却液温度传感器的功用

1）修正喷油量和点火时刻。

2）低温中断超速档工作，保证动力。

3）发动机 ECU 根据冷却液温度传感器提供的温度信号，驱动步进电动机的动作步数，以控制怠速进气量。

4）保证发动机在冷起动时，能适当增加混合气浓度。

2. 进气温度传感器的功用

1）对体积流量型的空气流量计所测的空气量信号进行修正。

2）修正喷油量与喷油正时。

3）修正点火时刻。

4）在发动机转速低于规定值或点火开关接通 STA（起动）档时，ECU 根据冷却液温度传感器信号（THW）确定基本喷油时间，根据进气温度传感器（THA）信号对喷油时间做修正（延长或缩短）。

2.5.2　温度传感器的结构与原理

进气温度传感器的安装位置：①进气温度传感器单独安装在进气管上；②与翼片式空气流量计装在一起；③与卡门涡旋式空气流量计装在一起，如LS400；④与进气绝对压力传感器装在一起，如东风标致307。冷却液温度传感器安装在发动机的出水口，如图2-52所示。

温度传感器的内部大都是一个半导体热敏电阻，热敏电阻有负温度系数和正温度系数两种。一般采用负温度系数热敏电阻，简称CTN。负温度系数的电阻在温度上升时，其电阻值是下降的。在ECU中有一标准电阻与传感器的热敏电阻串联，并由ECU提供标准电压，传感器搭铁端子通过ECU搭铁端子搭铁。当热敏电阻随进气温度或冷却液温度变化时，ECU通过传感器端子测得的分压值随之变化，ECU根据此分压值判断进气温度或发动机冷却液温度。冷却液温度传感器的外形及特性与电路分别如图2-53和图2-54所示。进气温度传感器的电路如图2-55所示。

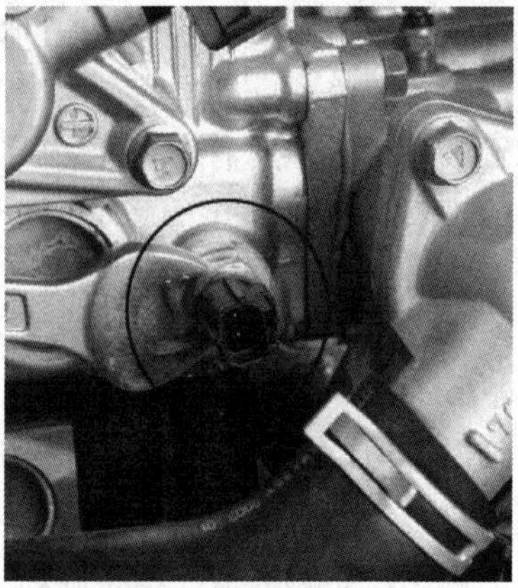

图2-52　冷却液温度传感器安装在发动机的出水口

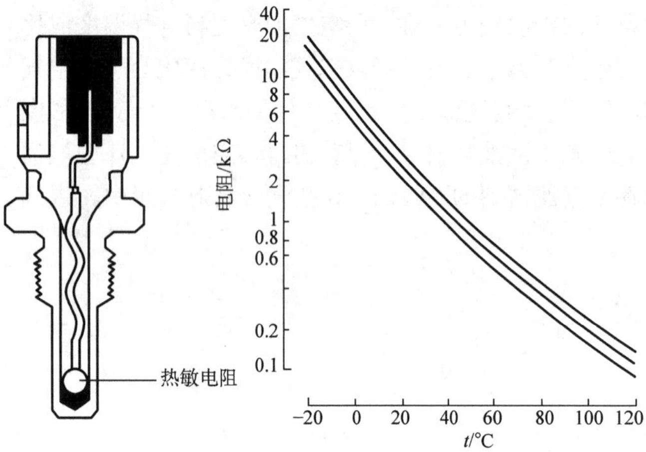

图2-53　冷却液温度传感器的外形及特性

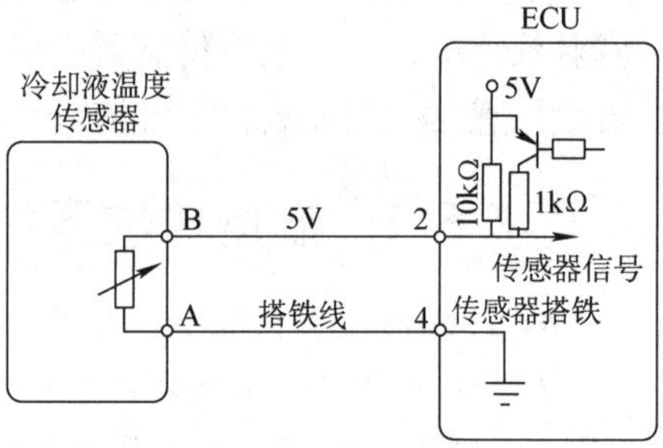

图2-54　冷却液温度传感器的电路

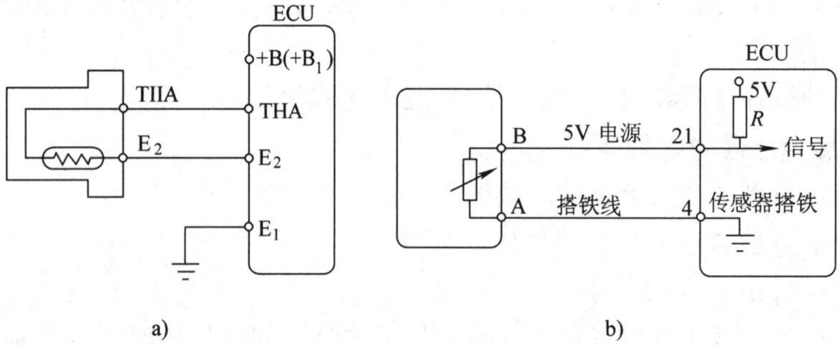

图2-55　进气温度传感器的电路

a）丰田车用　b）北京切诺基车用

2.5.3　温度传感器的常见故障及原因

1. 冷却液温度传感器的常见故障及原因

1）故障现象。起动困难，性能失常，怠速不稳，油耗增大，加速时回火、爆燃等。

2）主要的故障原因。发动机冷却液温度传感器故障（阻值不符合标准）；发动机冷却液温度传感器插接器接触不良，传感器断路或短路；冷却液温度传感器表面有水垢。

3）冷却液温度传感器故障码的处理方法。利用故障诊断仪读取冷却液温度传感器数据流中的数据，有的是以冷却液的温度出现，有的是以冷却液温度传感器的信号电压出现。冷却液温度传感器的故障码有两类：一类是以冷却液的温度为标准；另一类是以冷却液温度传感器的信号电压为标准。

故障出现的条件：①将点火开关转到 ON 位置 60s 之后或发动机起动后，传感器输出电压在 4.6V 以上（相当于发动机冷却液温度在 -45℃以下）连续 4s 或传感器输出电压在 0.1V 以下（相当于发动机冷却液温度在 145℃以上）连续 4s；②起动时，发动机进气及冷却液温度不低于 20℃，起动后，发动机转速不低于规定怠速，要经过 5min 以上的时间冷却液温度才升到 50℃；③传感器输出电压从 1.6V（相当于发动机冷却液温度在 40℃）以下升到 1.6V 后保持不变达 5min。

冷却液温度传感器失效保护：三菱 4G64 发动机的冷却液温度传感器失效，冷却液温度设定在 80℃。桑塔纳 2000GSi 型轿车 AJR 型发动机当冷却液温度传感器线路有断路故障时，ECU 就认为冷却液温度始终是 19.5℃。

4）OBD-Ⅱ标准故障码的检测、设置的条件和故障的可能原因。

① P0117——冷却液温度传感器信号电压过低。

监测条件：将点火开关置于 ON 位置，蓄电池电压大于 10V。

设置条件：ECU 上的冷却液温度传感器电路电压小于 0.5V 超过 2.6s。

可能的原因：间歇性故障；冷却液温度传感器内部故障；冷却液温度传感器信号电路对搭铁短路；冷却液温度传感器连线故障；ECU 故障。

② P0118——冷却液温度传感器电压过高。

检测条件：将点火开关置于 ON 位置，蓄电池电压大于 10V。

设置条件：ECU 上的冷却液温度传感器电路电压大于 4.96V 超过 2.6s。

可能的原因：间歇性故障；冷却液温度传感器信号电路对电源短路；冷却液温度传感器内部故障；冷却液温度传感器信号电路断路；传感器搭铁电路断路；ECU 故障。

③ P0115-1——冷却液温度过低。

故障说明：信号线对电源线短路或与 ECU 开路。

失效控制模式：默认值标定为发动机正常工作冷却液温度（如 80℃）；设定值等于以进气温度传感器值来估算，并随发动机运转时间递增，但最高不超过默认值；设定值等于默认值，当发动机运转 511s 后散热器电动风扇将开启。

④ P0115-2——冷却液温度过高。

故障说明：信号线对搭铁短路；失效控制模式相同于 P0115-1。

2. 进气温度传感器的常见故障及原因

1）故障现象。当进气温度传感器出现故障时，发动机 ECU 能够检测到故障信息，并能使发动机进入故障应急状态运行。此时发动机可能会出现热车难起动、排放超标等故障。

2）主要的故障原因。进气温度传感器感受温度部分脏污，使传感器热敏元件感受进气温度变化的灵敏度下降，从而导致其电阻值不能反映实际的进气温度；进气温度传感器内部线路接触不良而使传感器无信号或信号不正常；进气温度传感器热敏元件性能不良而使信号不正常；进气温度传感器线束插头接触不良，断路或短路。

3）进气温度传感器故障码的处理方法。当进气温度传感器或其电路发生故障时，失效保护系统为 ECU 提供设定的进气温度信号，通常按进气温度为20℃控制发动机工作，防止混合气过浓或过稀。例如，富康 TU5JP/K 发动机，进气温度传感器有故障时有后备值（20℃）。三菱 4G64 发动机，进气温度传感器损坏时进气温度设定在25℃。

4）OBD-Ⅱ标准故障码的检测、设置的条件和故障的可能原因。

① P0111——进气温度传感器性能。

检测条件：将点火开关置于 ON 位置，冷却液温度大于71℃，进气温度传感器故障不出现。

设置条件：5 个预热循环之后，此时冷却液温度从大于4. 4℃到最小71℃，里程表的里程增加315km，而且进气温度的增加变化小于3℃。

可能的原因：间歇性故障；进气温度传感器电压小于1. 0V；传感器搭铁电路电压下降；IAT 传感器信号电路电压下降；ECU 故障。

② P0112——进气温度传感器电压偏低。

检测条件：将点火开关置于 ON 位置，蓄电池电压大于 10V。

设置条件：ECU 上的进气温度传感器电路电压小于0. 5V。

可能的原因：进气温度传感器内部故障；进气温度传感器信号连线故障；ECU 故障。

③ P0113——进气温度传感器电压偏高。

检测条件：将点火开关置于 ON 位置，蓄电池电压大于 10V。

设置条件：ECU 上的进气温度传感器电路电压大于4. 9V。

可能的原因：间歇性故障；进气温度传感器信号电路对电源短路；进气温度传感器内部故障；进气温度传感器信号电路断路；ECU 故障。

三菱 4G64 发动机的故障码：P0110-1——进气温度过低。此故障说明信号线对电源线短路或与 ECU 开路。故障码：P0110-2——进气温度过高。此故障说明信号线对搭铁短路；失效控制模式相同于 P0110-1。

2. 5. 4　温度传感器的拆装与检测方法

在拆下和安装发动机冷却液温度传感器时，不要触碰到插接器（树脂部分），在拆卸冷却液温度传感器之前，排掉冷却系统内的部分冷却液。安装时在螺纹部分涂上规定品牌的密封胶，安装冷却液温度传感器并拧紧到规定力矩。4G64 发动机冷却液温度传感器的拧紧力矩为 29N · m。

进气温度传感器安装位置不同，拆装时的方法也不同，要区别对待。

1. 冷却液温度传感器的检测方法

（1）**测量电阻** 将点火开关置于 OFF 位置，拆卸冷却液温度传感器的导线插接器，用数字式高阻抗万用表 Ω 档，按图 2-56a 所示测试传感器两端子（丰田皇冠 3.0 为 THW 和 E_2，北京切诺基为 B 和 A）间的电阻值。其电阻值与温度成反比，在热机时应小于 1kΩ。

拔下冷却液温度传感器的导线插接器，然后从发动机上拆下传感器；将该传感器置于烧杯内的水中，加热杯中的水，同时用万用表 Ω 档测量在不同冷却液温度条件下冷却液温度传感器两接线端子间的电阻值，如图 2-56b 所示。将测得的值与标准值相比较，如果不符合标准，则应更换冷却液温度传感器。4G64 发动机的冷却液温度传感器在 20℃时的电阻为 2.1 ~2.7kΩ，40℃时的电阻为 0.9 ~1.3kΩ，80℃时的电阻为 0.26 ~0.36kΩ。

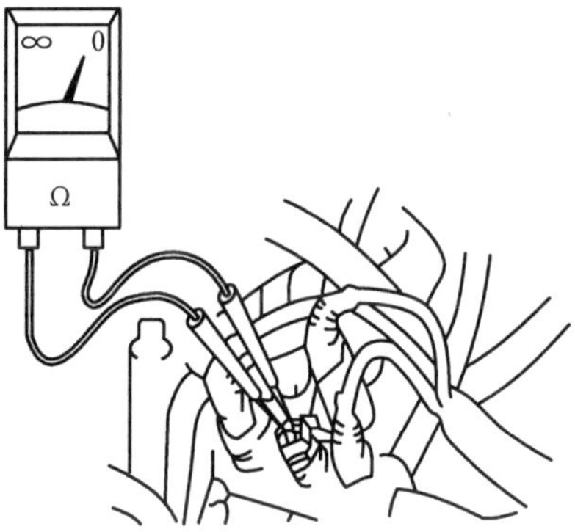

a)

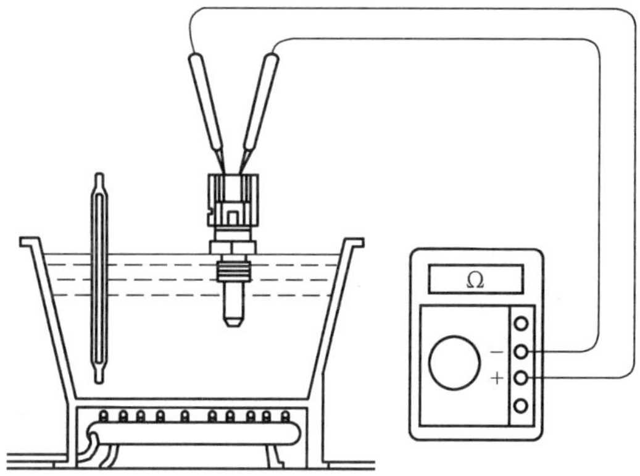

b)

图 2-56 冷却液温度传感器的检测

（2）**冷却液温度传感器输出信号电压的检测** 装好冷却液温度传感器，将此传感器的导线插接器插好，当点火开关置于 ON 位置时，在冷却液温度传感器导线插接器的 THW 端子（丰田车）或 ECU 插接器的 THW 端子与 E_2 间测试传感器输出信号电压（对北京切诺基是在传感器导线插接器的 B 端子或 ECU 导线插接器的 2 端子上测量与搭铁端子间的电压）。对于丰田车，THW 与 E_2 端子间的电压在 80℃时，应为 0.25 ~1.0V，所测得的电压值应与冷却液温度成反比。当冷却液温度传感器线束断开时，如从 ECU 导线插接器的端子 2（北京切诺基）上测试电压值，当点火开关打开时，应为 5V 左右。4G64 发动机冷却液温度传感器的信号电压是：0℃时信号电压为 3.2 ~3.8V，20℃时信号电压为 2.3 ~2.9V，40℃时信号电压为 1.3 ~1.9V，80℃时为 0.3 ~0.9V。

（3）**读取数据流** 见下文进气温度传感器数据流的读取。

2. 进气温度传感器的检测

（1）**测量电阻** 拆下进气温度传感器或空气流量计（或是进气歧管绝对压力传感器线束插头），测量进气温度传感器两个端子之间的电阻值。标准值（4G64 发动机）：5.3 ~6.7kΩ（进气温度为 0℃时），2.3 ~3.0kΩ（进气温度为 20℃时），1.0 ~1.5kΩ（进气温度为 40℃时），0.30 ~0.42kΩ（进气温度为 80℃时）。用电吹风机加热进气温度传感器，再重新测量电阻值，如图 2-57 所示，正常状态：温度升高，电阻减小。如果电阻值偏离标准值或电阻值保持不变，则应更换进气温度传感器或空气流量计（或是进气歧管绝对压力传感器线束插头）。

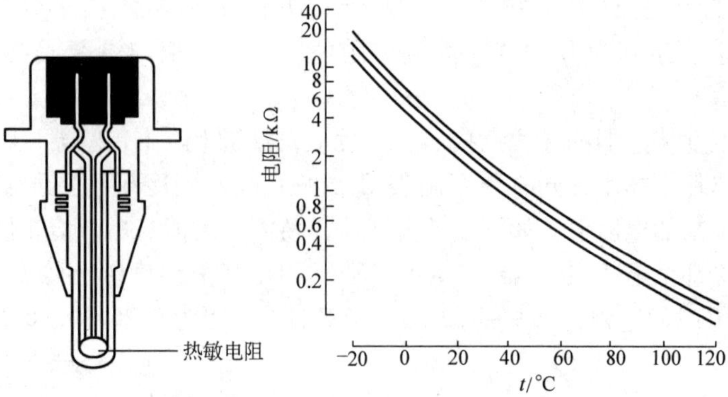

图2-57 进气温度传感器的结构与特性

（2）**测量电压** 将点火开关置于ON位置，进气温度为0℃时电压为3.2～3.8V，进气温度为20℃时电压为2.3～2.9V，进气温度为40℃时电压为1.5～2.1V，进气温度为80℃时电压为0.4～1.0V（数据限于4G64发动机）。

（3）**读取数据流** 捷达王的数据块冷却液温度（正常工作值为80～110℃）见表2-7。

表2-7 捷达王的数据块

显示组号	显示屏显示	显示区域内容
03（或003）	Block 03 800r/min 14V 93.6℃ 39.1℃	 （1）怠速转速 （2）蓄电池电压 （3）冷却液温度 （4）进气温度

如果低于80℃，可能是发动机实际温度过低，应达到规定温度后再测试；也可能是冷却液温度传感器或其线路不良，应检查冷却液温度传感器信号。

如果高于110℃，可能是散热器脏污或堵塞，应清洗或更换散热器；冷却风扇工作不良，应检修冷却风扇；节温器工作不良，应检查节温器；冷却液温度传感器或其线路不良，应检查冷却液温度传感器信号。

进气温度值应随进气实际温度变化，如果显示恒定值19.5℃，表示进气温度传感器信号有问题，应检查是否有故障码存在并检查传感器及其线路。

2.5.5 温度传感器的案例分析

1. 冷却液温度传感器维修案例

捷达王轿车发动机怠速高，转速表指示在1300r/min左右，有时在1100～1400r/min之间摆动。用V.A.G1551故障诊断仪检查，结果无故障记忆。用V.A.G1551逐一调出各参数进行分析，发现热车后冷却液温度仍在14～35℃之间变化，而此时冷却液温度表已指示在90℃，证明冷却液温度传感器工作不良，更换冷却液温度传感器后，发动机怠速恢复正常。

冷却液温度传感器损坏后，虽然发动机已热车，但仍给控制单元一个冷车信号，控制单元认为发动机处于冷车状态，便控制发动机以高怠速运转，这样发动机总以暖机状态高怠速运转，造成上述故障。

2. 进气温度传感器维修案例

（1）故障现象　一辆上海帕萨特 B5 事故车，出现发动机在热车后熄火的故障。

首先连接故障诊断仪 V. A. G1552，打开点火开关进入发动机电控系统，查询故障存储，发现了 1 个 16496 的故障码，其故障含义是发动机进气温度传感器 G42 存在问题。接着选择阅读数据块功能，进入 003 组观察第 4 显示区，发现数值为 −46℃，此数值明显是错误的。用万用表测量传感器电阻值正常，传感器与 ECU 的连接线束也不存在断路及短路的情况，于是将发动机 ECU 进行替换，但故障现象依然存在。

（2）故障排除　考虑是否有人为因素存在，而最有可能的因素便是插头连接错误。在查阅了维修手册后，发现进气温度传感器线束颜色不对，其颜色恰好与进气歧管切换阀的线束颜色相符，原来是外边修理厂的修理工在装复发动机时，把进气温度传感器与进气歧管切换阀的插头插反了，从而造成了该车的故障。将两个传感器的插头正确插接后，再次进入 V. A. G1552 阅读数据块单元的 003 显示组，此时第 4 显示区的进气温度指示正常，该车故障得以排除。

而造成该车发动机热车后熄火故障的主要原因是什么？根据该车发动机电控系统的工作原理，如果发动机进气温度传感器线路出问题，ECU 将用 1 个 19. 5℃的替代信号维持发动机工作。但如果环境温度较高，发动机长期使用进气温度备用值工作，势必会造成热车后混合气偏浓的情况，致使发动机熄火。

2. 6　氧传感器的结构原理与检测

现代汽车发动机广泛使用三元催化转化器对排放进行净化，将 CO、HC 和 NO_x 等有害气体催化转换为 CO_2、II_2O 和 N_2 等无害气体排入大气中。而三元催化转化器在空燃比为 14. 7∶1（混合气浓度为 1）的很小范围内时，对 CO、HC 和 NO_x 的转化效率才能达到比较理想的范围。

当发动机在冷车或高负荷状态下运转时，为保持良好的性能，ECU 进行开环控制，提供较浓的混合气；当发动机在正常工作状态下（中小负荷）时，ECU 通过氧传感器反馈的信号，进行闭环控制，以得到最佳空燃比，使三元催化转化器达到最佳的净化效率。

因此在排气管中安装氧传感器，使用氧传感器对发动机的空燃比进行检测，使混合气浓度保持在理论空燃比附近，以提高三元催化转化器对有害气体的转化效率。

2. 6. 1　氧传感器的功用

1）氧传感器用来监测废气中的氧含量，ECU 根据传感器的输出信号来调节燃油喷射率，以便保持精确的理想空燃比，使三元催化转化器达到最佳的净化效率。

2）电控系统的“看门狗”功能，监控电控系统工作。

3）ECU 利用前后氧传感器的信号可以监控三元催化转化器的功能。

2.6.2　氧传感器的结构与原理

按氧传感器原理可以分为氧化锆式和氧化钛式两种，其中应用最多的是氧化锆式氧传感器。按接线柱分类可以分为单线、双线、三线和四线氧传感器，多线式氧传感器是发展的趋势，如图2-58所示。

1. 浓差型氧化锆式氧传感器的工作原理

浓差型氧传感器是基于固体电解质两边氧分压的差异而产生浓差电动势，浓差电动势大小与气体常数、工作温度等有关系。汽车浓差型氧化锆式氧传感器的基本元件是氧化锆陶瓷管（固体电解质），也称为锆管。如图2-59所示，锆管固定在带有安装螺纹的固定套中，内外表面均覆盖着一层多孔性的铂膜，其内表面与大气接触，外表面与废气接触，在氧化锆外表面的铂层上，还覆盖着一层多孔的陶瓷涂层，并加有带槽口的防护套管，用来防止废气对铂电极产生腐蚀，氧传感器的接线端还有一个金属护套，其上开有一个用于锆管内腔与大气相通的气孔。

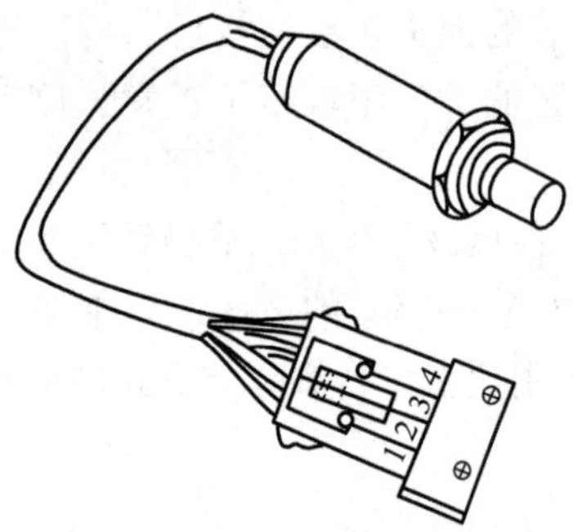

图2-58　多线式氧传感器的结构

1～4—导线

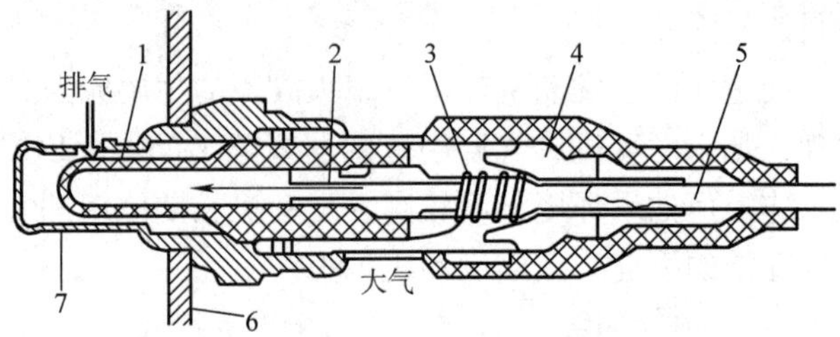

图2-59　浓差型氧化锆式氧传感器的结构

1—锆管　2—电极　3—弹簧　4—电极座（绝缘）　5—导线　6—排气管　7—气孔

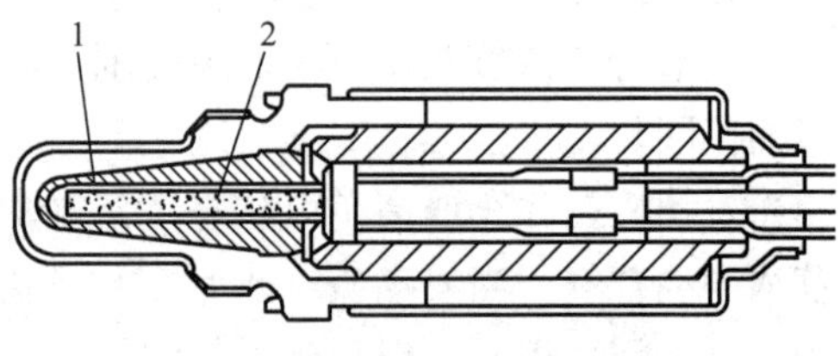

图2-60　带加热器的氧传感器

1—氧化锆　2—加热器

氧化锆在温度超过350℃后，才能进行正常工作。早期使用的氧传感器靠排气加热，这种传感器必须在发动机起动运转数分钟后才能开始工作，它只有一根导线与ECU相连（图2-59）。现在，大部分汽车使用带加热器的氧传感器（图2-60），这种传感器内有一个电加热元件，可在发动机起动后20～30s内迅速将氧传感器加热至工作温度，它有四根接线（图2-61）。氧化锆管的陶瓷体是多孔的，渗入其中的氧气，在温度较高时发生电离，由于锆管内、外侧氧含量不一致，存在浓差，因而氧离子从大气侧向排气一侧扩散，从而使锆管成为一个微电池，在两铂极间产生电压。当混合气的实际空燃比小于理论空燃比，即发动机以较浓的混合气运转时，排气中氧含量少，但CO、HC、H_2等较多。这些气体在锆管外表面的铂催化作用下与氧发生反应，将耗尽排气中残余的氧，使锆管外表面氧气浓度变为零，这就使得锆管内、外侧氧浓差加大，两铂极间电压陡增。因此，锆管氧传感器产生的电压将在理论空燃比时发生突变：稀混合气时，输出电压几乎为零；浓混合气时，输出电压接近 1V，如图 2-62 所示。

要准确地保持混合气浓度为理论空燃比是不可能的。实际上的反馈控制只能使混合气在理论空燃比附近一个狭小的范围内波动，故氧传感器的输出电压在 0.1 ~ 0.8V 之间不断变化，变化时的频率 10s 不能少于 8 次。

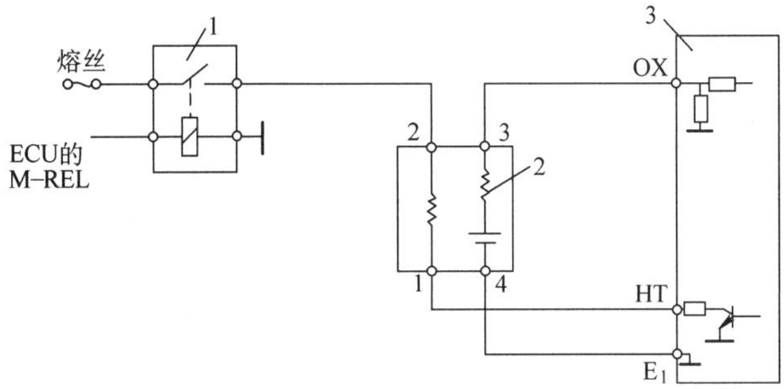

图 2-61　氧传感器的电路

1—主继电器　2—氧传感器　3—发动机 ECU

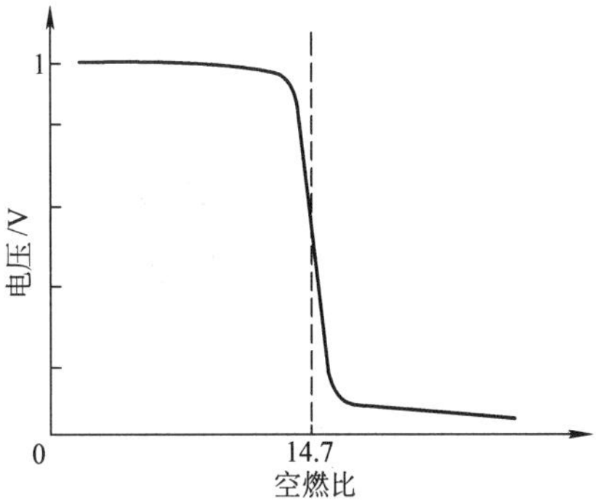

图 2-62　氧化锆式氧传感器的电压输出特性

2. 界限电流型氧化锆式氧传感器的工作原理

界限电流型氧化锆式氧传感器是近年来研究开发的一种新型氧传感器。浓差型氧化锆式氧传感器只能检测理论空燃比，与此相比，界限电流型氧传感器是利用传感器两端加上一定电压时，其电流与排放气体氧浓度成正比这一特征，而连续地检测出稀薄燃烧区的空燃比。当有电压加上，氧气通过固体电解质时，在阴极和钇稳定氧化锆（解决氧化锆老化问题的一种介质材料）的界面上先解离为氧离子，离子在电场作用下到达阳极并重新结合为氧分子，氧由此被从电池的阴极泵到阳极。泵氧过程中，电流通过电池，引起电极极化，单位外电压的增加所产生的泵电流的增加会逐渐减小，最后可能出现电流在一定的电压范围内不变或变化很小的现象，这个电流称为界限电流。为了获得与环境气氛中氧气浓度有关且比较稳定的界限电流，在氧化锆电池的阴极表面上加上一个扩散障，限制氧气向铂电极的输出，以此作为泵电池的主导控制步骤，由此产生的界限电流与环境气氛分压有稳定的线性关系，用这种方法构成的氧传感器就是“界限电流型氧传感器”。界限型与浓差型氧传感器结构相似，这种氧传感器的电流被镀在锆管外部的涂层所限制，管子外部暴露在汽车尾气中，直接和尾气接触，而内电极则和空气接触。

3. 氧化钛式氧传感器的工作原理

氧化钛式氧传感器是利用二氧化钛材料的电阻值随排气中氧含量的变化而变化的特性制成的，故又称为电阻型氧传感器。如图 2-63 所示，氧化钛式氧传感器的外形和氧化锆式氧传感器相似，在传感器前端的护罩内是一个二氧化钛厚膜元件，纯二氧化钛在常温下是一种高电阻的半导体，但表面一旦缺氧，其晶格便出现缺陷，电阻随之减小，其输出特性如图 2-64 所示。由于二氧化钛的电阻也随温度不同而变化。因此，在氧化钛式氧传感器内部也有一个电加热器，以保持氧化钛式氧传感器在发动机工作过程中的温度恒定不变。

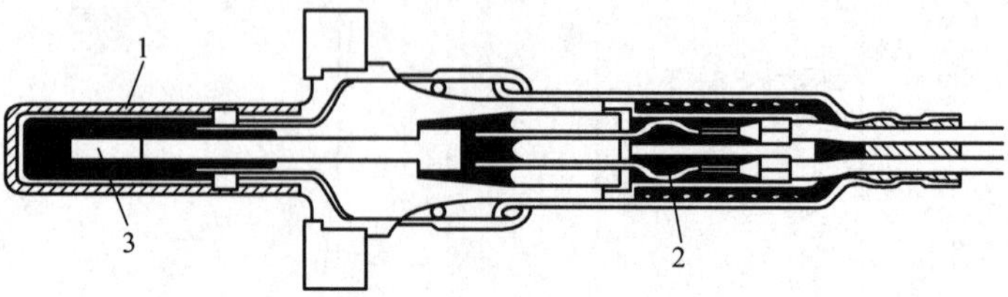

图 2-63　氧化钛式氧传感器

1—保护套管　2—插接器　3—二氧化钛厚膜元件

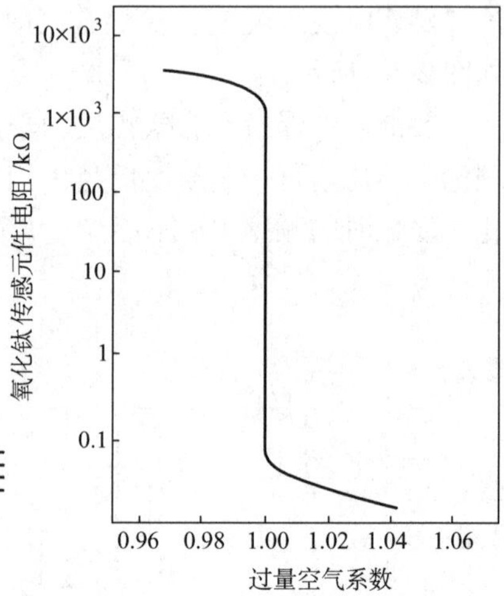

图 2-64　氧化钛式氧传感器的输出特性

表 2-8 列出了三种氧传感器的性能特点。

表 2-8　三种氧传感器的性能特点

型　　号	特　　点
浓差型氧化锆式氧传感器	（1）原理：根据氧气的浓差测定产生的电动势 （2）特点：适合低浓度范围测量高湿环境中使用，大型，消耗电力大，需基准气体，受可燃气体影响大 （3）寿命：约为 1 年
界限电流型氧化锆式氧传感器	（1）原理：根据氧气的扩散测定界限电流 （2）特点：三年以上寿命不需保养，校正不需基准气体，不易受二氧化碳的影响，可测定范围宽，不需参比气体，可燃性气体的影响小 （3）寿命：3 年以上
氧化钛式氧传感器	（1）原理：根据半导体表面化学反应测定电阻变化 （2）特点：不需基准气体，抗铅中毒能力强，灵敏度差，选择性差，受温度影响大 （3）寿命：约为 1 年

4. 宽量程氧传感器

传统的氧化锆式氧传感器是在陶瓷体两侧附着二氧化锆涂层，一端开口，一端封闭。传感器的陶瓷材料在 350℃或更高的温度下能传导氧离子，传感器两侧氧气的浓度差使两个表面之间产生电位差，这个电位差可作为传感器两侧氧浓度变化的指标。传统氧传感器检测点为过量空气系数等于 1，电压约为 0.45V。在混合气过量空气系数值较浓时产生了一个跳跃，该工作曲线非常陡峭，发动机 ECU 就是依靠判断该值来分析空燃比的状态。传统氧传感器控制点单一，控制精度差。而宽量程氧传感器就克服了这方面的缺点。

宽量程氧传感器是在传统的氧传感器的基础上增加了第二个气室即泵电池发展而来，该氧传感器的结构如图 2-65 所示，废气通过泵电池的小槽进入到测量室的检测腔。这种结构要求检测腔中的混合气始终保持在理论空燃比。

如图 2-66 所示，泵入混合气过浓时，氧传感器的电压值超过 450mV，单元泵以原来的工作电流工作，测试室的氧量少，控制单元将增大单元泵的工作电流，使单元泵旋转速度增加，增加泵氧速度。随单元泵泵入测试室中的氧量增加，氧传感器的电压值恢复到 450mV。

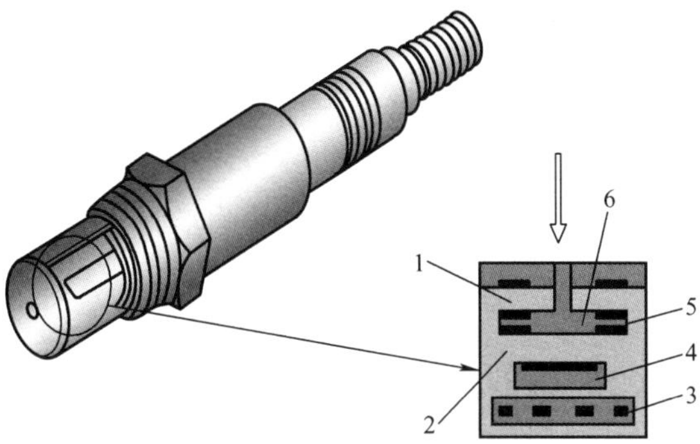

图 2-65　宽量程氧传感器的结构
1—单元泵　2—能斯托单元　3—氧传感器加热器　4—外界空气通道　5—测量室　6—放氧通道

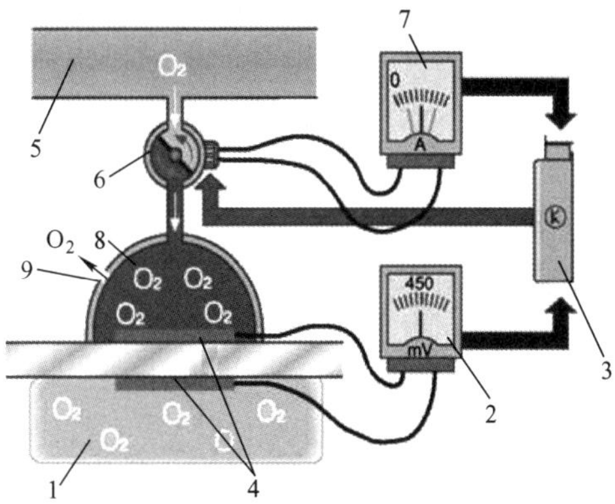

图 2-66　宽量程氧传感器的工作原理
1—空气　2—传感器电压表　3—控制单元　4—测量片　5—尾气　6—单元泵　7—单元泵电流表　8—测量室　9—扩散通道

混合气过稀时，泵在原来的转速下会泵入较多的氧，测试室中氧的含量较多，氧传感器电压值下降。为能使氧传感器电压尽快恢复到 450mV，控制单元减小单元泵的工作电流，使泵入测试室的氧量减少。

这样通过控制单元泵电流就可以控制检测腔中的混合气，使混合气的浓度达到理想的空燃比。由于泵电流和氧气的浓度成一定的比例关系，所以通过检测泵电流就可以知道混合气的稀或浓。

宽量程氧传感器的检测不同于传统氧传感器，该传感器在一个值域内进行控制，控制精度高，检测泵电流时基本成一条直线。在宽量程氧传感器中，加入了专门控制电路来获得泵电流，单元泵的工作电流传递给控制单元，控制单元将其折算成氧传感器电压值信号，以单元泵电流作为检测混合气过量空气系数的参数，其工作曲线比较平滑，能够连续检测过量空气系数在 0.7～1.4 的范围内的任意一个值，发动机的控制不再是只对一个单独的点而是能对一个值域进行控制。

2.6.3　氧传感器的常见故障及原因

氧传感器一旦出现故障，将使电子燃油喷射系统的 ECU 不能得到排气管中氧浓度的信息，因而不能对空燃比进行反馈控制，会使发动机油耗和排气污染增加，发动机出现怠速不稳、缺火、喘振等故障现象。因此，必须及时地排除故障或更换氧传感器。

1. 引起故障的主要原因

1）中毒。氧传感器铅中毒是使用了含铅汽油，在高温下，铅附着在氧传感器的表面，使之不能产生正常的信号。

氧传感器铅中毒是经常出现的且较难防治的一种故障，尤其是经常使用含铅汽油的汽车，即使是新的氧传感器，也只能工作几千公里。如果只是轻微的铅中毒，接着使用一箱不含铅的汽油，就能消除氧传感器表面的铅，使其恢复正常工作。但往往由于过高的排气温度，而使铅侵入其内部，阻碍了氧离子的扩散，使氧传感器失效，这时就只能更换了。

氧传感器发生硅中毒也是常有的事。一般来说，汽油和润滑油中含有的硅化合物燃烧后生成的二氧化硅，硅橡胶密封垫圈使用不当散发出的有机硅气体，都会使氧传感器失效，因而要使用质量好的燃油和润滑油。修理时要正确选用和安装橡胶垫圈，不要在传感器上涂敷制造厂规定使用以外的溶剂和防粘剂等。

2）积炭。氧传感器铂片表面积炭后，不能产生正常的电压信号。

由于发动机燃烧不好，在氧传感器表面形成积炭，或氧传感器内部进入了油污或尘埃等沉积物，会阻碍或阻塞外部空气进入氧传感器内部，使氧传感器输出的信号失准，ECU 不能及时地修正空燃比。产生积炭，主要表现为油耗上升，排放浓度明显增加。此时，若将沉积物清除，就会恢复正常工作。

3）氧传感器内部线路接触不良或断路而无信号电压输出。

4）氧传感器陶瓷元件破损而不能产生正常的电压信号。氧传感器的陶瓷硬而脆，用硬物敲击或用强烈气流吹洗，都可能使其碎裂而失效。因此，处理时要特别小心，发现问题及时更换。

5）氧传感器加热器电阻丝烧断或其电路断路，使氧传感器不能迅速达到正常工作温度。

2. 氧传感器的故障码

氧传感器的故障码不止一种，如氧传感器无信号，信号线与 ECM 开路；氧传感器浓信号时间长，信号线与 +5V、+12V 短路或供油系统故障；氧传感器气稀信号时间长，信号线对搭铁短路或供油系统故障都会出现故障码。下面以本田飞度轿车（图 2-67）为例介绍氧传感器故障码的处理方法。

1）P0135——主加热型氧传感器加热器电路故障（氧传感器加热器短路或断路）。

监测方法：通过氧传感器加热器的 ECM 电路，直接测量电流，在规定值以上或以下的状态持续 5s 后，MIL 灯亮。飞度轿车氧传感器加热器的电流在大于和等于 3.33A 或小于和等于 0.38A（加热器的功率不同判定的值也不同）时判断有故障。

监视条件：冷却液温度 5℃ 以上，电池电压为 10.5～16V，加热器工作。

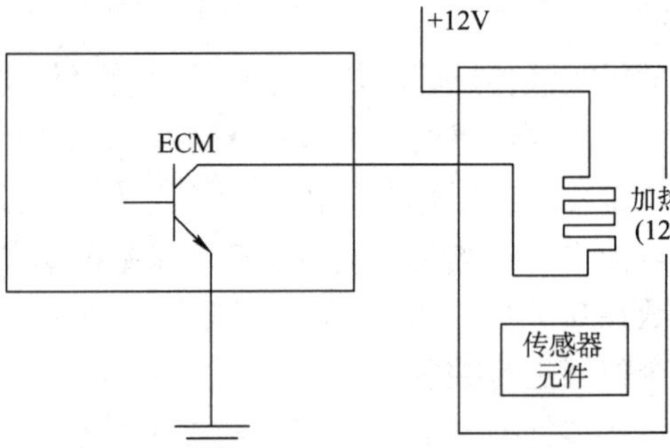

图 2-67　本田飞度轿车的氧传感器加热电路

故障可能的原因：①ECM 及 ECM 电源电路；②线路连接不良；③要检查传感器的加热器电阻。

2）P0132/P0152——主加热型氧传感器电路电压高。

监视方法：加热器通电后元件温度上升，随着传感器灵敏性的提高，氧传感器的输出电压将不断下降。发动机起动后，如果氧传感器加热器开始通电一段时间而输出电压还降不到规定值以下，且不论混合气空燃比状态如何而一直保持高电压，则判断为故障。

加热器能力低下时，也会造成同样的结果，可以通过故障检测进行判定。

监视条件：发动机冷却液温度超过 5.1℃，发动机运行，加热器通电时间 2min 以后。

在元件的温度充分上升后，对减速时氧传感器的输出电压进行监视。在断油时，如果输出电压却持续显示处于混合气浓（高电压）的状态，则判断有故障。

冷却液温度超过 5.1℃，减速断油中，节气门全关闭。

3）P0131/P0151（主加热型氧传感器电路电压低）故障码的监视方法。进行短路故障判定时，通过对元件温度充分上升之后的短期燃油调整与氧传感器输出电压之间的关系的监视进行故障判定。

氧传感器输出的电压因短路故障临近贫油检测时，根据氧传感器计算得出燃油短期修正值为临近上限值的状态。此时因处于富油状态，同样氧传感器输出电压值也超出规定值，临近高电压一侧。

在判断燃油短期修正输出临近上限状态，且氧传感器的输出电压超过规定值处于高电压状态之后，方可判定氧传感器故障。

监视条件：冷却液温度超过 5.1℃，ECM 对混合气的控制进入闭环控制状态。

4）P0133——主加热型氧传感器应答速度慢。利用 ECM 监视在燃料反馈控制中的氧传感器信号的反转周期。将规定时间内测量到的实际反转周期，与事先按照发动机转速、发动机负载在 ECM 中设定的反转周期（故障判定值）进行比较。

当发生氧传感器的输出值偏移或应答特性差时，反转周期延长，所以应与事先在 ECM 中设定的反转周期（故障判定值）进行比较，如果实际的反转周期更长，则判定为异常。

类似中毒造成的输出值偏移，可以用这种检测方法检测到。

2.6.4　氧传感器的拆装与检测方法

1. 氧传感器的拆装注意事项

1）松开或紧固前后加热型氧传感器要使用专用工具，如图 2-68 和图 2-69 所示。

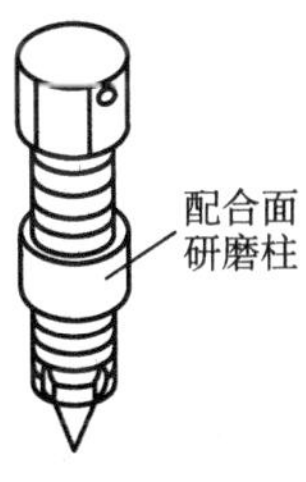

图 2-68　氧传感器螺纹清理器

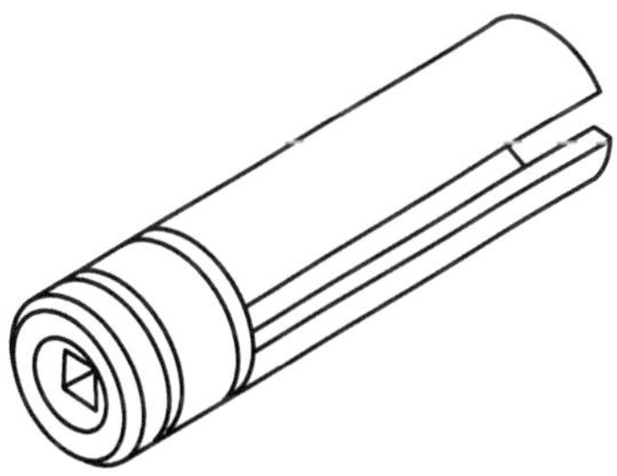

图 2-69　氧传感器扳手

2）在安装新的氧传感器前，先修整排气系统螺纹，使用专用的防锁死润滑液。

3）安装完氧传感器前要确认氧传感器前的排气管有无泄漏。

4）检修氧传感器时，要注意不要让氧传感器跌落碰撞其他物体。更换时，一定要用专用的防粘胶刷涂螺纹，以免下次拆卸困难。

2. 氧传感器的检测方法

（1）测量电阻　氧传感器加热器电阻的检查是用万用表电阻档测量氧传感器接线端中加热器的电阻，如果不符合标准，则应更换氧传感器。氧传感器加热器电阻约为 12Ω。

（2）**测量电压** 在正常情况下，随着反馈控制的进行，氧传感器的输出电压将在0.45V上下不断变化，10s内输出电压的变化次数应不少于8次。如果少于8次，则说明氧传感器或反馈控制系统工作不正常，其原因可能是氧传感器表面有积炭，使灵敏度降低所致。对此，应让发动机以2500r/min的转速运转约2min，以清除氧传感器表面的积炭，然后再检查输出电压。发动机暖机后转速为2000r/min，电压为0～0.8V（重复变化）。发动机在暖机状态，从4000r/min使发动机突然减速时，电压小于200mV；发动机突然加速时，电压为600～1000mV；转速为2500r/min时，电压在正常的范围内不断变化。如果检测电压不正常，则应更换氧传感器或在更换前进行下列检测：

① 燃油的质量。

② 氧传感器是否能达到正常的工作温度。

③ 燃油的压力是否正常。

④ 活性炭罐控制阀打开后能否回位。

⑤ 氧传感器前的排气管有无泄漏。

⑥ 喷油器有无卡滞。

（3）**通过观察氧传感器顶尖部位的颜色可以判断故障** 氧传感器外观颜色的检查：从排气管上拆下氧传感器，检查传感器外壳上的通气孔有无堵塞，陶瓷芯有无破损，如果有破损，则应更换氧传感器。淡灰色顶尖，是氧传感器的正常颜色；白色顶尖，是由硅污染造成的，此时必须更换氧传感器；棕色顶尖，是由铅污染造成的，如果严重，也必须更换氧传感器；黑色顶尖，是由积炭造成的，在排除发动机积炭故障后，一般可以自动清除氧传感器上的积炭。

（4）**读取数据流** 可以通过氧传感器数据流来判断氧传感器的状态。例如，大众捷达王的氧传感器数据流见表2-9。

表2-9 大众捷达王的氧传感器数据流

显示组号	显示屏显示	显示区域
07（或007）	Block 07	
	1	（1）氧传感器调节
	2	（2）氧传感器电压
	3	（3）活性炭罐净化电磁阀N80占空比
	4	（4）活性炭罐净化时的λ修正系数

显示区域2为氧传感器电压，正常值应为0～1.0V，并在0.45～0.5V上下快速变化，如果传感器电压始终在0.7～1.0V之间，表示混合气过浓（相对于参考流量）；如果始终在-0.1～+0.3V之间，表示混合气过稀（相对于参考流量）；如果始终为0.45～0.5V，表示氧传感器控制未工作，应检查氧传感器控制。

3. 氧传感器加热器的检查

大众捷达汽车氧传感器加热器的检查方法如下：

检查氧传感器加热器时应保证燃油泵继电器和18号熔丝正常。

1）分开氧传感器的4孔插头连接，如图2-70所示。

2）在氧传感器加热器端子处检查氧传感器加热器电阻，如图2-71所示。在室温下加热元件电阻为1～5Ω，温度上升很小时，电阻就会有很大的提高。

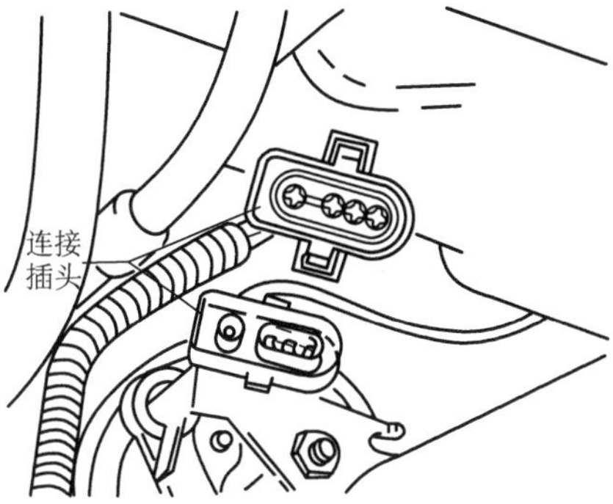

图 2-70　氧传感器的插头

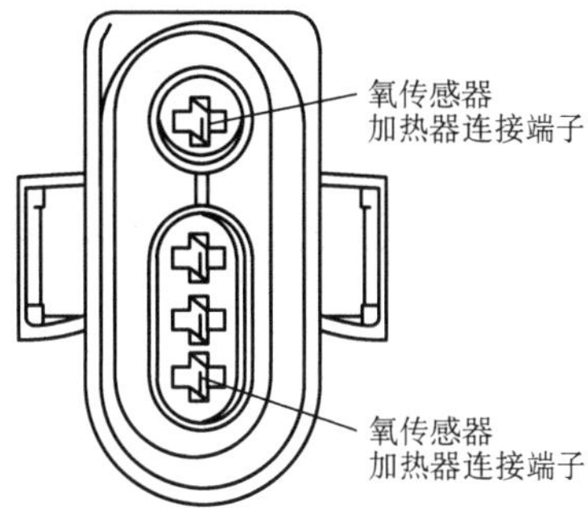

图 2-71　氧传感器加热器端子

3）如果确定有断路，应更换氧传感器；如果确定没有断路，应利用辅助导线将万用表接到端子 1 和 2（通向发动机控制单元的插头）处测量电压。

4）起动发动机，测量电压。其电压的规定值不得低于 11V，关闭点火开关。

5）如果没有电压，则说明电路有短路故障，应检修短路的故障。

4. 氧传感器维修方法

如果氧传感器性能不良，并非一定要更换，氧传感器由于积炭和汽油中铅元素的影响，在长久的工作时，会在外壁上附着一种灰白色的物质，即俗名“铅中毒”，这样会影响测量精度，所以应对氧传感器进行维修。方法如下：驾驶车辆，将变速器固定在 1 档，加速踏板踩到底，车高速行驶后突然松开，并重复多次，为“铅中毒”的氧传感器的还原提供了最佳催化环境，或将氧传感器卸下，用氧焊枪对准，直至烧白为止，也可以快速还原。

2.6.5　氧传感器的案例分析

故障案例：宝马轿车发动机怠速运转不稳。

（1）故障现象　一辆欧款宝马 316 型轿车，发动机为 164E1 型。有时不论是冷车还是热车，怠速在 1200～1500r/min 间跳动；进入档位或打开空调时，怠速在 1500～1800r/min 间跳动，有时非常不稳定。

（2）故障排除

1）检查空气流量计。测量 1#脚有 5V 电压，且 5#脚与发动机 ECU 共同搭铁正常；测量其 1#脚与 3#脚之间的电阻为 500Ω，2#脚与 3#脚之间的电阻为 1360Ω；测量 2#脚信号线电压值，1200～1500r/min 时为 2.33～2.47V，电压随转速的变化而相应变化，加速到 2500r/min时，电压为 2.7V，均正常。

2）测量空气流量计的 4#脚与 5#脚之间的电阻，检查温度传感器电阻值，20℃时为 2300Ω，50℃时为 970Ω。

3）测量发动机 ECU 12#脚与 43#脚之间的电阻值，检查节气门位置传感器的电阻值，怠速时为 1050Ω，全负荷时为 4320Ω，测量其电压值在全开—全关时为 1.25～4.98V，无中断现象，均正常。

4）测量怠速控制阀波形，在正常转速 800r/min 时，约 2s 后波形为正常方波，在 1200～1500r/min 时，在 12V 处形成一条直线。测试怠速控制阀动作状况均正常，电阻值为 10Ω（正常为（8±2）Ω）。

5）检测氧传感器，其电压在0.4～0.45V之间，变化很小，加速到2500r/min后电压值为0.55～0.58V，与正常变化值不符。氧传感器因老化造成工作不良，更换氧传感器后，故障排除。

2.7　爆燃传感器的结构原理与检测

爆燃使发动机冷却液过热、功率降低、油耗增加，发动机部件受损。但是轻微的爆燃对气缸内的燃烧是有利的。点火时间过早是产生爆燃的主要原因，燃烧室内的积炭使燃烧室容积变小，压缩比提高，发动机也会产生爆燃。装有爆燃传感器的发动机可以在一定程度上避免爆燃，但不能从根本上消除由于积炭原因产生的爆燃。采用先进的冷却系统，采用智能点火系统，点火提前角采用闭环控制系统可以避免或减轻爆燃带来的危害。现在汽车上大量采用有爆燃传感器的闭环控制来抑制爆燃的产生。

2.7.1　爆燃传感器的功用

爆燃传感器将检测到的发动机爆燃信号——气缸体振动的压力波，转变为电信号传给ECU，ECU立即将点火时间推迟，避免爆燃。爆燃消失后，控制系统使点火提前角逐步恢复。

大多数发动机有1～2个爆燃传感器，为了感应发动机敲缸情况，爆燃传感器只能安装在缸体上。

大众汽车发动机控制单元利用霍尔信号，爆燃信号被选择性地指定给各个气缸。若爆燃传感器检测到某个气缸中发生爆燃，那么发动机管理系统将改变该气缸的点火时刻（点火提前角向“滞后”方向调节），直至不再发生爆燃。若确认该气缸中没有继续发生爆燃的趋势，那么控制单元将其点火提前角恢复到最初位置（向“提前”方向调节）。桑塔纳2000GSi型发动机采用两爆燃传感器，分别安装在气缸体进气管侧第1、2缸和第3、4缸之间。

采用爆燃传感器信号进行点火提前角闭环控制可以防止发动机爆燃，使燃烧总接近于爆燃点，最大限度地提高燃烧质量。不仅可保证使用低牌号汽油时不损坏发动机，同时也保证发动机在使用高质量汽油时能发出最大功率。

2.7.2　爆燃传感器的结构与原理

爆燃传感器，英文简称KNK或KS。缸体的敲击振动以压力的形式施加在电压元件上，此振动压力被转换为电压信号输出，爆燃传感器要能感应爆燃信号必须安装在气缸体上靠近气缸的地方。常见的爆燃传感器有两种，一种是磁致伸缩式爆燃传感器；另一种是压电式爆燃传感器。

1. 磁致伸缩式爆燃传感器的结构和工作原理

磁致伸缩式爆燃传感器的外形与结构如图2-72所示，其内部有永久磁铁、靠永久磁铁励磁的强磁性铁心以及铁心周围的线圈。其工作原理是当发动机的气缸体出现振动时，该传感器在7kHz左右处与发动机产生共振，强磁性铁心的磁导率发生变化，致使永久磁铁穿过铁心的磁通密度发生变化，从而在铁心周围的绕组中产生感应电动势，并将这一电信号输入 ECU。

2. 压电式爆燃传感器的结构和工作原理

压电式爆燃传感器的结构如图 2-73 所示，这种传感器利用结晶或陶瓷多晶体的压电效应工作，也有利用掺杂硅的压电电阻效应的。该传感器的外壳内装有压电元件、平衡块及导线等。其工作原理是当发动机的气缸体出现振动且振动传递到传感器外壳上时，外壳与平衡块之间产生相对运动，夹在这两者之间的压电元件所受的压力发生变化，从而产生电压，ECU 检测出该电压，并根据其值的大小判断爆燃强度。

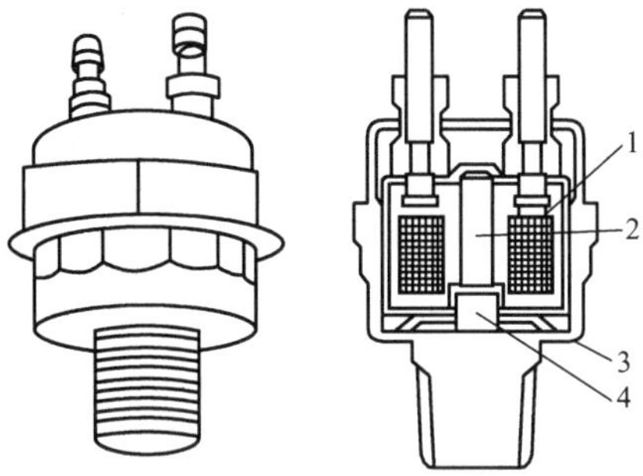

图 2-72　磁致伸缩式爆燃传感器的外形与结构

1—线圈　2—铁心　3—外壳　4—永久磁铁

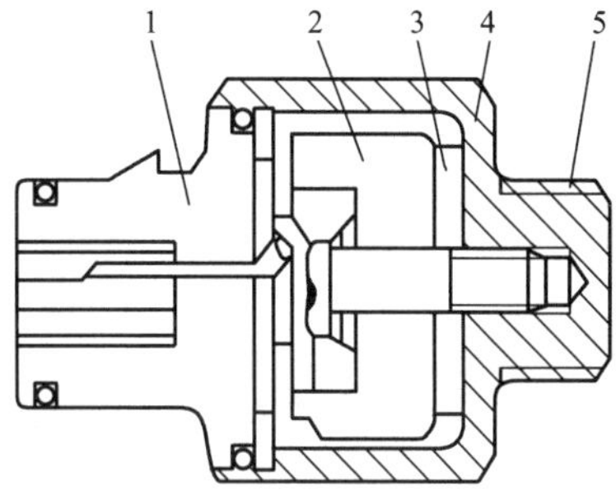

图 2-73　压电式爆燃传感器的结构

1—电器插接器　2—平衡块　3—压电元件　4—外壳　5—安装螺纹

由于压电式爆燃传感器的信号相对较弱，有些引线采用屏蔽线，屏蔽线是直接与车身搭铁相通的，ECU 对接收的信号要过滤。

2.7.3　爆燃传感器的常见故障及原因

1. 引起的主要故障现象

加速时产生爆燃，为防止爆燃的发生，ECU 将点火提前角推迟，发动机功率有所下降；油耗升高；发动机运转不稳；不能达到最高车速；点火正时不准。

常见的故障原因：线束或插接件（此传感器电路断路或短路）和爆燃传感器失效。

2. 爆燃传感器的故障码处理方法

爆燃传感器发生故障时，发动机 ECU 能检测到故障信息，并能使发动机进入紧急状态下运行，此时各缸都相应推迟点火提前角约 15°，发动机输入功率明显下降。

三菱 4G64 发动机爆燃传感器的故障码：

P0325-0——爆燃传感器无信号。

故障说明：接插件接插不良；传感器与发动机固定不良或传感器损坏。

失效控制模式：系统采用保守点火提前角控制点火。

P0607-0——爆燃控制系统错误。

故障说明：系统错误。

失效控制模式：系统采用保守点火提前角控制点火。

2.7.4　爆燃传感器的拆装与检测方法

爆燃传感器的安装力矩特别关键，上海通用别克世纪汽车的爆燃传感器的安装力矩为

19N·m，捷达汽车的爆燃传感器的安装力矩为20N·m。安装时要注意：安装爆燃传感器时，插接件应面向发动机前方。应确认爆燃传感器的上下侧与缸体配合面是干净的，且无灰尘。拧紧爆燃传感器时，注意不要对插接件施加过大的力量，确认爆燃传感器安装好后不要与临近的部件接触。

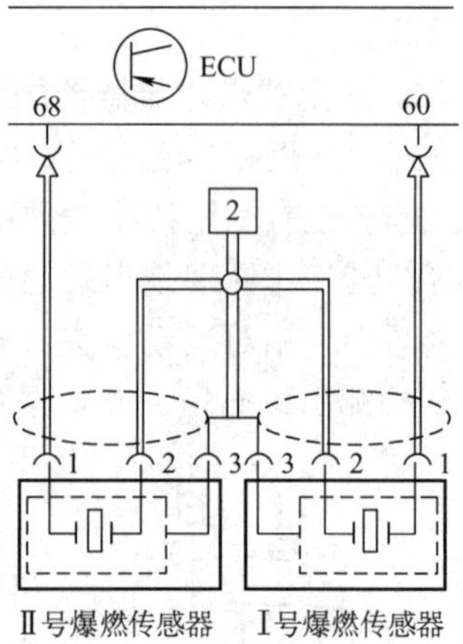

图2-74 爆燃传感器的电路

爆燃传感器的拆装与检测方法如下。

1. 测量电阻与导通情况

爆燃传感器的电路如图2-74所示，点火开关置于OFF位置，拔出传感器插头，测量1号端子与2号端子之间的电阻应大于1.0MΩ。爆燃传感器的三个端子之间不应有短路现象，否则，应更换爆燃传感器。传感器插头和发动机控制单元线束插头间的线路若有断路或短路，应排除故障。

2. 读取数据流

大众捷达汽车显示数据块13~16的内容见表2-10~表2-13。

表2-10 测量数据块13

读取测量数据块13			→	
0°~15° kW	0°~15° kW	0°~15° kW	0°~15° kW	◢屏幕显示
			通过爆燃调节减小4缸点火提前角	
		通过爆燃调节减小3缸点火提前角		
	通过爆燃调节减小2缸点火提前角			
通过爆燃调节减小1缸点火提前角				

表2-11 测量数据块14

读取测量数据块14			→	
r/min	ms	0°~15° kW	0°~15° kW	◢屏幕显示
			2缸通过爆燃调节点火提前角的减小	
		1缸通过爆燃调节点火提前角的减小		
	发动机负荷（每转的喷油时间）			
发动机转速每40步显示变化一次				

表2-12 测量数据块15

读取测量数据块15			→	
r/min	ms	0°~15° kW	0°~15° kW	◢屏幕显示
			4缸通过爆燃调节点火提前角的减小	
		3缸通过爆燃调节点火提前角的减小		
	发动机负荷（每转的喷油时间）			
发动机转速每40步显示变化一次				

表 2-13　测量数据块 16

读取测量数据块 16			→	
0.4 ~ 2.0 V	0.4 ~ 2.0 V	0.4 ~ 2.0 V	0.4 ~ 2.0 V	◢屏幕显示
			4 缸爆燃传感器信号	
		3 缸爆燃传感器信号		
	2 缸爆燃传感器信号			
1 缸爆燃传感器信号				

大众捷达汽车显示数据块 13 的爆燃调节在发动机负荷大于 40% 后起作用（发动机大节气门开度，3 档行驶，冷却液温度大于 80℃时检测即可），发动机负荷超过 40% 时显示当时的点火提前角减小值，低于 40% 时恒定显示最后使用的值。如果一个气缸的点火提前角明显与其他气缸的点火提前角有偏差，则有可能有其他结构总成松动、连接插头锈蚀和发动机故障（如损坏的活塞处有机油燃烧）。如果所有气缸都有较大的点火提前角减小值，则可能是插头处锈蚀、拧紧力矩（规定值为 20N · m）不够、导线断开、附加装置松动或燃油质量不好（小于 91ROZ）。

利用显示数据块 14 可以在一定的转速和负荷下检查 1 缸和 2 缸的点火提前角减小情况。

利用显示数据块 15 的显示可以在一定的转速和负荷下检查 3 缸和 4 缸的点火提前角减小情况。

如果显示数据块 16 显示爆燃传感器信号的最小值和最大值之差超过 50%，则原因可能是连接插头处锈蚀。如果在对爆燃传感器进行电方面的检查后，其电线和插头都无异常，则应检查发动机附加装置是否松动及本身是否有故障，见显示数据块 13。怠速时正常范围为 0.3 ~ 1.4V，在高转速和大负荷时所显示的爆燃传感器信号电压值可达 5.1V。

2.7.5　爆燃传感器的案例分析

故障案例：丰田雷克萨斯汽车加速反应慢。

（1）**故障现象**　曾因发动机故障灯亮和加速迟钝而去路边店检查，维修以后加速迟钝现象没有排除。

（2）**故障检修**　发动机型号为 1UZ，用元征电眼睛对发动机 ECU 进行调码，却发现调码根本无法实现。仔细一看，发动机故障灯就一直没亮。难道发动机自诊系统被破坏？找来修理手册按图检查，发现 ECU 的 W 端子至故障灯和自诊断仪的连线被剪断了。先恢复接线，按程序读取故障码为 1 号爆燃传感器工作不良。

清除故障码试车，故障码重新出现。询问客户得知已经更换过爆燃传感器，检查爆燃传感器。发现安装力矩没有符合要求，重新按规定力矩安装，故障码还是无法清除。检查线路没有问题，更换爆燃传感器，故障排除。ECU 没有爆燃传感器信号后采用开环控制，点火前提角控制不精确，因而造成发动机加速反应慢。

2.8 开关信号及其他类型传感器的结构原理与检测

2.8.1 空调开关信号的作用与检测

1. 发动机ECU根据空调开关信号来控制

1）怠速时的点火提前角修正、喷油量修正和怠速控制装置。

2）空调压缩机信号传给发动机ECU的信息使压缩机在140ms内接通。

3）发动机ECU在急加速（全负荷）、应急程序（紧急行驶工况）或冷却液温度高于120℃时切断压缩机。

如果ECU无法收到空调开关信号可能会导致开空调熄火或开空调怠速不稳、空调系统不工作、急加速反应迟钝等故障。

2. 空调开关信号的检测

读取发动机数据流查看空调开关情况，检查空调装置压缩机通断应保证空调装置功能正常，故障存储器中无故障码储存，室内温度高于15℃。

选择“显示组20”，屏幕显示：

读取测量数据块20				→
1	2	3	4	

显示区3显示值应反映空调装置的状态，当采暖或制冷功率大时，显示A/C-High（空调-高）；当采暖或制冷功率小时，显示A/C-Low（空调-低）。

显示区4应显示Kompr，EIN（压缩机开）或显示Kompr，AUS（压缩机关）。突然将加速踏板踩到底然后再松开（瞬间给油），快速将加速踏板踩到底时显示区4的显示值几秒内由“EIN（开）”跳变为“AUS（关）”（汽车加速时压缩机被切断）。如果显示值不变，将检测盒接到ECU线束上，检查是否有断路和检测空调的功能。

2.8.2 起动信号的作用与检测

起动信号（STA）用来判断发动机是否处于起动状态。在起动时，进气管内混合气流速慢、温度低、燃油雾化差。为了改善起动性能，在起动发动机时必须使混合气加浓。ECU利用STA信号，确认发动机处于起动状态，将自动控制喷油量、点火时刻等参数，起动信号不良会导致发动机无法起动。有些发动机没有专门起动信号，利用曲轴位置传感器来判断发动机起动情况。

图2-75所示为皇冠3.0轿车的起动电路图，STA信号和起动机的电源连在一起，由空档起动开关控制。当点火开关位于起动位置时，用万用表电压档检测ECU的STA与E_1端子间的电压，其标准电压值应为10～14V。

2.8.3 制动信号与离合器开关信号的作用与检测

制动开关的作用：用于巡航控制系统中，当ECU接收到制动信号后解除巡航设定；用于控制发动机减速断油。

如图 2-76 所示，离合器踏板开关安装在离合器踏板上，其作用是发动机 ECU 利用离合器开关信号识别离合器是分离还是结合，若分离，ECU 减短喷油器喷油时间，这样确保换档平顺。如果信号实效，换档时可能出现发动机熄火现象。

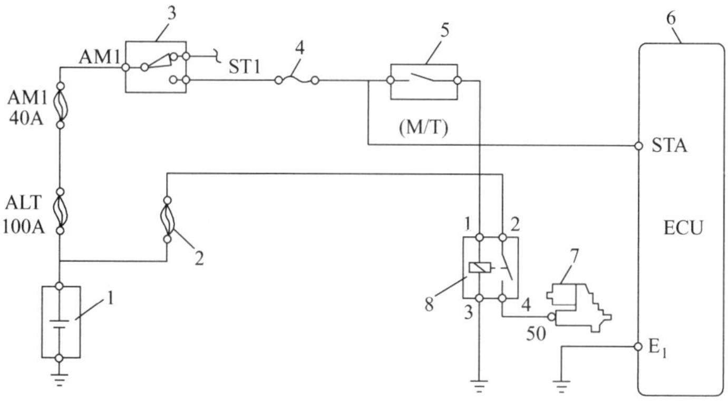

图 2-75　皇冠 3.0 轿车的起动电路图

1—蓄电池　2—主易熔线　3—点火开关　4—起动机继电器熔丝　5—空档起动开关　6—ECU　7—起动机　8—起动机继电器

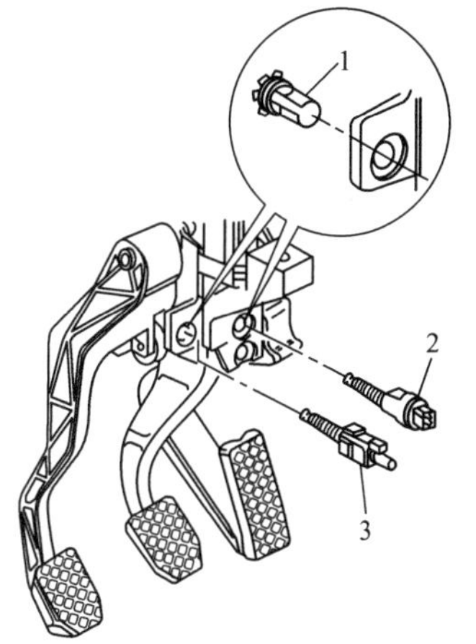

图 2-76　制动灯开关、制动踏板开关和离合器踏板开关安装位置

1—卡夹　2—离合器踏板开关 F36　3—制动灯开关 F 和制动踏板开关 F47

2.8.4　车速传感器的结构原理与检测

1. 车速传感器（VSS）的功用

1）可变配气相位系统的打开/关闭控制。

2）在高速行驶时的燃油切断控制。

3）根据车速传感器信号，发动机 ECU 可控制发动机怠速和汽车加、减速期间的空燃比。

4）测量汽车的行驶速度，用于车速表。

5）应用于巡航控制系统，如当车速低于标准值时可以解除巡航设定。

2. 车速传感器的分类

根据传感器的工作原理可将车速传感器分为舌簧开关型和光电耦合型、霍尔式、电磁式等。

舌簧开关型车速传感器是安装在组合仪表内。如图 2-77 所示，舌簧开关型车速传感器由内充惰性气体（或真空）与安装有两触点的舌簧开关、永久磁铁等组成，永久磁铁由转速表的软轴驱动。当永久磁铁转动时，触点铁片被磁化成同性和异性磁极，使触点不断打开和闭合，ECU 检测打开和闭合的次数可测得车速。

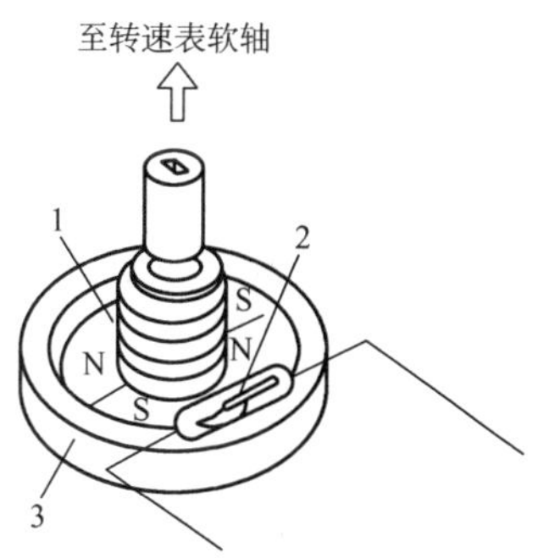

图 2-77　舌簧开关型车速传感器

1—永久磁铁　2—舌簧开关　3—转子

3. 车速传感器的检修

（1）万用表测量　如图 2-78 所示，以自动变速器

（丰田 A-340）上的车速传感器为例，用千斤顶将汽车一侧的驱动轮顶起，将变速杆置于空档位，用手转动悬空的驱动轮，同时用万用表测量车速传感器两接线柱之间有无脉冲感应电压。测量时，应将万用表选择开关转至 1V 以下的直流电压档，若测量时万用表指针有摆动，说明传感器有输出脉冲，其工作正常，否则，应更换传感器。

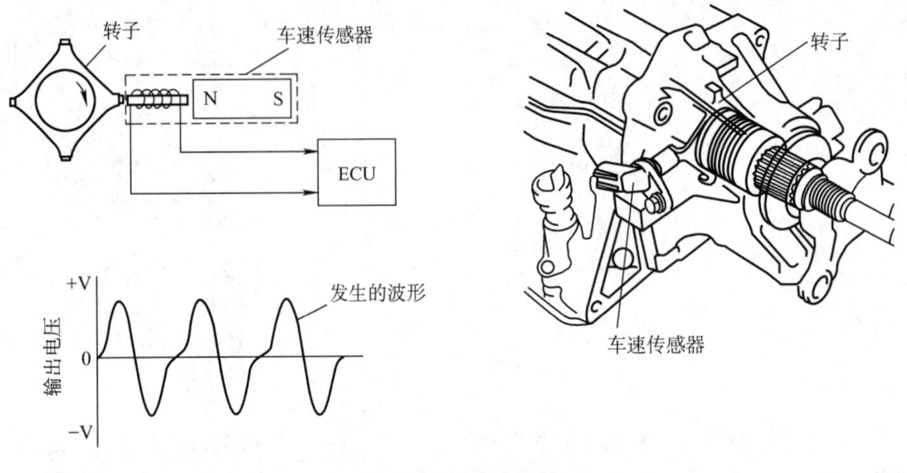

图 2-78　车速传感器

（2）**读取故障码**　三菱 4G64 发动机车速传感器的电路故障码为 P0500-0。故障码说明：传感器或其线路对 +12V、搭铁短路；与 ECM 开路；传感器损坏。

失效控制模式：强制性通过限制发动机最高转速，达到限制车速的目的；通常限制整车直接档车速在 50km/h 以内。

2.8.5　电子加速踏板位置传感器

1. 电子加速踏板位置传感器的功用

电子节气门通过电子加速踏板位置传感器，传送加速踩踏深浅与快慢的讯号，这个讯号会被 ECU 接收和解读，然后再发出控制指令要节气门依指令快速或缓和开启它应当张开的角度。

电子加速踏板位置传感器就安装在加速踏板内部，随时监测加速踏板的位置。当监测到加速踏板高度位置有变化时，会瞬间将此信息送往 ECU，ECU 对该信息和其他系统传来的数据信息进行运算处理，计算出一个控制信号，通过线路送到伺服电动机继电器，伺服电动机驱动节气门执行机构，数据总线则是负责系统 ECU 与其他 ECU 之间的通信。

2. 电子加速踏板位置传感器的工作原理

电位计型加速踏板位置传感器以分压电路原理工作，ECU 供给传感器电路 5V 电压。电子加速踏板通过转轴与传感器内部的滑动变阻器的电刷连接，当加速踏板位置传感器的位置改变时，电刷与接地端的电压发生改变，ECU 将该电压转变成加速踏板的位置信号。加速踏板位置传感器同时输出两组信号给 ECU，保证输出信号的可靠性。如图 2-79 所示。

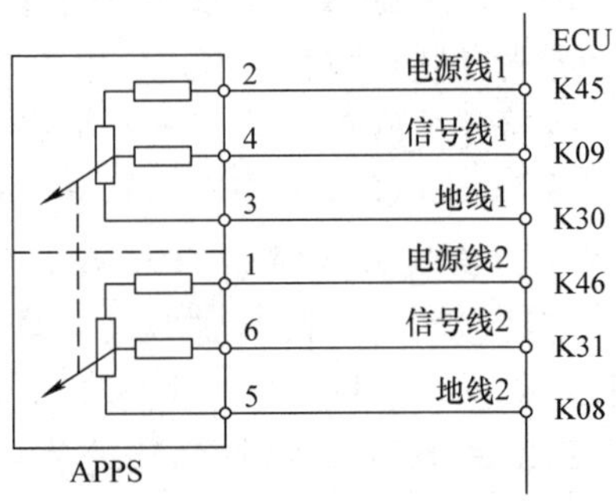

图 2-79　电子加速踏板位置传感器工作结构示意图

3. 电子加速踏板位置传感器的检修

如图2-80所示，用万用表的电阻挡，分别测量电子加速踏板位置传感器APPS的各端子与对应的ECU端子之间的电阻值，以判断外线路是否存在短路及断路故障。

关闭点火开关，拔下电子加速踏板位置传感器APPS的传感器插头，点火开关置于ON位置，测量线束侧插头1#、2#端子与搭铁之间的电压值应为5V，3#、5#端子间的电压为0V。

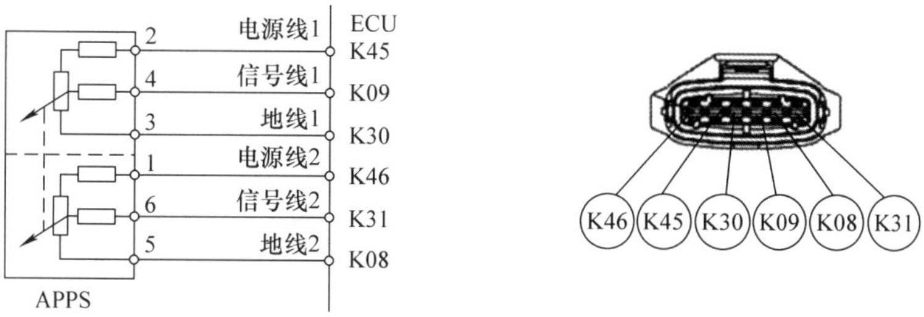

图2-80　电子加速踏板位置传感器检测示意图

如图2-80所示，关闭点火开关，拔下电子加速踏板位置传感器APPS的传感器插头，测量传感器侧5#、6#端子之间的电阻为1.2±0.4kΩ，1#、5#端子之间的电阻为1.7 ±0.8kΩ。

用X－431故障诊断仪读取发动机系统数据流，涉及加速踏板位置传感器的数据流有3个：“加速踏板1电位计电压值”“加速踏板2电位计电压值”“滤波前的加速踏板开度”。

接入诊断仪，点火开关置于ON位置（发动机未起动），读取发动机系统数据流。不踩动加速踏板时，“加速踏板1电位计电压值”应为0.7V左右，“加速踏板2电位计电压值”应为0.35V左右，“滤波前的加速踏板开度”应为0%。缓慢踩下加速踏板，上述3个数据流应同时变化，其变化规律如下：“滤波前的加速踏板开度”应逐渐增加至100%；“加速踏板1电位计电压值”与“加速踏板2电位计电压值”应同时增加，但是前者的瞬时数值等于后者数值的2倍。

4. 电子加速踏板位置传感器的检修注意事项

检测时应注意检查加速踏板能否踩到全开位置，是否因车内驾驶座椅下方的地毯过厚或位置不当将踏板挡住，无法踩到100%的位置。

5. 电子加速踏板位置传感器失效对汽车产生的影响

1）无法测得加速踏板位置信号。

原因：ECU至传感器之间的线路断路。

2）发动机加速无力。

原因：传感器内部两套电阻之间不能够相互检测，ECU无法获得当前加速踏板的正确位置，出现发动机加速无力的故障现象；电位计中某一套电阻失效导致ECU接收错误信号。

3）发动机不能加速。

原因：电子加速踏板内电位计失效或者线路断路。

2.8.6　案例分析

（1）**故障现象**　一辆2000年款奥迪A6 1.8T汽车，行驶了35000km。该车偶尔在点火开关关闭后，车辆不熄火，发动机仍能继续运转。

（2）**故障检查与诊断**　首先用万用表测量 15 号线，居然有 12V 电压（正常情况下点火开关关闭后 15 号线电压应为 0V），也就是说 15 号线与 30 号线短路了。首先根据经验检查了点火开关上的触点，点火开关上的 15 号端子和 30 号端子并没有短路，但同时发现了一个现象：当关闭点火开关、车辆没有熄火的情况下，如果踩下制动踏板（触动制动灯开关）车辆就熄火了。根据电路图分析，发现制动灯开关上第 4 脚接的是 30 号线，第 2 脚接的是 15 号线，如果这两个脚之间短路就会造成此车的这种现象。于是拆下制动灯开关，用手反复操作推杆同时用万用表测量 2、4 脚之间的通断，果然发现在某些时候 2、4 脚是通的，用手摇晃制动灯开关能听到里边有“哗哗”的声音。将制动灯开关解体发现开关中的簧片折了一个头。这个簧片有时会卡在原本不应该通的 2、4 脚之间，使 15 号线和 30 号常电源线导通，这样就出现了该车的故障现象。更换制动灯开关，故障排除。

练习与思考题

一、填空题

1. 热式空气流量计的主要元件是________，可分为________和________两种结构形式。

2. 卡门涡旋式空气流量计按其检测方式可分为____________和____________。

3. 节气门位置传感器可分为____________、____________和综合式三种。

4. 凸轮轴位置传感器的信号是作为________控制和________控制的主控制信号，可分为________、________和光电式三种类型。

5. 在 L 型电控燃油喷射系统中，由______________测量发动机的进气量。

6. 叶片式空气流量计________原理对发动机进气量进行测量。

7. 叶片式空气流量计的主气道与旁通气道之间用____________隔开。

8. 叶片式空气流量计缓冲片的作用是________________________。

9. 在部分车型上的叶片式空气流量计，装有________控制开关，用来控制燃油泵电路。

10. 舌簧开关型车速传感器通常安装在____________，主要用于检查________。

11. 进气温度传感器随进气温度的增高，其热敏电阻的阻值____________。

12. 爆燃传感器是作为________控制的修正信号，有________和________两种类型。

13. 在检测爆燃传感器中，用____________检测传感器端子与传感器壳体之间的电阻应________，否则说明内部短路。

14. 传感器的功用是____________________________________。

15. 节气门位置传感器信号输出端子 VTA 与 E_2 端子之间的电阻值应随节气门开度的增大而__________。

16. 发动机冷却液温度越低，燃油越不易雾化，喷油脉冲宽度就应________。

17. 空气流量计分为________、________、________和________等类型。

18. L 型电控燃油喷射系统中，进气温度传感器一般安装在____________内。

19. 空燃比反馈控制系统是根据________________的反馈信号调整喷油量的多少来达到最佳空燃比控制的。

20. 发动机工作时，ECU 根据________________信号判断发动机负荷大小。

21. 在三元催化转化器前后各装一个氧传感器的目的是________________。

22. 开关式节气门位置传感器又称为____________。它有两副触点，分别为________

和________。

23. 四线式线性输出节气门位置传感器相对于三线式线性输出节气门位置传感器而言，这种传感器多了____________________。

二、选择题

1. 属于质量流量型的空气流量计是（　　）。

A. 叶片式空气流量计　　B. 热膜式空气流量计

C. 卡门涡旋式空气流量计

2. 关于空气流量计上的怠速调整螺钉，以下哪项正确？（　　）

A. 是用来调节汽油喷射器的供油量　B. 是用来调节混合气的浓度

C. 以上都正确　　D. 以上都不正确

3. 对喷油量起决定性作用的是（　　）。

A. 空气流量计　　B. 冷却液温度传感器

C. 氧传感器　　D. 节气门位置传感器

4. 负温度系数的热敏电阻其阻值随温度的升高而（　　）。

A. 升高　　B. 降低　　C. 不受影响　　D. 先高后低

5. 凸轮轴位置传感器产生两个 G 信号，G_1 信号和 G_2 信号相隔（　　）曲轴转角。

A. 180°　　B. 90°　　C. 270°　　D. 360°

6. Ne 信号是指发动机的（　　）信号。

A. 凸轮轴转角　B. 车速传感器　　C. 曲轴转角　　D. 空调开关

7. （　　）有叶片式、卡门涡旋式、热线式、热膜式等。

A. 空气流量计　B. 进气压力传感器　C. 怠速空气阀　　D. 燃油泵

8. 通常（　　）信号用来确定每缸上止点的喷油正时和点火正时的基准信号。

A. Ne　　B. G　　C. V　　D. I

9. 氧传感器用来（　　）。

A. 测量大气中的氧含量　　B. 测量曲轴箱废气含量

C. 测量驾驶室内的氧含量　　D. 测量燃烧后废气中的氧含量

10. 电控汽油喷射系统在节气门位置传感器出现故障时，整个喷射系统（　　）。

A. 仍能工作　　B. 不能工作　　C. 有时工作　　D. 有时不工作

三、简答题

1. 霍尔式曲轴位置传感器是根据什么原理工作的？它有什么特点？
2. 光电式曲轴位置传感器是如何工作的？
3. 简述氧传感器信号的检测方法。
4. 解释氧化锆式氧传感器的工作原理。
5. 光电式曲轴位置传感器的常见故障有哪些？
6. D 型电控发动机和 L 型电控发动机的进气歧管垫漏气各有什么故障现象？
7. 在什么样的电控系统中，不需要凸轮轴转速及位置传感器？
8. 进气温度传感器的安装位置有哪些类型？
9. 制动信号故障会有什么故障现象？

第3章 发动机的电控进气装置

基本思路：

本章以空气的流动路线为基础，以电的流动路线为依据，研究电控进气装置的基本结构和原理，在对相关零部件进行检测、拆装和调试的每一个操作步骤中，一定要注意细节，而本系统的故障在生产实践中往往因为检测及分析不到位被忽略，形成许多所谓的疑难故障。本系统检修的关键是要把握“密封”“通断”，记住“堵”“漏”“卡”是引起发动机进气系统的关键点。

电控发动机的进气系统包括空气供给系统和电控进气系统，其主要作用是根据发动机动力输出的要求实时、准确地提供相适应的空气量；同时，对流入或压入气缸的空气量进行直接或间接计量，使它们与喷油器喷出的燃油形成空燃比符合要求的可燃混合气。

空气供给系统主要包括空气滤清器、节气门体、进气歧管、进气管等；有的还有进气引入管、进气软管、中冷器、稳压箱、怠速空气阀和附加空气阀等。

电控进气装置主要包括电控气门装置、电控进气增压装置、电控节气门、可变气门装置等。

3.1 电子气门系统

在宝马 E65 的 745 及 735i 上开始装配新型 N62 发动机，N62 发动机是宝马公司的高技术的结晶。其中一项曾被评为最先进技术，它就是电子气门系统。此系统能够明显地降低耗油量且没有直接喷射存在废气特性的缺点。电子气门系统是双可调式凸轮轴控制系统（VANOS）和一个气门升程调节系统的总称。它以这种组合方式控制进气门的开启时刻和关闭时刻以及开启行程。

宝马汽车开发的电子气门系统主要是通过气门机构控制负荷，从而提高发动机的工作效率，提高处理效率，降低机械损失，降低换气损失。

在 VALVETRONIC 发动机的进气过程中节气门几乎一直完全开启。负荷控制通过进气门关闭时刻实现。与通过节气门控制负荷的传统发动机相比，进气装置内不会出现真空状态，也就是说不会为在整个进气装置内产生真空而消耗能量。通过降低进气过程中的功率损失可提高效率。进气门关闭后会在气缸内产生真空。超过活塞下止点后重新产生为此所需的功。与传统发动机相比，平均可减少损失约 10%。

3.1.1　电子气门系统的基本工作原理

电子气门系统的作用与直接喷射汽油发动机节省燃油的效果相似，但不存在直接喷射汽油发动机需进行废气再处理的缺点。电子气门系统简单地说由全可变气门升程控制装置和可变凸轮轴控制装置（双 VANOS）构成，因此可以任意选择进气门关闭时刻。仅在进气侧控制气门升程，而凸轮轴控制则在进气和排气侧进行。只有满足以下条件时才能进行免节气负荷控制：进气门的气门升程及进气和排气凸轮轴的凸轮轴控制能够进行可变控制，达到可自由选择进气门的持续开启时间。

电子气门系统有以下三种方式可提高处理效率。

1. 优化燃烧过程

主要标准是燃烧重心和燃烧持续时间。利用现代发动机管理系统可以针对任何运行模式调整到最佳的点火时刻（正时）和喷射时刻。进一步优化时改善程度有限。

2. 可变压缩比

全负荷时的爆燃限值决定了允许的最大压缩比。通过使用爆燃传感器已完全挖掘出了最大潜力。负荷较低时可以提高压缩比。从成本收益比角度来看，目前还没有可接受的解决方案。

3. 稀混合气模式

空燃比 $\lambda>1$ 时耗油量降低，$\lambda=1.6$ 时降低 5% ~8%。为满足世界各国的排放法规要求需使用不含硫的燃油。燃油中含硫时会造成 NO_x 三元催化转化器“中毒”。因此会严重削弱三元催化转化器的功能。但是目前还无法做到世界范围内的所有国家都提供无硫燃油。

（1）**降低机械损失因素**　机械损失由许多影响因素构成，这些因素在很大程度上取决于转速，与负荷之间的关联性很小。只有通过局部优化才能减少摩擦损失。例如已采取的措施包括使气门机构处的滑动摩擦转变为滚动摩擦、使用更好的发动机机油等。以目前的条件尚无法有效实施其他措施。

（2）**降低换气损失因素**　通过一个节气门调节进气速度来控制向曲轴输送功率的情况（发动机转矩）。这样会根据负荷点在进气通道内产生不同程度的真空。产生的真空是造成负荷较低时换气量显著增加的原因。通过在大气压力下进气并进行免节气负荷控制，可显著降低换气损失，从而明显减少耗油量。有多种方式可实现免节气负荷控制。但在实际应用中仅使用以下两种：

1）在气缸完全填充的情况下调节理想负荷状态所需的燃油量。发动机以稀混合气模式驱动。可通过汽油直接喷射装置实现。这种方法的缺点是无法在所有相关地区提供无硫燃油。

2）通过采用适当的设计方案可在不产生损耗的情况下根据需要调节理想的混合量。显然，这项任务需要由气门机构来执行。为了能够任意选择进气门关闭时刻，需要使用全可变气门机构。

3.1.2 电子气门系统的基本结构特征及检测

电子气门系统在很大程度上执行节气门的功能。它由电子气门控制单元、电子气门控制电动机、电子气门控制传动机构和偏心轴传感器等部件组成，而电子气门控制单元又由带偏心轴的轴承支座、带止动弹簧的中间杠杆、摇臂和进气凸轮轴组成。在进气门打开情况下进气量是通过调节气门升程来完成的，这样就能确定最佳的气缸进气量。为此需要使用一种全可变气门升程控制装置。全可变气门升程控制通过气门机构内的其他部件实现。其示意图如图3-1所示，基本结构如图3-2所示，主要由伺服电动机、偏心轴、中间推杆和扭转弹簧等组成。

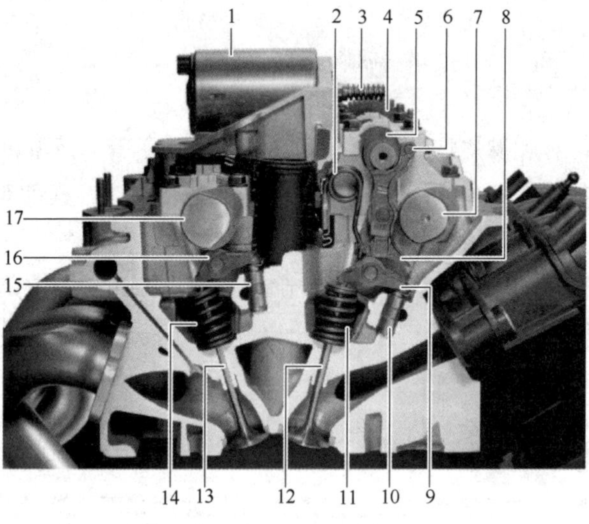

图3-1 电子气门系统示意图

1—伺服电动机 2—扭转弹簧 3—蜗杆 4—蜗轮 5—偏心轴 6—中间推杆 7—进气凸轮轴 8—斜台 9—滚子式气门压杆 10、15—液压气门间隙补偿器（HVA） 11—气门弹簧 12—进气门 13—排气门 14—气门弹簧 16—滚子式气门压杆 17—排气凸轮轴

伺服电动机布置在凸轮轴上方，用于调节偏心轴。伺服电动机的蜗杆嵌入安装在偏心轴上的蜗轮内。进行调节后无须特别锁止偏心轴，因为蜗杆传动机构具有足够的自锁能力。

偏心轴扭转可使固定架上的中间推杆朝进气凸轮轴方向移动。但由于中间推杆也靠在进气凸轮轴上，滚子式气门压杆相对中间推杆的位置会发生变化。中间推杆的斜台朝排气凸轮轴方向移动。

凸轮轴旋转和凸轮向中间推杆移动使中间推杆上的斜台发挥作用。斜台推动滚子式气门

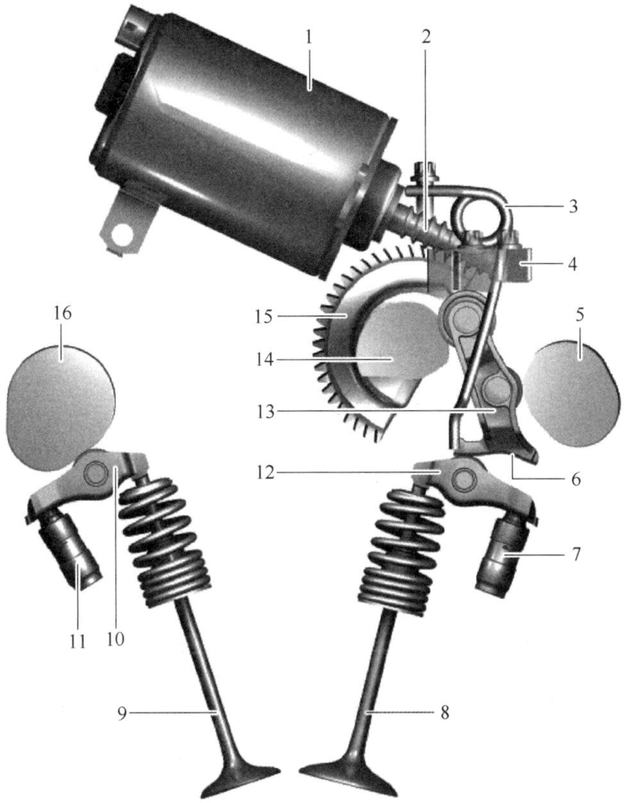

图3-2　电子气门系统的基本结构

1—伺服电动机　2—蜗杆　3—扭转弹簧　4—固定架　5—进气凸轮轴　6—斜台
7、11—HVA　8—进气门　9—排气门　10、12—滚子式气门压杆　13—中间推杆
14—偏心轴　15—蜗轮　16—排气凸轮轴

压杆，从而使进气门继续向下移动。进气门因此继续开启。

中间推杆改变凸轮轴与滚子式气门压杆之间的传动比。在全负荷位置时，气门升程和持续开启时间达到最大值。在怠速位置时，气门升程和持续开启时间达到最小值。

为了对部件进行分级，必须精确测量部件。根据测量结果为部件分级并将等级参数标记在部件上。这样可使一个发动机所有中间推杆的运行曲线公差都保持在7μm以内。也就是说，处于安装状态时气门机构部件的所有公差之和保持在0.02mm以内。

VALVETRONIC的调节范围：气门升程为0.3～9.7mm，在300ms内由最小气门升程调节至最大气门升程。偏心轴在此过程中扭转170°。

进气门（气门升程和气门关闭时刻）通过VALVETRONIC来控制，从而使“进气门关闭”时燃烧室内到达理想的混合气质量。随后在封闭气缸内的进一步膨胀和接下来的压缩过程几乎都不会产生能量损耗。与此相关的换气优势随着负荷的增大而不断减弱。全负荷时换气优势为零。负荷较小时开启时间必须非常短，这一点只有通过大比例减小气门升程才能实现。这样会使气门开启横截面减小，从而出现明显不利的节流作用。但是气门间隙处的进气速度由约50m/s提高至300m/s以上，而且气流围绕整个气门均匀流动。这种作用有助于实现最佳的混合气形成过程。

气门升程较小时气流围绕气门均匀流动，因此混合气在燃烧室内的分布情况非常好。由于进气速度非常高且气门间隙内的压力差非常大，油滴尺寸减小。这样可以达到很好的混合气形成效果并减小功率输出波动以及 HC 和 NO_x 的排放量。

尤其在负荷较低时，可明显感觉到没有节流作用。耗油量最多可减少 20%。负荷越高，节油潜力越低。以理想配比的空燃比（$\lambda=1$）运行时，平均可节省燃油约 10%。全负荷时 VALVETRONIC 没有任何优势，因为全负荷时会达到最大气门升程，传统发动机的进气门会完全打开。

电子控制气门的安装位置如图 3-3 所示。

图 3-3　电子控制气门的安装位置

1—凸轮轴　2—伺服电动机　3、8—扭转弹簧　4—凸轮轴扭转弹簧支架　5—蜗杆
6—凸轮轴　7—偏心轴　9—偏心轴传感器

扭转弹簧靠在偏心轴扭转弹簧支架上并通过该支架向偏心轴施加杠杆力。该扭转弹簧又称为转矩补偿弹簧，可在调节偏心轴时平衡偏心轴的不同转矩。由于研究表明扭转弹簧对伺服电动机的使用寿命没有任何影响，因此取消了这个部件。

气门升程最小限制如图 3-4 所示。达到最小气门升程时，偏心轴挡块靠在气缸盖挡块上，该挡块用螺栓固定在气缸盖内。因此，可以通过机械方式限制最小气门升程。

气门升程最大限制也通过一个机械挡块来限制，如图 3-5 所示。

图 3-4　气门升程最小限制

1—偏心轴挡块　2—气缸盖挡块

图 3-5　气门升程最大限制

为了识别出机械挡块，可在挡块之间执行挡块限位程序。此时会将偏心轴由零行程调节到满行程。只有当发动机电子系统在发动机起动时识别到不可信数值时，才会执行挡块限位程序。也可由诊断系统触发挡块限位程序。

为了确保 VALVETRONIC 运行，需要新型电子组件。这些新组件包括气门升程控制单元（VALVETRONIC Ⅱ的气门升程控制单元集成在发动机管理系统内）、伺服电动机和偏心轴传感器。节气门执行新的任务，出现 VALVETRONIC 故障时负责确保紧急运行。

气门升程控制单元：发动机管理系统负责控制气门升程，在第一代 VALVETRONIC 中由一个附加气门升程控制单元控制气门升程。气门升程控制单元的任务是控制伺服电动机，以便根据发动机控制单元的指令调节偏心轴。为了获得理想的动态性能，需要很高的电流强度。因此，在 VALVETRONIC 发动机上要对负责执行车灯功能的控制单元进行适配，以免车内和车外照明装置亮度不稳定。

伺服电动机：带有整流器的直流电动机，负责调节偏心轴。通过改变电动机转动方向和节拍控制时间可对偏心轴进行相应调节。进行最大调节时，伺服电动机的电流可到达 40A。

偏心轴传感器：偏心轴传感器测量偏心轴转角，从而为调节功能提供实际参数。如图 3-6 所示，偏心轴传感器将偏心轴位置发送给气门升程控制单元或 DME，其测量角度范围为 180°。偏心轴传感器按磁阻效应原理工作：当附近磁场更改位置时，铁磁导体就会改变自身的电阻。为此偏心轴上装有一个带有永久磁铁的磁轮。偏心轴旋转时，这些磁铁的磁力线就会穿过传感器内的导磁材料。由此产生的电阻变化通过发动机控制单元换算为气门升程。必须用一个非磁性固定螺栓将磁轮固定在偏心轴上，否则传感器无法正常工作。

图 3-6　偏心轴传感器

1—磁轮　2—固定螺栓　3—偏心轴传感器

发动机控制单元：发动机管理系统包含有控制气门升程的特性曲线。用于确定所需气门行程的主要信息是驾驶人通过加速踏板传递的负荷要求。系统根据输入数据确定气缸额定进气量。额定进气量换算为气门升程和正时时间范围。通过这些因素得到进气门的关闭时刻。实现最佳燃烧效果所需的残余气体量只能通过排气凸轮轴控制装置（排气 VANOS）进行调节，因为进气管内没有产生回流的低压。发动机管理系统负责控制 VANOS。使用 VALVETRONIC Ⅱ时，同样通过发动机管理系统控制气门升程。使用 VALVETRONIC Ⅰ时，行程指令通过 CAN 总线接口发送至气门升程控制单元，并通过偏心轴传感器和伺服电动机进行调节，如图 3-7 所示。

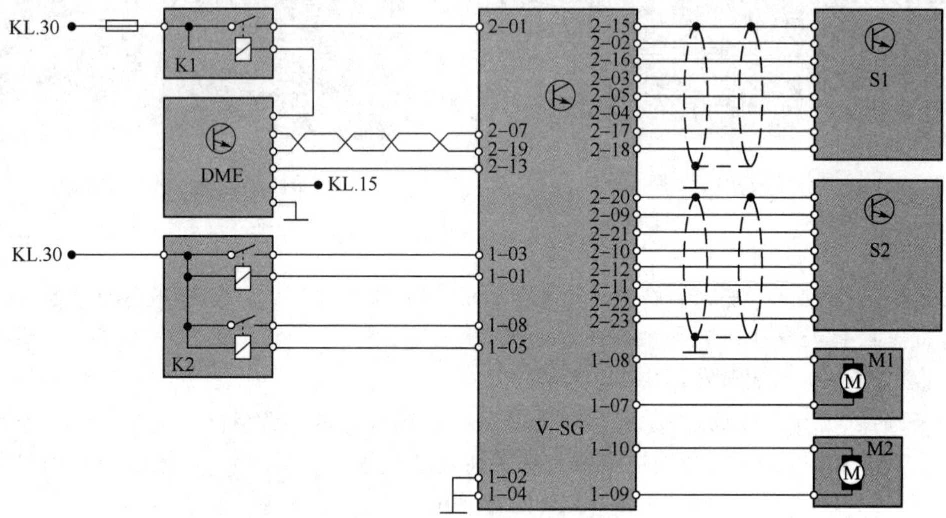

图 3-7　电子气门控制线路图

DME—数字式发动机电子伺控系统　K1—DME 主继电器　K2—过载保护继电器　M1—用于调整偏心轴的电动机（气缸列 1 ~4）　M2—用于调整偏心轴的电动机（气缸列 5 ~8）　V-SG—电子气门系统的控制单元　S1—偏心轴传感器（气缸 1 ~4）　S2—偏心轴传感器（气缸 5 ~8）

节气门：VALVETRONIC 发动机仍需要节气门完成燃油箱通风、曲轴箱通风、应急运行、三元催化转化器加热等任务。通过节气门可调节至约 50mbar（$1\text{bar} = 10^5\text{Pa}$）的进气管低压。为了确保燃油箱通风和曲轴箱通风需要达到这种低压程度，进气管内有一个压力传感器可提供参考基准。VALVETRONIC 出现故障时会尽量调节至最大气门升程，并由节气门负责控制负荷。发动机管理系统根据特性曲线进行怠速调节。在起动过程中也可以根据特性曲线通过节气门进行怠速调节。发动机达到运行温度时，在约 60s 后切换到非节气模式（节气门完全打开）。但在寒冷的冬季，发动机以节气门全开起动，因为这有利于发动机起动。

免节气负荷控制：VALVETRONIC 由全可变气门升程控制装置和可变凸轮轴控制装置（双 VANOS）构成，因此可以任意选择进气门关闭时刻。仅在进气侧控制气门升程，而凸轮轴控制则在进气和排气侧进行。只有满足以下条件才能进行，免节气负荷控制：进气门的气门升程和进、排气凸轮轴的凸轮轴控制能够进行可变控制，如图 3-8 所示，可自由选择进气门的持续开启时间。进行曲轴箱通风时需要进气装置内存在最小真空，为此需要稍稍调整节气门。

电子气门技术的另一重要优点是，踩踏加速踏板时发动机产生反应的时间加快。传统发

图 3-8　双可调式凸轮轴的控制结构

1—排气侧控制单元　2—联接螺栓　3—弹簧片

4—进气侧控制单元　5—齿链啮合齿轮

动机以加速踏板控制节气门的方式，加速踏板踩下节气门打开，还要等待空气流入填满进气歧管之后，才会大量进入发动机气缸，产生所需要的动力。而电子气门发动机加速踏板踩下时可直接控制加大进气门的开启深度，大量空气立刻流入发动机气缸，产生所需要的动力。电子气门发动机进气门开启深度最小为 0. 25mm，最大可达 9. 7mm，相差近 40 倍，然而从最小变化到最大，电子气门整体机构所需要的反应时间只要 0. 3s 左右。

由于怠速时的最小气门升程非常小，必须确保气缸进气均匀分布，所有气门的开启程度必须相同。因此滚子式气门压杆和相关中间推杆分为不同等级。通过标记出的参数可区分不同等级的部件。在同一个气缸上始终安装相同等级的部件。通过在出厂前分配滚子式气门压杆和中间推杆可确保在最小气门升程时气缸也能均匀进气。分解气门机构时必须确保要将所有部件都装回原来的位置，否则可能造成气缸进气分布不均匀。分布不均匀的结果是发动机运转不稳定。

3. 1. 3　案例分析及空气供给系统的检测

宝马 760i 发动机怠速抖动故障检测与维修

（1）**故障现象**　一辆 2004 年款宝马 E66 760Li 轿车，用户反映发动机怠速抖动，行驶中加速无力，最近又出现了发动机起动后有汽油味的情况。

（2）**故障检修**　接车后，首先向用户了解此车在故障出现前后是否有异常情况。用户反映，前一段时间因为当地台风的原因，导致此车部分进水。当时将水处理干净后没有出现故障，使用一段时间后就出现了各种各样的故障，但后来大多都修好了，只有发动机故障一直没有修好。在其他修理厂清洗了节气门，更换过点火线圈和火花塞也都没有解决问题。

此车搭载了 N73 发动机，这是一款技术含量很高的发动机，12 个气缸呈 V 形结构排列，每缸 4 气门，采用了电子气门全变量气门控制技术（VALVETRONIC）以及燃油直喷技术。

N73 发动机的燃油直喷系统，喷油器的喷嘴位于燃烧室内，靠近进气门，每列气缸的喷油器安装在同一油轨上。每列气缸的油轨由 1 个高压泵提供高压燃油，高压泵由排气凸轮轴驱动。高压泵将来自电子燃油泵的燃油加压，使燃油压力提高到 5 ~ 12MPa，被压缩的燃油通过高压油管到达油轨，然后到喷油器，喷油器由 DME 发动机控制单元根据相关传感器的信号来控制。因为加压后的燃油压力非常高，所以在一般维修厂，常规的燃油压力表无法用来测量高压管路的燃油压力。而且从维修手册上可知，喷油器的控制电压在 85 ~ 100V 之间，因此通用的汽车示波器很难用于此处测量，喷油时间一般只能使用故障诊断仪来查看。

首先连接宝马原厂故障诊断仪 GT1，选择菜单中的 7 系 E65 项目（因为 GT1 菜单中不提供 E66 项目，E66 与 E65 只是长轴车型与短轴车型之分），故障诊断仪自动识别车型后进入全车电控系统检测，检测到很多故障码，因为无法识别真假故障，于是记录下故障码后全部清除。此车有 2 个 DME 发动机控制单元，DME-1 是 1 ~ 6 缸的发动机控制单元，DME-2 是 7 ~ 12 缸的发动机控制单元，在查询 DME-1 的故障码时显示 2 缸工作不良的故障码，清除故障码后再次起动，此故障码再次出现。

查看发动机数据流，其中主要数据如下：空气流量信号 15kg/h；油轨压力 3.0MPa；燃油喷射时间 1.89ms；加速踏板信号 1 为 0.72V，加速踏板信号 2 为 0.36V。通过与标准数据流比较后发现，空气流量信号稍大，燃油喷射时间也稍长。继续查看数据流发现问题，2 缸的运行不稳定数值已经达到 5.10，而其他气缸的数值却接近 0，这说明 2 缸明显工作不良。将发动机右侧的进气软管拆下，看到 2 缸的点火线圈上还贴有很新的标签，这说明是刚换过，为了可靠起见，又更换了 1 个工作正常的点火线圈和火花塞进行试验，结果 2 缸仍然不工作（在此需要提醒维修人员，在维修宝马车时经常遇到一些修理厂新更换的点火线圈是坏的）。继续使用故障诊断仪检测 DME-2 发动机控制单元，其中存储了 8 缸工作不良的故障码，从数据流中可以看出 8 缸的运行不稳定数值已经达到了 1.93，检查 8 缸的点火线圈和火花塞也是刚换过的。

根据维修经验，导致发动机整体工作不良的原因可能涉及多个系统，但是导致 1 个或几个气缸不工作的原因应该不多。首先分析燃油系统，因为故障诊断仪上显示的油轨压力为 3.0MPa，这说明压力正常，而且不应该出现个别气缸油压过低的情况，喷油器由发动机控制单元控制工作，发动机控制单元出现问题的概率很低。另一方面，如果是个别气缸的喷油器线路有问题，系统内应该存储喷油器线路短路或断路的故障码。至于点火系统，宝马车系的点火系统的控制线路工作是比较稳定的，很少有问题，只是点火线圈和火花塞有时候会出问题，用试灯检测 2 缸的点火线路部分，起动发动机时试灯可以闪烁，这说明点火线路基本上是正常的。

接下来检查气缸压力。此车如果不拆卸进气歧管就无法测量气缸压力，但是用户担心维修人员不熟悉发动机的结构，不允许拆卸进气歧管。用户说过有时在起动时有汽油味，由于刚才检查时已经拆卸过燃油管，已经有很重的汽油味，于是决定第二天再检查。第二天一早，起动发动机，确实有一些汽油味，但是查看外围的油管并没有发现泄漏的地方，如果有泄漏就应该是进气歧管下面的油管漏油了。因为对 N73 发动机的结构很了解，可以确定如果不拆卸进气歧管就无法继续检查故障，于是说服用户允许拆卸发动机进气歧管。拆下进气歧管后，发现 2 列气缸之间的燃油管有些渗油但并不严重。高压泵进行了压力补偿，所以从数据流上没有看出问题。

因为在用户感觉到此车有汽油味之前发动机就存在怠速抖动的故障，所以怠速抖动应该还有其他原因。由于只有 2 个气缸工作不良，所以空气流量计、氧传感器以及冷却液温度传感器等部件就不需要检查了，而应该重点检查是否有漏气的部位和气缸压力是否正常。

注意到有 1 根曲轴箱废气循环管没有插，这样会导致发动机怠速不稳，这个情况如果不拆卸进气歧管是不容易发现的。测量了各缸压力均正常，检查 2 缸和 8 缸处进气歧管的密封性，虽然进气歧管的固定螺栓很紧，但是从歧管密封垫挤压的痕迹可以看出有轻微的泄漏。

更换泄漏的燃油管，安装好废气循环管，并更换了进气歧管密封垫，起动发动机，从故障诊断仪的数据流中可以看出各项数值正常，试车发现故障彻底排除。此车虽然是由于几个故障原因引起的多个故障现象，但是直接导致 2 缸和 8 缸工作不良的原因是进气歧管密封垫漏气，如果此故障出现在常见的车型上，应该是比较容易排除的。但是对于采用了直喷系统的发动机来说，之前的维修人员因为不了解其工作原理，也不熟悉 N73 发动机的具体结构，所以不敢进行拆装检查，也就失去了排除故障的机会，同时导致了用户对维修人员的不信任。由此可见既要重视对车辆电控系统的学习，同时也要重视对具体机械结构拆装的学习，否则遇到故障就很容易出现不敢下手的情况。

3.2　涡轮增压控制系统

3.2.1　涡轮增压控制系统的功用

涡轮增压控制系统对吸入的空气进行压缩，增大气体密度，以增加平均有效压力，进而增加循环供油量，达到提高燃烧效率和提高整机使用经济性的目的。例如，宝来 1.8T 汽车可以在三档、发动机转速 2000r/min、以节气门全开加速时绝对压力达到（1.6～1.7）×10^5Pa，这是无增压系统不能相比的。

涡轮增压控制系统由机械部分及控制部分组成。机械部分（图 3-9）由进气涡轮、废气涡轮、旁通阀、中冷器（增压空气冷却器）和机械式增压空气再循环阀等组成；控制部分

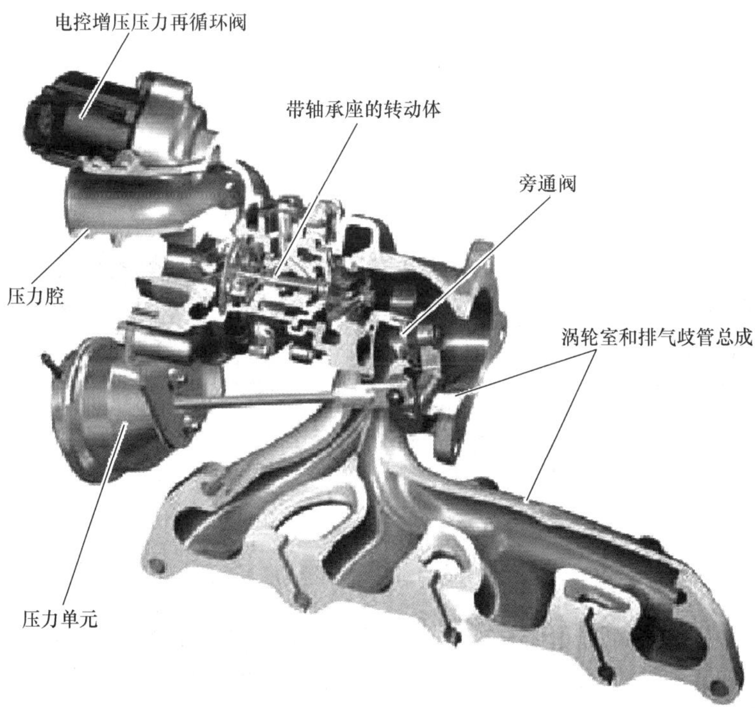

图 3-9　涡轮增压控制系统的机械部分

由增压压力传感器、增压空气再循环电磁阀、增压压力限制阀和增压压力传感器等组成。涡轮增压器可以分为旁通式涡轮和可调叶片式涡轮增压器，如图3-10和图3-11所示。涡轮增压器转子的工作转速每分钟高达数万转至二十多万转，需要有单独的润滑油供应管路。

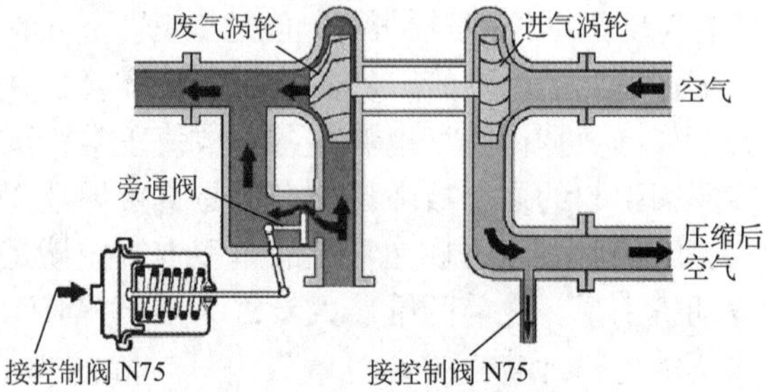

图3-10　旁通式涡轮增压器

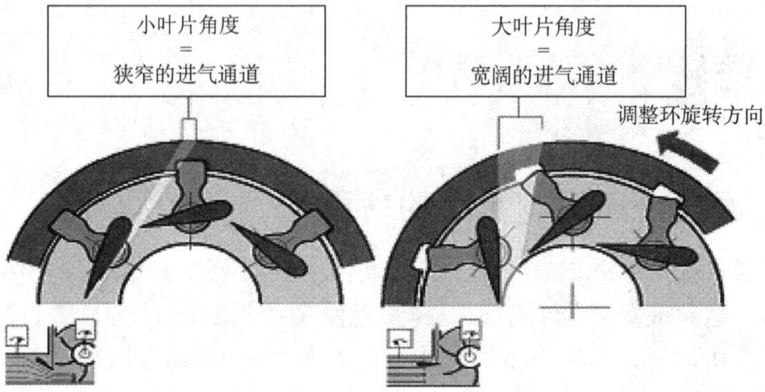

图3-11　可调叶片式涡轮增压器

3.2.2　涡轮增压控制系统的结构与原理

涡轮转子的内部结构如图3-12所示，转子的工作转速每分钟高达数万转至二十多万转，需要有单独的润滑油供应管路，并为浮动轴承提供油膜支撑。

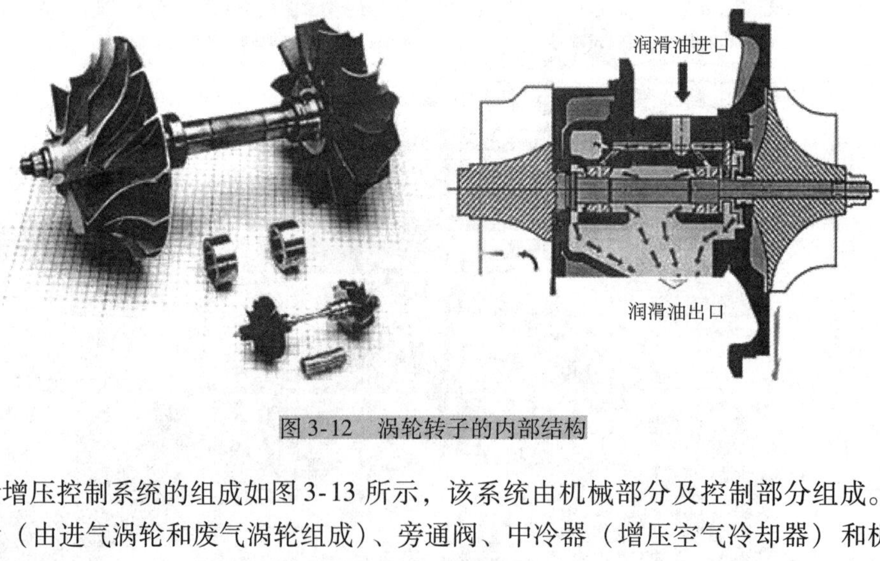

图3-12　涡轮转子的内部结构

涡轮增压控制系统的组成如图3-13所示，该系统由机械部分及控制部分组成。机械部分由涡轮（由进气涡轮和废气涡轮组成）、旁通阀、中冷器（增压空气冷却器）和机械式增压空气再循环阀等组成；控制部分由增压压力传感器、增压空气再循环电磁阀、增压压力限制电磁阀等组成。废气流过废气涡轮，使废气涡轮高速旋转，废气涡轮带动进气涡轮以相同速度旋转，这样就可以压缩进气管中的空气。

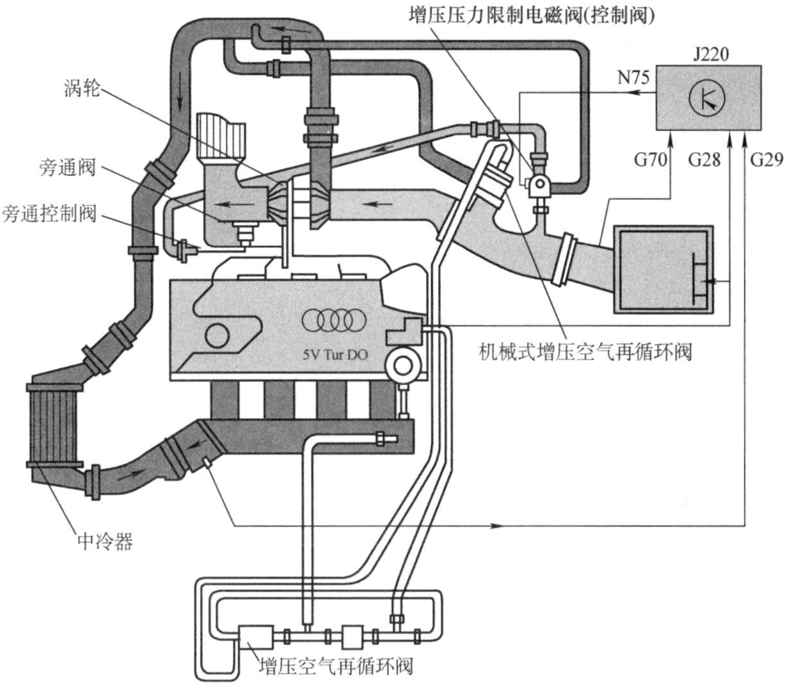

图 3-13　涡轮增压系统的组成

当海拔升高及空气密度减小时，增压控制可防止涡轮增压器超速。当空气密度较小时，涡轮增压器只能提高均压输出（增加转速），从而达到要求的增压压力。这样会使进气温度过高并增加了发动机爆燃的危险，为此增压压力要受到限制。海拔变化是由海拔传感器感应的，海拔信号还可以修正起动时的混合气成分。

增压压力限制电磁阀（图 3-14）接收发动机电控单元发出的控制信号，当电控单元接收到从进气压力传感器或增压压力传感器传来的增压压力达到的信号时，电控单元命令增压压力限制电磁阀开启，减少增压压强。电控单元用脉宽调制信号打开电磁阀，允许真空进入控制阀来调节增压。

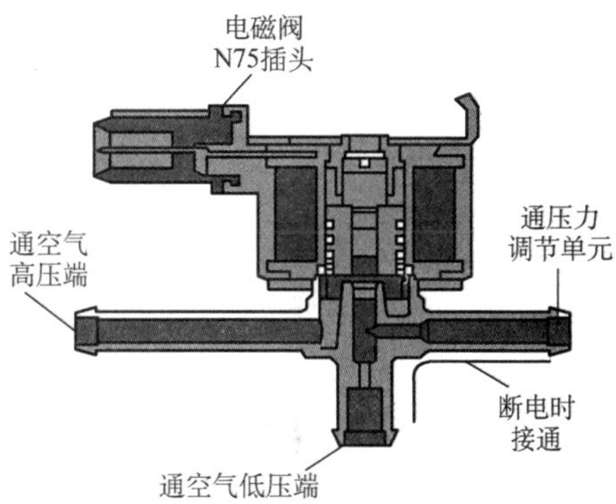

图 3-14　增压压力限制电磁阀

超速切断工况（大负荷行驶时，突然松开加速踏板），节气门开度迅速减小，而涡轮转速仍然较高，若不加以控制，增压空气继续流向节气门，可能造成节气门损坏。此时，发动机电控单元将增压压力限制电磁阀打开，接通空气再循环阀（机械）的真空回路，使其打开，增压气体在管路中形成局部循环，避免增压空气冲击节气门。

可调叶片式涡轮增压器的调整原理与旁通式涡轮增压相似。

3.2.3　涡轮增压控制系统的故障诊断及检修

1. 维修注意事项

1）在废气涡轮增压器安装完成之后使发动机空转运行约1min，并且不马上提速，以此来使涡轮增压器的润滑油供应稳定下来。

2）在拆开或连接部件之前，对连接件及其周围进行彻底清洁，清洁时不要使用掉纱的抹布，部件必须保持清洁才能安装。

2. 基本检查

1）检查废气涡轮增压器的涡轮壳，应无因过热、咬合、变形或其他损伤而产生的裂纹，否则应更换废气涡轮增压器。

2）检查涡轮油孔，应无淤积和堵塞。

3）检查废气涡轮增压装置的进油管和回油管，应无堵塞、压瘪、变形或其他损坏。

4）检查废气涡轮增压器，应不漏机油。

5）检查安装在活性炭罐和废气涡轮增压器前部进气软管之间的活性炭罐单向阀、制动助力器和进气歧管之间的单向阀，应安装正确，上面的箭头应指向导通方向。

6）检查所有的管路，应连接牢固、无泄漏、老化等。

3. 各部件检查方法

1）机械式空气再循环阀装在涡轮增压器前面，通过增压器空气再循环阀的真空控制，在发动机超速切断、怠速及部分负荷时打开，使节气门前面存在的增压压力卸压，涡轮增压器保持在较高的转速。一般在发动机功率不足或有负荷变化冲击时，应检查机械式空气再循环阀。

2）从增压控制电磁阀上拆下软管，接上辅助软管，起动执行部件诊断，并触发增压控制电磁阀。电磁阀将发出“咔嚓”声，并打开和关闭（通过向辅助软管吹气检查）。如果电磁阀无“咔嚓”声，应对增压压力控制电磁阀进行电气检查。当没有电信号时，电磁阀常闭。如果电磁阀有“咔嚓”声，但不正常地打开和关闭，应更换增压控制电磁阀。

涡轮增压器空气再循环阀的位置如图3-15所示。拔下涡轮增压器空气再循环阀的导线插接器，检查其电阻如图3-16所示，用万用表电阻档在涡轮增压器空气再循环阀侧导线插接器处检查涡轮增压器空气再循环阀的电阻，其值应为27～30Ω。

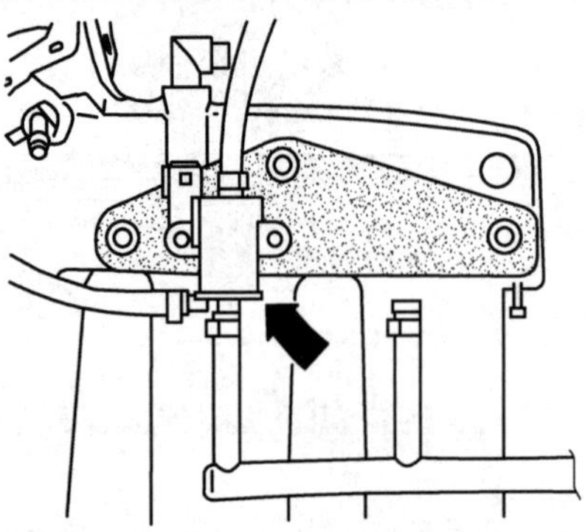

图3-15　奥迪A6增压器空气再循环阀N249的安装位置

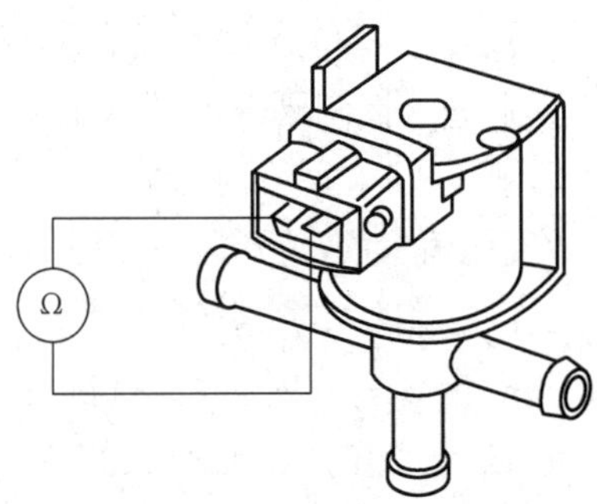

图3-16　检查增压器空气再循环阀的电阻

3）增压压力限制电磁阀的检修过程和方法与涡轮增压器空气再循环阀的检修过程和方法完全一样，只是增压压力限制电磁阀的内阻为 23～35Ω。

4）增压压力传感器的安装位置如图 3-17 所示。插上增压压力传感器导线插接器，用万用表电压档测量增压压力传感器导线插接器信号端子和搭铁端子之间的电压。发动机怠速运转时，信号电压值约为 1.90V；发动机急加速时，信号电压值为 2.00～3.00V。

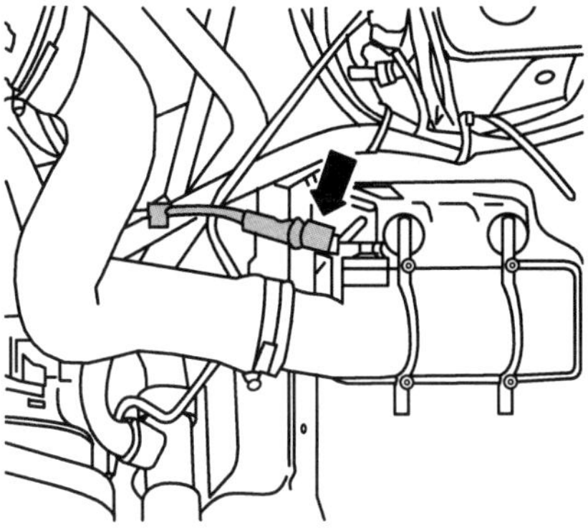

图 3-17　奥迪 A6 增压压力传感器 G31 的安装位置

5）海拔传感器的检测。

① 打开点火开关，选择“读取测量数据块”（功能 08）及显示数据块 18，屏幕显示：

读取测量数据块 18				→
1	2	3	4	

② 查看显示区 4。显示值是按空气密度来修正的高度修正因素，在海平面高度修正因素为 0；在 1000m 高度修正因素为 －10%；在 2000m 高度修正因素为 －20%；在 3000m 高度修正因素为 －30%。

③ 如果在显示区 4 有不可靠值，拔下传感器的线束插头（海拔传感器安装于电控盒发动机控制单元附近）。

④ 打开点火开关，如图 3-18 所示，测量海拔传感器的端子 1 与端子 3 以及端子 2 与 3 端子之间的电压，其规定值约为 5V。

⑤ 如果没达到规定值，关闭点火开关，检查排除导线的断路或短路故障。如果导线没有故障，换装一个新的海拔传感器（F96）。如果更换新的海拔传感器后，显示区继续显示不可靠值，则换装一个新的发动机控制单元。

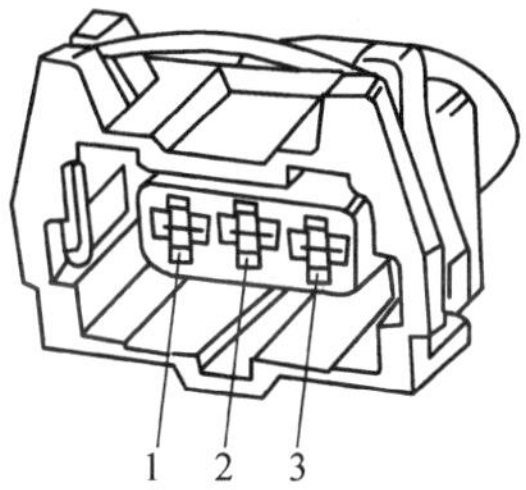

图 3-18　海拔传感器端子

1、2、3—端子

4. 增压控制检查

1）选择“读取测量数据块”（功能 08）及显示数据块 25，屏幕显示：

读取测量数据块 25				→
7.40ms	7.10ms	7.05ms	67%	

2）全负荷（节气门全开）进行路试，发动机转速为 4000r/min 时查看显示区 4（增压控制电磁阀的占空比）。

3）显示区 4 的规定值为 5%～95%。如果没有达到规定值，通过改变发动机速度使占空比在规定值范围内。

4）查看显示区 2（经校正的发动机规定负荷），其规定值为 0.00～8.00ms。

5）查看显示区 3（发动机实际负荷），其规定值与显示区 2 中经校正的发动机规定负荷相同（公差为 ±0.3ms）。

发动机实际负荷超出公差范围，可能是下列故障造成的：①增压控制电磁阀有电气故障；②增压控制系统的软管松动，漏气或阻塞；③增压控制电磁阀 N75 阻塞；④涡轮增压器与进气歧管之间有漏气之处；⑤旁通阀机构发卡或不灵活；⑥涡轮增压器损坏（涡轮被异物卡死）。

5. 增压最高压力测试

将变速器挂入3档，在发动机转速为2000r/min时以节气门全开进行加速，观察仪表板上的发动机转速表。在发动机转速约为2500r/min时，压力表上显示的值应为1.600～1.700bar（160～170kPa），VAS 5051或V. A. G1551上显示数据块115的显示区4上显示的数据为1.600～1.700bar。当增压压力过高时，控制单元将切断发动机的燃油供给，以保护发动机。

6. 故障案例

（1）**故障现象**　一部装有自动变速器的宝来1.8T汽车加速不良（发动机动力不足），故障码显示是从涡轮增压至节气门之间有压降。

（2）**故障排除**　从故障码分析应该是从涡轮增压到节气门之间有漏气的地方，但检查进气管路密封正常，未发现漏气。用手捏节气门前的进气软管，加速时能感觉到明显的增压作用（而且感觉比正常压力大）。

怀疑是给发动机控制单元增压后的压力信号有问题，导致增压压力调整电磁阀一直向增大压力的方向调整，从而使发动机工作异常，更换增压压力传感器，工作正常。

3.3　可变气门正时系统

3.3.1　可变气门正时系统的功用

在提高发动机性能方面，配气系统除了采用多气门技术外，还广泛使用了可变气门技术，其主要分为两大类，即改变凸轮轴转角的可变气门正时技术和改变气门升程的可变气门升程技术。

采用可变气门正时技术，可大幅提高发动机中低转速输出转矩。可变气门正时系统主要控制进气门的开启和关闭时刻，也就是控制进气门打开和关闭的最大提前角和最大迟闭角。可以根据发动机不同的负荷状态，连续地调节进气门的闭合角度，使发动机运转更加顺畅，获得最佳的动力性、经济性和排放的综合性能。

可变气门升程系统是在低速运转时，让一个进气门开度大、一个进气门开度小，这样可以产生涡流，使空气与燃油更好地混合，实现快速燃烧，获得极佳的燃油经济性。高速运转时，让两个进气门开度都大，这样可以让充气量得到大幅度的提高，输出功率和转矩都得到增大。

VVT-i（Variable Valve Timing-intelligent）是丰田汽车对可变气门正时系统的英文缩写，它是一种控制凸轮轴气门正时的装置。丰田3GR-FE发动机，进气侧和排气侧凸轮轴都采用了VVT-i控制系统。有些丰田汽车发动机在此基础上增加了气门升程调整装置，结构更加复杂，日本丰田汽车公司称之为智能型可变气门配气正时和气门升程电子控制系统（VVTL-i）。VVTL-i不但可以在计算机的控制下进行气门正时控制，还可以根据转速和负荷的变化，控制进、排气门升程的调整，能更加显著地提高发动机的动力性，应用于对动力性要求更高的车型上。对于多气门发动机，当发动机在高转速区域运转时，增大气门升程，使得高速时仍能得到较大的转矩，同时减少排放污染。

宝马汽车公司研制的可变气门正时系统（VANOS），在其生产的2.5L和2.8L DOHC（顶置双凸轮轴）直列式六缸M52发动机上使用。日产公司称之为VVL。

本田的i-VTEC技术将VTEC和VTC技术有效地结合，通过VTEC对气门升程、VTC对气门重叠（进气门和排气门同时开启的状态）进行周密的智能化控制，使发动机大功率、低油耗、低排放的三个特性都得到提高。

装有可变气门正时系统的发动机，必须采用发动机的标准机油，否则可能会影响可变气门正时系统的正常工作。

3.3.2 可变气门正时系统的结构与原理

本田VTEC（Variable Valve Lift Timing & Valve Electronic Control）机构（可变配气正时及气门升程电子控制系统）如图3-19所示，其主要由中间摇臂2、主摇臂8、次摇臂3、同步活塞A和B及凸轮轴9等组成。其中中间摇臂在发动机高速时使用，主、次摇臂低速时使用。进气摇臂总成如图3-20所示，在三个摇臂靠近气门的一端均设有油缸孔，油缸孔中装有靠液压控制的正时活塞、同步活塞、阻挡活塞及弹簧。正时活塞一端的油缸孔与发动机的润滑油道连通，ECU通过电磁阀控制油道的通、断。

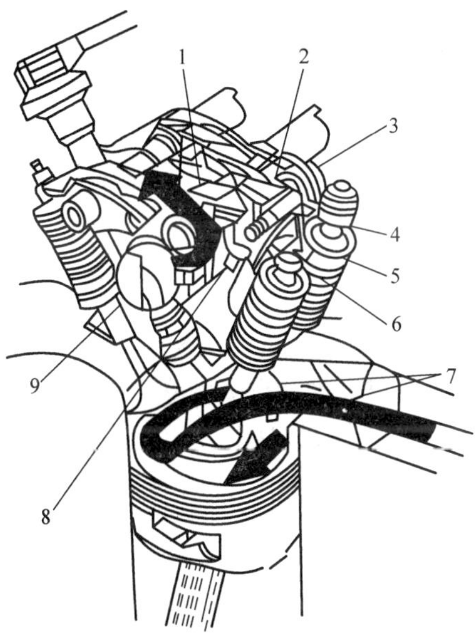

图3-19 本田VTEC机构

1—正时板 2—中间摇臂 3—次摇臂 4—同步活塞B 5—同步活塞A 6—正时活塞 7—进气门 8—主摇臂 9—凸轮轴

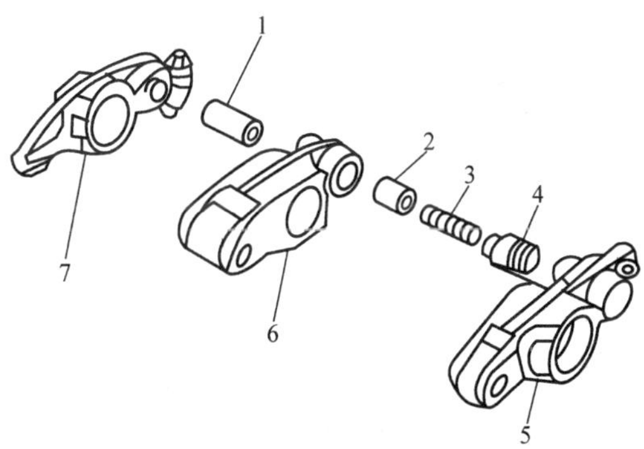

图3-20 进气摇臂总成

1—同步活塞B 2—同步活塞A 3—弹簧 4—正时活塞 5—主摇臂 6—中间摇臂 7—次摇臂

可变配气相位控制系统主要根据发动机转速、负荷等变化来控制VTEC机构工作，改变驱动同一气缸两进气门工作的凸轮，以调整进气门的配气相位及升程，实现单进气门工作和双进气门工作的切换。

如图3-21所示，发动机低速运转时，电磁阀不通电使油道关闭，机油压力不能作用在正时活塞上，在次摇臂油缸孔内的弹簧和阻挡活塞作用下，正时活塞和同步活塞A回到主摇臂油缸孔内，与中间摇臂等宽的同步活塞B停留在中间摇臂的油缸孔内，三个摇臂彼此分离。此时，主凸轮通过主摇臂驱动主进气门，中间凸轮驱动中间摇臂空摆（不起作用）；次凸轮的升程非常小，通过次摇臂驱动次进气门微量开闭，其目的是防止次进气门附近积聚燃油。配气机构处于单进、双排气门工作状态，单进气门由主凸轮驱动。

当发动机高速运转，且发动机转速、负荷、冷却液温度及车速达到设定值时，ECU向VTEC电磁阀供电，使电磁阀开启，来自润滑油道的机油压力作用在正时活塞一侧，由正时活塞推动两同步活塞和阻挡活塞移动，两同步活塞分别将主摇臂与中间摇臂、次摇臂与中间摇臂插接成一体，成为一个同步工作的组合摇臂，如图3-22所示。此时，由于中间凸轮升程最大，组合摇臂受中间凸轮驱动，两个进气门同步工作，与发动机低速时相比，气门的升程、提前开启角和迟后关闭角均增大。

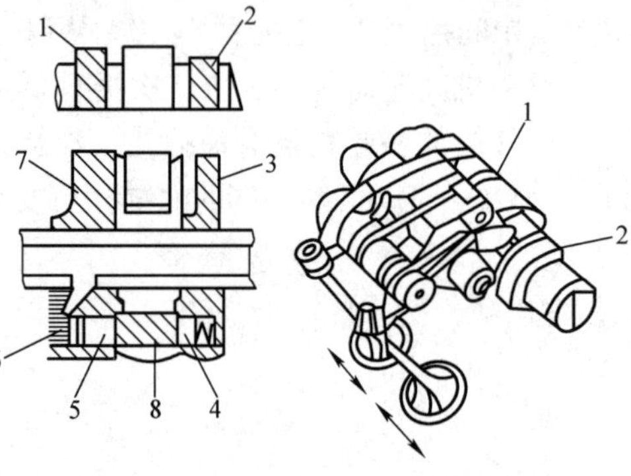

图3-21 VTEC机构低速工作状态

1—主凸轮 2—次凸轮 3—次摇臂 4—阻挡活塞 5—同步活塞A 6—正时活塞 7—主摇臂 8—同步活塞B

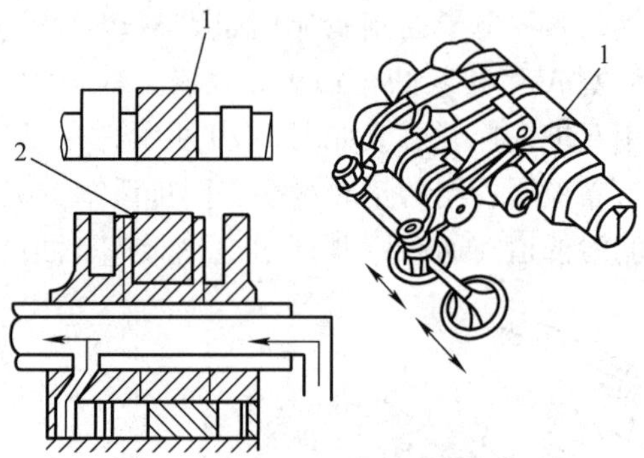

图3-22 VTEC机构高速工作状态

1—中间凸轮 2—中间摇臂

当发动机转速下降到设定值时，ECU切断VTEC电磁阀电流，正时活塞一侧的油压降低，各摇臂油缸孔内的活塞在回位弹簧作用下回位，三个摇臂又彼此分离独立工作。

VTEC控制系统电路如图3-23所示，发动机ECU根据发动机转速、负荷、冷却液温度和车速信号控制VTEC电磁阀，电磁阀通电后，通过压力开关给ECU提供一个反馈信号，以便监控系统工作。

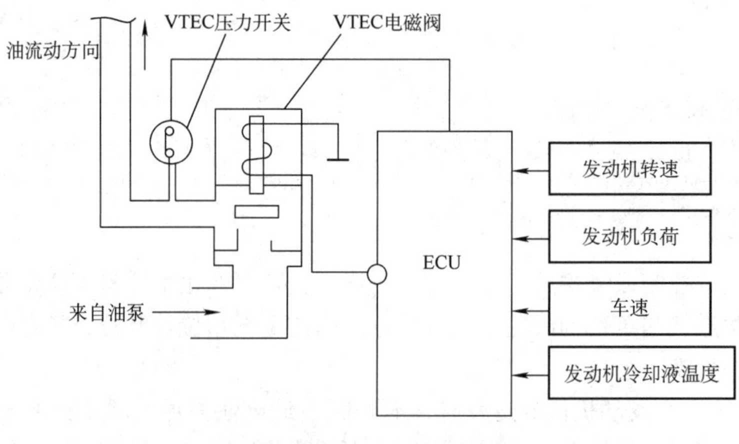

图3-23 VTEC控制系统电路

丰田 VVT-i 系统由 VVT-i 控制器、凸轮轴正时机油控制阀和传感器三部分组成，如图 3-24 所示，其中传感器有曲轴位置传感器、凸轮轴位置传感器和冷却液温度传感器等。

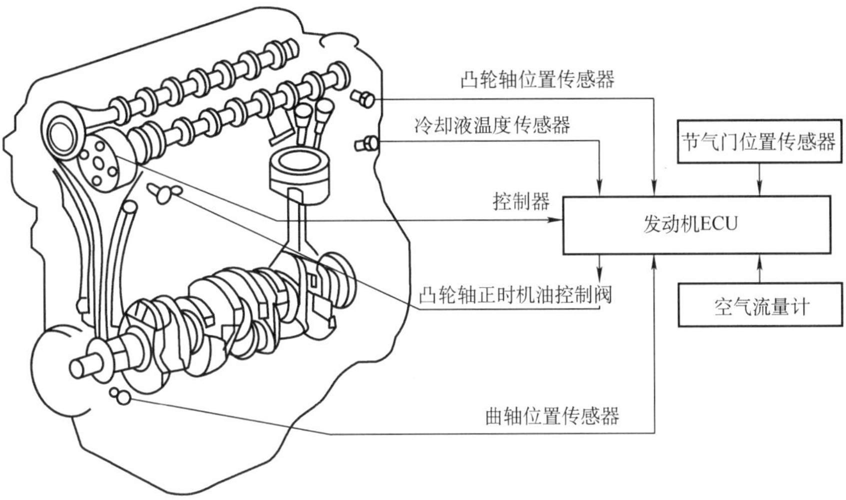

图 3-24　丰田 VVT-i 系统的组成

VVT-i 控制器由一个固定在进气凸轮轴上的叶片、一个与从动正时链轮一体的壳体和一个锁销组成，如图 3-25 所示。控制器有气门正时提前室和气门正时滞后室两个液压室，通过凸轮轴正时机油控制阀，它可在进气凸轮轴上的提前或滞后油路中传送机油压力，使控制器叶片沿圆周方向旋转，连续改变进气门正时，以获得最佳的配气相位。

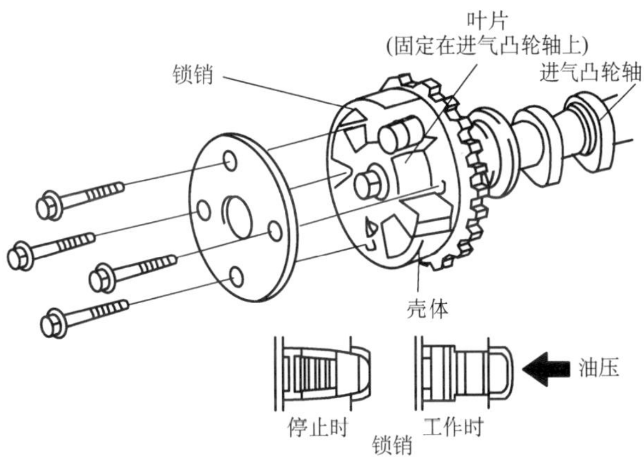

图 3-25　VVT-i 控制器的组成

凸轮轴正时机油控制阀由一个用来转换机油通道的滑阀、一个用来控制移动滑阀的线圈、一个柱塞及一个回位弹簧组成，其结构如图 3-26 所示。工作时，发动机 ECU 接收各传感器传来的信号，经过分析、计算后，发出指令给凸轮轴正时机油控制阀，以此来控制滑阀的位置，从而控制机油液压，使 VVT-i 控制器处于提前、滞后或保持位置。

控制原理如图 3-27 所示，发动机 ECU 根据转速、进气量、节气门位置和冷却液温度计算出一个最优气门正时信号，向凸轮轴正时机油控制阀发出控制指令，凸轮轴正时机油控制阀根据发动机 ECU 的控制指令选择 VVT-i 控制器的不同油路，使其处于提前、滞后或保持这三个不同的工作状态。此外，发动机 ECU 根据来自凸轮轴位置传感器和曲轴位置传感器的信号检测实际的气门正时（改进后的 LS400 1UZ-FE 发动机和 LS430 3UZ-FE 发动机还另外安装有 VVT 传感器，以更精确地检测凸轮轴位置），从而尽可能地进行反馈控制，以获得预定的气门正时。

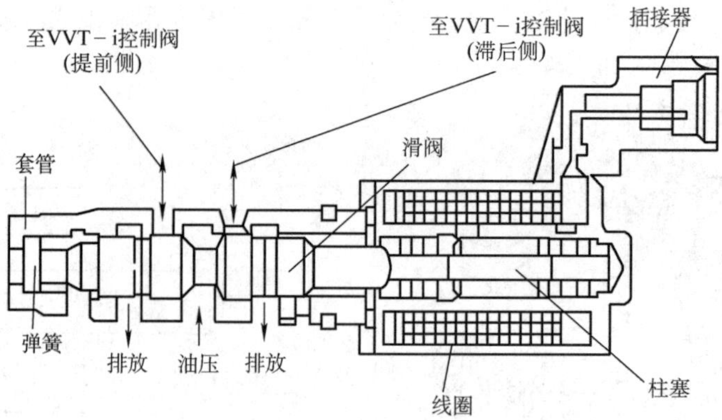

图3-26 凸轮轴正时机油控制阀的结构

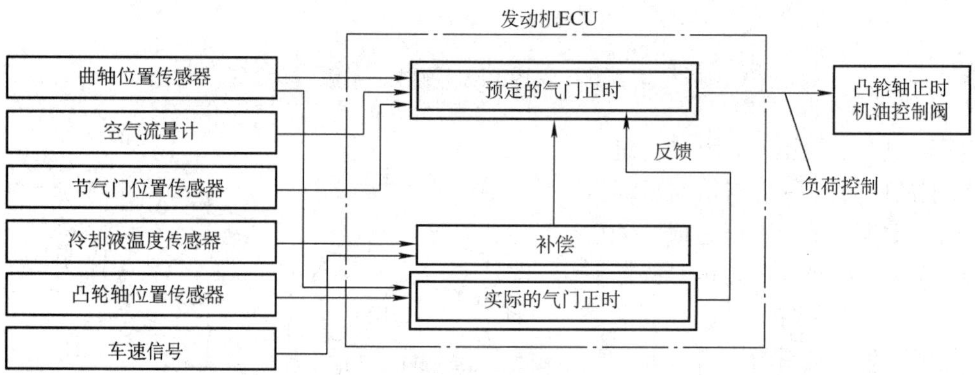

图3-27 VVT-i控制原理

3.3.3 可变气门正时系统的故障诊断及检修

下面以本田VTEC系统为例介绍可变气门正时系统的故障诊断与检修。

VTEC系统引起的故障常表现为怠速不稳、中高速功率不足、发动机加速不良，在此只对易出故障的部位与常见故障进行介绍。

1. 故障码为“21”的检修

在故障警告灯亮后，读取故障码为“21”，表示VTEC的控制电磁阀及线路有故障。清除故障后，若试车仍然有此故障出现，则说明系统电磁阀出现故障。

1）先目视检查线路是否有断路或接触不良的情况，如果正常，进行下一步。

2）将电磁阀的外壳搭接蓄电池负极，电磁阀的导线接触蓄电池正极，观察是否有电磁阀的动作声音，如果无声，则说明电磁阀损坏。可检测电磁阀插座端子与搭铁壳体间的电阻值，应为14～30Ω，如果正常进行下一步。

3）检查ECM的A4端子插头与电磁阀线插头之间的导通情况。检测A4端子接点间的电阻，看是否有断路和短路情况。如果线路正常，则更换ECM。

2. 故障码为“22”的检修

当系统显示出“22”故障码时，表示 VTEC 压力开关及线路有问题。清除故障后，若试车仍然有此故障出现，则说明是 VTEC 压力开关及线路出了故障，应进行检查。

1）检查压力开关的两导线端子，在发动机没工作时应处于不导通状态，否则说明压力开关损坏。

2）检测压力开关线束插头的棕、黑色线端子和搭铁之间是否导通；检测压力开关线束插头的蓝、黑色线端子与 ECU D6 端子对应的导线接点是否导通。

3）在压力开关上施加 250kPa 的压力，看此时主压力开关两端子是否导通。

4）如果电控系统没有故障，就应该检查机械及液压部分。

3. 液压控制系统常见故障检查

该系统的液压控制部分易出现的故障主要有：机油变质或太脏、油道堵塞、液压控制执行阀卡滞、油道有泄漏。对于液压控制系统动作不正常的故障，发动机自诊断系统是无法检测到的。但怀疑该系统有产生故障的可能及迹象时，可按如下方法对 VTEC 电磁阀及液压控制活塞进行检查：

1）按上述方法确认 VTEC 电磁阀没有短路及断路故障。

2）将 VTEC 控制电磁阀与液压阀体总成从气缸盖上拆下，检查 VTEC 电磁阀和液压阀体与缸盖间的椭圆形滤清器是否被堵塞。分解电磁阀与阀体时，用手推动柱塞，看其是否能自由运动，检查电磁阀处的滤清环及密封件，如果有损坏则更换新件，安装电磁阀时应使用新的 O 形密封圈，并更换新机油。

3）如果以上检查均正常，则检查液压控制阀活塞是否能灵活运动，可用手按动此阀的上端，如有必要清洗此阀。

4. VTEC 系统其他机件的检修

1）滞差动作总成。在雅阁轿车上滞差动作总成装在气缸盖上。检查时，应先将此总成从气缸盖上拆下，然后用指尖推动柱塞，如果柱塞不能平滑运动，应予以更换。

2）正时板同步总成。正时板和回位弹簧装在进气摇臂轴的凸轮轴支架上。检查时，应查看正时板、回位弹簧和套管有无划痕或裂纹，有无因过热而变色等现象，检查弹簧是否可靠地连接在凸轮轴支架和正时板上。

3）同步组件。在拆下摇臂总成之后，应将摇臂与同步组件分离，以便进行如下检查：①检查正时弹簧，如有异常应更换；②检查摇臂和同步活塞有无磨损、卡滞、擦伤，有无过热迹象（变蓝），必要时予以更换；③要从 3 号凸轮轴支架上拆下机油控制喷嘴，清洗后再装上。

5. VTEC 系统摇臂机构的检查

先进行手动检查，在气门间隙及配气正时正确的情况下，拆开气门室盖，摇转曲轴，带动凸轮轴转动，观察进气门摇臂是否都能正常运动。再逐缸在凸轮的基圆上（该缸活塞处于上止点位置），用手指按动中间进气摇臂观察其应能单独灵活运动。否则说明此机构有故障，应将中间进气摇臂、主进气摇臂和次进气摇臂作为整体拆下，检查中间和主摇臂内的活塞，活塞应能平滑地移动，否则应视情况修理或更换。如果需要更换摇臂，应将中间、主、次摇臂作为整体更换。

在进行完手动检查后可用压缩空气模拟压力机油对系统机构进行检查，以保证在气门间隙及配气机构运动正常的前提下进行该项检查。注意：在使用气门检查工具之前，应确保接于空气压缩机上的气压表读数超过400kPa，并用毛巾盖住以保护正时带。

1）打开气门室盖，释气孔摇臂轴末端有一用螺钉封住的检查孔，用专用工具将此孔的密封螺钉拆下，然后连接气门检查工具。注意：重新拧紧密封螺栓前，擦去螺栓螺纹和凸轮轴托架螺纹上的油垢。

2）在检查孔处接上一个专用接头，再通过这个专用接头接上压缩空气管道，然后再通入约400kPa的气压，作用于摇臂的同步活塞A和B上。

3）这时同步活塞仍应不向外移动，然后再向上扳动正时板，当正时板被扳高到2～3mm时，同步活塞应弹出，将中间摇臂与主、次摇臂连接为整体，仔细观察同步活塞的接合是否灵活自如。注意：可从中间摇臂、主摇臂和次摇臂之间的间隙处看到同步活塞；将正时板嵌入正时活塞上的凹槽内时，活塞便被锁定在弹出位置；向上推动正时板时，用力不要太大。

4）施加压力时，确保主摇臂和次摇臂通过活塞连接在一起，当用手推中间摇臂时，它与主摇臂和次摇臂之间不应有相对运动（中间摇臂不能单独活动）。如果中间摇臂能单独活动，则应将中间摇臂、主摇臂和次摇臂作为整体进行更换。

5）向同步活塞A和B施加气压，向上推动正时板。这时，同步活塞应回到原来位置，同步活塞A和B应脱开啮合，3个摇臂间相互无运动干涉，否则应将摇臂作为整体进行更换。

6）用专用工具检查每个游动件总成能否平滑地移动，如果不能平滑地移动，则应更换游动件总成。检查完毕后，故障警告灯应不亮。

3.4　电控节气门系统

3.4.1　电控节气门系统的功用

为了改善传统拉索式节气门间隙大、发动机输出反应慢的缺点，使节气门动作更加精准且反应时间缩短，提高节气门操纵系统的传输效率，达到更高排放标准，汽车发动机使用了电控节气门。电控节气门直接将节气门升程转换为电信号来控制供油量以及阀体开度。在运用电控节气门系统的汽车中，节气门不再通过加速踏板的拉索来控制，加速踏板与节气门之间无机械式连接装置，它们之间是通过电气线路相连的。电控节气门还省略了如下部件：怠速空气控制阀、快怠速阀、缓冲筒膜片和单向阀、巡航控制作动器等。电控节气门系统提高了节气门操纵系统的传输效率，使发动机在任何时间、任何地点及任何状态都能够处于最佳、最合理的范围，既降低油耗又使发动机运转更加平稳，从而进一步提升行驶性能和安全性。由于电控节气门系统是通过控制单元来调整节气门的，因此电控节气门系统可以设置各种功能来改善驾驶的安全性和舒适性，其中最常见的就是驱动防滑控制系统和巡航控制系统。

3.4.2　电控节气门系统的结构与原理

电控节气门系统包括用于确定、调整及监控节气门位置的所有部件。它主要由加速踏板、加速踏板位置传感器、发动机控制单元、数据总线、电控节气门（EPC）指示灯和节气门控制部件（执行机构）等组成，如图3-28所示。

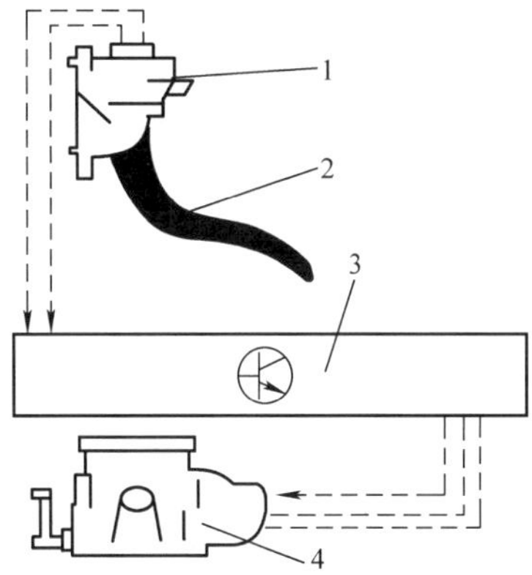

图3-28 电控节气门示意图

1—加速踏板位置传感器 2—加速踏板 3—发动机控制单元 4—节气门控制器

节气门由节气门控制部件内的节气门驱动装置（电动机）根据发动机控制单元的指令来控制。当发动机运转时，发动机所需转矩由控制单元通过节气门开度及进气量、发动机转速等来确定，发动机控制单元可通过加速踏板位置传感器来打开或关闭节气门。这样，即使加速踏板只踩下一半，但节气门可能完全打开了，其优点是可避免节气门上的节流损失。此外，在一定负荷状态下对有害物质的排放和油耗值将明显改善。

电控节气门的工作情况如下。

1）发动机不转，点火开关打开：发动机控制单元根据加速踏板位置传感器的信息来控制节气门控制器。例如，当加速踏板踩下1/4时，节气门驱动装置以同样的尺度打开节气门，则节气门也打开到1/4。

2）怠速控制：当发动机空转时，发动机控制单元控制节气门作动器，从而保持与发动机负载相应的怠速。

3）加速控制：踩下加速器踏板时，发动机控制单元根据加速器踏板位置传感器的信号打开节气阀。

4）巡航控制：巡航控制运转时，发动机控制单元控制节气门作动器，从而保持设定转速。节气门作动器取代了巡航控制作动器。

大众汽车称电控节气门为E-Gas。加速踏板位置由两个加速踏板位置传感器G79和G185来检测并通知发动机控制单元。这两个传感器是可变电阻，装在一个壳体内，并与加速踏板做成一体，但各自独立，加速踏板位置是发动机控制单元的一个主要输入参数。一个传感器信号失真或中断，如果另一个传感器处于怠速位置，则发动机进入怠速工况；如果是负荷工况，则发动机转速上升缓慢。若两个传感器同时出现故障，则发动机以高怠速（1500r/min）运转。如图3-29所示，节气门控制部件壳体内包括节气门驱动装置G186、节气门角度传感器G187和G188。节气门驱动装置G186是一个伺服电动机，该电动机由发动机控制单元控制，按与弹簧力相反方向打开节气门。节气门角度传感器G187和G188是电位计（可变电阻），将节气门的位置信号传送给发动机控制单元，这两个角度传感器是相互独立的。

在组合仪表上有一个EPC警告灯（图3-30），EPC（Electronic Power Control）意为“电子功率控制”，也就是电控节气门（E-Gas）。打开点火开关，警告灯持续亮3s，对系统进行自检，如果没有发现故障，警告灯熄灭；在发动机运转时，如果电控节气门发生故障，组合仪表将接通EPC警告灯，同时发动机控制单元的故障存储器会记录该故障。若警告灯出现故障，对发动机的正常运转没有影响。

3.4.3 电控节气门系统的故障诊断及检修

下面以大众车系为例介绍电控节气门系统的故障诊断与检修。

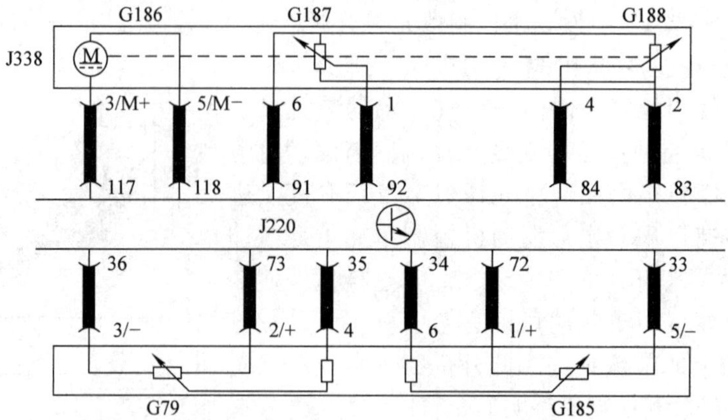

图3-29　奥迪 A6 APS 与 ATX 发动机电控节气门系统电路图

J338—节气门控制部件　G186—节气门驱动装置　G187—节气门角度传感器1
G188—节气门角度传感器2　J220—发动机控制单元　G79—加速踏板位置传感器1
G185—加速踏板位置传感器2

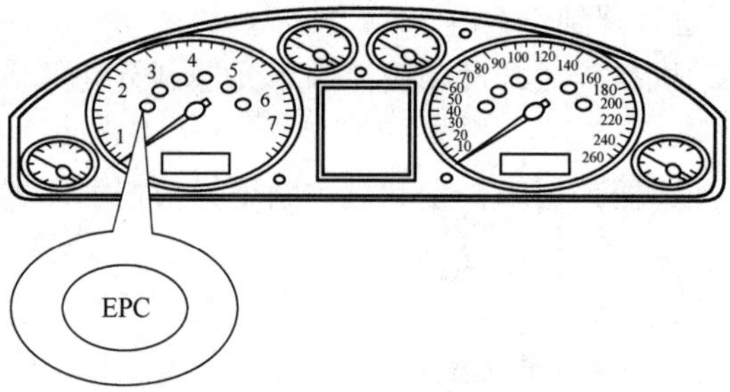

图3-30　电控节气门故障警告灯

1. 加速踏板位置传感器检修

检查供电电压为5V，搭铁线要良好，信号电压随踏板位置改变而改变；检查导线连接(短/断路检测)；检测传感器阻值，电阻是接近线性变化。

2. 节气门控制单元检修

用故障诊断仪 V. A. G1551 进入读取数据流功能，输入数据号062，读取数据流，应符合表3-1数据标准，若不符合，根据图3-31的端子标定对节气门控制单元进行检修。

表3-1　062组数据流

显示组62 电控节气门电位计	显　示　区			
	1	2	3	4
显示屏	××%	××%	××%	××%
表示	节气门角度 传感器1	节气门角度 传感器2	加速踏板位置 传感器1	加速踏板位置 传感器2
工作范围	最小：0% 最大：100%	最小：0% 最大：100%	最小：0% 最大：100%	最小：0% 最大：100%
规定值	3%~93% 怠速值：8%~18%	3%~97% 怠速值：80%~90%	12%~97%	4%~49%

3. 维修案例

故障案例1：奥迪A6 ASR和EPC警告灯同时亮起。

（1）**故障现象** 奥迪A6车辆行驶中仪表板上的ASR和EPC警告灯同时亮起，此时发动机最高转速为1200r/min。

（2）**故障诊断及排除** 连接故障诊断仪VAS5051，查询存储的故障：发动机控制单元损坏、加速踏板位置传感器信号电压太大。

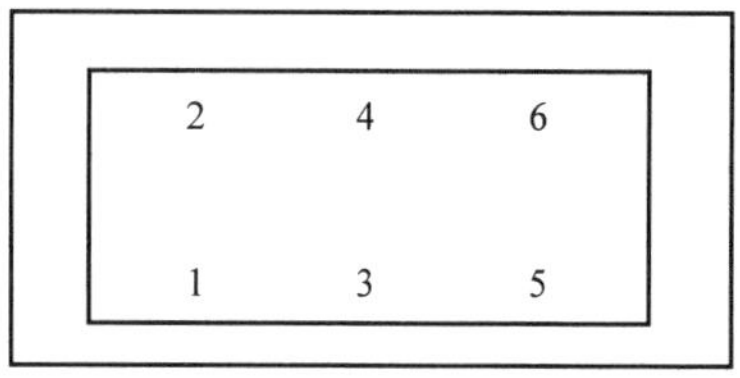

图3-31 节气门控制单元插接器
1—TPS1 2—5V 3—电动机M+ 4—TPS2 5—电动机M- 6—ECM（-）

根据检测结果，初步判断是发动机控制单元损坏，更换发动机控制单元后，故障消除。该车由于发动机控制单元损坏，从而导致ASR功能被关闭，因此当加速时，发动机转速不能提高，同时反映出电控节气门有故障。

故障案例2：宝来1.8T自动档故障。

（1）**故障现象** 汽车行驶中出现动力不足，继续行使后发现驻车制动手柄和变速杆下面烫手，EPC警告灯亮。

（2）**故障排除** 用故障诊断仪V. A. G1552查询发动机控制单元，发现故障有很多，包括：G79信号电压太大/超差、G185信号电压太大/超差、空气流量计故障、活性炭罐电磁阀故障、2/3/4缸偶见失火现象等。由于驻车制动手柄和变速杆下面烫手，可能是由于失火后个别气缸不工作，燃油未经点火直接排到排气管内，产生后燃，导致排气管处温度过高造成的。空气流量计、活性炭罐等故障同时出现，可能是熔丝S243被烧掉。

那么熔丝被烧掉是如何引起的呢？电控节气门的故障是如何引起的呢？检查发现2/3/4缸火花塞异常，催化转化器后的氧传感器G130线束被烤焦。4根导线相互缠绕在一起，导致短路现象，S243被烧掉。

更换2/3/4缸异常的火花塞、催化转化器、氧传感器G130、线束和熔丝S243后试车。怠速转速平稳，但有时出现不踩加速踏板发动机转速自动升高到4000~5000r/min的现象，并伴随着EPC警告灯亮。

更换加速踏板总成，进行基本设定，故障没有排除；更换发动机控制单元，故障排除。

（3）**故障分析** 由于个别气缸失火，造成排气侧温度异常升高，导致G130线束短路，不仅S243被烧掉，同时使发动机控制单元内部有些处理器被烧坏，导致怠速转速偶尔会升高到4000~5000r/min，控制单元误诊断为加速踏板位置传感器故障，故使EPC警告灯亮。

3.5 进气惯性增压及涡流控制系统

进气惯性增压控制系统，即谐波增压控制系统，其作用是利用进气气流惯性所形成的压力波来提高充气效率，以增大发动机的功率和转矩。为了使混合气能更好地混合，有的发动机上还采用了进气涡流控制系统。

3.5.1 进气惯性增压控制系统的原理及检修

当气体高速流向进气门时，如果进气门突然关闭，进气门附近气流流动突然停止，但由于惯性，进气管仍在进气，于是将进气门附近的气体压缩，压力上升。当气体的惯性过后，被压缩的气体开始膨胀，向进气气流相反方向流动，压力下降。膨胀气体的波传到进气管口时又被反射回来，形成压力波。一般而言，进气管长时，压力波波长大，可使发动机中低转速区功率增大；进气管短时，压力波波长小，可使发动机高速区功率增大。

图3-32所示为进气惯性增压控制系统的原理。当空气室出口的控制阀关闭时，进气管内的脉动压力波传递长度为空气滤清器到进气门的距离，这一距离较长，适应发动机中、低速工况形成气体动力增压效果。当控制阀打开时，接通真空罐，打开进气增压控制阀。由于大容量空气室的参与，在进气道控制阀处形成气帘，使进气脉动压力只能在空气室出口和进气门之间传播，缩短了压力波的传播距离，以满足发动机高速情况下气体动力增压的要求。

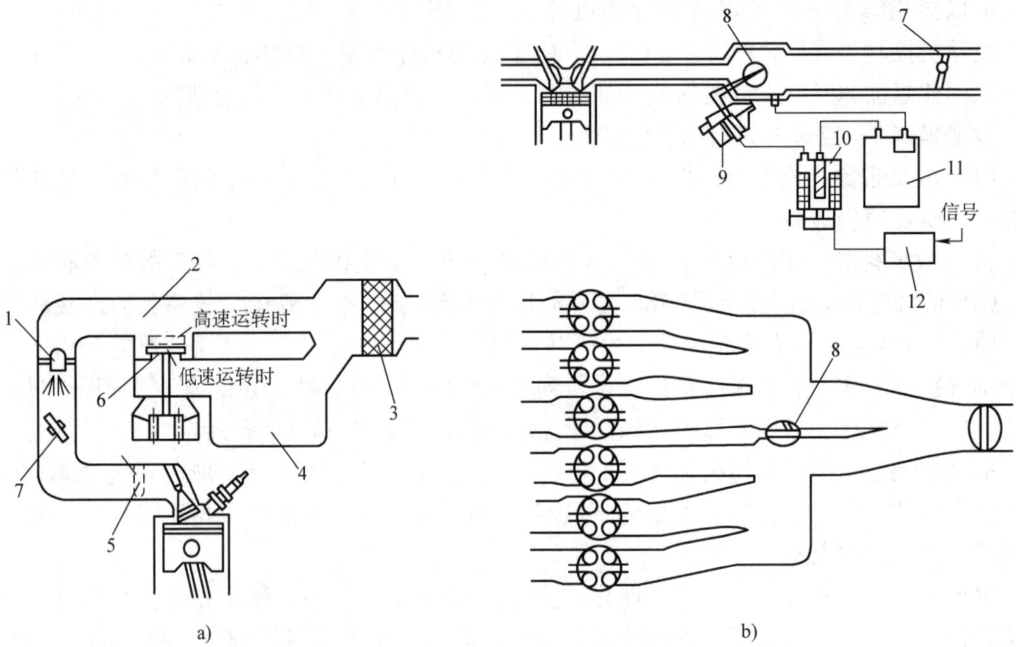

图3-32　进气惯性增压控制系统的原理

1—喷油器　2—进气道　3—空气滤清器　4—空气室　5—涡流控制气门　6—控制阀　7—节气门　8—进气增压控制阀　9—真空驱动器　10—真空电磁阀　11—真空罐　12—ECU

根据谐波增压进气系统的工作原理，由低速转为高速时电磁阀应该工作，真空驱动器应有动作。否则检查电磁阀，电磁阀应没有短路及断路，密封良好，通电有振动。在电磁阀正常的情况下，检查电磁阀导线部分及真空管路。

3.5.2　进气涡流控制系统的原理及检修

进气涡流控制系统，就是通过控制进气歧管的长短和大小，使发动机在不同工况下的进气路径不同，使由喷油器喷出的雾状燃油与空气更好地混合，保证燃烧最充分。

在发动机上采用涡流控制阀，可根据发动机的不同负荷，改变进气流量来改善发动机的动力性能。进气孔纵向分为两个通道，涡流控制阀安装在通道内，由进气歧管负压打开和关闭，控制进气管空气通道的大小。发动机小负荷或以低于某一转速运转时，受ECU控制的真空电磁阀关闭，真空度不能进入涡流控制阀上部的真空气室，涡流控制阀关闭。由于进气通道变小，产生一个强大涡流，与燃油充分混合，提高了燃烧效率，从而可节约燃油。当发动机负荷增大或以高于某一转速运转时，ECU 根据转速、温度、进气量等信号将真空电磁阀电路接通，真空电磁阀打开，真空度进入涡流控制阀，将涡流控制阀打开，进气通道变大，提高进气效率，从而改善发动机的输出功率。

进气涡流可以促进燃油蒸发以及与空气的均匀混合，提高燃烧效率。电控进气涡流在某些轿车（特别是采用稀薄燃烧技术的轿车）上应用较多。其系统是在进气口附近增设一涡流控制阀，通过 ECU 采集转速、节气门开度、冷却液温度等信号，并加以处理后控制阀的旋转角度，引导气流偏转产生涡流，调节涡流比，实现涡流控制。

如图 3-33 所示，塑料制的进气歧管包含一个在低速时可以减少进气通道截面积的涡流板，此方式可以增加在发动机低速时的进气涡流，进气涡流增加时，可以使火花塞附近的混合气更容易点燃，因此可减少燃油消耗和排放废气。

涡流板由一个位于进气歧管上的真空膜片单元来调整，此系统由一个电磁阀操纵。涡流板设计成可以允许所需的空气量流过，当发动机停机时，涡流板会完全关闭。

如图 3-34 所示，马自达 MZR 发动机中配置的 VTCS 可变涡流控制系统，这项技术可以通过节气阀门的控制，使发动机在不同工况下的进气形成不同的“进气涡流”，保证燃烧最充分。

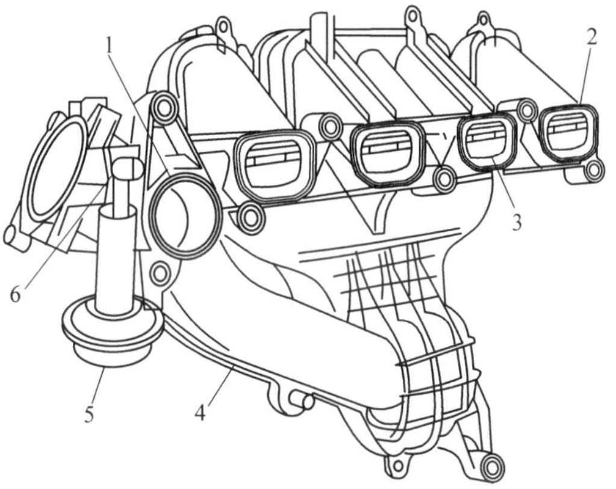

图 3-33　进气涡流控制系统

1—废气再循环垫片　2—进气孔垫片　3—涡流板
4—连接管　5—涡流板的真空膜片单元　6—作动连杆

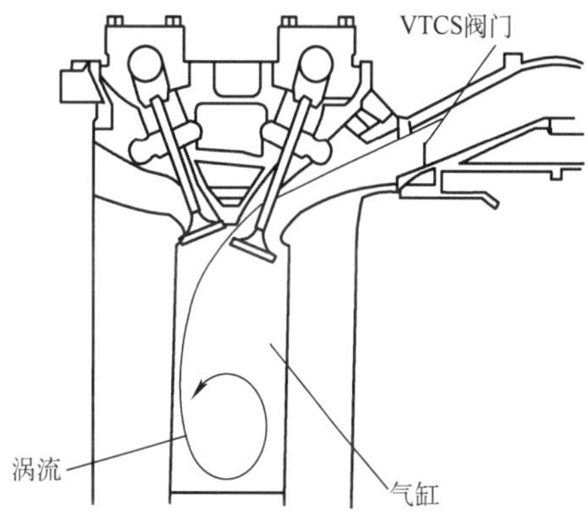

图 3-34　MZR 发动机的涡流控制系统

节气阀门的控制，使发动机在不同工况下的进气形成不同的“进气涡流”，使由喷油器喷出的雾状燃油与空气更好地混合，保证燃烧最充分。当发动机转速超过 3750r/min 时，VTCS 阀门完全打开，进气管的截面积也达到最大。当发动机高转速大功率输出时，VAD 可变进气道则会开始介入，通过新开一条进气通路起到加大进气道截面积的作用，最大限度地保证发动机空气量的需求，充分发挥发动机的动力性能。

练习与思考题

一、填空题

1. 为使发动机工作时进气更充分，应随转速的提高适当__________进气门的提前开启角。

2. VTEC配气机构与普通配气机构相比，在结构上的主要区别是________________。

3. 涡轮增压利用____工作。

4. 当ECU检测到的进气压力高于____________时，废气涡轮增压停止工作。

5. 进气管较长时，压力波传播距离长，发动机____________较好。

6. 电控节气门系统主要由____________、____________、____________和________________等组成。

7. 节气门体安装在进气总管前端，由____________、____________、____________、辅助空气阀和缓冲器等组成。

二、选择题

1. 本田车系的VTEC电磁阀电阻为（　　）Ω。

A. 10~15　　B. 14~20　　C. 14~30　　D. 10~25

2. 进气惯性增压控制系统通过改变（　　）达到进气增压的效果。

A. 进气通道截面积　　B. 压力波传播路线长度

C. 废气流动路线　　D. 进气管长度

3. 节气门缓冲器的作用是在（　　）时使节气门关闭的速度减慢。

A. 急减速　　B. 熄火

C. 温度高　　D. 温度低

4. 丰田汽车VVT-i系统在（　　）工况下控制增大内部EGR率。

A. 怠速　　B. 低中转速　　C. 中等负荷　　D. 高速、大负荷

5. 电控节气门系统可以设置各种功能来改善驾驶的安全性和舒适性，其中最常见的就是（　　）。

A. 驱动防滑控制系统　　B. 巡航控制系统　　C. 涡轮增压系统

6. 在装有电控节气门系统的电控发动机中，当踩下加速器踏板时，控制单元根据（　　）的信号打开节气阀。

A. 节气门位置传感器　　B. 曲轴转速传感器

C. 空气流量计　　D. 加速器踏板位置传感器

7. 采用废气涡轮增压及中冷技术的发动机，不需要（　　）系统。

A. 电子节气门控制　　B. 进气惯性增压控制

C. 怠速控制　　D. 二次空气喷射控制

三、简答题

1. 发动机有额外负荷包括哪些情况?

2. 对废气涡轮增压系统做基本检查有哪些项目?

3. 本田发动机可变气门升程控制系统包括哪些部件?

4. 采用进气惯性增压及涡流控制系统有何作用?

5. 简述进气涡流控制系统的原理。

第4章 发动机燃油系统电控装置

基本思路：

发动机燃油系统电控装置的学习要以燃油的流动路线为基础，以电的流动路线为依据来分析和研究，掌握其检测与折装技巧，在对其进行检修和维护时关键是要掌握"密封"与"通断"，"堵""漏"和控制装置的"短路""断路"及接触不良是造成故障的主要原因。

4.1 发动机燃油系统电控装置的基本结构

燃油供给系统的作用是根据发动机不同工况的要求提供燃油与空气混合形成一定浓度的可燃混合气。燃油供给系统的组成如图4-1所示。

燃油供给系统如图4-2所示。它由燃油箱、燃油滤清器、燃油泵、油管、喷油器和燃油蒸发排放控制系统等构成，有些车辆进气歧管还装有冷起动喷油器。燃油箱用来储存燃油；燃油滤清器过滤燃油中的杂质与灰尘；燃油泵将燃油箱的燃油泵出通过滤清器过滤后加压送到喷油系统，并和燃油压力调节器一起建立起稳定的燃油压力，保证喷油系统在恒定的燃油压力下工作；燃油蒸

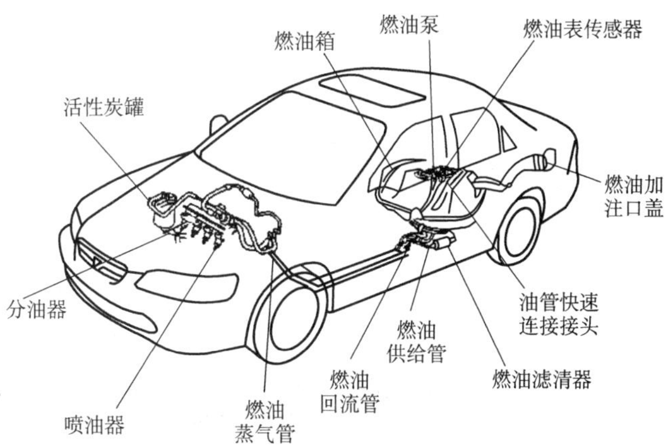

图4-1 燃油供给系统的组成

发排放控制（EVAP）系统的作用是尽量减少排入大气的燃油蒸气。工作时，燃油从燃油箱内被电动燃油泵吸出，加压后经燃油滤清器滤去杂质，再送至燃油脉动阻尼器，以减少脉动。燃油压力调节器对压力进行调整并使过量的燃油返回燃油箱，然后经输油管配送到喷油器，喷油器根据ECU发出的指令开启，将适量的燃油喷入各进气歧管、进气总管或气缸，从而完成了喷油供给过程。装有冷起动喷油器的电控燃油喷射系统的发动机，起动时冷起动喷油器由ECU或温度-时间开关控制，和喷油器同时喷油。

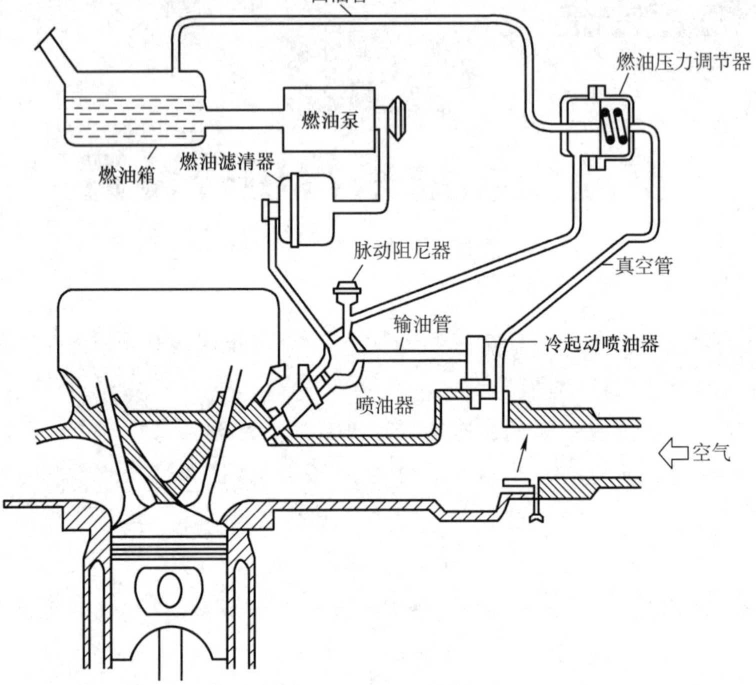

图4-2 燃油供给系统

有些发动机采用了无回流燃油系统（图4-3），如大众速腾轿车。有些发动机取消了燃油压力调节器，在燃油滤清器上有一个调压器，可以起到稳定油压的作用，如图4-4所示。

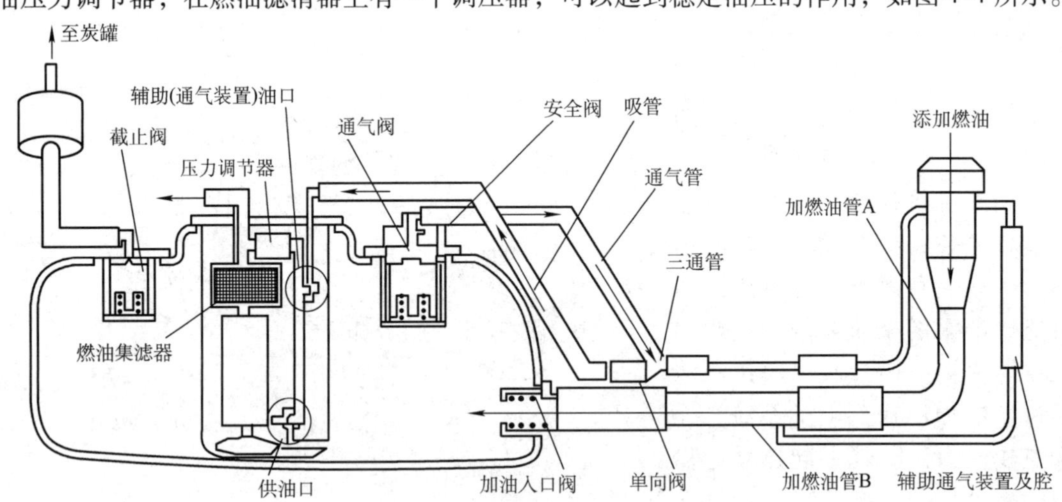

图4-3 无回流燃油系统

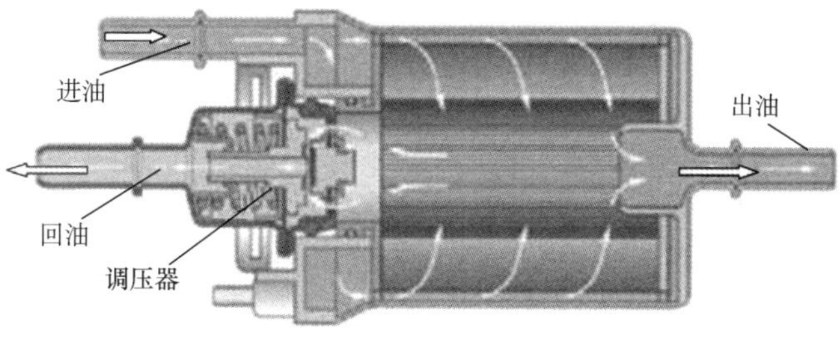

图 4-4 无回流燃油系统滤清器

发动机电控燃油装置主要包括：燃油泵控制和喷油器的控制装置，也是本章学习和研究的重点。

有些汽车在油路中装有油路惯性开关及惯性开关复位按钮。例如，福特部分轿车在燃油泵和燃油滤清器之间就装有可以切断燃油供应的油路惯性开关，该惯性开关的作用是当轿车发生碰撞或使用紧急制动时，惯性开关会自动关闭油路，防止燃油泄漏，从而起到保护作用。当发生碰撞或使用紧急制动后，应对惯性开关进行复位。对惯性开关复位只需要按一下惯性开关复位按钮即可。

4.2 燃油泵及其控制电路的原理与检修方法

4.2.1 燃油泵的结构与原理

燃油泵将燃油箱中的燃油抽出，在一定的压力下，经燃油滤清器、燃油压力调节器、分油管等输送到喷油器。按安装位置不同，燃油泵的类型可分为内置式——安装在燃油箱中，具有噪声小、不易产生气阻、不易泄漏、管路安装简单的特点；外置式——串接在燃油箱外部的输油管路中，易布置、安装自由度大、噪声大、易产生气阻。按电动燃油泵的结构不同分为涡轮式、滚柱式、转子式和侧槽式。

1. 涡轮式电动燃油泵

如图 4-5 所示，涡轮式电动燃油泵主要由燃油泵电动机、涡轮泵、单向阀、安全阀组成。燃油泵电动机通电时，电动机驱动涡轮泵叶片旋转，由于离心力的作用，使叶轮周围小槽内的叶片贴紧泵壳，将燃油从进油室带往出油室。由于进油室的燃油不断增多，形成一定的真空度，将燃油从进油口吸入；而出油室燃油不断增多，燃油压力升高，当达到一定值时，顶开出油阀的出油口输出。出油阀在油泵不工作时阻止燃油流回油箱，保持油路中有一定的压力，便于下次起动。

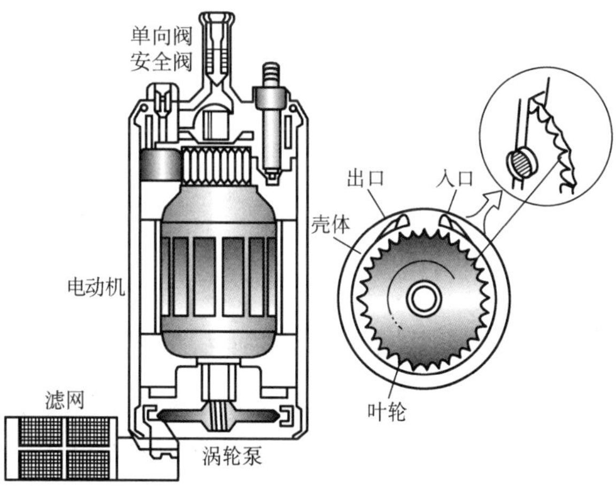

图 4-5 涡轮式电动燃油泵

这种油泵具有泵油量大、泵油压力较高、供油压力稳定、运转噪声小、使用寿命长等优点。此外，由于不需要消声器，所以可以小型化，因此广泛地应用在轿车上，如大众捷达、本田雅阁等。

2. 滚柱式电动燃油泵

滚柱式电动燃油泵（图4-6）主要由燃油泵电动机、滚柱、转子、轴、出油阀、卸压阀等组成。当转子旋转时，位于转子槽内的滚柱在离心力的作用下，紧压在泵体内表面上，对周围起密封作用，在相邻两个滚柱之间形成工作腔。在燃油泵运转过程中，工作腔转过出油口后，其容积不断增大，形成一定的真空度，当转到与进油口连通时，将燃油吸入；而吸满燃油的工作腔转过进油口后，容积不断减小，使燃油压力提高，受压燃油流过电动机，从出油口输出。

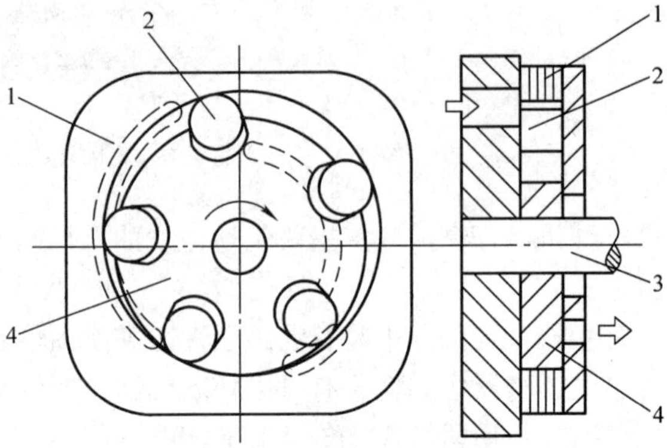

图4-6　滚柱式电动燃油泵

1—泵体　2—滚柱　3—轴　4—转子

4.2.2　燃油泵的检修

（1）燃油泵的就车检查（带有初始压力控制）

① 用专用导线将诊断座上的燃油泵测试端子跨接（如丰田车型跨接FP和+B）到12V电源上。

② 将点火开关转至ON位置，但不要起动发动机。

③ 旋开燃油箱盖能听到燃油泵的工作声音，用手捏进油软管应感觉有压力。

④ 若听不到燃油泵的工作声音或进油管无压力，应检修或更换燃油泵。

⑤ 若燃油泵仍不工作，且上述检查正常，则应检查燃油泵电路、导线、继电器、易熔线和熔丝有无断路。

（2）燃油泵的拆装与检测　拆装燃油泵之前要先释放燃油系统压力，并关闭用电设备。如图4-7所示，拆下燃油泵后，测量燃油泵两端子之间的电阻，应为2~3Ω。用蓄电池直接给燃油泵通电，应能听到油泵电动机高速旋转的声音，注意通电时间不能太长。

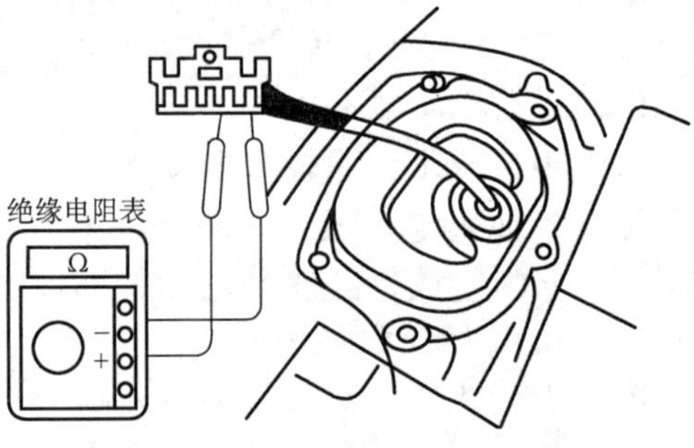

图4-7　燃油泵电阻的测量方法

4.2.3　燃油泵控制电路的原理与检修

1. 带燃油泵ECU的油泵控制电路的原理及检修

这种控制电路主要应用在D型EFI系统中和装用热式或卡门涡旋式空气流量计的L型EFI系统中。图4-8所示为日本丰田皇冠3.0轿车的带燃油泵ECU的油泵控制电路。

蓄电池电源经主易熔线、20A熔丝、EFI主继电器进入ECU的+B端子，燃油泵ECU

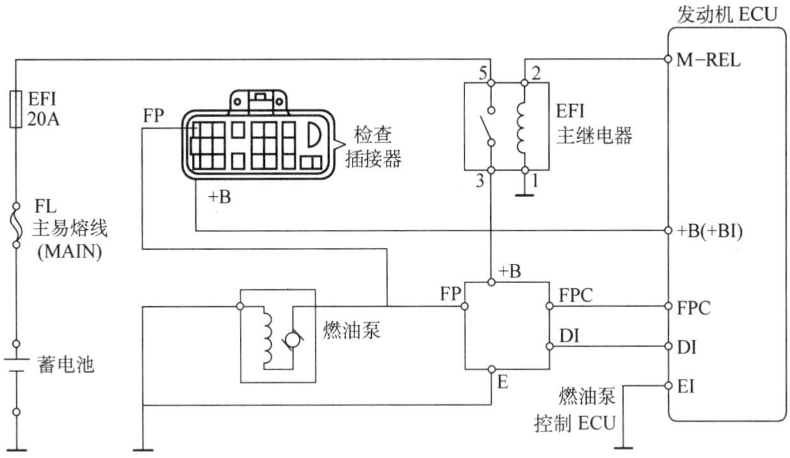

图 4-8　丰田皇冠 3.0 轿车的带燃油泵 ECU 的油泵控制电路

通过 FP 端子向燃油泵供电，燃油泵 ECU 根据发动机 ECU 端子 FPC 和 DI 的信号，控制 + B 端子与 FP 端子的连通回路，以改变输送给燃油泵的电压，从而实现对燃油泵转速的控制。当发动机高速、大负荷工作时，发动机 ECU 的 FPC 端子向燃油泵 ECU 发出指令，使 FP 端子向燃油泵提供 12V 的蓄电池电压，燃油泵以高速运转。当发动机低速、小负荷工作时，发动机 ECU 的 FPC 端子向燃油泵 ECU 发出指令，使 FP 端子向燃油泵提供较低的电压（一般为 9V），燃油泵以低速运转。DI 是燃油泵 ECU 给发动机 ECU 的反馈线端子信号，也称为 DI 故障监控信号。

ECU 的电源端子 + B 和燃油泵控制端子 FP，分别有导线与诊断座上的相应端子相连，以便于对燃油泵进行检查。

表 4-1 为这种燃油泵控制电路的检查情况。

表 4-1　燃油泵控制电路的检查情况

测量端红表笔	测量端黑表笔	发动机状态	标准值/V
E	搭铁	—	0
DI	搭铁	—	—
FP	搭铁	突然加速	12 ~ 14
FP	搭铁	怠速	8 ~ 10
+ B	搭铁	点火开关 ON	≈12
FPC	搭铁	急加速到 6000r/min	4 ~ 14
FPC	搭铁	怠速	2.5

2. ECU 控制单继电器的油泵控制电路的原理及检修

图 4-9 所示为捷达燃油泵的控制电路。发动机控制单元通过控制燃油泵继电器，直接控制燃油泵工作。只要控制单元将继电器搭铁，油泵继电器就能给燃油泵供电，这样油泵就可以工作。

检查燃油泵继电器及其控制所需的检测仪和辅助工具有检测盒 V. A. G1598/22、万用表 V. A. G1526 或万用表 V. A. G1715、二极管测试笔 V. A. G1527、成套测试辅助接线

V. A. G1594 以及电路图。

燃油泵继电器位于驾驶人脚部处左边，中央继电器盒 12 号位置，如图 4-10 所示。

（1）燃油泵继电器 J17 的检查

1）拆下驾驶人脚部处左前方的盖板。

2）拔出 18 号熔丝，用二极管测试笔 V. A. G1527 与 V. A. G1594 的辅助导线将 18 号熔丝的一个触点与搭铁连接。

3）短时起动发动机，燃油泵继电器必须吸合（可感觉出并听到），二极管应闪亮。

4）如果燃油泵继电器吸合但二极管不亮，在另一个触点上再重复一遍检测。

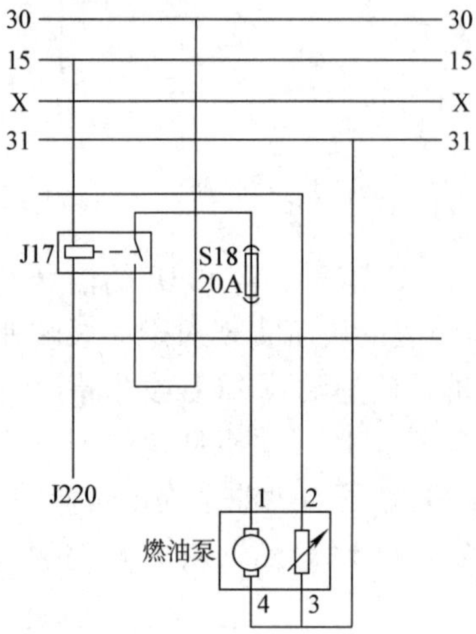

图 4-9 捷达燃油泵的控制电路

J17—燃油泵继电器 J220—发动机控制单元

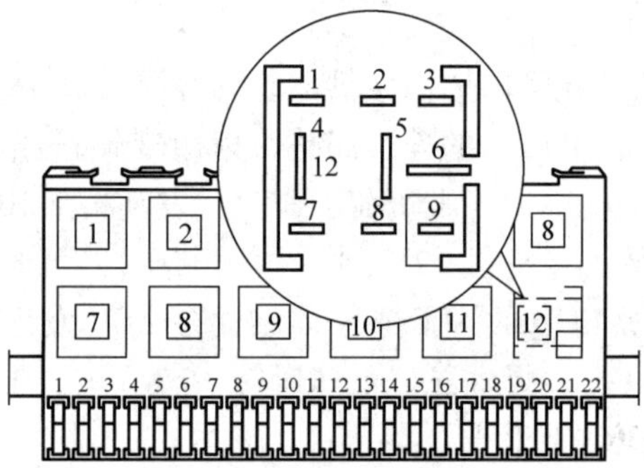

图 4-10 燃油泵继电器的位置

5）如果二极管仍然不亮，则按照电路图检查继电器 12 号位置的触点 4 与 18 号熔丝之间是否有断路。如果确定没有断路，则更换燃油泵继电器。

6）如果燃油泵继电器不吸合，检查其控制。如果电压供给和控制都正常则应更换燃油泵继电器。

（2）燃油泵继电器的电压供给及控制的检查

1）从中央继电器盒 12 号位置处拔下燃油泵继电器 J17。

2）打开点火开关，用 V. A. G1594 的辅助导线依次连接触点 2（正极）与搭铁点及接触点 6（正极）与继电器插脚的搭铁点（图 4-10），其电压值均应约为蓄电池电压。如果没有达到规定值，按电路图排除导线中的断路点。

（3）检查继电器控制

1）将二极管测试笔 V. A. G1527 及 V. A. G1594 的辅助导线连接到触点 3（搭铁）和正极上。

2）起动发动机，二极管必须亮。当有小电流消耗时，二极管不全部熄灭，而是一直到起动时仍微弱发亮。

3）如果二极管不亮，将检测盒 V. A. G1598/22 连接到控制单元线束上，将万用表连接到继电器触点 3 和检测盒插孔 4 之间，按电路图检查导线有无断点。如果没有断点，且二极管不亮，则应更换多点喷射控制单元（J220）。如果燃油泵继电器的控制以及导线连接都正常，则应更换燃油泵继电器，最后将 18 号熔丝再装上。

3. ECU 控制双继电器的油泵控制电路的原理及检修

本田雅阁轿车的油泵控制电路就是 ECU 利用双继电器来控制燃油泵，如图 4-11 所示。在点火开关刚刚接通时，ECM/PCM 为 PGM-FI（电控燃油喷射系统）主继电器提供搭铁，主继电器向燃油泵供电 2s 使燃油系统加压。在发动机转动时，ECM/PCM 为 PGM-FI 主继电器提供搭铁，主继电器向燃油泵供电。在发动机不运转而点火开关接通时，ECM/PCM 切断 PGM-FI 主继电器的搭铁，主继电器切断燃油泵的电流。当发动机转速为 6500r/min 时，无论节气门在什么位置都会进行燃油切断控制，以防止发动机转速过快。

说明：PGM-FI 主继电器实际是由两个独立的继电器组成的（图 4-12），主继电器位于车体的驾驶席侧。当接通点火开关时，其中一个继电器就被触发，并向 ECM/PCM 提供蓄电池电压，为喷油器提供电流，同时也为第二个继电器提供电流。当点火开关接通时，第二个继电器起动 2s，并在发动机运转时，向燃油泵提供电流。

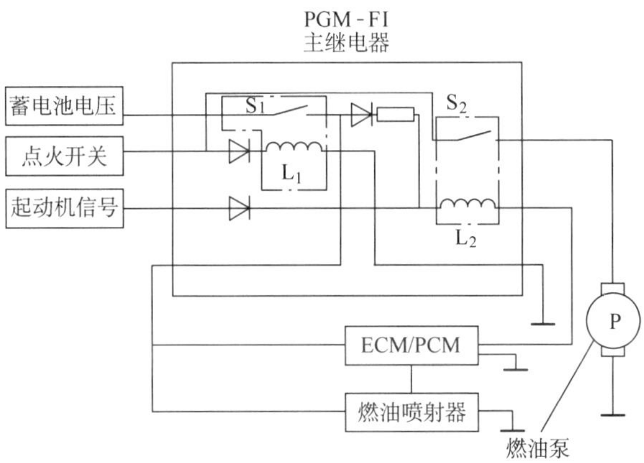

图 4-11　本田雅阁轿车的油泵控制电路

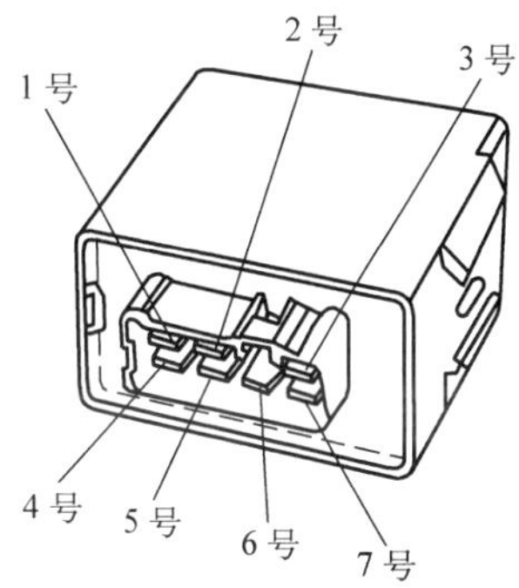

图 4-12　雅阁油泵继电器

本田雅阁 PGM-FI 系统中主继电器的检查如下：

注意，如果发动机能够起动并运转，说明主继电器正常。

1）拆下主继电器。

2）分别将蓄电池的正极接线柱与 PGM-FI 主继电器的 2 号端子、蓄电池负极接线柱与 1 号端子相连接，然后检查 PGM-FI 主继电器 5 号端子与 4 号端子之间的导通性。如果不导通，则更换继电器。

3）分别将蓄电池的正极接线柱与 PGM-FI 主继电器的 5 号端子、蓄电池负极接线柱与 3 号端子相连接，然后检查 PGM-FI 主继电器 7 号端子和 6 号端子之间的导通性。如果不导通，则更换继电器。

4）分别将蓄电池的正极接线柱与 PGM-FI 主继电器的 6 号端子、蓄电池负极接线柱与 1 号端子相连接，然后检查 PGM-FI 主继电器 5 号端子与 4 号端子之间的导通性。

4. 用断路继电器控制燃油泵电路的原理及检修

用断路继电器控制燃油泵电路主要用于装用叶片式空气流量计的 L 型 EFI 系统中。如图 4-13所示，起动时，当点火开关 ST 端子接通时，起动机继电器线圈通电使触点闭合，此

时开路继电器中 L_1 线圈通电使其触点闭合，从而通过主继电器、开路继电器向燃油泵供电，燃油泵工作；发动机正常运转时，点火开关 IG 端子与电源接通，同时空气流量计测量板转动使燃油泵开关闭合，开路继电器 L_2 通电，使开路继电器触点保持闭合，燃油泵继续工作。发动机停转时，L_1 和 L_2 线圈不通电，燃油泵停止工作。

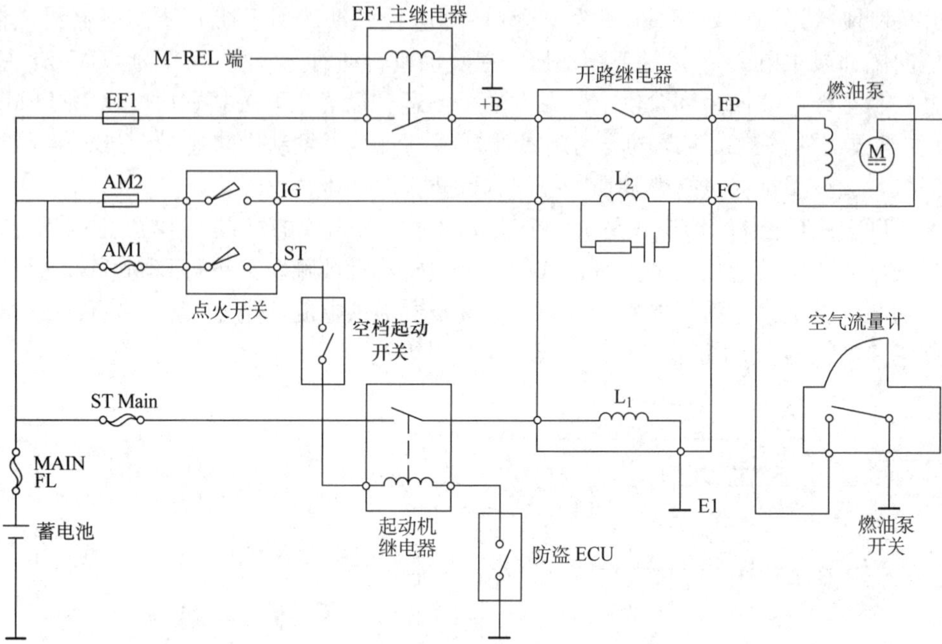

图 4-13 用断路继电器控制燃油泵的电路

当燃油泵不工作时，可以按电路图检查开路继电器、主继电器及油泵开关等的好坏。

5. 用电阻器控制油泵转速电路的原理与检修

皇冠 3.0 JZ-GE 等发动机利用电阻器控制燃油泵的转速电路如图 4-14 所示，低速和中小负荷时，触点 B 闭合，油泵工作转速低；高速和大负荷时 ECU 发出信号使触点 A 闭合，油

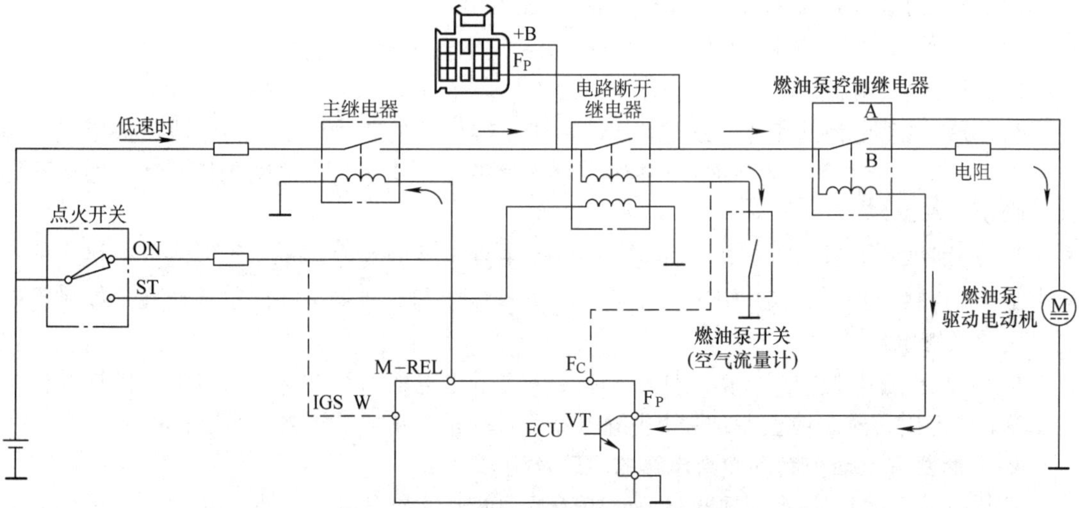

图 4-14 利用电阻器控制燃油泵的转速电路

泵直接与电源相通，油泵高转速工作。根据电路图可以对各种故障进行检修，如燃油泵低速和小负荷运转良好，但高速时不工作而发动机熄火，就应该检查触点 A 的闭合情况和导线连接情况。

6. 用机油压力控制的燃油泵控制电路的原理及检修

如图 4-15 所示，起动时，油泵继电器的线圈导通，使燃油泵工作；起动完毕，线圈断电，机油压力使机油压力控制开关接通，燃油泵控制电路继续保持导通。如果燃油泵在起动后不工作，就应该检查主继电器及机油压力控制开关。机油压力控制开关在机油正常的情况下应导通，若短接该开关燃油泵就工作，应检查机油压力开关及机油压力，否则应检查线路是否有问题。

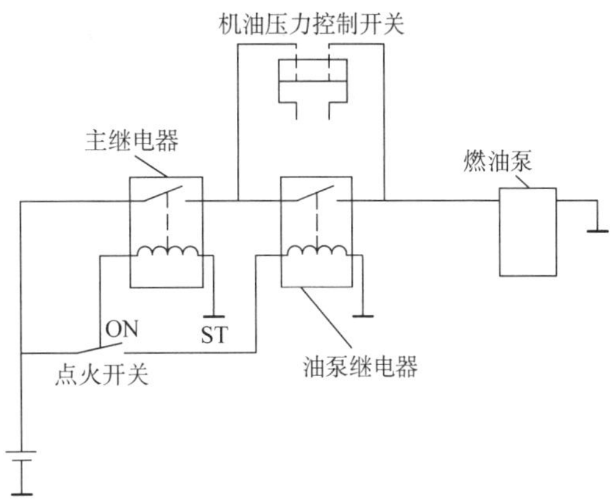

图 4-15　机油压力控制的燃油泵控制电路

7. 维修案例

（1）**故障现象**　一辆奥迪 200 V6 轿车，行驶 8.5 万 km 时，该车发动机在正常工作温度下能够正常运转，然而，只要关闭发动机约 20min 后重新起动，发动机就起动困难了，并发出“突突突”声音，再连续多次起动，发动机才能着车运转。

（2）**故障诊断**　首先用 V. A. G1551 故障诊断仪，检查发动机电控部分是否存在故障。经检查发动机电控系统无故障存储。对冷却液温度、进气温度等传感器信号进行动态检测，均在正常范围内。故问题根源不在发动机电控系统。

在诊断时，考虑到起动过程混合气的燃烧需要较高的点火能量，拆下 6 个火花塞进行检查，发现火花塞电极间隙都较大。更换全部火花塞后重新试车，发现冷车时发动机较容易起动，而热车熄火后一段时间仍然处于起动困难状态。结合该车症状仔细分析，故障出现在燃油系统的可能性较大，必须对燃油压力进行检测。取出燃油压力表，连接到供油管路上，起动发动机。怠速时燃油压力为 360kPa，属标准范围。当发动机熄火后，燃油系统很快便下降到 20kPa 左右，不能保持压力。看来燃油管路中必定存在漏油的地方。经仔细检查，燃油管路及喷油器均无泄漏处，而是燃油泵内的单向阀已损坏。

（3）**故障排除**　更换新燃油泵后，测试熄火后的保持压力为 300kPa，在正常范围内。经试车正常，故障排除。

（4）**故障分析**　由于单向阀损坏，导致熄火后油管中的残余燃油反流，系统压力降低，发动机得不到充足的起动油压。加之发动机室内温度高，油管内燃油吸收周围热量，由液态变为气态，燃油供给通道受阻。发动机因缺乏正常的燃油供应而不能正常起动，故起动困难。随着发动机连续多次起动，油压逐步提高。当达到起动所需油压时，发动机才能着车运转。

4.3　喷油器及其控制电路的原理与检修

4.3.1　喷油器及其控制电路

喷油器是供油系统中最重要的部件。它实质是一个电磁阀，当 ECU 发出指令后，电磁线圈通电使针阀打开，把准确计量的燃油喷入进气门前方（缸内喷射除外）。

1. 喷油器的工作原理

喷油器的组成如图4-16所示。其工作原理是，喷油器通过密封圈安装在进气歧管或进气道附近的缸盖上，根据ECU发出的喷油脉冲信号将电磁线圈接通，在电磁线圈磁场的作用下，针阀克服弹簧力而升起，向进气歧管或总管喷射燃油。当ECU将电路切断时，吸力消失，回位弹簧使针阀复位关闭喷油器，停止喷射。在喷油器的结构和喷油压力一定时，喷油器的喷油量取决于针阀的开启时间，即电磁线圈的通电时间。

2. 喷油器的分类

喷油器按其结构不同可分为轴针式、球阀式和片阀式等；按阻值不同可分为低电阻型和高电阻型，低电阻型喷油器的阻值为2～3Ω，高电阻型喷油器的阻值为13～17Ω；按驱动方式不同可分为电压驱动和电流驱动，电压驱动适合于高电阻型喷油器和串有附加电阻的低电阻型喷油器，电流驱动适合于低电阻型喷油器。

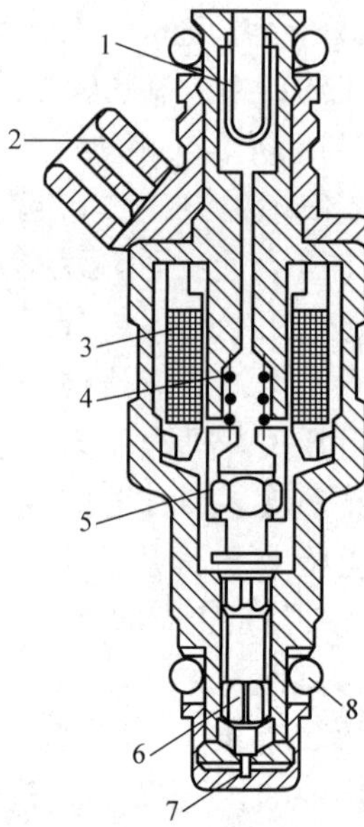

图4-16　喷油器的组成

1—进油滤网　2—线束插接器　3—电磁线圈　4—回位弹簧　5—衔铁　6—针阀　7—轴针　8—密封圈

3. 喷油器的结构

（1）**轴针式喷油器**　轴针式喷油器主要由滤网、回位弹簧、电磁线圈、针阀和衔铁等组成，如图4-17所示。其特点是轴针可使燃油环状喷出，有利于雾化；针阀在喷口中往复运动，不易引起喷口堵塞。

（2）**球阀式喷油器**　球阀式喷油器与轴针式喷油器类似，球阀杆为空心杆，质量小。另外，由于球阀有自动定心作用，因而具有较高的密封性能。

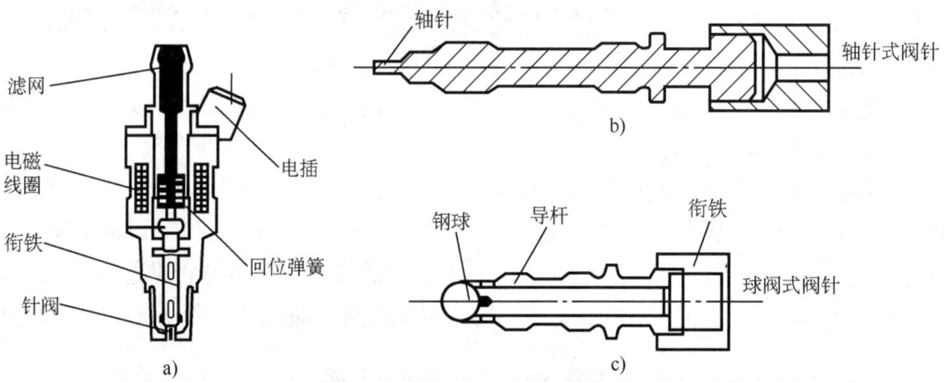

图4-17　轴针式喷油器的结构

图4-18所示为片阀式喷油器的结构，当电磁线圈未通电时，阀片被弹簧力和燃油压力压紧在阀座上。当ECU控制装置给电磁线圈通电后，电磁力克服弹簧力和液压力之和，使弹簧压缩、阀片升起，燃油通过计量孔喷出。当ECU输出的喷油脉冲结束后，阀片在弹簧

力作用下复位，如图 4-19 所示。

4. 喷油器的驱动

喷油器的驱动方式可分为电流驱动和电压驱动两种，如图 4-20 所示。电压驱动是按 ECU 输出的电压信号驱动喷油器工作，电流驱动是按 ECU 输出较大的电流进行驱动。电流驱动只适用于低电阻型喷油器，电压驱动既适用于低电阻型喷油器，又适用于高电阻型喷油器。

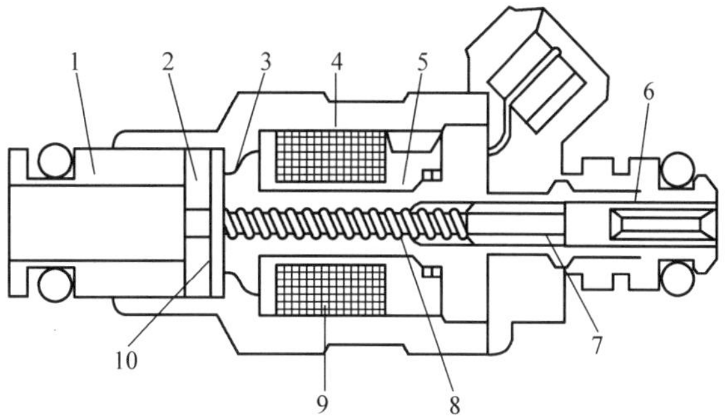

图 4-18　片阀式喷油器的结构

1—喷嘴套　2—阀座　3—挡圈　4—喷油器体　5—衔铁　6—滤网　7—调压滑套　8—回位弹簧　9—电磁线圈　10—阀片

（1）**电流驱动**　电流驱动回路无附加电阻，回路的阻抗和感抗均较小，驱动电流大，使喷油器具有良好的性能。

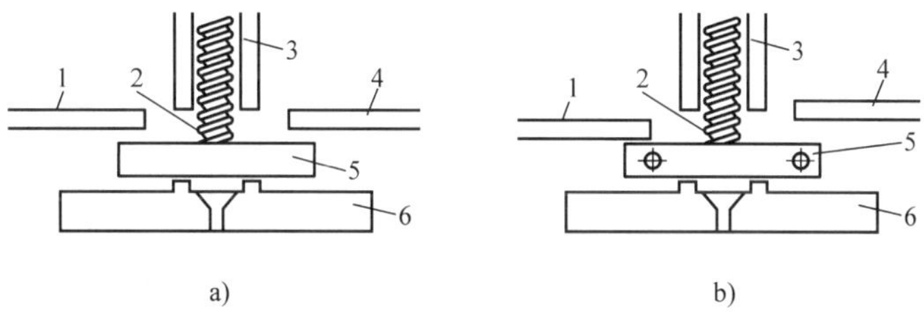

图 4-19　片阀式喷油器阀片复位情况

a）阀片压紧在阀座上　b）阀片回落

1、4—挡圈　2—回位弹簧　3—衔铁　5—阀片　6—阀座

如图4-21 所示，蓄电池通过点火开关和主继电器直接给喷油器和 ECU 供电，ECU 控制喷油器和主继电器搭铁回路，点火开关接通时，继电器触点闭合，ECU 中的喷油器驱动电路使晶体管 VT_1 导通，流过喷油器线圈的电流在 VT_1 发射极电阻上产生电压；A 点的电压达到设定值时，喷油器驱动电路使 VT_1 截止。当蓄电池电压为 14V 时，流过喷油器线圈的峰值电流为 8A，喷油器达到最大升程后，保持这一稳定、静止状态的电流为 2A；在此过程中，VT_1 以 20Hz 的频率导通或截止。晶体管 VT_2 的作用是吸收 VT_1 导通和截止时在喷油器线圈中产生的反电动势，防止电流突然减小。继电器的作用是防止流过喷油器线圈的电流过大，若流过喷油器线圈的电流超过设定值，继电器触点自动断开，以切断喷油器电源。

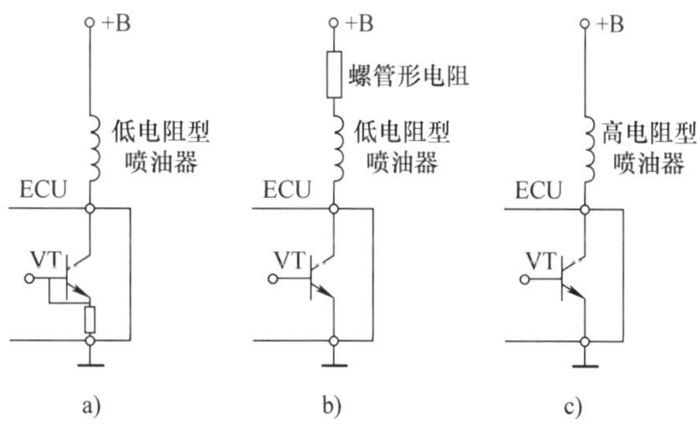

图 4-20　喷油器的驱动方式

a）电流驱动　b）电压驱动（低电阻）

c）电压驱动（高电阻）

（2）**电压驱动**　电压驱动方式可直接驱动线圈电阻值高、线圈匝数多、工作电流小的高电阻型喷油器。对低电阻型喷油器，需要在驱动回路中加入一附加电阻。附加电阻与喷油器的连接有两种方式：一种是每个喷油器各自串入一个附加电阻的独立式（图 4-22a），其优点是当一个电阻损坏时，只影响一个气缸的工作，缺点是由于串入电阻的阻值不可能完全一致，

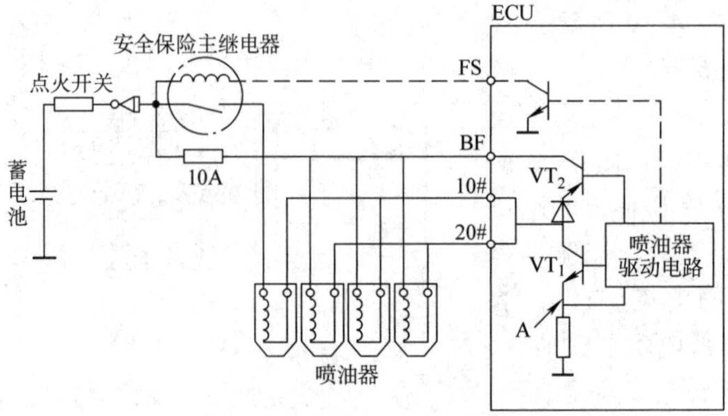

图4-21 喷油器电流驱动电路

造成各缸供油量不同，影响各缸的功率平衡；还有一种是公用电阻连接方式（图4-22b、c），其优点是各缸工作的一致性容易保证，缺点是一个电阻损坏后，全组的气缸都无法工作。

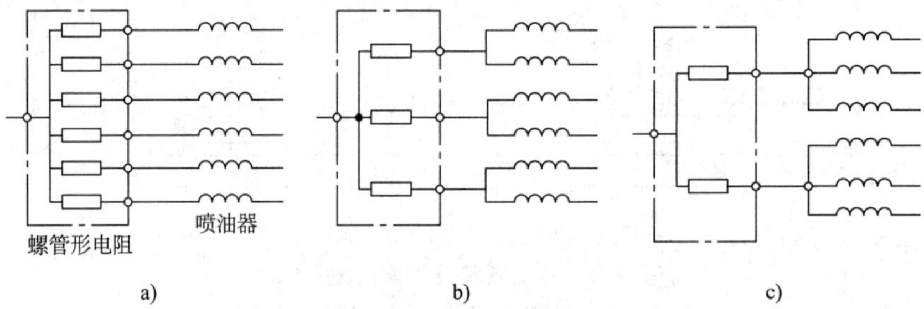

图4-22 附加电阻与喷油器的连接方式

a）独立式 b）、c）公用电阻

电压驱动方式中的喷油器驱动电路简单，但因其回路中的阻抗大，喷油器喷油滞后时间长。其中，电压驱动高电阻型喷油器滞后时间最长，电压驱动低电阻型喷油器次之，电流驱动的喷油器最短。

5. 冷起动喷油器

有的电控汽油喷射系统中设有冷起动喷油器，如图4-23所示。在低温起动时，额外喷射一部分燃油，以便使发动机起动。冷起动时，冷起动喷油器的电磁线圈通电，将阀门吸起，由旋流式喷嘴喷出旋转的、雾状的燃油到进气管道内，加浓混合气。

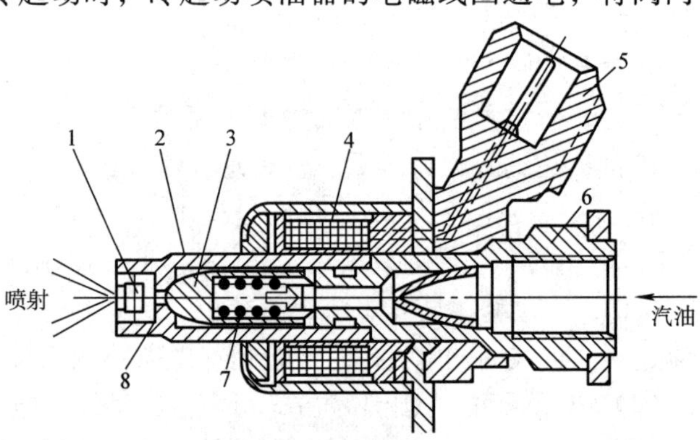

图4-23 冷起动喷油器

1—旋流式喷嘴 2—喷射管道 3—柱塞阀 4—电磁线圈 5—电插头 6—供油口与滤网 7—弹簧 8—阀座

冷起动喷油器一般采用安装在冷却水套内的冷起动喷油器正时开关控制，如图4-24所示。正时开关是一个温控开关，由电热线圈和双金属片等组成，当双金属片受热至一定程度时，触点即张开，即发动机在热状态下起动时，正时开关处于断开状态，冷起动喷油器不喷油。低温起动时，触点闭合，冷起动喷油器附加喷油，同时电热线圈开始加热，双金属片开始受热变形，最后触点张开，冷起动喷油器停止喷油。

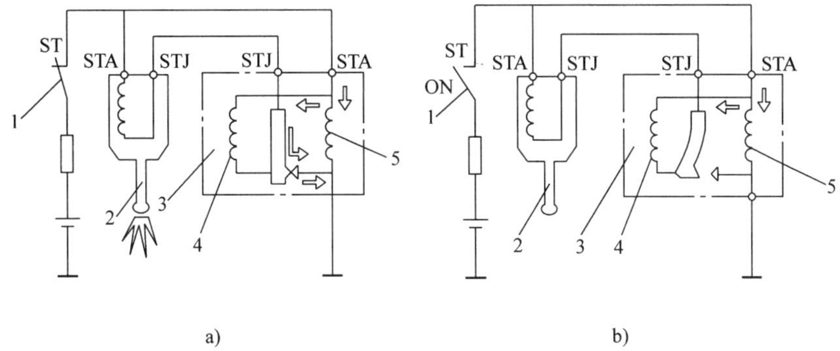

图 4-24 冷起动喷油器的控制电路

a）冷起动 b）起动后

1—点火开关 2—冷起动喷油器 3—正时开关 4、5—电热线圈

6. 喷油器控制电路

各车型喷油器控制电路基本相同，一般都是通过点火开关和主继电器（或熔丝）给喷油器供电，ECU 控制喷油器搭铁，只是不同发动机的喷油器数量、喷射方式、分组方式不同，ECU 控制端子数量不同。

4.3.2 喷油器及其控制电路的检修

1. 在线检查喷油器

检查喷油器时发动机的转速传感器应正常，燃油泵继电器（燃油泵继电器给喷油器提供电源）也要求正常。

1）拆下进气管上体，拔下火花塞插头，拆下喷油器盖板，从喷油器上拔下插头。

2）用辅助导线将二极管测试笔连接到 1 缸喷油器插头端子上，起动发动机，发光二极管必须闪亮，在 2 ~4 缸喷油器插头上重复做上述检测。

3）如果每缸的二极管都不亮，将二极管测试笔连接到 1 缸喷油器端子和搭铁之间。

4）起动发动机，发光二极管必须闪亮。如果二极管不亮，按照电路图检查喷油器 2 孔插头端子与燃油泵继电器之间的导线有无断路点。

5）如果二极管在一个或多个气缸上不闪亮，按照电路图检查喷油器插头端子之间的导线有无断路和导线相互间有无短路。

6）在触点之间检查喷油器电阻。喷油器电阻规定值为 13 ~18Ω（高电阻型），在发动机热态时电阻提高 4 ~6Ω。否则应更换喷油器。

2. 利用数据流对喷油器进行在线检查

通过数据流也能对喷油器的情况进行一定的检查。表 4-2 是捷达王数据流的说明。

显示区域 3 是每工作循环的喷油时间（已校正）。在怠速时，正常值为 2. 0 ~5. 0ms。如果大于 5. 0ms，可能是由于使用附加电器设备（空调和动力转向等）引起发动机负荷的增加，应对发动机的负荷进行检查；由于喷油器有发堵现象，造成喷油器量少，应对喷油器进行检查。如果小于 2. 0ms，可能是活性炭罐净化系统进入灰尘量太多，应检查活性炭罐净化电磁阀；安装的喷油器不正确或喷油器漏油导致喷油量过大，应检查喷油器。

表4-2　捷达王数据流的说明

显示组号	显示屏显示	显示区域内容
02（或002）	Block 02	
	1	（1）怠速转速
	2	（2）发动机负荷
	3	（3）每工作循环的喷油时间
	4	（4）吸入空气质量

注意：在显示区域所显示的喷油时间与吸入的空气量和怠速时发动机的负荷相对应，它是ECU的计算值，反映曲轴转一周的情况。而在显示区域3所显示的喷油时间是反映发动机一个完整工作循环的情况，即曲轴转2周的喷油时间。显示区域3显示的喷油时间并不是该数值的2倍，它是一个经过修正的实际喷油时间，对修正的影响因素包括：氧传感器的调节作用、活性炭罐净化的燃油蒸气、空气密度、空气温度、系统电压（影响喷油器开启和关闭的快慢）。

怠速时的发动机负荷是指在怠速时要克服的发动机自身和有关附件的摩擦，其中有发动机内部的活塞环与气缸壁，也有发动机外部的发电机的负载。

3. 喷油器部件检查

1）在进行喷油部件的检修时应注意以下事项：在修理及故障查寻之前要先查询一下故障码，要检查喷油器O形密封圈是否漏气；所有的检查和维修结束之后要查询故障码，必要时清除；不要使用含硅树脂的密封材料，被发动机吸入的硅树脂成分在发动机内不燃烧，会损害氧传感器。

2）喷油器的电阻检查。低阻值的喷油器为2～3Ω，高阻值的喷油器为13～16Ω，注意喷油器的电阻在正常情况下会随温度变化，温度增高电阻会增大，有可能冷机与热机相差4～6Ω。

3）仪器检查声音。用专用仪器探测部件动作声音，否则检查电路及喷油器。

4）用喷油器清洗机检查。用喷油器清洗机检查喷油量55～70mL/15s，误差小于10mL/15s。3min泄漏一滴为正常，超过一滴要维修或更换。检查喷油器喷油角度及雾化状况，如图4-25所示，图a为正常喷油状态，其他都是不正常的状态，对喷油不正常的喷油器清洗再测试，如不正常，需要更换。

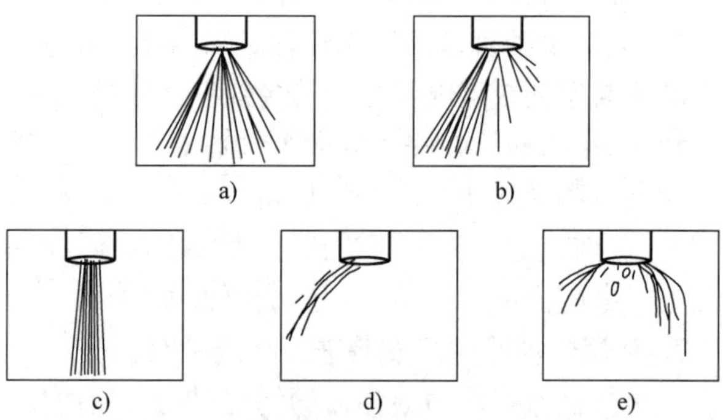

图4-25　检查喷油器喷油角度及雾化状况

4. 信号波形分析

喷油器正常波形大体上是一个方波，如图4-26所示。喷油器的类型不同波形也不同，但是波形的分析方法类似。

① ECU 控制喷油器断路，不工作。

② ECU 控制喷油器搭铁，喷油器开始起动，喷油器中约有 4A 电流。

③ 打开模式有 0V 电压。

④ 打开模式向保持模式转变，电流减小，线圈产生自感电压，约为峰值电压。

⑤ 保持模式保持喷油器打开状态，电流约为 1A。

⑥ ECU 控制断开喷油器的搭铁，喷油器线圈产生 30～70V 的峰值电压。

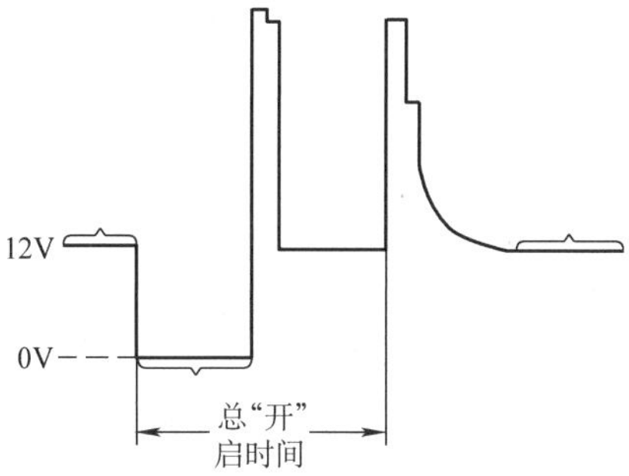

图 4-26　喷油器的波形

4.4　燃油供给系统的拆装与故障检测

4.4.1　燃油供给系统的拆装

1. 检修燃油供给系统的注意事项

1）燃油系统处于压力状态下，打开系统前，应用抹布包住接头，然后小心打开以卸压。

2）检修燃油供给系统前，先关闭点火开关，断开蓄电池搭铁线，短时打开燃油箱盖然后再拧紧。

3）拆装燃油箱部件时，注意车辆应停在水平面上，燃油箱内燃油量不可超过总容积的 3/4。如需要，排空燃油箱。

4）检修开始前，为排净蒸发出的燃油蒸气，必须在燃油箱安装口附近安装一个插入式的燃油蒸气排放装置软管。如果没有燃油蒸气排放装置，可使用送气量大于 $15m^3/h$ 的离心式送风机（电动机不处于气流中）。

5）皮肤勿接触燃油，务必戴上防油手套。

6）拆卸燃油箱前应先将其排空。

2. 燃油供给清洁规则

检修燃油供给系统/喷射系统时，应注意下述清洁规则：

1）断开接头前应彻底清洗接头及其周围区域。

2）拆下的零件应放在清洁表面并盖好，不可使用有绒毛的抹布。

3）如果不马上修理，已打开的部件应盖上或锁起来。

4）只可安装干净的零件。只有在安装前才从包装中取出备件，散放的零件（如在工具箱中）不可使用。

5）系统如已打开，不要使用压缩空气，尽可能不移动车辆。

3. 燃油箱的拆卸与安装

1）释放燃油压力，拆下燃油箱加注口盖，排空燃油箱。

排空方法：从燃油压力调节器上拆下燃油回流管路，并且在调节器接头上接一根合适的软管。将软管的另一端放在适合装燃油的容器内。起动发动机使发动机一直运转，直到燃油箱排空。

2）从车底板上拆下备用胎罩和检修板，断开燃油箱连接插头。稍微旋松后车轮螺母，然后升起车辆并卸下车轮。

3）松开驻车制动杠杆，拆卸三元催化转化器，从燃油加注管上断开加注颈管以及通风管，如图4-27所示。

4）断开油管和快速接头，断开轮速传感器插头。拆下稳定杆、隔热板以及驻车制动器拉索支架，如图4-28所示。

5）将举升器或者支撑架放在后悬架副车架下面，卸下紧固螺栓及其他附件。卸下螺栓及燃油箱箍带。

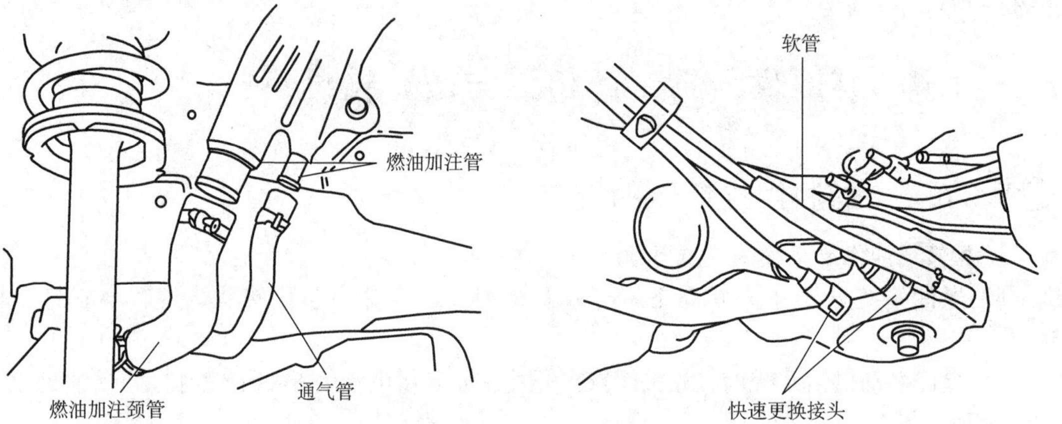

图4-27　燃油箱的拆装（一）

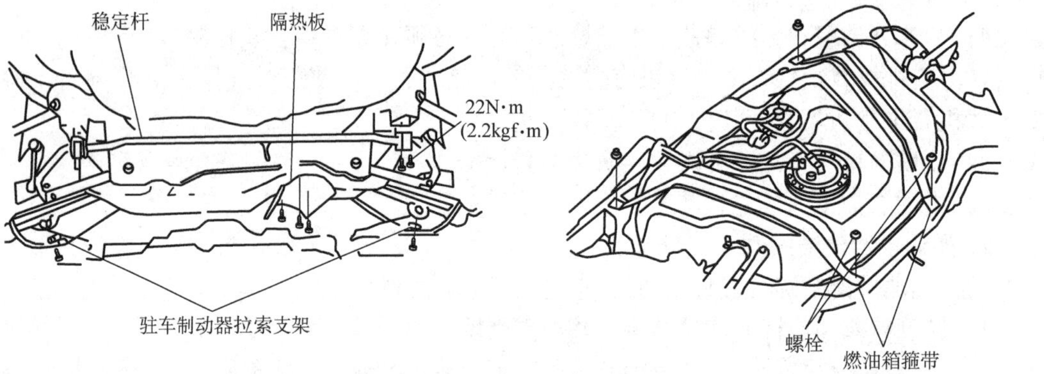

图4-28　燃油箱的拆装（二）

6）按相反顺序安装，注意燃油箱箍带要安装到位，否则燃油箱会松动。

4. 燃油分配管总成安装

如图4-29所示，在安装燃油分配管总成之前，使用矿物润滑油小心润滑进气歧管上与之相配合的表面或O形圈，将喷油器的中心线与安装孔的中心线对齐，插入进气歧管，最后将螺栓按规定拧紧力矩拧紧。例如，4G64发动机的燃油分配管的矿物润滑油使用情况如下：①矿物润滑油：ISO 10级（在40℃时，黏度为$10\times10^{-6}m^2/s$）；②润滑油使用应避免进入喷油器内部。

5. 喷油器的拆装

喷油器的拆卸和安装顺序：

1）拔下喷油器、进气温度传感器、霍尔传感器、节气门控制单元部件上的导线/插头。

2）拧出燃油分配管的固定螺钉。

3）将燃油分配管连同喷油器一起从进气歧管处均匀地向上拔出并放到后面发动机舱中干净的抹布上。

4）将固定夹拔下，并取下喷油器。

拆装注意事项：

1）安装支架卡夹时应注意喷油器和燃油分配管的正确位置。

2）拆装内六角螺栓 1 的力矩为 10N·m；拆装喷油器衬套 5 的力矩为 3N·m，要涂抹规定的液态胶；安装燃油进油管 9 要用 25N·m 的力矩拧紧。

3）O 形圈不能重复使用，安装前要用清洁的发动机机油浸润。

4）在将燃油分配管连同已固定好的喷油器一起安放在进气管上时，要均匀地压入。

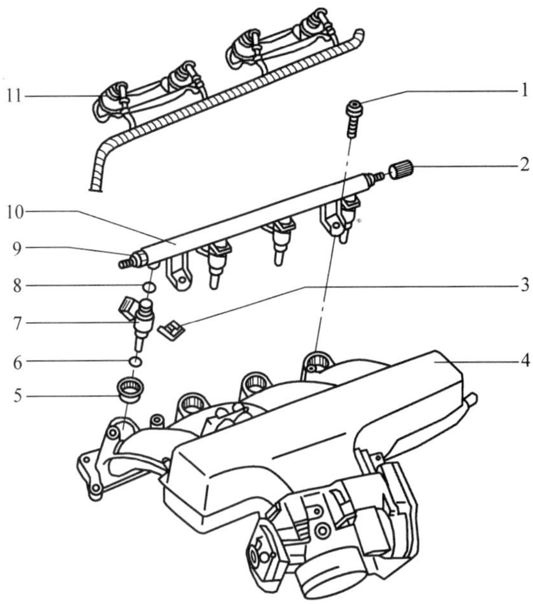

图 4-29 燃油分配管

1—内六角螺栓 2—护板 3—支架卡夹 4—进气管 5—喷油器衬套 6、8—O 形圈 7—喷油器 N30 9—燃油进油管 10—燃油分配管 11—插头连接

4.4.2 燃油供给系统的故障检测

1. 燃油供给系统主要故障现象及原因

燃油油压过低会造成混合气稀、加速不良、动力不足、怠速不稳、加速回火等现象。油压过低往往是泵油量不足、燃油滤清器阻塞、油压调节器调节不当等原因造成的。

燃油油压过高会造成混合气浓、油耗大、冒黑烟等现象。油压过高往往是调节器真空漏气、回油管回油不畅、油压调节器调节不当等原因造成的。

燃油系统中的喷油器漏油会造成发动机运转稳定性下降，如出现怠速不稳的故障现象。

2. 常规检查方法

1）为防止在拆卸时，系统内的压力油喷出，造成人身伤害和火灾，需要释放燃油系统压力。释放油压的步骤：①拆卸燃油泵熔丝；②起动发动机并保持怠速，直到发动机熄火；③起动发动机约 5s，以确认燃油喷射供油歧管压力已经释放；④安装燃油泵熔丝。

2）检查蓄电池，拆下负极电缆（防止残余燃油飞到有电火花的地方引起火灾）。

3）将专用压力表接在脉动阻尼器位置（对于韩国大宇或通用）或进油管接头处（对于丰田）（图 4-30）。燃油系统中可能仍然有压力，在打开系统前，用一块抹布包住连接处周围，然后小心地松开连接件以释放压力，要用抹布随时擦干净泄漏出来的燃油。

4）接上负极电缆，起动发动机使其维持怠速运转。

5）燃油系统压力预置测试。燃油系统压力预置的目的是为避免首次起动发动机时，因系统内无压力而导致起动时间过长。通过反复打开和关闭点火开关数次查看燃油压力表来完成。油压应达到正常压力0.25～0.35MPa，如果没有燃油压力预置，应检查发动机ECU、燃油泵和电路等。

6）供油压力测试。拆下燃油压力调节器上的真空软管，用手堵住进气管一侧，检查燃油压力表指示的压力，多点喷射系统应为0.25～0.35MPa，单点喷射系统为0.07～0.10MPa。

7）调节压力测试。接上燃油压力调节器的真空软管，检查燃油压力表的指示应有所下降（约为0.05MPa）。若压力没有下降表示油压调节器不良。

8）测试燃油泵最大供油压力。怠速时将回油管夹住时的油压，应为供油压力的2～3倍。否则表示油泵不良。

9）供油量测试。怠速运转，急加速到3000r/min以上，油压升高应不得低于21kPa。

10）系统残压测试。将发动机熄火，等待10min后观察压力表的压力，多点喷射系统不低于0.20MPa，单点喷射系统不低于0.05MPa。

11）油密封测试。喷油器保持在上面，燃油系统油压保持在供油压力以上，观察喷油器有没有漏油现象。

12）检查完毕后，应释放系统压力，拆下油压表，装复燃油系统。

3. 系统残余压力过低及不保压的检查方法

测量燃油压力时注意要使用带有开关阀的燃油压力表（图4-31）。10min后，如果保持压力比表压力低0.20MPa，那么按如下步骤操作：

1）起动发动机，并使其怠速运转。

2）在建立油压之后，关闭点火开关，同时必须关闭压力测量的关闭旋塞。

3）观察压力表上的压降。

4）如果压力再次下降，检查压力测量装置是否密封；检查管路接口、燃油分配管和喷油阀上的O形圈是否密封，喷油器是否泄漏，燃油压力调节器是否损坏。

5）如果此时压力不下降，检查燃油滤清器中的压力调节器（如奥迪A4）是否正常，检查燃油泵上的单向阀是否泄漏。

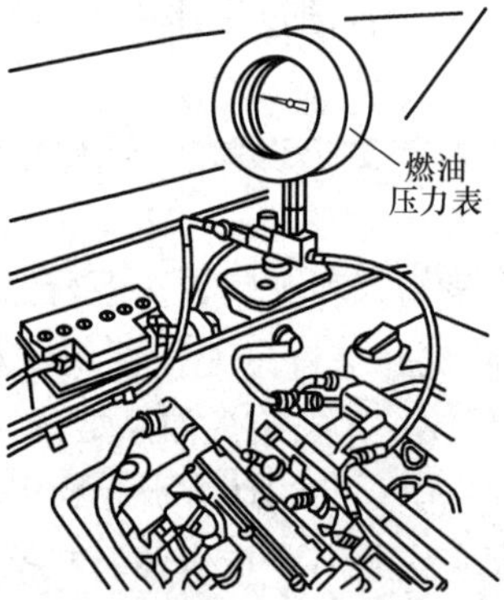

图4-30　燃油压力表的连接

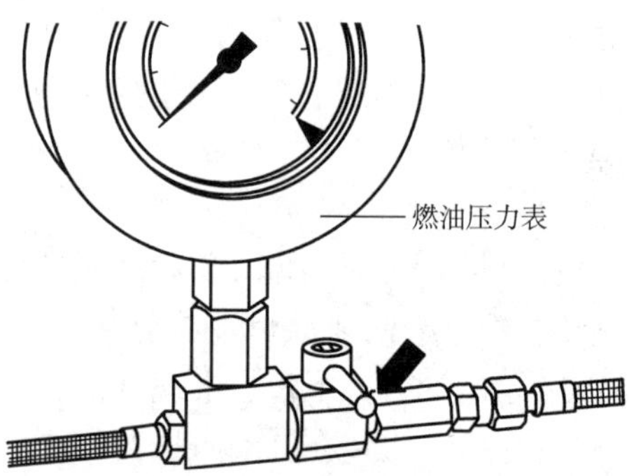

图4-31　燃油压力表

将转接件插到回油管，用软管夹夹紧转接件，如图4-32所示。注意软管夹不允许直接安装到燃油管路上，否则可能会损坏回油管。起动发动机，并使其怠速运转，在建立油压之后，关闭点火开关。同时必须关闭压力测量装置的关闭旋塞，观察压力表上的压降。

如果此时压力再次下降，对于燃油压力调节器在滤清器上的燃油供给系统，检查燃油泵的单向阀；常见的燃油系统，检查燃油压力调节器上的真空管内是否有燃油，如果有就要更换燃油压力调节器，如果没有就说明喷油器不密封（外观检查时就要排除喷油器上密封胶圈泄漏的可能性）。

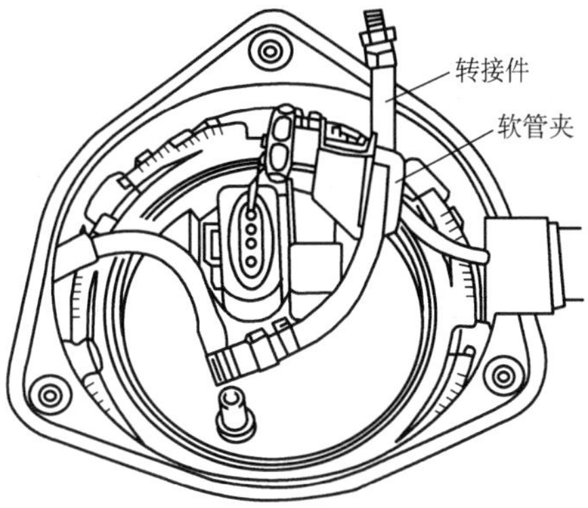

图4-32 软管夹夹紧转接件

如果此时压力没有下降，对于燃油压力调节器在滤清器上的燃油供给系统，应更换燃油滤清器。如果压力再次下降，检查压力测量装置是否密封；对于常见的燃油系统，更换燃油泵单向阀。

注意：在拆下压力测量装置之前，打开关闭旋塞以降低压力。在此过程中，需在接头前放置一接油容器。

4. 读取数据流，判断燃油供给系统的故障

表4-3为大众车系数据流。

表4-3 大众车系数据流

显示组号	显示屏显示	显示区域内容
01（或001）	Block 01	
	1	（1）怠速转速
	2	（2）发动机负荷
	3	（3）节气门角度
	4	（4）点火提前角

发动机的负荷是以喷油器的通电时间来衡量的（有些车型用计算负荷百分比表示），怠速时的发动机负荷应为1.3～2.5ms。只有在超速切断工况时才会小于1.3ms，否则说明系统有漏气；如果大于2.5ms，可能是空气流量计损坏，应检查是否有故障码；节气门控制单元损坏，应检查节气门控制单元；发动机的负荷大，如附加电器设备用电，关闭附加电器；转向盘处在某侧极限位置，应将转向盘回正。

要注意不是喷油脉宽符合要求就没有问题，油路压力过高过低、喷油器磨损或堵塞对喷油量影响也很大。但是如果喷油脉宽不符合要求，先要排除造成喷油脉宽不符合要求的故障。

5. 故障案例

故障案例1：喷油器漏油起动困难。

（1）**故障现象** 一台奥迪100 V6型轿车，当行驶15万km后进厂维修，驾驶人反映，该车在冷车时能够顺利起动，但有时热车起动特别困难。

（2）**故障诊断** 混合气过浓往往是造成热车不易起动的原因。

由于该故障现象直接与温度有关，因而首先检查了冷却液温度传感器及其控制线路，均属正常。在检查过程中发现，该车热车熄火后并立即起动，起动良好，但熄火后等候3～

5min 后，再起动非常困难。检查燃油系统，接好燃油压力表，起动发动机，压力正常。熄火后再看油压表，发现油压下降很快，断开回油管接头，无回油，说明漏油在油泵至喷油器之间，拆下6个喷油器检查，发现喷油器都有严重的漏油现象。

(3) **故障排除**　全部更换新的喷油器后，无论冷车起动，还是热车起动都很正常，故障排除。

故障案例2：丰田 PREVIA 车发动机抖喘。

(1) **故障现象**　一辆丰田 PREVIA 汽车，发动机在中、低速运转正常，节气门位置稳定在调整运转时，发动机出现抖喘现象，在急加速或上坡时，发动机加速滞后。

(2) **故障排除**　读码无故障码输出。有意断开空气流量计、节气门位置传感器和冷却液温度传感器等的线插头，制造故障，然后调取故障码，“CHECK”灯显示均能与故障码相吻合。

将油压点火开关置于 ON 位置，压力表显示 300kPa，发动机不运转，静态压力正常。起动发动机并急加速时，压力表指针在 150～300kPa 间不断摆动，说明燃油压力波动较大；而当发动机加到中速以上时，指针仅指示在 150kPa 左右，明显低于规定的供油压力，说明发动机油路供给系统存在故障。换上一同类型的油压调节器，故障依然。换上一新燃油滤清器，此故障有轻微的好转。

拆下燃油箱检查电动燃油泵的泵油能力时，发现电动燃油泵进油口的滤网被较多的脏物堵住，清除装复后试验，故障消除。

练习与思考题

一、填空题

1. 各种发动机的燃油供给系统基本相同，都是由________、________、________、________及油管等组成。

2. 燃油泵的控制电路主要有____________、____________、____________三种类型。

3. 脉动阻尼器的功用是______________________________。

4. 对于喷油器一般要进行____________、____________、____________三方面检查。

5. 当喷油器的结构和喷油压差一定时，喷油量的多少就取决于____________。

6. 电动燃油泵按安装位置不同分为____________和____________。

7. 喷油器的故障主要表现为____________、____________、____________、____________及安装有问题。

二、选择题

1. 当结构确定后，电磁喷油器的喷油量主要决定于（　　）。

A. 喷油脉宽　　B. 点火提前角　　C. 工作温度

2. 发动机关闭后（　　）使燃油喷射管路中保持残余压力。

A. 回油管　　B. 燃油滤清器　　C. 燃油喷射器　　D. 以上都不正确

3. 当进气歧管内真空度降低时，真空式燃油压力调节器将燃油压力（　　）。

A. 提高　　B. 降低　　C. 保持不变　　D. 以上都不正确

4. 某燃油喷射系统的燃油压力过高，以下哪项正确（　　）。

A. 电动燃油泵的电刷接触不良　　B. 回油管堵塞

C. 燃油压力调节器密封不严　　D. 以上都正确

5. 在MPI（多点燃油喷射系统）中，燃油被喷入（　　）。

A. 燃烧室内　　B. 节气门后部　　C. 进气歧管　　D. 进气道

6. 当节气门开度突然加大时，燃油分配管内油压（　　）。

A. 升高　　B. 降低　　C. 不变　　D. 先降低再升高

7. 发动机工作时的燃油量是（　　）。

A. 喷油器的喷油量　　B. 燃油泵供油量

C. 来自燃油箱的蒸发控制燃油蒸气量　　D. A+B

8. 电控燃油喷射发动机燃油系统压力，多点喷射系统的一般为（　　）。

A. 7~103kPa　　B. 7~690kPa　　C. 62~69kPa　　D. 207~275kPa

9. 进行燃油压力检测时，按正确的工序应该首先进行（　　）。

A. 断开燃油蒸发罐管路

B. 将燃油压力表连到电控燃油喷射系统的回流管路上

C. 在将燃油压力表连接到电喷系统上以前先将管路中的压力卸掉

D. 拆下燃油机（分配器）上的燃油管

三、简答题

1. 简述燃油压力调节器的作用与工作原理。
2. 燃油供给系由哪几部分组成？各自的作用是什么？
3. 外表相同，高电阻型喷油器和低电阻型喷油器可以互换吗？
4. 喷油器的驱动方式有哪些？各有什么特点？
5. 喷油器及其控制电路如何检修？

第5章 电控发动机的点火系统

基本思路：

对本章的学习和研究主要把握电的流通路线。电控点火的控制过程为传感器→ECU→执行部件，根据这一流程对相关零部件的位置、作用、结构、特征等全面掌握，特别是其检测和修理方法。另外，本章分析电的回路有两类：高压回路和低压回路。电是看不见摸不着的，只能借助有关仪器和设备，这就要求研究者必须对其工作原理和工作流程系统全面地掌握。既要能认识问题，又要能分析问题，还要能解决问题，这就是初学者甚至修理技师认为该部分难学的主要原因。

5.1 电控点火系统的原理与检修

5.1.1 电控点火系统概述

汽油发动机采用微机控制点火系统（MCIS），能将点火提前角控制在最佳状态，使可燃混合气燃烧后产生的温度和压力达到最大值，从而提高发动机的动力性，同时还能降低燃油消耗量和减少有害气体的排放量。微机控制点火系统主要由凸轮轴位置（上止点位置）传感器（CIS）、曲轴位置（曲轴转速与转角）传感器（CPS）、空气流量（负荷）计（AFS）、节气门位置（负荷）传感器（TPS）、冷却液温度传感器（CTS）、进气温度传感器（IATS）、车速传感器（VSS）、爆燃传感器（KS）、各种控制开关、电控单元（ECU）、点火控制器、点火线圈以及火花塞等组成。

汽车微机控制的点火系统实现了点火提前角的自动控制，即根据发动机的工况对点火提前角进行适时控制，因此，气缸内的混合气可获得最佳燃烧，从而提高发动机的动力性和经济性，降低排放污染。

微机控制点火系统的基本原理：微机根据曲轴位置传感器提供的曲轴位置信号，判断出发动机的活塞位置并且根据信号频率计算出发动机的转速，再通过电控燃油喷射系统的节气门位置传感器（或空气流量计）确定负荷的大小，从而对发动机的运行工况做出比较精确的判断。根据发动机的转速和负荷的大小，微机从存储单元中查找出对应此工况的点火提前角和点火初级电路导通时间，由这些数据对电子点火器进行控制从而实现精确控制。另外微机系统还可以根据其他影响因素对这两个因素进行修正实现点火系统的智能控制。

点火提前角的控制：因点火提前角对发动机的工作影响较大，故对点火提前角控制就成为点火系统控制的重点。

发动机的工作原理和各类试验都表明：发动机的最佳点火提前角与发动机的转速及负荷有密切关系，并且发动机运行工况不同时，对其动力性、经济性和排放污染物量均有不同的控制标准，这也意味着发动机最佳点火提前角在不同的工况有不同的标准。在怠速时最佳点火提前角应保证在发动机运转平稳的前提下将排放污染物控制在最低限度；在部分负荷工况下以经济性为主，最佳点火提前角应保证发动机的最低燃油消耗量；在大负荷和加速工况下，以动力性为主，最佳点火提前角应保证使发动机获得最大的输出转矩。最佳点火提前角是对发动机进行试验所得，设计人员将这些数据存储到微机的存储单元中，在发动机工作时，微机根据各传感器的测量数据确定发动机的运行工况，查出最佳点火提前角的数值，再通过电子点火器对点火提前角进行控制。

通电时间控制：点火线圈初级电流的大小与电路的接通时间有关，通电时间越长电流越大，点火能量就越大，但是电流过大将导致点火线圈发热甚至损坏，而且也会造成能量的浪费；同时线圈中的电流也会受电源电压的影响，在相同的通电时间内，电源电压越高，线圈电流越大。因此有必要对线圈电路的接通时间进行修正。通电时间的控制方法一般是由微机从通电时间与电源电压的关系曲线中查出通电时间，再根据发动机转速换算出曲轴转角以决定线圈中电流的大小。

汽油发动机获得最大功率和最佳燃油经济性的有效方法之一就是增大点火提前角，但是点火提前角过大又会引起发动机爆燃。尤其是发动机在大负荷状态下工作时，这种可能性更大。消除爆燃最有效的方法就是推迟点火提前角。实践证明：剧烈的爆燃会使发动机的动力性和经济性严重恶化，而当发动机工作在爆燃的临界点或有轻微的爆燃时，发动机的热效率最高，动力性和经济性最好。发动机爆燃控制系统能够有效地控制点火提前角，从而使发动机工作在爆燃的临界状态。

5.1.2　电控点火系统的原理

传统点火系统、无触点电子点火系统由于存在机械磨损，因此寿命短，易出现故障，控制精度受到影响。现在电控发动机中都是用 ECU 控制的点火系统，按点火系统中有无分电器可以将点火系统分为有分电器的点火系统和无分电器的点火系统。有分电器的点火系统因在分配高压电时存在触点，在现在汽车上的使用越来越少。而在无分电器的点火系统中，不存在高压电传递过程中的触点，点火系统性能更稳定。可以说无触点化、智能化双点火系统是发展的趋势。

无分电器点火系统（DLI）又称为直接点火系统，取消了常规点火系统中的分电器总成（分火头和分电器盖），避免了分火头和分电器盖间隙对点火系统的影响，提高了点火能量。

无分电器点火方式目前采用的有两种点火系统：同时点火系统和独立点火系统。

1. 有分电器的电控点火系统

图5-1所示为有分电器电控点火系统的电路，ECU根据各输入信号，确定点火时间，并将点火正时信号IG_t送至点火模块。当IG_t信号变为低电平时，点火线圈初级电路由于功率晶体管的截止而被切断，次级感应出高电压，再由分电器按发火顺序送至相应气缸的火花塞产生电火花。

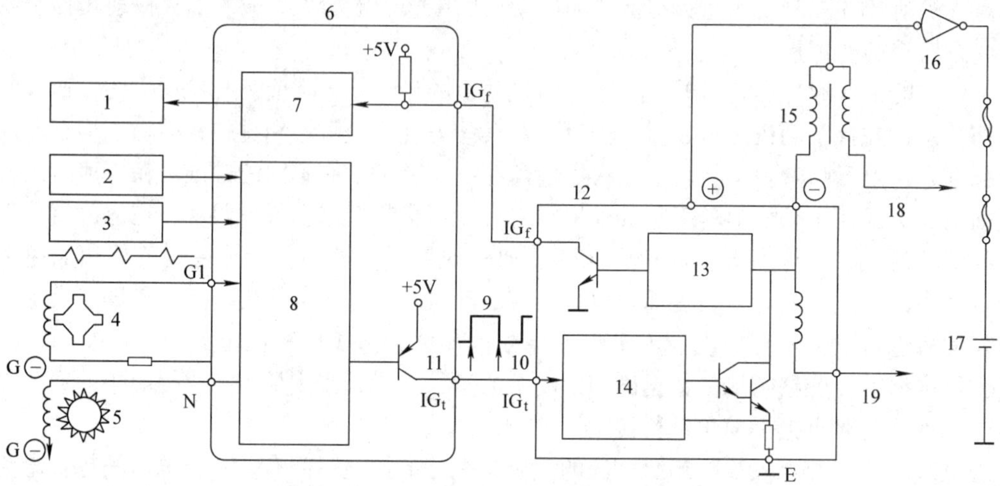

图5-1　有分电器电控点火系统的电路

1—主继电器　2—压力传感器　3—温度传感器　4—基准位置传感器　5—转速传感器　6—ECU　7—EFI控制　8—ESA控制　9—点火信号　10—通电开始　11—点火　12—点火模块　13—点火监视回路　14—闭合角控制　15—点火线圈　16—点火开关　17—蓄电池　18—至分电器　19—至发动机转速表

在该种点火系统的分电器中，有的除保留了传统的机械式配电结构外，不再有传统的分电器中的断电器、离心式和真空式点火提前角调节器。在有些车型的分电器中还装有曲轴位置传感器和凸轮轴位置传感器（Ne信号和G信号）。

为了产生稳定的次级电压和保证系统的可靠工作，在点火器中设有闭合角控制回路和点火确认信号（IG_f）发生电路。闭合角控制回路的作用是根据发动机转速和蓄电池电压（电源电压）的变化调节闭合角，保证闭合时间（初级线圈通电时间）稳定，以保证足够的点火能量和次级电压。在发动机转速上升和蓄电池电压下降时，闭合角控制电路使闭合角增大，延长初级线圈的通电时间，防止初级储能下降，确保点火能量。

点火确认信号发生电路的作用是在点火初级线圈电流切断，初级线圈产生自感电动势时，输出点火确认信号IG_f给ECU，以监视点火控制电路是否工作正常。当点火器中的功率晶体管不能正常导通和截止时，ECU就接收不到由点火器反馈回来的点火确认信号IG_f，表明点火系统发生故障，ECU将切断燃油喷射脉冲信号，使电磁喷油器停止喷油。如果由于某种原因，偶尔出现一次不正常信号，ECU并不会判定为故障，一般需点火器六次没有点火确认信号（IG_f）反馈给ECU才判定为点火系统故障，停止喷油。

图5-2所示为本田雅阁汽车的有分电器电控点火系统，ECM/PCM根据凸轮轴位置和转速传感器、曲轴位置和转速传感器等传送的信号判定点火正时，然后指令点火模块ICM控制点火初级线圈电流的通断。随后点火线圈产生的次级电流流向分电器盖。分电器通过高压

导线与火花塞相连接，以适当的顺序将高压引向火花塞，从而使火花塞产生火花，点燃气缸内的压缩混合气。

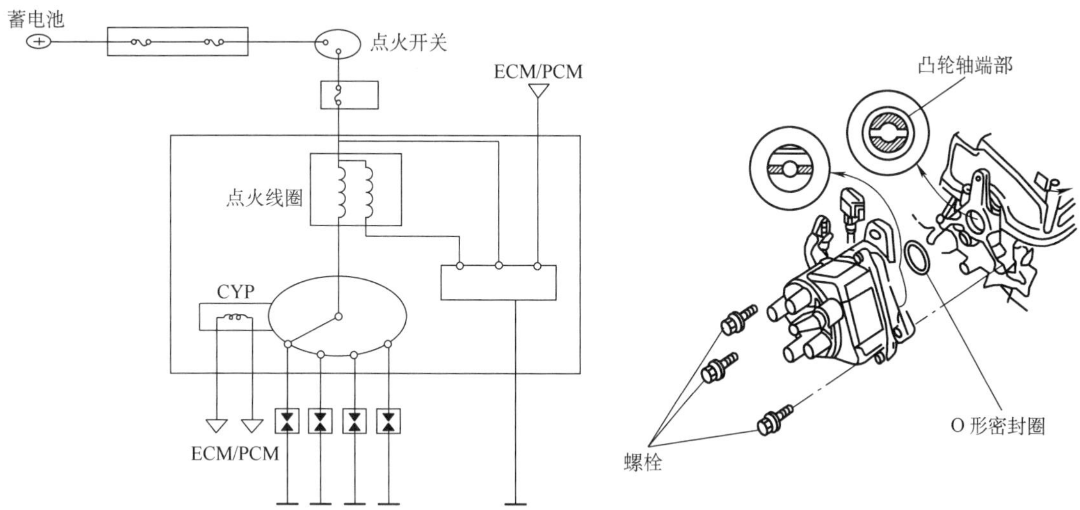

图 5-2　本田雅阁汽车的有分电器电控点火系统

有分电器电控点火系统的拆装方法如下（参见图 5-2）：

（1）拆卸

1）断开分电器的插头。

2）断开分电器盖上的点火导线。

3）卸下分电器紧固螺栓，然后从气缸盖上拆下分电器。

（2）安装

1）换下旧的 O 形密封圈，将新的 O 形密封圈涂抹上发动机机油，然后安装。

2）将分电器安装到位。说明：分电器端部的凸片和在凸轮轴端部相配合的凸槽都可偏移，以避免安装分电器时超出正时 180°的可能性。

3）安装紧固螺栓并将其轻微拧紧。

4）调整点火正时。

有分电器电控点火系统的检查：曲轴位置及转速传感器的检查前面已经讲述，而高压电路的检查和传统的点火系统类似，也可以参照其他的点火系统的检查方法。

2. 无分电器的电控点火系统

（1）同时点火系统　同时点火系统也称为分组点火系统，如图 5-3 所示。其特点是两个活塞同时到达上止点位置的气缸（一个为压缩行程的上止点，另一个为排气行程的上止点）共用一个点火线圈，即点火线圈的数量为气缸数的一半。

以 6 缸发动机为例，1、6 缸，2、5 缸，3、4 缸的活塞分别同时到达上止点，称为同步缸，两同步缸共用一个点火线圈，两个气缸的火花塞与公用的点火线圈中的次级线圈串联。点火是在活塞运行至压缩上止点和排气上止点同时进行，其中一个缸处于压缩上止点，气缸内混合气的密度和压力较高，因此较多的点火能量使该气缸火花塞点火，混合气迅速被点燃做功，这个气缸的点火称为有效点火；另一个处于排气上止点附近的气缸因内部气压低，且温度高，其火花塞很容易被高压电击穿点火，消耗的点火能量非常少，不会对压缩行程气缸

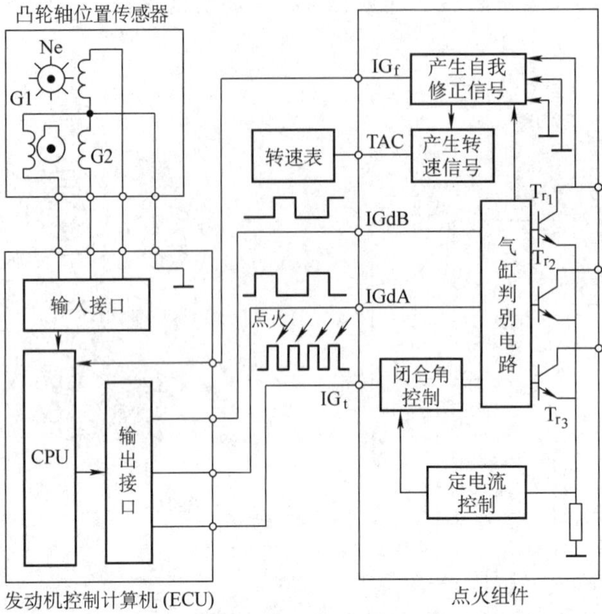

图5-3　同时点火系统

点火产生影响，称为多余点火。

在同时点火系统中，如果一个气缸的点火电路断路，那么另外一个气缸的火花塞也不能点火。如果一个气缸的点火电路短路，对另一个气缸的点火没有影响。同组内两个火花塞的电流方向是不同的，因此火花塞使用一段时间后的磨损情况也是不同的。

如图5-4所示，桑塔纳时代超人轿车采用的是同时点火系统，其点火模块和点火线圈集成在一起。点火线圈及点火模块的检查如下：

检查点火线圈及末级功率时应保证蓄电池的电压至少为11.5V，发动机转速传感器正常，霍尔传感器正常。

1）从点火线圈上拔下4孔插头，打开点火开关，测量已拔下的插头端子2和4之间的电压，其规定值至少为11.0V。如果没有电压，按照电路图检查4孔插头端子4与搭铁之间有无断路点，检查4孔插头端子2与中央继电器盒之间的导线有无断路点。

2）在下述检查过程中不允许触摸点火线圈的连接件及检测导线。拔下18号熔丝（目的是防止喷油器喷油损坏三元催化转化器），用辅

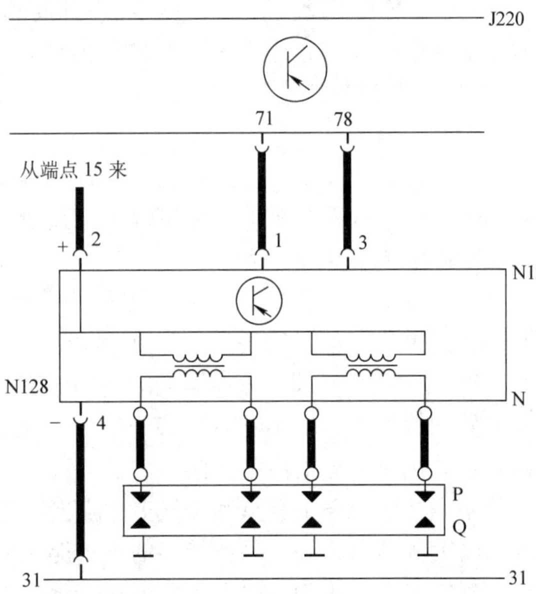

图5-4　桑塔纳时代超人轿车的同时点火系统

助导线将二极管测试笔接到已拔下的插头的端子 1 与 4 以及端子 3 和4 上。

3）起动发动机，如果发光二极管闪亮且端子 2 与 4 之间有电压，则更换点火线圈。如果发光二极管不闪亮，按照电路图检查检测盒与 4 孔插头之间的导线有无断路，另外检查导线相互之间是否短路。

4）如果确定在导线中无故障，且触点 2、4 之间有电压则更换多点喷射控制单元。

5）在插接器上检查 1 缸和 4 缸、2 缸和 3 缸触点之间的次级电阻，其电阻规定值为 4.0 ~ 6.0kΩ（20℃时）。如果没有达到规定值，则更换点火线圈。需要说明的是点火线圈和末级功率二极管在结构上是一个整体，不能单个更换。

ECU 控制无分电器点火系统的高压线拆卸和安装程序：断开点火起动开关，扭转火花塞护套一圈半，将护套松开。切勿拔火花塞上高压线上的引线部分，否则会造成损坏；从发动机右侧火花塞上拆卸火花塞导线（2 缸高压线、4 缸高压线、6 缸高压线）；从线夹上拆卸火花塞导线；同样方法从左侧火花塞上拆卸火花塞的高压线，并从线夹上拆卸火花塞高压线（1 缸高压线、3 缸高压线、5 缸高压线）；从点火线圈上拆卸火花塞高压线的另外一端；安装时按相反顺序进行。

（2）独立点火系统　独立点火系统是指每个气缸配有一个或两个点火线圈，单独对本缸进行点火，如图 5-5 所示。

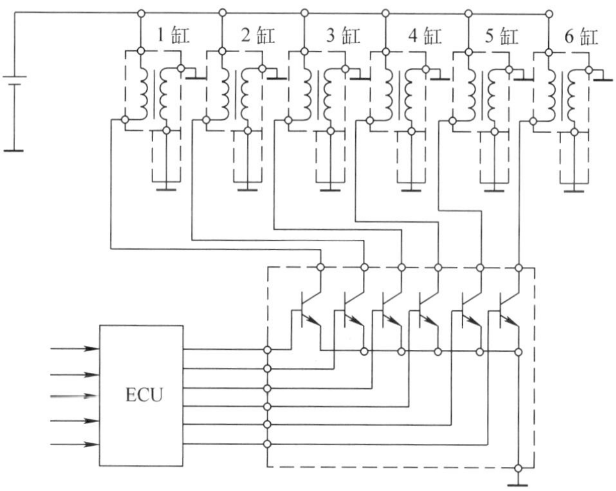

图 5-5　独立点火系统

这种点火方式特别适合在四气门发动机上装用，火花塞可安装在双凸轮轴中间，在任何一缸火花塞上直接压装一个点火线圈，充分利用了安装空间，这对 V 形多缸发动机室的合理紧凑布置具有重要的实用意义。同时由于无机械配电方式分火头与分电器盖旁电极之间的附加跳火间隙和高压导线，因而能量传导损失和漏电损失小，系统可靠性提高，故障率减少，而各缸的点火线圈和火花塞均由金属屏蔽层包覆，其对无线电干扰大大减少，这对发动机电控系统的正常工作也是十分重要的。

如图 5-6 所示，本田飞度使用i-DSI点火系统，采用智能型双火花塞顺序点火系统。该点火系统中 ECM 能根据发动机转速和进气歧管中的真空度，来控制前、后火花塞的点火相差：怠速时，前、后火花塞同时点火，因而燃烧速度加快，从而改善燃油消耗；低速、低负荷运转时，ECM 将前侧火花塞的点火正时提前，因为燃烧室此处的温度相对较低，从而改

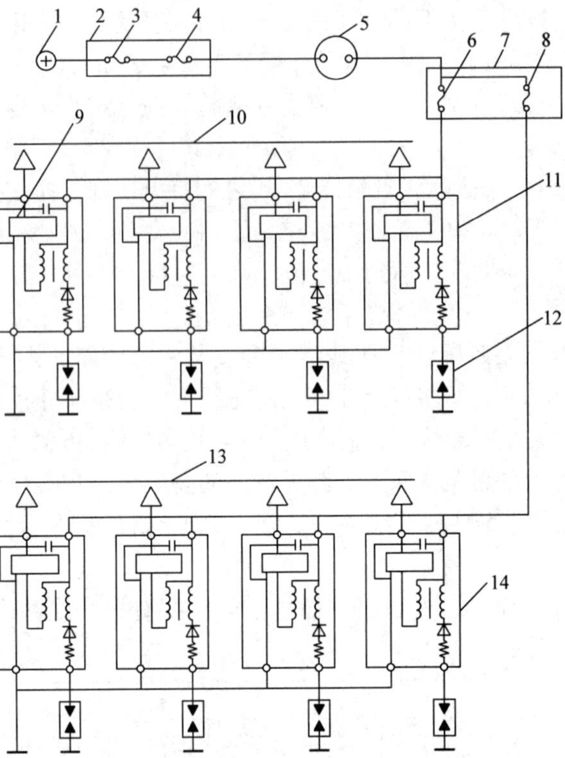

图 5-6　飞度发动机的点火系统

1—蓄电池　2—发动机盖下熔丝/继电器盒　3—1 号熔丝（80A）　4—3 号熔丝（50A）
5—点火开关　6—15 号熔丝（15A）　7—仪表板下熔丝/继电器盒　8—14 号熔丝
9—ICM 点火控制模块　10，13—来自 ECM　11—1 缸后点火线圈　12—火花塞
14—1 缸前点火线圈

善燃油消耗；低速、高负荷运转时，把前侧火花塞的点火正时提前，后侧火花塞的点火正时延迟，因而提高了转矩，同时可以控制发动机爆燃；高速运转时，前、后火花塞同时点火，使燃烧速度加快，动力提高。ECM 存储有各种发动机转速与进气歧管绝对压力下基本的点火正时，它还根据发动机冷却液的温度调节点火正时。

点火线圈的故障检修：

1）检查故障码（DTC），观察是否有故障码指示。如果有，对故障码所指示的故障进行检修，如果没有，转到下一步。

2）从气缸盖上拆卸火花塞，然后对其间隙进行检查，观察火花塞是否正常。如果是，转到下一步；如果不是，更换火花塞。

3）拆下 PGM-FI 主继电器。

4）起动发动机，让其运转，直至发动机失速。

5）将火花塞安装到点火线圈上。

6）连接点火线圈插接器，并将火花塞搭铁。

7）起动车辆，然后检查火花塞，观察火花塞是否跳火。如果是，点火线圈正常；如果不是，转到下一步。

8）换用一个确认良好的点火线圈，然后重新检查火花塞，观察火花塞是否跳火。如果是，更换原来的点火线圈。如果前火花塞不跳火，则检查仪表板下熔丝/继电器盒内的 14 号熔丝是否烧毁，如果熔丝正常，则维修仪表板下熔丝/继电器和前点火线圈之间的导线断路故障；如果后花塞不跳火，则检查仪表板下熔丝/继电器盒内的 15 号熔丝是否烧毁，如果熔丝正常，则维修仪表板下熔丝/继电器和后点火线圈之间的导线断路故障。

（3）二极管配电点火方式　二极管配电点火系统如图 5-7 所示，其特点是：四个气缸共用一个点火线圈，点火线圈为内装双初级线圈、双输出次级线圈的特制点火线圈，利用四个二极管的单向导电性交替完成对 1、4 缸和 2、3 缸的配电过程。

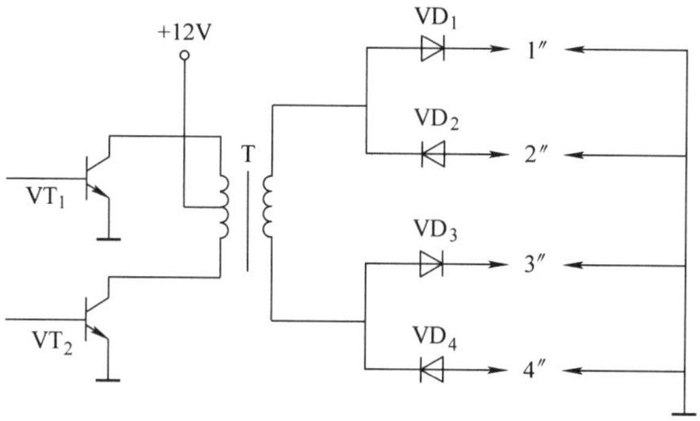

图 5-7　二极管配电点火系统

二极管配电点火系统的特性与同时点火系统相同，但对点火线圈的要求较高，而且发动机的气缸数必须是数字 4 的整倍数，因此应用上受到一定限制。

（4）宝马汽车点火电阻监控装置　如图 5-8 所示，点火电阻监控功能在各气缸动态工作时检测失火现象，不良的气缸点火会使点火电流经由分流器输出到发动机 ECU。分流器的电阻为 240Ω，并联于点火线圈的次级线圈与搭铁端，如果确认初级点火电脑监控没有问题，但次级点火电压并未传达，则相互作用的喷油器喷油阶段会关闭。西门子 MS41. 1 版的 DME 电脑具有次级点火监控的功能，点火监控电阻与并联的六个气缸点火线圈次级侧串联，利用分压信号的改变使电脑得知某缸有点火不良或不点火的情形，此时电脑为了保护三元催化转化器，会切断不点火的那个气缸的喷油信号，保护三元触媒。

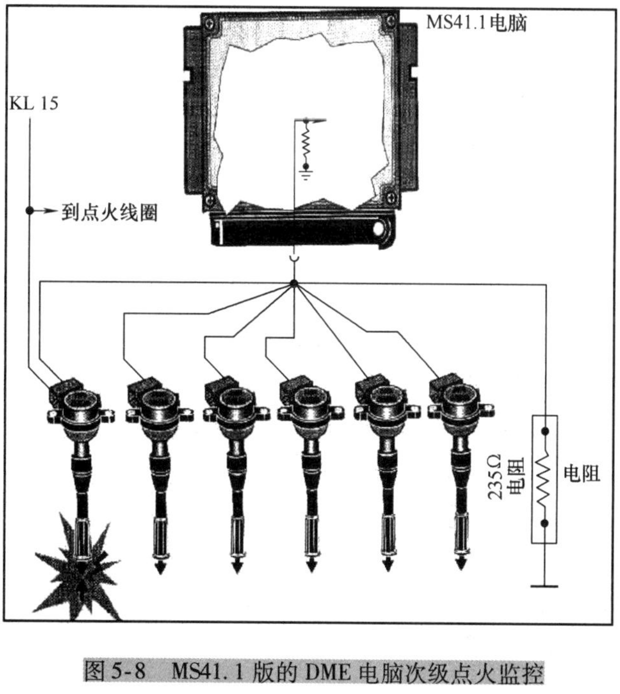

图 5-8　MS41. 1 版的 DME 电脑次级点火监控

5.1.3　电控汽油喷射发动机的点火控制

点火系统最基本的原理是通过控制点火线圈初级电流的大小和断电的时刻，从而控制点火的能量和时刻，保证发动机气缸内的混合气彻底燃烧。点火装置的控制主要包括通电时间、点火提前角和爆燃控制部分。

1. 闭合角的控制

所谓闭合角就是点火线圈初级侧的通电时间。为了保证点火系统工作时的点火能量，ECU 必须根据蓄电池电源电压和发动机转速，由计算机内存储器存储的数据，确定闭合角。

由于点火能量的高低是由点火初级线圈电流的大小决定的，而该电流是按指数规律变化的，通电时间越长，其值越接近幅值，断电后在次级线圈中产生的感应电动势越高，点火能量就越大。因此，通常希望点火初级线圈侧的通电时间长一些。但是，该电流过大会造成点火线圈发热乃至损坏以及电能损耗的加大。因此，科学地控制点火线圈初级侧的通电时间，是点火控制的要素之一。

在现代电控点火系统中，由于使用半导体开关（通常是功率晶体管）来控制电流的通断，所以通电时间的控制是通过半导体开关的导通时间来实现的。由于电控点火系统中所使用的点火线圈均为高能型的，其电流幅值可达 30A 以上，为防止点火线圈损坏，有些系统中，在控制通电时间的同时，还加入了恒流控制。

恒流控制的基本方法是在点火器功率晶体管的输出回流中设置一个电流采样电阻，用采样电流在该电阻上形成的压降反馈控制晶体管的基极电流，只要这种反馈为负反馈，就可以稳定晶体管的集电极电流，从而达到恒流控制的目的。

2. 点火提前角和爆燃的控制

影响发动机点火前提角的因素有很多，如发动机转速、负荷、进气压力、进气温度、大气压力等，但其中最主要的是转速和负荷。ECU 内存储了大量的数据，发动机在工作时，各种传感器分别将每个瞬间的发动机转速、负荷、冷却液温度等信号输入 ECU，ECU 再对各种信号进行处理来决定点火提前角。

点火提前角也称为点火时刻，实际上的点火时刻都在压缩上止点之前的某一曲轴转角处。点火提前角是汽油发动机运行中的一个重要参数，它对发动机的动力性、经济性和环保性都有重大的影响。在自动变速器换档时，点火正时延迟以降低输出转矩和缓冲换档中的冲击。

在发动机电控系统中，点火提前角通常包括三部分内容：初始点火提前角、基本点火提前角和修正点火提前角，实际的点火提前角为这三部分之和，即：

最佳点火提前角 = 初始点火提前角 + 基本点火提前角 + 修正点火提前角

日本丰田汽车公司的 TCCS 系统采用这种点火提前角控制方法。现对丰田 IG-GEL 发动机的原始点火提前角、基本点火提前角及修正点火提前角分别介绍如下。

原始点火提前角（也称为固定点火提前角）为上止点前 10°，适用以下工况：

1）发动机起动。

2）发动机转速在 400r/min 以下。

3）节气门位置传感器怠速触点闭合。

4）车速为 2km/h。

5）发动机 ECU 内后备系统开始工作。

基本点火提前角分为怠速和平常行驶两种情况。

怠速的基本点火提前角在空调系统工作时为 8°，空调不工作时为 4°。由于怠速时点火提前角不必修正，所以实际的点火提前角为原始点火提前角加上怠速时的基本点火提前角，即空调系统工作时的实际点火提前角 = 原始点火提前角 + 空调系统工作时的基本点火提前角 = 10° + 8° = 18°。

空调系统不工作时的实际点火提前角 = 原始点火提前角 + 空调系统不工作时的基本点火提前角 = 10° + 4° = 14°。

平常行驶时的基本点火提前角以表格的形式存储在 ECU 的存储器中，如图 5-9 所示。

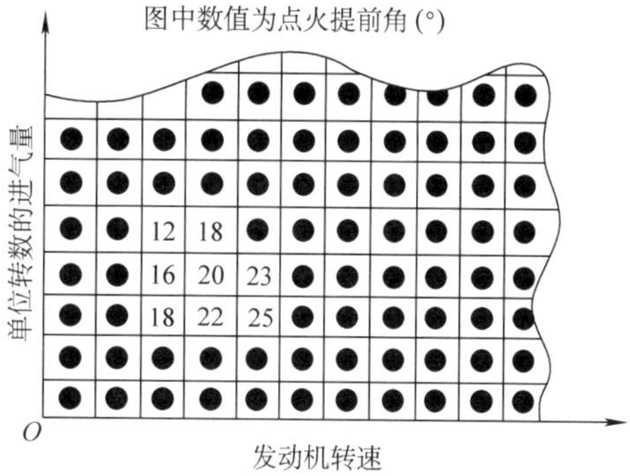

图 5-9　丰田 IG-GEL 发动机平常行驶时的基本点火提前角

修正点火提前角分为暖机和稳定怠速两种特性，如图 5-10 和图 5-11 所示。

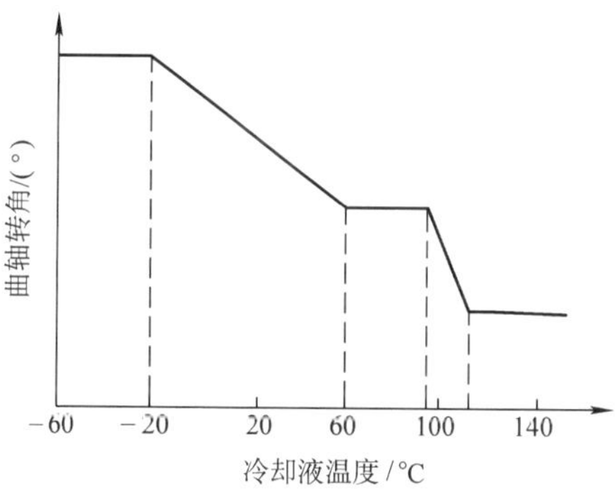

图 5-10　丰田 IG-GEL 发动机暖机时的点火提前角特性

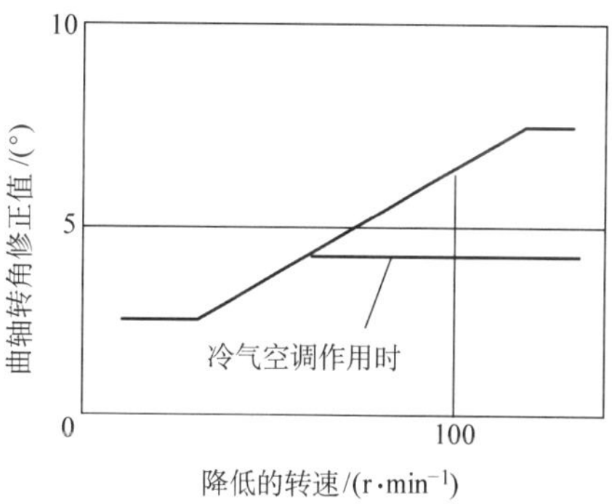

图 5-11　丰田 IG-GEL 发动机稳定怠速时的点火提前角特性

平常行驶时，发动机的实际点火提前角就是上述三种点火提前角之和。

点火提前角的修正，除暖机和稳定怠速修正外，在有的车型上还采用空燃比反馈修正。由于空燃比反馈控制系统是根据氧传感器的反馈信号调整喷油量的多少来达到最佳空燃比控制的，这种喷油量的变化必然带来发动机转速的变化。为了稳定发动机转速，点火提前角需根据喷油量的变化进行修正，喷油量与点火提前角的关系如图 5-12 所示。

气缸内混合气的正常燃烧是由火花塞处有序地向外推进的。因为某种原因而使部分混合气的温度和压力都很高，以致在火花塞点燃的火焰前锋到来之前自燃，形成无方向的爆炸燃烧，简称爆燃。爆燃会引起发动机的强烈振动并伴有金属敲击声。爆燃是一种非正常燃烧，危害极大，它使发动机的动力下降、经济性变差、排污加重；使发动机过热，各机件的热负荷加重，冷却液温度失控；局部产生强烈的冲击波，破坏气缸壁上的润滑油膜，使发动机的工作条件恶化。

产生爆燃的主要原因：发动机温度过高、负荷过大，或者是汽油本身的抗爆性差。

推迟点火是消除爆燃的有效办法，但是如果点火时刻远离爆燃，那么发动机的动力性将下降，油耗也增加。现在的点火爆燃控制的目标是点火时刻在爆燃的界面上。

爆燃控制的点火提前角如图 5-13 所示，爆燃控制系统实际就是加了爆燃传感器的点火控制闭环系统。

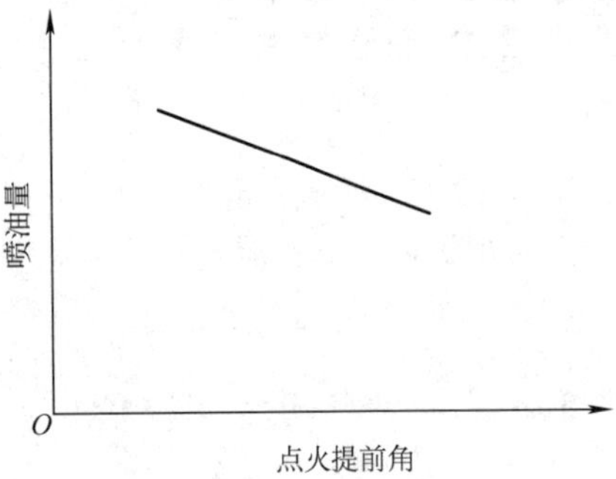

图 5-12　喷油量与点火提前角的关系

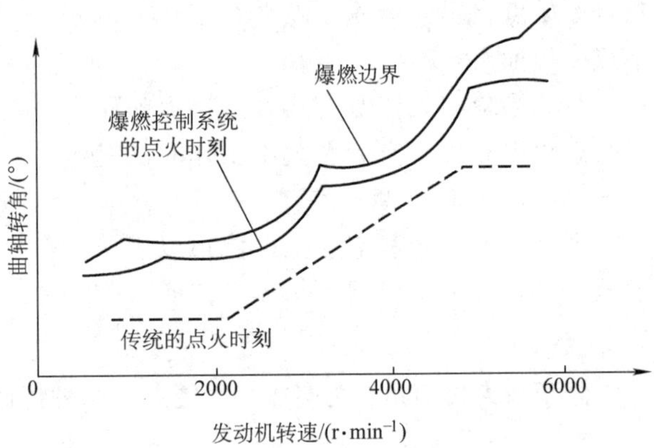

图 5-13　爆燃控制的点火提前角

爆燃传感器安装在发动机气缸体上，它把缸体的振动转换成电信号输入 ECU，经 ECU 内部滤波电器，滤除与爆燃无关的信号，而只允许含有爆燃信号的特定频率范围的信号通过。然后，再将此信号与设定的爆燃强度基准值进行比较，若该信号大于基准值，说明该振动信号是由爆燃引起的，则比较器输出爆燃信号至 ECU，以便进行爆燃控制处理。

由于发动机振动频繁与剧烈，为防止错误的爆燃判别，ECU 只在容易发生爆燃的任何气缸点火之后的一段时间内，允许振动信号进入比较电路进行比较，即只在此时间范围内进行爆燃判别。

当 ECU 有爆燃信号输入时，点火控制系统采用闭环控制方式，并在原点火提前角的基础上推迟点火提前角；如果爆燃不消失，则再推迟点火，直至爆燃消失。当爆燃消失后，在一段时间内维持当前的点火提前角。若无爆燃发生，则逐渐加大点火提前角一直到爆燃发生，然后又重复上述控制过程。可见，这是一种反馈控制过程，其控制原理如图 5-14 所示。

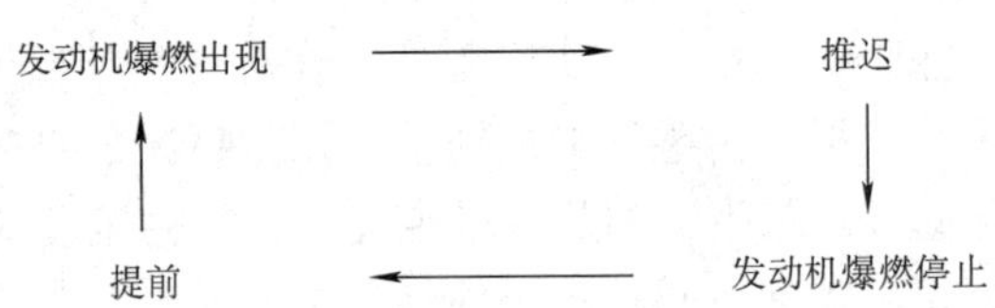

图 5-14　爆燃反馈控制原理

3. 点火提前角的检查及调整

检查点火正时一般使用点火正时仪，正常范围为 8°～38°，检查方法如图5-15所示。有分电器的点火系统正时调整：逆着分电器凸轮旋转方向（逆时）转动分电器外壳，点火提前；顺着分电器凸轮旋转方向（顺时）转动分电器外壳，点火延迟。无分电器的点火系统正时一般不能调整。

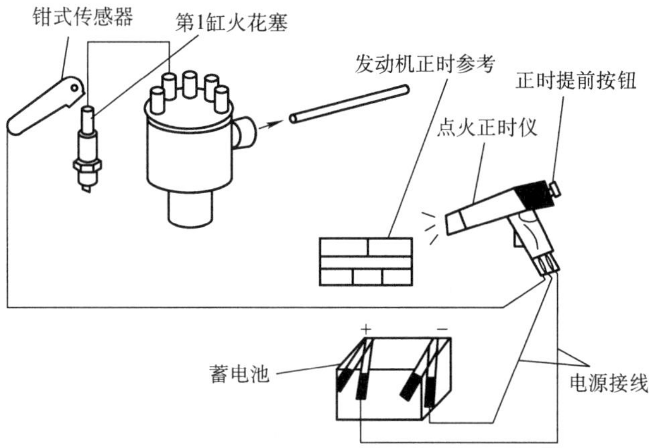

图 5-15　点火提前角的检查

为了避免伤人和破坏喷射及点火系统，在使用与维修过程中要注意：在发动机运转或处于起动转速时不允许触摸或拔下点火高压线；只能在关闭点火开关时才能拆下或连接喷射与点火系统以及测试仪器的导线；如果需要使发动机处于起动转速但不起动，如在进行压缩压力检测时，要分开转速传感器的插头连接。完成工作后要查询故障码。

（1）丰田车系直接点火发动机点火正时的检查

1）起动发动机使其达到正常工作温度。

2）发动机熄火后，连接转速表及正时灯到发动机上，变速杆置于 N 位。

3）起动发动机并加速到 2500r/min，保持 90s，然后降回怠速。

4）检查怠速应为 750r/min。

5）发动机熄火，将诊断座中 TEI 与 E1 脚利用导线连接。

6）再起动发动机并保持在（750 ± 25）r/min 怠速运转，检查基本正时，应为 10°。如果不正确，则检查正时带是否跳齿，或检查节气门怠速接点（ID 与 E2）之间是否接通。

7）如果传动带正常、怠速接点良好，检测空气流量计、压力传感器及冷却液温度传感器。另外要注意发动机是否漏气，若一切均正常则发动机 ECU 不正常。

（2）丰田车系采用分电器发动机基本点火正时的检查与调整

1）起动发动机达到正常工作温度。

2）发动机熄火，接上转速表及正时灯到发动机上，变速杆置于 N 位。

3）利用导线跨接诊断座中 TEI 与 E1 脚。

4）检查点火正时，在（750 ± 25）r/min 时应为 10°。

5）如果正时不在标准范围内则直接调整分电器。

（3）本田点火正时的检测

1）如图 5-16 所示，将本田 PGM 测试仪或者本田诊断系统（HDS）连接到数据传输插接器（DLC）上，然后检查 DTC。如果出现 DTC，在检查点火正时之前，诊断故障原因，并进行维修。

2）起动发动机，让发动机无负载（空档）保持在3000r/min，直到散热器风扇开始运转，然后，让发动机怠速运转。

3）检查发动机的怠速是否平稳且在规定的范围内。

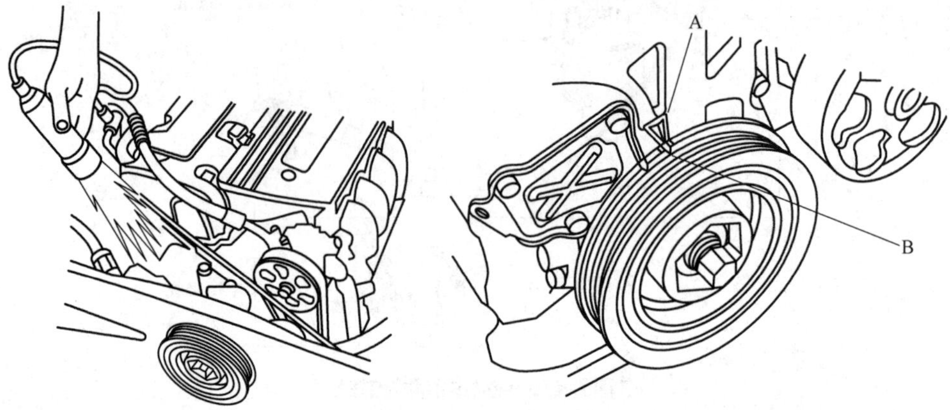

图5-16　检查点火提前角

4）根据测试仪的提示，将测试仪转到“SCS”模式。

5）把服务环路从线束上断开，然后，把正时灯连接到服务环路上。

6）将正时灯对准曲轴带轮上的指针（A）。在无负载情况下检查点火正时：前照灯、散热风扇、后窗除雾器和空调不工作。

点火正时：空档怠速时，为8°±2°BTDC（上止点）（红色标记B）。

7）如果点火正时与技术规格不同，要更新ECM/PCM。如果没有最新软件，更换一个确认良好的ECM/PCM，然后重新检查。如果系统工作正常，则更换原来的ECM/PCM。

8）断开本田PGM测试仪或者HDS以及正时灯。

9）用导线扎带将服务回路与线束扎紧。

（4）用读取数据流的方法检查点火提前角　捷达王的数据流见表5-1。

表5-1　捷达王的数据流

显示组号	显示屏显示	显示区域内容
01（或001）	Block 01 1 2 3 4	 （1）怠速转速 （2）发动机负荷 （3）节气门角度 （4）点火提前角

点火提前角：怠速时应为6°~12°（BTDC）。如果显示大于12°，可能有漏气，应检查进气系统。如果显示值小于6°，可能有附加电器设备用电，应关闭附加电器；转向盘处于某侧极限位置，应将转向盘回正。

5.1.4 电控点火系统的故障

电控点火系统的故障有无法起动、发动机工作不稳、怠速不稳、间歇性熄火等。

通过火花塞判断故障，电极烧损与磨损的可能原因有点火正时提前、火花塞松旷、火花塞热值过高、冷却不充分。

火花塞脏污的可能原因有点火正时迟缓、燃烧室存有油污、火花塞电极间隙不符合要求、火花塞热值过小、空气滤芯堵塞、点火线圈或导线老化。

正常火花塞伸入燃烧室部分产生棕色、棕灰色沉积物。少量红棕色、黄色和白色粉状物质也会出现在中心电极周围的绝缘子端部，这些沉积物是燃油和添加剂润滑油正常燃烧的副产品，也会发生电极磨损。

发动机不能正常运转经常归因于点火不良。火花塞点火不良有若干故障形式：燃油消耗高、功率损失、失速、起动困难和发动机性能差。

故障案例 1：捷达静态高压分配点火系统的典型故障。

（1）**故障现象** 捷达都市先锋汽车在起动时发动机有着火现象，但始终不能起动。

（2）**故障检修** 首先检查供油系统，未发现异常。接着检查点火系统，因该车无中央高压线，故拔下第 1 缸高压线，做跳火试验，结果发动机竟然起动了，且 1 缸分缸线跳出的火花正常。当停止跳火试验后，发动机马上又熄火。从以上现象分析，可能是第 1 缸火花塞损坏。换上一个新的火花塞后，发动机顺利起动，怠速平稳，加速正常。虽然另外三缸工作正常，该车维修也可以结束，但针对该车发现了一些疑点：①1 缸缺火发动机就不能起动吗？②起动后若有一缸缺火，发动机会立即熄火吗？为此查找了该车型点火系统的相关资料，发现该车采用双火花静态高压分配点火系统，无需分电器。在静态高压线壳体内有两个点火线圈，在次级点火线圈的两个输出端上各接一个火花塞，形成点火回路，其工作状况如图 5-17 所示。

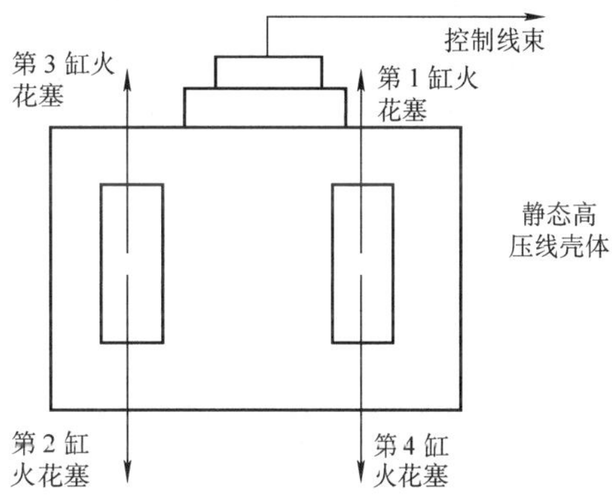

图 5-17 双火花点火线圈

当双火花点火线圈上的次级线圈当中的一个输出端所连接的第 4 缸恰好处于排气行程上止点时，气缸压力接近大气压，火花塞电极间气体电阻较小，易被击穿跳火，所以大部分跳火能量集中在做功的第 1 缸上。

根据以上原理，找到了问题的答案。若该车任一火花塞线路损坏，都会造成两个气缸不工作，从而导致发动机不能起动；若该车任一火花塞短路，则另外三缸仍可正常点火工作，发动机同样可以起动，但工作状况一定很差。

故障案例 2：冷却液温度高起动困难。

（1）**故障现象** 一辆奥迪 100 V6 型轿车，行驶 8 万多 km。起动发动机时，出现了有时能顺利起动，有时不能起动，并且运行过程中冷却液温度很高的现象。

（2）**故障诊断** 首先考虑是否由于节温器未打开或循环水泵工作不良，造成发动机温度高，难于起动。于是反复在冷却系统中找原因，并且换用了新的冷却液温度传感器，但故障仍未排除。

经过仔细分析，该车有时能顺利运转，说明各部位基本正常，机械部分无大问题，因此，应该检查电路系统。出现冷却液温度过高并伴随着有时难以起动，肯定与点火时间有关。由于该车使用无分电器点火装置，点火时间无法调整。重点检查各元件有无松动或线头有无连接不良的现象。

经检查，发现位于气缸盖上后部的霍尔传感器内部固定座断裂，造成松动，使得点火时间不准。因在检查时，整个霍尔传感器的线路未断，各电阻值均正常，加上发动机指示灯未亮，所以造成诊断困难。

(3) 故障排除 更换一新霍尔传感器后，故障排除。

故障案例3： 带自动变速器的1.8T宝来怠速抖动。

(1) 故障现象 怠速时抖动明显，特别是热车后更为明显。

(2) 故障排除 经检查确认存在此故障现象，无故障码，读取数据流并检查发现01-08-015，第3区中抖动识别记录达到163次。因此，识别记录表明该缸存在失火现象，根据一般维修故障经验，试着更换了火花塞、点火线圈，并进行了试跳火后故障无法排除，测量点火控制线束电阻正常。

因失火记录还有可能是由于是气缸压力不足引起的，测量气缸压力，1、2、4缸为1200kPa左右，测3缸压力只有5.7kPa，在气缸内加注少许机油，仍不能使气缸压力提升。根据此情况拆检气缸盖后，发现第3缸的排气门有明显的漏气冲坏现象。

故障案例4： 雷克萨斯LS400怠速不稳。

(1) 故障现象 LS400怠速不稳，空档用力踩加速踏板时，发动机转速起伏较大且有突然性，同时CHECK灯亮。

(2) 故障排除 读故障码：13为G、NE信号异常；25为空燃比过稀；26为空燃比过浓。清除故障，重新起动，CHECK灯亮，再读故障码为13。检查凸轮轴、曲轴位置传感器的线路未发现异常。检查正时带轮上正时标记，发现正时记号与机体记号相差一个齿。重新校正，一切正常。

(3) 故障分析 根据曲轴和凸轮轴位置传感器的结构和工作流程：1个曲轴转速传感器(12个齿)、2个凸轮轴信号。发动机转2圈，24个NE信号，1个G1和G2信号。相邻G1与G2信号之间有24个NE信号，正时带滑齿，造成G、NE信号偏差，即在G1与G2间时而有多于24个脉冲，时而有少于24个脉冲。故障码25、26是正时异常造成的。

5.2 用示波器检查点火系统的故障

5.2.1 单缸点火次级波形

单缸点火次级波形测试的主要作用：分析单缸的点火闭合角（点火线圈充电时间）；分析点火线圈和次级高压电路的性能（从燃烧线或点火击穿电压）；检查单缸混合气空燃比是否正常（从燃烧线）；查出造成气缸断火的原因（如污浊或破裂的火花塞）；单缺点火次级波形可以观察每个气缸持续燃烧时间的变化以及电压和闭合角。

由于点火次级波形明显受到不同发动机、燃油系统和点火条件的影响，所以它对检测发动机机械部分和燃油系统部件及点火系统部件的故障很有用。同时每个点火波形的不同部分还能分别表明其相应气缸点火系统的相应部件和系统的故障。

按照波形测试设备使用说明连接好波形测试设备，按照行驶性能故障或点火不良等情况的出现来起动发动机或驾驶汽车，获得分电器单缸点火次级波形，如图 5-18 所示。

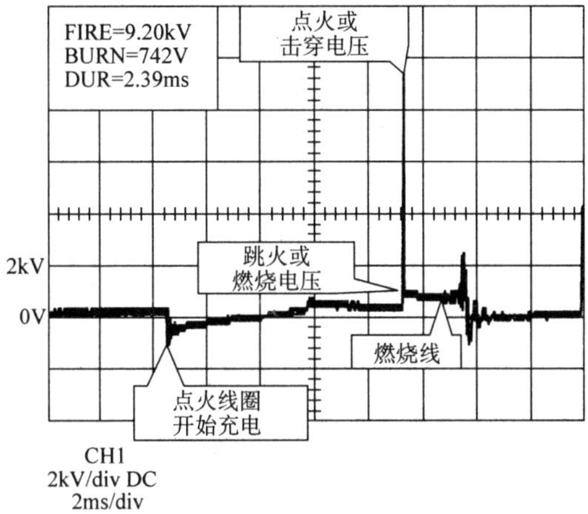

图 5-18　单缸点火次级波形

FIRE—击穿电压　BURN—燃烧电压　DUR—闭合时间

波形分析如下：点火线圈充电，这时间是晶体管导通时间，要观察点火线圈在开始充电时，保持相对一致的波形下降沿，这表明各缸闭合角相同以及点火正时精确。从跳火或燃烧电压那点开始到燃烧线之间的部分是点火线，点火线代表克服火花塞空气间隙所需的电压，观察击穿电压高度，是否符合该车技术参数。怠速时，点火次级电压通常为 10～15kV。如果击穿电压太高（甚至超过了示波器的显示屏），表明在点火次级电路中电阻值过高（如开路或损坏的火花塞、高压线或火花塞间隙过大）；如果击穿电压太低，表明点火次级电路电阻低于正常值（污浊和破裂的火花塞或漏电的高压线等）。点火线的中段或后段线条特别粗，称为杂讯。如果点火线中段或后段有杂讯，表明喷油器或进气阀上积炭严重。跳火或燃烧电压：它是指维持电流通过火花塞间隙所需的电压，观察跳火或燃烧电压的相对一致性，它说明的是火花塞工作和各缸空燃比正常与否，如果混合气太稀，燃烧电压就比正常值低一些。燃烧线：观察跳火或燃烧线应十分“干净”，即燃烧线上应没有过多的杂波。过多的杂波表明气缸点火不良，或由于点火过早、喷油器损坏、火花塞有污浊等。燃烧线的持续时间长度与气缸内混合气的浓度有关，燃烧线太长（通常超过 2ms）表示混合气浓；燃烧线太短（通常少于 0. 75ms）表示混合气稀。点火线圈振荡：这时晶体管断路，显示点火线圈中的剩余能量，它会通过初级与次级之间的来回振荡来耗散剩余的能量。观察在燃烧线后面最少有 2 个（一般多于 3 个）振荡波，这表明点火线圈是好的。

加速波形的测试可以帮助确定一缸或多缸中的断火现象，单缸点火次级急加速波形如图 5-19 所示。

5. 2. 2　点火次级阵列波形

通过测试点火次级波形，可以有效地检查发动机性能。由于点火次级波形明显受到各种

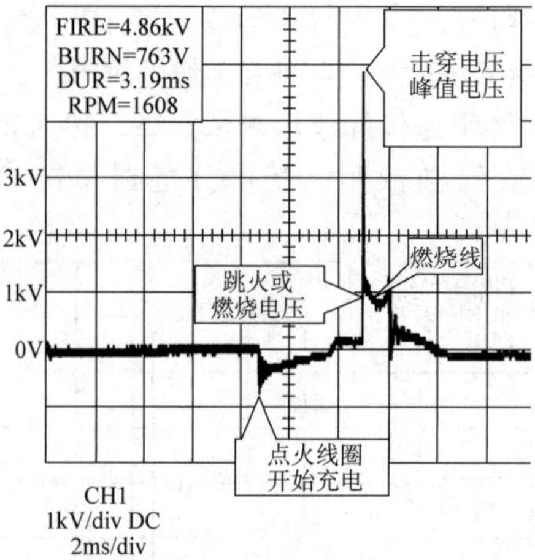

图 5-19　单缸点火次级急加速波形

RPM—转速

不同发动机、燃油系统和点火条件的影响，所以它能够有效检测出发动机机械部件和燃油系统部件以及点火系统部件的故障。并且，一个波形的不同部分还分别能够指明发动机所有气缸中的哪个部件或哪个系统存在故障。

按照波形测试设备使用说明连接好波形测试设备，起动发动机或路试车辆，使车辆行驶性能故障或点火不良故障等情况出现。调整触发电平直到波形稳定，使发动机的转速数值可以清楚地显示在波形测试设备的显示屏上，点火次级阵列波形如图 5-20 所示。

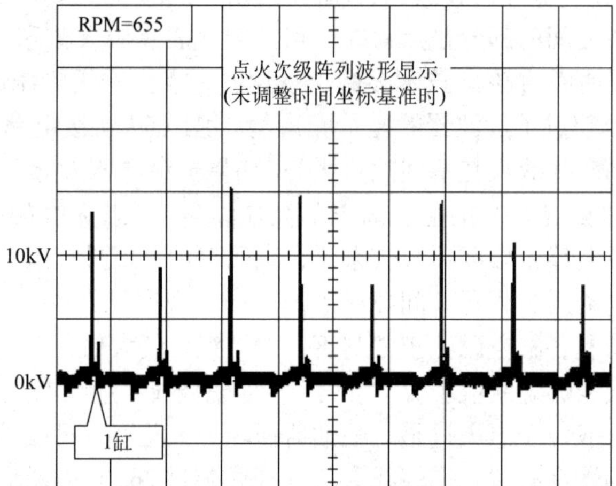

图 5-20　点火次级阵列波形

确认幅值、频率、形状和脉冲宽度等判定性尺度，在各缸的点火波形上是否一致。各缸的点火峰值电压高度应相对一致，基本相等，相互之间任何的差别都表明可能存在故障。

在急加速或高负荷条件下由于气缸压力的增加，所有气缸的点火峰值电压高度都应该增加。其原因是气缸压力增加，所需要击穿火花塞电极间隙的电压相应也要高一些。在没有击穿火花塞电极间隙之前，点火线圈内的次级线圈的感应电压是急速增长的。点火次级急加速高压测试是为了测定最大电压或确定在一组气缸中某一确定气缸的点火电压，从而可以帮助查出在重负荷或急加速时的点火不良故障。

在急加速或高负荷时，各缸之间的点火峰值电压高度应基本相等，任何峰值电压高度与实际的偏差都意味着可能存在故障。如果有一个气缸的点火波形峰值电压明显比其他气缸高出许多，则表明该缸的点火次级电路中电阻过大，这可能是点火高压线开路或电阻太大。反之；如果有一个气缸的点火波形峰值电压比较低，则可能是点火高压线短路或火花塞间隙过小、火花塞受污损或破裂。如果同时还出现所有气缸的点火峰值电压都低的情况，这就可能意味着点火线圈的性能变差了，这时发动机的急加速或高负荷的性能肯定受到影响。

5.2.3　点火初级波形分析

点火线圈初级信号是一个重要的诊断信号，由于点火燃烧的过程，可以通过次级与初级线圈的互感返回到初级电路，所以从点火初级上显示的点火初级波形对行驶性能故障的诊断内容是很有效的。对于行驶性能故障（如发动机不能起动、怠速熄火或行驶中熄火、点火不良、喘振等），特别是当行驶性能故障仅仅发生在行驶之中或是间歇性出现时，检测点火初级信号就更加有用。

如图 5-21 和图 5-22 所示，点火初级波形主要用于查出造成点火不良的主要原因，如点火线圈、火花塞、高压线的短路或断路故障，火花塞污损以及线路、发动机控制单元和点火控制模块中可能出现的故障。因为点火初级波形受发动机机械部分、燃油系统和点火条件的影响，所以用它检测发动机机械部分和燃油系统部件及点火系统部件的故障也是极具价值的。当点火次级不易测试时（如无高压线的汽车），测试点火初级波形比较容易。

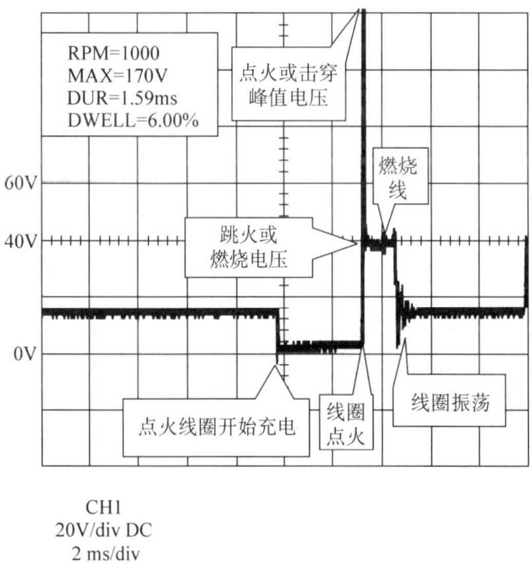

图 5-21　点火初级波形

MAX—峰值　DWELL—点火线圈充电量值

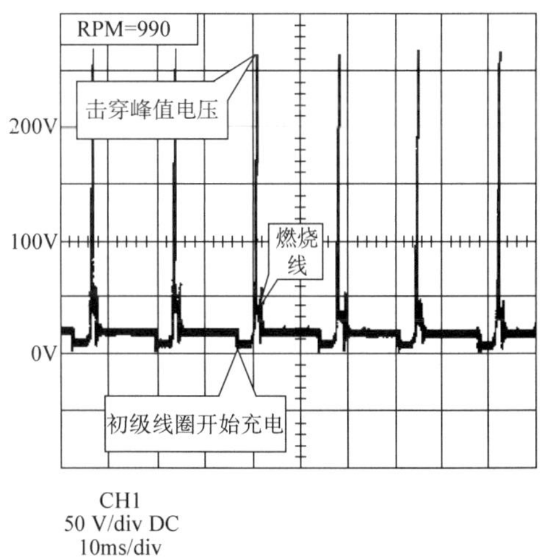

图 5-22　点火初级陈列波形

按照波形测试设备使用说明连接波形测试设备，使发动机怠速运转后再加速，或是按照行驶性能出现故障时或点火不良发生时的条件来起动发动机或驾驶汽车。

确认各缸幅值、频率、形状和脉冲宽度等判定性尺度的一致性。观察各缸点火击穿峰值电压高度是否相对一致，任何一缸与其他各缸击穿电压峰值高度的偏差都意味着可能有故障存在。如果一个气缸的点火峰值电压明显比其他气缸高出很多，则表明这个气缸的点火次级线路中电阻过高，可能是因为点火高压线开路或阻值太高。如果一个气缸的点火峰值电压比其他气缸低，则表明点火高压线短路或火花塞间隙过小、火花塞破裂或污浊。一般第1缸点火峰值显示在最左侧，其他各缸按点火顺序依次从左至右排列。

5.2.4　点火次级波形检查故障案例

如图5-23所示，切诺基的正常点火电压为18kV，现测得电压为（24～25）kV，电压明显过高。故障原因：可能所有火花塞间隙过大，或者不是规定的火花塞；可能点火线圈导线安装不好；可能点火线圈的电阻值过大；可能喷油器和气门有积炭。

如图5-24所示，一个气缸点火电压过高。故障原因：可能火花塞间隙过大；可能火花塞导线断路。

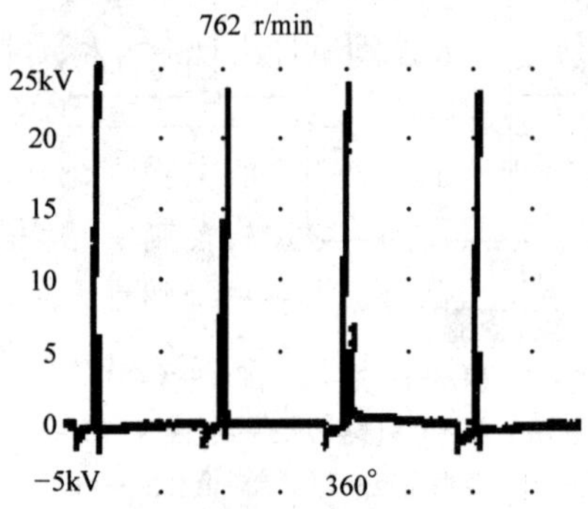

图5-23　切诺基点火次级波形

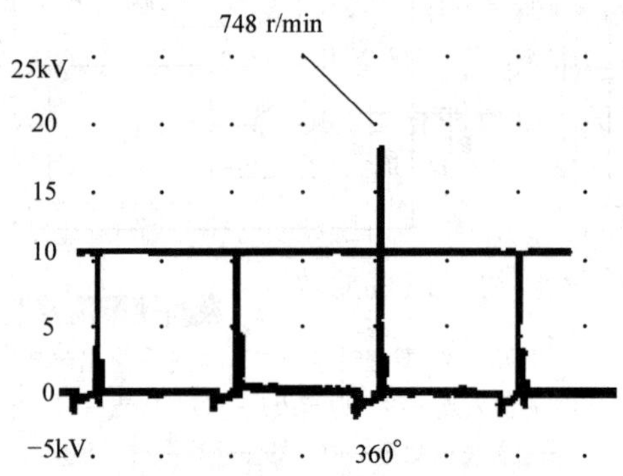

图5-24　单缸点火电压高波形

练习与思考题

一、填空题

1. 电控点火系统一般由________、________、________、________、点火线圈、分电器、火花塞等组成。

2. 发动机起动时，按______________________________对点火提前角进行控制。

3. 点火提前角随着发动机的负荷增大而________。

4. 分电器的作用是按发动机的__________，将点火线圈产生的信号依次输送给各缸火花塞。

5. 点火提前角随着发动机转速升高而__________。

6. IG_t 为______________信号，IG_f 为______________信号。

二、选择题

1. 在装有（　　）系统的发动机上，发生爆燃的可能性增大，更需要采用爆燃控制。

A. 废气再循环　　B. 涡轮增压　　C. 可变配气相位　　D. 排气制动

2. 发动机工作时，随冷却液温度提高，爆燃倾向（　　）。

A. 不变　　B. 增大　　C. 减小　　D. 与温度无关

3. 关于点火控制电路维修，下列说法正确的一项为（　　）。

A. 发动机怠速时，检查点火器“IG_t”端子与搭铁之间应无脉冲信号

B. 发动机怠速时，检查点火器“IG_t”端子与搭铁之间应有脉冲信号

C. 怠速时检查 ECU 的“IG_f”端子与搭铁之间应无脉冲信号

D. 点火开关接通后，用万用表检查点火线圈的“+”与搭铁之间的电压应为 5V

4. ECU 根据（　　）信号对点火提前角实行反馈控制。

A. 冷却液温度传感器　　B. 曲轴位置传感器　　C. 爆燃传感器　　D. 车速传感器

5. 发动机工作时，ECU 根据发动机的（　　）信号确定最佳闭合角。

A. 转速信号　　B. 电源电压　　C. 冷却液温度　　D. A 和 B

三、简答题

1. 点火提前角不正确有何故障现象?
2. 安装火花塞时要注意哪些事项?
3. 怎样检查点火线圈及高压线的好坏?
4. 怎样检查发动机的点火提前角?
5. 电控点火系统的故障现象有哪些?
6. 火花塞间隙比正常值大会产生什么故障现象?

第6章 电控发动机的排放控制系统

基本思路：

本章的控制项目较多且易被忽视，都与气的流动路线有关，只要以气的流动路线为准绳来分析和研究，问题就迎刃而解。同样以气的流动路线为基础掌握各系统内主要零部件的安装位置、种类、结构、作用、特征、检测和拆装方法及要求。在操作过程中一定要注意细节，关键要把握“密封”两个字，记住“堵”“卡”和“漏”所造成的故障现象，这在本章的系统中较多且易被忽视而变成疑难故障。

6.1 曲轴箱通风控制系统

曲轴箱通风的目的是使曲轴箱内的温度和压力均不会过高以及避免可燃混合气窜入曲轴箱，直接排入大气而造成空气污染。曲轴箱在发动机的下部，为曲轴运转的地方，包括气缸体的下部和油底壳。通常曲轴箱是由上曲轴箱、中曲轴箱和下曲轴箱组成的，它是指整个发动机内部与曲轴周围相通的空间。曲轴箱通风控制系统，也称为积极式曲轴箱通风系统，简称 PCV 系统。

6.1.1 曲轴箱通风控制系统的结构与原理

如图 6-1 所示，曲轴箱通风控制系统由曲轴箱强制通风阀（PCV 阀）、通风软管、出气管、机油过滤器和加热电阻等组成。曲轴箱强制通风阀位于气门罩盖上，此系统通过空气滤清器把新鲜空气供给曲轴箱。在曲轴箱内，新鲜空气和窜入气缸的混合气相混合，混合后的气体通过气缸盖上的出气孔和 PCV 阀进入进气歧管。发动机工作时，进气管处的吸力将曲轴箱内的混合气吸入进气管，与新鲜可燃混合气一起进入气缸燃烧。有的发动机曲轴箱通风装置中装有油气分离器，为防止油气分离器因积炭、油泥堵塞而造成曲轴箱通风不良。曲轴箱通风控制系统可每两年检查一次。

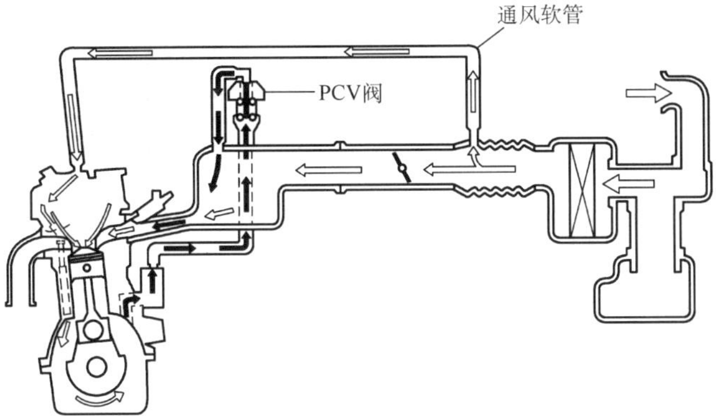

图 6-1　曲轴箱通风控制系统

PCV 阀如图 6-2 所示，它是真空控制单向计量阀，在真空度大时，PCV 阀的开度小；在真空度小时，PCV 阀的开度大。在发动机熄火后，PCV 阀应关闭，否则机油蒸气容易挥发到进气管中，发动机处在冷机状态时，机油蒸气会在节气门孔和节流阀片上堆积并固化，当汽车放置一段时间后，就会导致节流阀片在节流孔内发生轻微粘连现象。为了能减少冷的机油蒸气容易集结在节气门体上，有的汽车在曲轴箱通风连接管上设置了加热电阻，有的汽车上装有油气分离器。

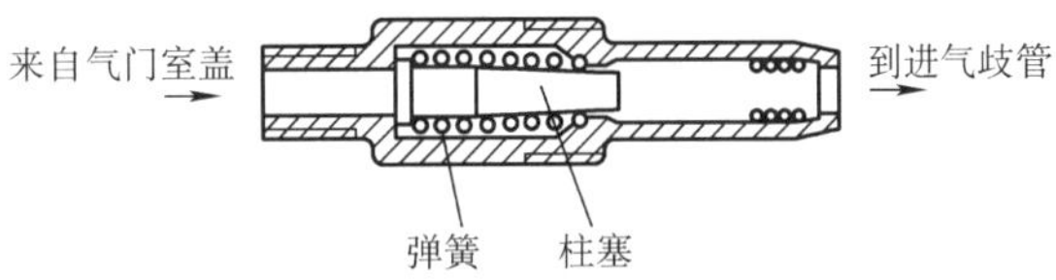

图 6-2　PCV 阀

6.1.2　曲轴箱通风控制系统的故障诊断及检修

(1) **常见的故障现象**　发动机不能起动或起动困难；怠速不稳或无怠速；加速困难或发抖；油耗增大；曲轴箱通风不良而使曲轴箱内温度过高，导致机油过快变质。

(2) **常见的故障原因**　气管接头松动漏气、老化、破损，PCV 阀卡滞。

(3) **曲轴箱通风控制系统检查**(图 6-3)

1) 从 PCV 阀上拆下通风软管。

2) 从气门罩盖上拆下 PCV 阀。

3) 重新将 PCV 阀与拆下的通风软管连接。

4) 起动发动机，使其怠速运转。

5) 如图 6-4 所示，将手指压在 PCV 阀开口，感觉确认进气歧管真空。此时 PCV 阀的柱塞会前后移动，如果柱塞没有移动，按图 6-5 的方法对柱塞进行检查。

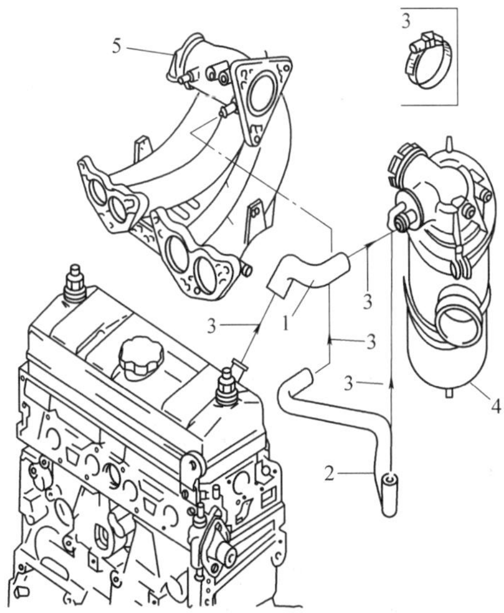

图 6-3　神龙富康 TU5JP/K 发动机曲轴箱通风装置
1—曲轴箱通风管　2—空气管　3—卡箍
4—空气滤清器　5—进气歧管

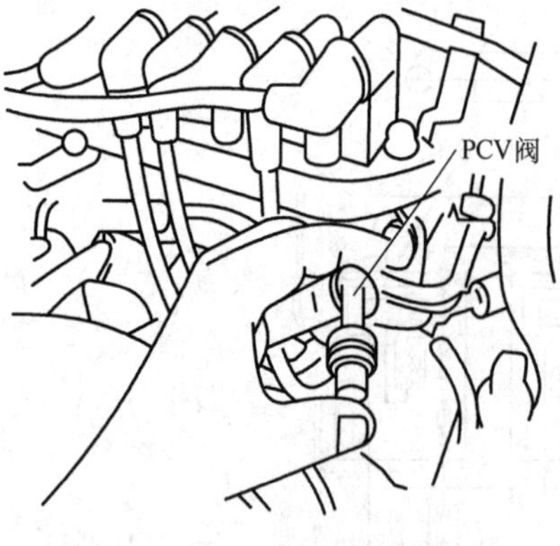

图6-4 检查来自进气歧管的负压

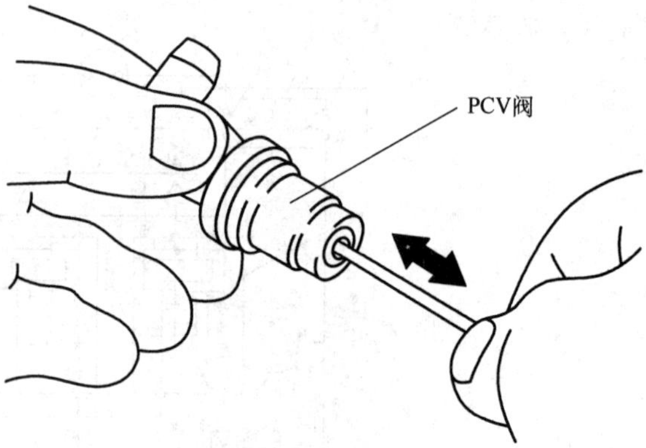

图6-5 检查柱塞移动情况

6）如果未感觉到真空，则清洁或更换PCV阀。

（4）维修实例 一台桑塔纳时代超人发动机加速时发生回火，发动机回火一般是由点火太早、混合气过稀和进气门关闭不严等原因造成的。通过测量点火提前角和气缸压力等排除点火太早和进气门漏气等原因。通过分析认为发动机回火主要是混合气过稀、燃烧速度慢引起的，电控发动机在加速时混合气是怎样变稀的呢？

读取数据流，发现进气温度传感器指示温度特别高，测量进气温度传感器阻值，符合规定值。造成进气温度高的原因是活塞环严重磨损以后，气缸发生大量窜气，在发动机处于加速工况时，PCV阀会打开，高温气体进入进气通道，从而对进气温度传感器起到了加热的作用。由于进气温度传感器给ECU提供了高温下进气的信号，ECU就会减油，使可燃混合气变稀而引发加速时回火的现象。

6.2 燃油蒸气排放控制系统

6.2.1 燃油蒸气排放控制系统的结构与原理

燃油蒸气排放（EVAP）控制系统主要用于防止燃油箱内的燃油蒸气溢出进入大气，燃油蒸气通过燃油箱压力控制阀和蒸气软管被临时存储在燃油蒸气排放控制系统的炭罐内，炭罐中的活性炭可以吸附汽油粒子。在现代汽车上普遍采用由ECU控制的活性炭罐燃油蒸发控制系统，当汽车运行时，吸附在活性炭罐上的燃油粒子在进气管真空吸力作用下，经燃油蒸气排放控制系统净化电磁阀、净化出口及进气歧管进入燃烧室参与燃烧，从而避免了燃油蒸气直接排入大气所造成的空气污染。

如图6-6所示，燃油蒸气排放控制系统主要由活性炭罐通气控制阀、活性炭罐净化电磁阀及有关的部件组成。

1. 活性炭罐通气控制阀

活性炭罐通气控制阀用于控制经活性炭罐通入进气管进气的通、断和进气量，它是一个脉冲式电磁阀，由ECU通过频率一定但脉宽变化的脉冲信号来控制其开度。活性炭罐通气控制阀常闭，当发动机的温度达到60℃时，ECU才会输出控制信号使电磁阀开启，使吸附在炭罐中的燃油分子被空气带入进气歧管。

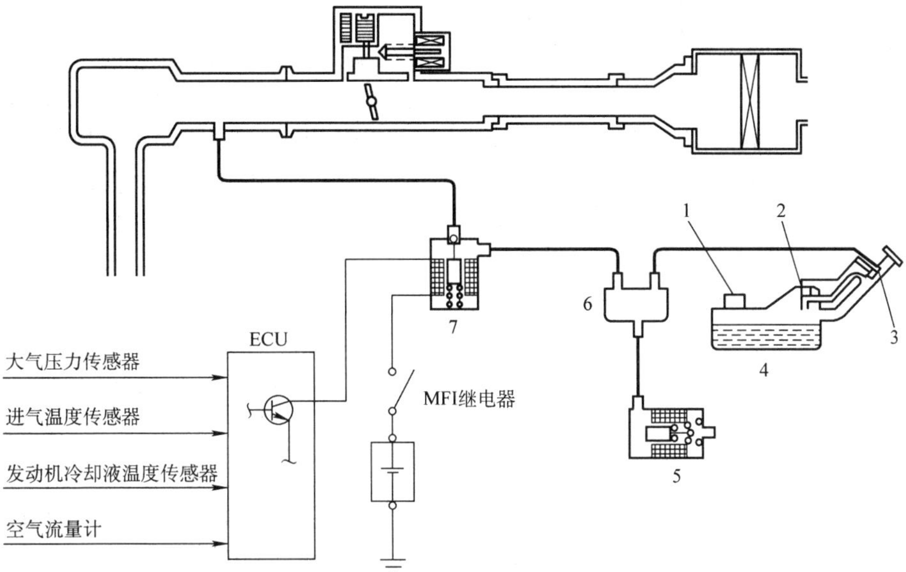

图 6-6　长丰猎豹汽车 4G64 发动机 EVAP 控制系统

1—燃油箱压力传感器　2—燃油切断阀　3—燃油通风阀　4—燃油箱　5—活性炭罐通气电磁阀　6—EVAP 炭罐　7—活性炭罐净化电磁阀

2. 活性炭罐

活性炭罐的作用是吸附燃油箱中产生的燃油蒸气，燃油蒸气通过单向阀进入活性炭罐上部，空气从活性炭罐下部进入清洗活性炭，在活性炭罐右上方有一定量排放小孔及受真空控制的排放控制阀，排放控制阀内部的真空度由活性炭罐控制电磁阀控制，电磁阀受 ECU 控制。

3. 活性炭罐净化电磁阀

活性炭罐净化电磁阀的结构与电路如图 6-7 所示。在行驶过程中，如氧传感器在工作（发动机处于暖机状态），活性炭罐净化电磁阀根据发动机控制单元的负荷及转速信号开或关，开启时间由具体信号决定。开启时由于进气歧管的真空作用，新鲜空气经罐底通风口被吸入，罐中燃油蒸气及新鲜空气被送出燃烧。

发动机工作时，ECU 根据发动机转速、温度、空气流量等信号，控制活性炭罐电磁阀的开闭来控制排放控制阀上部的真空度，从而控制排放控制阀的开度。当排放控制阀打开时，燃油蒸气通过排放控制阀被吸入进气歧管。ECU 其输出脉冲方波，通气量与控制脉冲方波的占空比呈线性关系。ECU 根据发动机转速和负荷的状况，改变活性炭罐清洗的工作时刻和速率。

在部分电控 EVAP 控制系统中，活性炭罐上不设真空控制阀，而将受 ECU 控制的电磁阀直接装在活性炭罐与进气管之间的吸气管中，如韩国现代轿车装用的电控 EVAP 控制系统。ECU 通过活性炭罐清洗控制电磁阀控制从活性炭罐进入进气歧管的汽油蒸气量。

6.2.2　燃油蒸气排放控制系统的故障诊断及检修

1. 常见故障的故障现象及原因

燃油蒸气排放控制系统出现故障的主要原因：活性炭罐通气控制阀脏污或管接头松动、

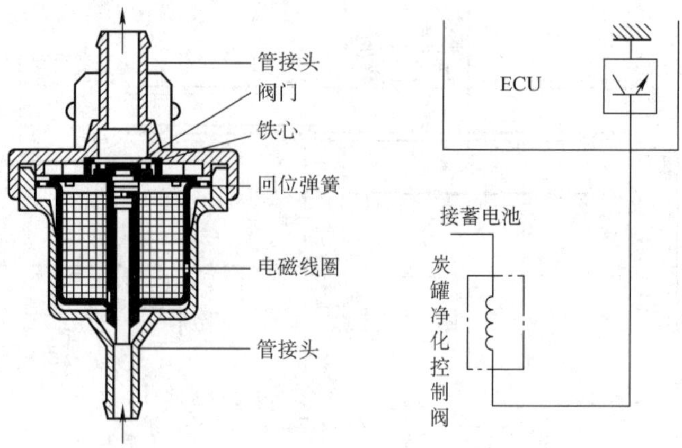

图6-7　活性炭罐净化电磁阀的结构与电路

破损而漏气，电磁阀线圈或其内部电路有短路、断路，使电磁阀不能开启。这些故障现象可造成起动困难、发动机怠速不稳、发动机在低温时因混合气过稀而运转不平稳、燃油蒸气不能回收而增加了汽车的油耗和对空气的污染。

一般维护的内容是检查管路有无破损或漏气，活性炭罐壳体有无裂纹，每行驶20 000km应更换活性炭罐底部的进气滤芯。如果怀疑燃油蒸气排放控制系统有故障，可按以下方法进行检修：

（1）活性炭罐通气控制阀的检修

1）检测活性炭罐通气控制阀的电源电压。如图6-8所示，在点火开关断时，拔下活性炭罐通气控制阀的两芯插接器，测量活性炭罐通气控制阀正极端子对搭铁电压，应为蓄电池电压。如果电压低或无，需检修活性炭罐通气控制电磁阀至蓄电池之间的线路，如果电压正常，则进行下一步检测。

2）检测活性炭罐通气控制阀的电阻。测量活性炭罐通气控制阀插座端子之间的电阻，参考值为27Ω左右。如果电阻值不正常，更换活性炭罐通气控制阀；如果电阻正常，则进行下一步检测。

3）检测活性炭罐通气控制阀的动作情况。将电磁阀插座正极端子接蓄电池“+”，负极端子短暂搭铁，应能感觉到电磁阀有动作的反应（通电时控制阀应打开）。如果电磁阀不动作，则需更换活性炭罐通气控制阀。

4）检测活性炭罐通气控制阀有无漏气。检查活性炭罐通气控制阀管接头处有无松动和破损；拔开油气管路后，用手动真空泵在阀的出气管接头处（箭头方向端）抽真空，应有真空。若确信电路和计算机均正常、通气管路无破损漏气或堵塞，可只拔开活性炭罐通气控制阀进气管接头处的管路，当发动机起动时（冷机状态），控制阀管接头处应无真空（不吸气）。如果此时检查有漏气，则需更换活性炭罐通气控制阀。注意：安装活性炭罐通气控制阀时，其阀体上的箭头应指向发动机。

（2）活性炭罐的检修

1）检测活性炭罐是否堵塞。拔开活性炭罐空气管，起动发动机，当发动机温度达到60℃以上时，适当提高发动机的转速（3500r/min左右），检查活性炭罐空气管接头处有无真空（是否吸气），正常情况应有真空。如果检查结果不正常，则说明活性炭罐已堵塞，需

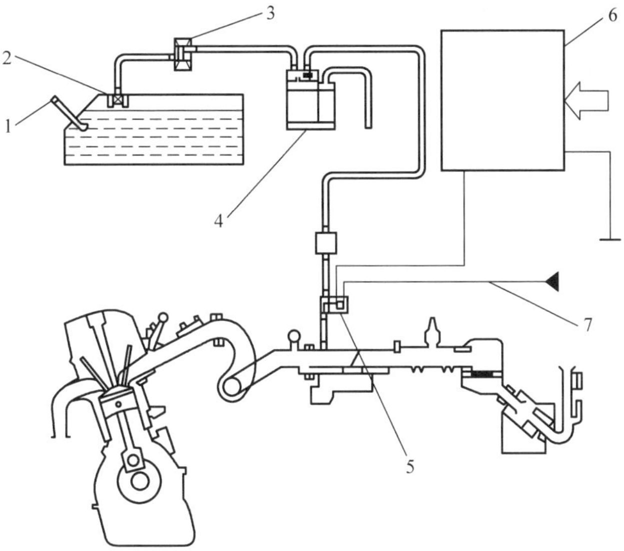

图 6-8　本田雅阁发动机 EVAP 控制系统

1—加油盖　2—燃油箱蒸气/液体分离阀　3—EVAP 双通阀　4—EVAP 活性炭罐　5—EVAP 活性炭罐净化电磁阀　6—ECM/PCM　7—来自 18 号熔丝（15A）

更换。

2）检查活性炭罐是否损伤。拆下活性炭罐进行检查，观察其是否有损伤，如果检查活性炭罐有损伤，则需更换炭罐。

（3）蒸气排放通风电磁阀的检查　从电磁阀上拆下真空软管（拆下前先作标记，以便安装），拆开线束插接器。如图 6-9 所示，把一个手动真空泵连接到电磁阀的螺纹管接口 A 处，施加真空，在蒸气排放通风电磁阀通电时，真空泄漏；未通电时，保持真空，说明其气密性良好。测量电磁阀端子间的电阻，参考值为 36 ~ 44Ω。

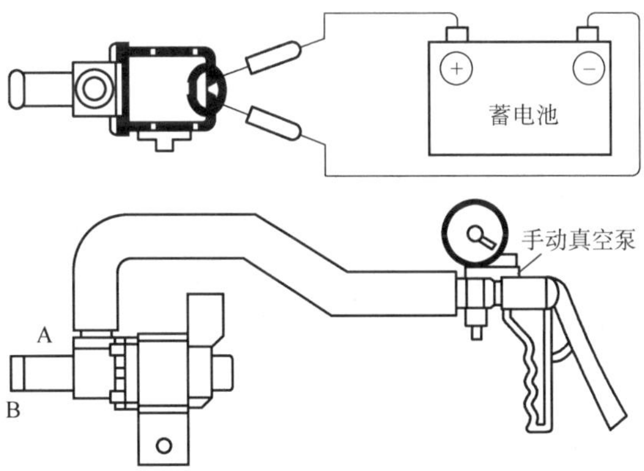

图 6-9　连接手动真空泵

（4）读取数据流　表 6-1 是大众汽车数据块显示组 10 的数据说明（发动机已预热，冷却液温度不低于 85℃）。

表 6-1　显示组 10 的数据说明

读取测量数据块 10　→　◢屏幕显示

0～99%　　0.30～1.25　　-3%～+32%　　0.00～30%

活性炭罐滤清器的供气量
0.00＝活性炭罐滤清系统没供气
0.30＝30%的进气量由活性炭罐滤清系统提供

活性炭罐滤清器的填充程度
-3%指活性炭罐滤清器没有燃油蒸气
+32%指活性炭罐滤清器充满燃油蒸气

燃油箱换气系统工作时，λ 控制的校正系统
<1.00：燃油箱换气系统提供浓的混合气，λ 控制减少喷油量
=1.00：燃油箱换气系统没工作或其提供理想的混合气（λ=1）
>1.00：燃油箱换气系统提供稀的混合气，λ 控制增加喷油量

活性炭罐滤清器电磁阀 N80 的占空比
0%：电磁阀 N80 关闭
99%：电磁阀 N80 全打开

表显示区域 4 的 AKF（大众车系燃油回收控制）系统的体积比例是相对于吸入的总体积而言的。

对显示区域 1，使用氧调节将使活性炭罐的电磁阀以 220～900s 的间隔脉动（进行燃油箱通风），并关掉 70s（无燃油箱通风），在 70s 期间，氧调节学习了运行条件，使来自活性炭罐的燃油与从燃油箱来的燃油蒸气没有偏差。占空比 0 表示活性炭罐电磁阀闭合；占空比 99% 表示电磁阀全开。在怠速时，发动机仅能接受来自活性炭罐的某一最大燃油气量，因此，在怠速时活性炭罐电磁阀的开度受限制，在部分负荷和满载时，其占空比可增加到 99%。通过对“初始设置”（电磁阀闭合）和“读测试数据块”（电磁阀开约 220～900s/闭约 70s）的显示值的比较，可以评判活性炭罐的影响作用。

对显示区域 2，从活性炭罐中出来的混合气很浓时，氧调节需将其调稀，其值可达 0.6，在这种情况下，氧调节将喷油量减少 40%。在显示值为 1.0（氧调节位于中性区域，即无修正因素）时，由活性炭罐出来的是理想混合气（即不需要进行稀化或浓化），此时电磁阀闭合。在显示值为 1.01～1.20 时，由活性炭罐来的混合气太稀，氧调节使之加浓。

对显示区域 3，在 -3% 时活性炭罐中无燃油蒸气，在 +32% 时活性炭罐中充满燃油蒸气。

对显示区域 4，活性炭罐的容积相对于所吸入的总容积比例将被显示出来，0.00 即活性炭罐没有供给燃油蒸气（电磁阀闭合），0.30 即 30% 的进气量来自活性炭罐系统。

2. EVAP 控制系统检查案例

4G69 发动机中的燃油蒸气排放控制系统如图 6-10 所示。当车辆运转时，活性炭罐中的燃油蒸气流经净化电磁阀、排气口和进气歧管，进入燃烧室中。当发动机冷却液温度较低或进气量较小时（如当发动机在怠速时），ECU 会将净化电磁阀设定在关闭状态，切断蒸发油

气流入进气歧管内。这样可以确保发动机在低温或低负荷下运转时的蒸发油气流入量，也可以稳定排放的程度。

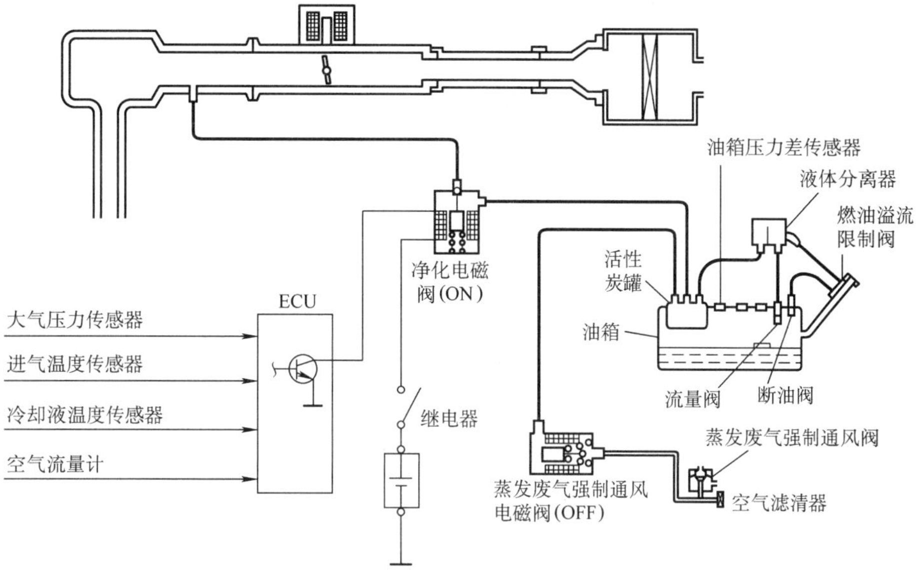

图 6-10 4G69 发动机中的燃油蒸气排放控制系统

蒸发废气强制通风阀被放置在活性炭罐与大气中，用来监测蒸发油气泄漏。此电磁阀正常是关闭的。当监测到 OBD-Ⅱ蒸发废气泄漏和关闭大气流入活性炭罐时，它会开启。燃油箱的压力差传感器监测蒸发油气压力，以监测 OBD-Ⅱ蒸发废气的蒸发油气泄漏。燃油溢流限制阀和流量阀的作用是避免燃油溢出。若车辆在意外中翻覆，燃油溢流限制阀和流量阀可避免燃油的泄漏。当燃油箱因为加油等原因而压力增加时，蒸发废气强制通风阀会从燃油箱中释放空气，经由活性炭罐流入大气中。当燃油箱压力降低时，蒸发废气强制通风阀和空气滤清器会提供空气进入活性炭罐中。

净化电磁阀的检查：

1）从净化电磁阀上拆下真空软管。当拆下真空软管时，需作记号，使它可重新连接到原来的位置。

2）拆下线束插头，连接手动真空泵到净化电磁阀的管接头，检查当有蓄电池电压加到净化电磁阀时，电磁阀动作产生的真空和没有蓄电池电压这两者间的密封性。

3）测量介于净化电磁阀之间的电阻值，标准值为 22 ~ 26Ω。

3. 维修案例

故障案例：捷达 GTX 发动机怠速抖动。

（1）**故障现象** 捷达 GTX（发动机型号：AHP）发动机怠速抖动。

（2）**故障检修** 起动发动机后，怠速运转发动机抖动，个别气缸有工作不良的感觉，加大节气门抖动稍好，检查步骤如下：

1）首先对点火系统进行检查。拔下各缸高压线插上备用火花塞，高压线与点火线圈连接，转动点火开关使发动机运转，观察各缸火花均是蓝火，火花很强。从发动机上拆下火花塞，火花塞间隙正常，电极部分燃烧良好，呈棕黄色，瓷绝缘良好。装上火花塞、高压线，起动发动机后进行断火试验，各缸均工作，说明点火系统工作正常。

2）检查燃油供给系统。如果燃油供给不足，也会造成发动机抖动。在燃油分配管和压力油进口橡胶管连接处断开，串入燃油压力表，起动发动机检查燃油压力，分别检查怠速油压、加速变化油压及熄火后保持压力均正常。

3）使用解码器对发动机电控系统进行检查。进入发动机 ECU，查询故障存储器，无故障码显示。如果有故障码出现，应先排除相应故障，再进行下一步检查。

4）阅读发动机 ECU 的数据块，通过数据观察各部件性能。进入 007 数据块，第二区域显示 0.15V，显示值是氧传感器电压，一般正常应在 0.1～0.9V 间进行跳动显示。怀疑氧传感器堵塞，这一数值是排气系统反馈给 ECU 的信号，影响喷油量。更换一个氧传感器，故障依然未排除。

5）阅读数据块 002，第四区域显示值为 2.2g/s。一般显示值为 2.7g/s 左右比较正常，此值显示的是空气流量计测量的空气流量，是控制燃油混合比的重要参数。更换空气流量计，故障仍未排除。

6）根据对数据块的阅读及更换的部件分析，氧传感器和空气流量计问题不大，数据块显示值是实测值，氧传感器电压低，说明燃油混合气稀；空气流量值低，说明进气量小。如果进气量小的信号输给 ECU，喷油量经过 ECU 修正变小，燃油混合气稀说明进气量大，这就很可能是进气管路漏气，多余空气没经过空气流量计而进入气缸燃烧。

7）检查进气系统有无泄漏情况。另一个进气通道是活性炭罐真空系统，检查该系统发现活性炭罐电磁阀常开不能关闭。一般情况，活性炭罐系统不工作，电磁阀应是关闭的。更换活性炭罐电磁阀，故障排除，怠速正常。

（3）故障分析 活性炭罐是用来收集燃油箱内燃油蒸气的装置，同时又是燃油箱通向大气的通道。为了防止燃油蒸气污染空气，由活性炭罐中活性炭收集并吸附从燃油箱来的燃油蒸气再送到发动机燃烧。活性炭罐到发动机进气歧管有一管路，管路上安装一个电磁阀，由发动机 ECU 控制其开闭。当发动机加速和转速较高时，活性炭罐电磁阀打开，通过进气道真空将活性炭收集的燃油蒸气吸入进气道再燃烧。当活性炭罐电磁阀损坏时，常开电磁阀开启与关闭不受发动机 ECU 控制，有一股空气直接通过活性炭罐及管路进入进气管，而没有通过空气流量计测量，使发动机 ECU 收到一个比正常空气量小的空气流量信号，使喷油量减少，混合气变稀，造成发动机功率不足，发动机抖动。

6.3 废气排放控制系统

汽车所使用的燃料有汽油和柴油等，这些燃料的成分中的大部分是由 HC 化合物构成的。如果燃料中完全没有杂质并完全燃烧，则燃料中的 C 将与大气中的 O_2 发生反应，生成 CO_2，H 只会生成 H_2O，不会生成有害物质。但是，实际上燃料中含有杂质，另外，因为发动机的不完全燃烧，所以会排出各种有害物质。为了减少各种有害物质的生成，汽车上采用了各种装置。

6.3.1　三元催化转化器

1. 三元催化转化器的结构原理

三元催化转化器（TWC）安装在排气管靠近发动机的位置上。现代汽车发动机广泛使用三元催化转化器对废气排放进行净化，三元催化转化器内部是三元催化剂，三元催化剂一般为铂（或钯）与铑的混合物。如图 6-11 所示，当废气通过三元催化转化器时，三元催化转化器中的催化剂能促使 CO、HC 的氧化反应，也能促使 NO_x 的还原反应，从而使 CO、HC 和 NO_x 三种有害气体转化成无害气体（CO_2、H_2O、N_2、O_2）排入大气中。而三元催化转化器对 CO、HC 和 NO_x 等有害气体催化转换为 CO_2、H_2O 和 N_2 等无害气体的转化效率，在空燃比为 14.7∶1（过量空气系数为 1）的很小范围内时，都能达到比较理想的范围。

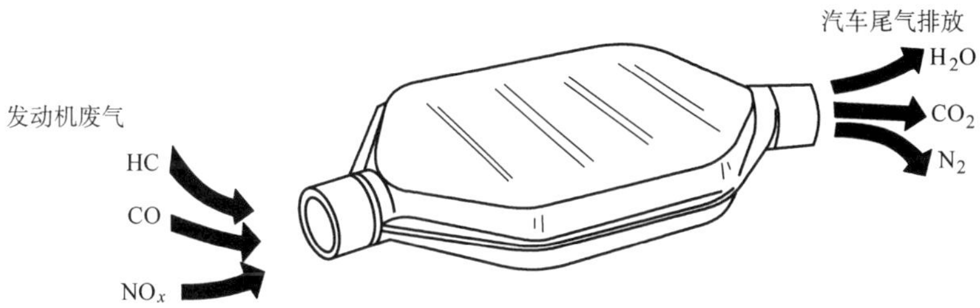

图 6-11　三元催化转化器的外形与作用

因此，使用氧传感器对发动机的空燃比进行检测，使混合气的过量空气系数保持在 1 附近，能提高三元催化转化器对有害气体的转化效率。

当发动机排出的废气通过三元催化转化器时，在催化剂的作用下，废气中的 HC、CO、NO_x 进行了如下的氧化、还原反应：

$$2CO + O_2 \longrightarrow 2CO_2 \qquad \text{（氧化反应）}$$

$$4HC + 3O_2 \longrightarrow 2H_2O + 4CO \qquad \text{（氧化反应）}$$

$$2NO + 2CO \longrightarrow N_2 + 2CO_2 \qquad \text{（还原反应）}$$

$$2NO + HC \longrightarrow N_2 + H_2O + CO_2 \qquad \text{（还原反应）}$$

当计算机根据氧传感器的反馈信号控制喷油器的喷油量，将混合气的浓度控制在理论空燃比附近时，通过上述氧化、还原反应可将废气中的有害成分 HC、CO、NO_x 的 80% 以上转换成无害气体。

三元催化转化器的结构如图 6-12 所示。

（1）各组成部分的功用

1）载体。它为蜂窝状的陶瓷体，载体的孔洞表面有氧化铝涂层，将铂（Pt）和铑（Rh）组成的催化剂牢固地黏附在孔洞的表面。发动机排出的废气从载体的孔洞中通过时，在催化剂的作用下起化学反应。

2）隔离衬垫。它由陶瓷纤维、蛭石颗粒等组成，填充于壳体与载体之间，以使废气能全部从载体孔洞通过。

3）隔热材料。它由陶瓷纤维或铝纤维组成，其作用是减少向外传热，以降低壳体的温度。

4）壳体。它由钢板冲压而成，起包容载体、屏蔽噪声和气流导向的作用。

5）屏蔽护罩。它由穿孔的铁板冲压而成，起降低外表面温度、减少热储存、保护壳体免受冲击的作用。

三元催化转化器的安装位置如图 6-13 所示，位于排气管中氧传感器和消声器之间。

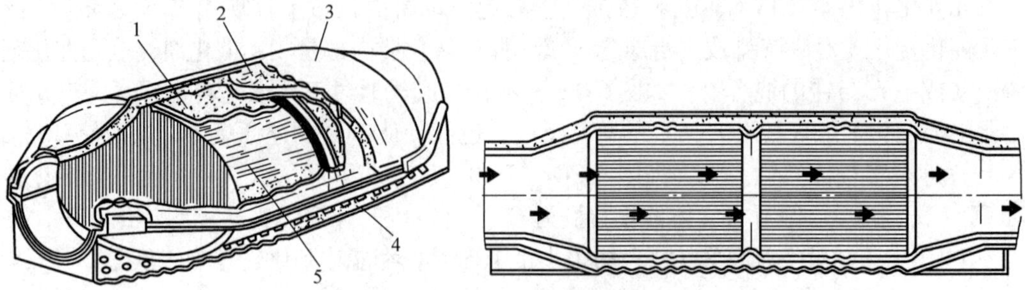

图 6-12　三元催化转化器的结构

1—隔离衬垫　2—隔热材料　3—壳体　4—屏蔽护罩　5—载体（催化剂、涂层）

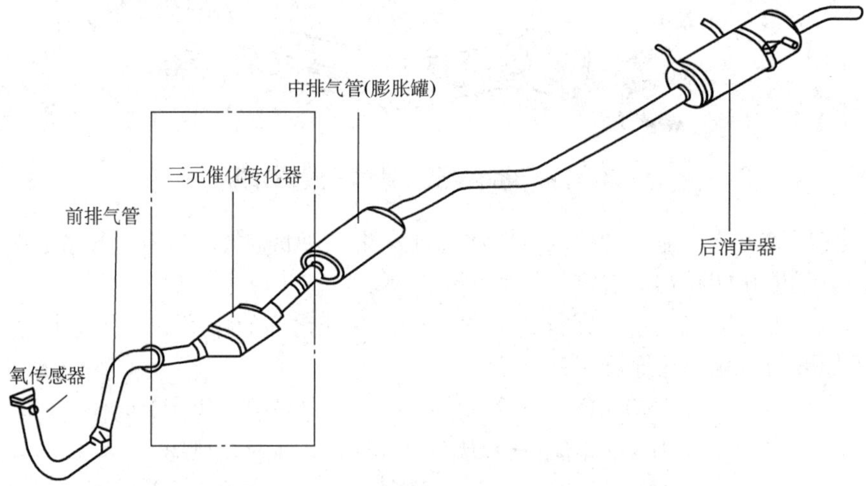

图 6-13　三元催化转化器的安装位置

（2）三元催化转化器的控制原理　当发动机在冷车或高负荷状态下运转时，为保持良好的性能，ECU 进行开环控制，提供较浓的混合气；当发动机在正常工作状态下（中小负荷）时，ECU 通过氧传感器反馈的信号，进行闭环控制，以得到最佳的空燃比，使三元催化转化器达到最佳的转化效率。

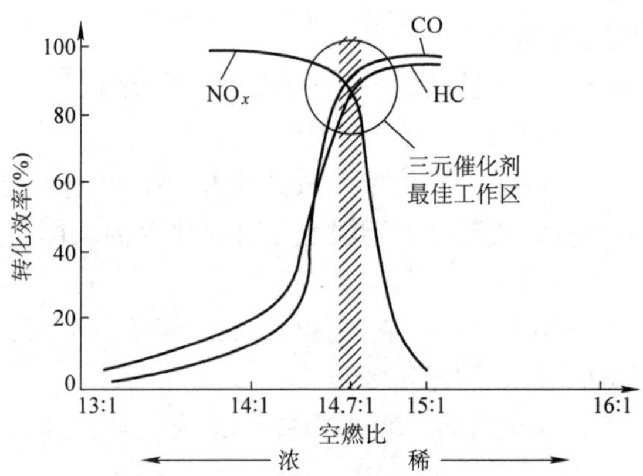

图 6-14　三元催化转化器的转化特性

如图 6-14 所示，影响三元催化转化器转化效率的最大因素是混合气的浓度和排气温度。只有在理论空燃比 14.7∶1 附近，三元催化转化器的转化效率最佳，一般都装有氧传感器检测废气中氧的浓度，氧传感器将信号输送给 ECU，用来对空燃比进行反馈控制。

(3) 对三元催化转化器的监控　ECU 通过采用双氧传感器的方法，对催化转化器的转化效率进行间接判断。所谓双氧传感器方法就是通过比较上下游氧传感器的电压的幅值和频率，来判断转化器的能力，进而判断三元催化转化器是否正常（图 6-15）。

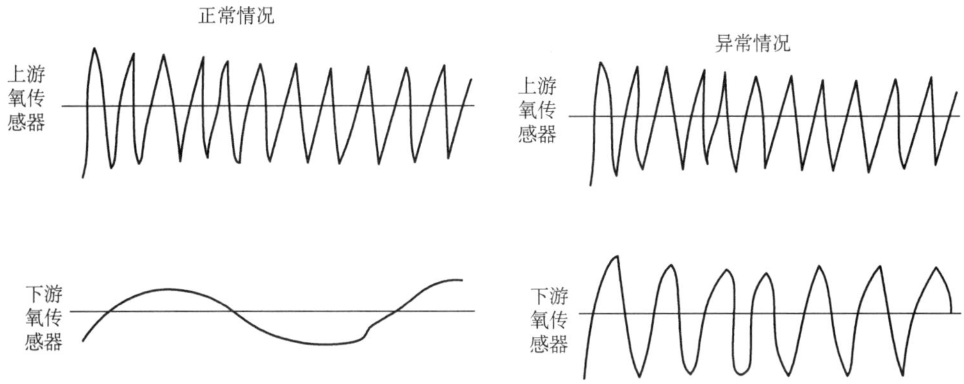

图 6-15　催化器在正常和异常情况下氧传感器的波形

2. 三元催化转化器的故障及检修

(1) 常见故障现象　三元催化转化器失效会导致发动机废气排放量大，三元催化转化器发堵会造成发动机起动困难或最高车速降低。

(2) 常见故障原因

1）因使用了含铅汽油，催化剂表面会因被覆盖而失效，载体孔洞表面沉积了铅（铅中毒），而失去催化反应的作用。

2）因排气中的 HC 含量过高而使三元催化转化器内的反应（燃烧）过于强烈，反应温度过高而被烧坏或长期在高温下工作而老化。

3）因碰撞、振动等而使三元催化转化器壳体或载体等有变形、破裂等机械损伤。

4）排气中的锌、磷、碳等在载体表面沉积（惯性中毒）而使其慢慢失去催化反应的作用，甚至造成排气发堵。

(3) 三元催化转化器的检修　起动发动机，接真空表，缓慢加速，真空度逐渐下降，说明排气系统有阻碍现象。有可能是三元催化转化器堵塞，拆下三元催化转化器，用手电筒或其他照明灯具照明，检查催化转化器是否有堵塞、熔化、开裂和其他损伤。如果有，则需更换三元催化转化器。如果从里面能倒出很多粉末，说明三元催化转化器已经损坏，需要更换。

若是催化转化器烧坏，除了更换新的三元催化转化器外，还应检查有无引起发动机缺火或燃烧不完全的其他故障：

1）点火系统故障，如火花塞有无积炭或烧损、高压导线是否脱落或接触不良、点火线圈是否有短路或漏电等而使某缸不着火或火花弱。

2）喷油器故障，如喷油器是否因阀关闭不严而滴油、喷油器积炭或通道堵塞等而使混合气过浓导致燃烧不完全或混合气过稀而不着火。

3）供油系统故障，如燃油滤清器堵塞、燃油泵性能不良、油管堵塞等使供油不畅，造成混合气过稀而不着火。

4）传感器故障，如冷却液温度、进气温度、节气门位置、车速、进气压力、氧传感器或其线路有故障时，容易使发动机在混合气过浓的状态下工作。

5）发动机故障，冷起动困难，起动时间过长。

（4）装备三元催化转化器车型的使用与维修注意事项　为保证三元催化转化器正常工作，延长其使用寿命，使用及维修中应尽量减少铅、锌、硫、磷及碳氢化合物排入三元催化转化器。三元催化转化器不仅怕铅，其他很多重金属也会对它造成损害。炽热高温的排气，容易造成三元催化转化器损坏。例如，喷油器泄漏大量油滴，未能在气缸内燃烧，而可能被其他气缸的排气点燃，形成炽热的排气。

1）只能使用规定标号的无铅汽油，三元催化转化器在使用过程中会因为燃油不纯而使表面有铅、锌、硫、磷等杂质的沉积，造成三元催化转化器失效。

2）不准使用没有认可或推荐的汽油添加剂、机油及机油添加剂。因为机油或多或少地会进入气缸参加燃烧，添加剂中的铅会随排气附着在三元催化转化器的表面，使三元催化转化器失效，严重的还有可能损坏发动机。机油消耗异常时，应尽快解决，因为机油中所含的磷会使氧传感器及三元催化转化器失效。

3）严禁用起动机带动车辆移动。

4）不要在有易燃物（如干草、汽油、酒精及一些有机溶剂等）的路面和场地行驶及停车，以避免温度很高的三元催化转化器点燃易燃物而造成火灾。

5）当蓄电池电压不足或起动机故障时，不得长时间使用外力的方法起动发动机，因为系统通电后，只要收到发动机转动信号，喷油就开始；若发动机长时间不着车，未燃烧的燃油就会积存在三元催化转化器内，一旦发动机开始工作，积存的燃油就会损坏转化器。

6）当燃油过低警告灯亮时，应尽早加满燃油，以避免燃油箱燃油液面过低而使油路中出现空气或油气，混合气过稀，导致发动机空燃比不在理论空燃比附近，增加三元催化转化器的负荷。

7）维修时，不能用断火法来判断各缸的工作情况，因为喷油器仍在工作，已喷出未燃烧的汽油会在三元催化转化器中燃烧并迅速造成破坏，在用起动机带动发动机测量气缸压力时，必须拔下喷油器插头。

8）定期检查和清洗喷油器，及时排除喷油器滴油、通道堵塞、表面积炭等故障，定期检查点火系统，及时排除高压线脱落或接触不良、火花塞积炭或烧损、点火线圈及线路不良等故障。

9）三元催化转化器属于贵重易碎物，三元催化转化器固定不牢或汽车在不平路面上行驶时的颠簸，容易导致转化器中的催化剂载体损坏。紧固氧传感器和三元催化转化器接口端面螺栓，确保接头面的密封；必要时以 1.3×10^5Pa 气压检查排气系统，应无明显泄漏。

10）36 个月及之后的每 24 个月的附加保养项目，检测废气排放。排气背压在三元催化转化器之前小于 440×10^2Pa（4G63）。装用蜂巢型转化器的汽车，一般汽车每行驶80 000km应更换转化器芯体。装用颗粒型转化器的汽车，其颗粒形催化剂的重量低于规定值时，应全部更换。

（5）维修案例

故障案例 1：奥迪 V6 2.6L 发动机起动困难。

① 故障现象：该车不易起动，怠速时发动机抖动，一起步就熄火，无法行驶。

② 故障排除：该车已在几家修理厂检修过，车况不见好转。用故障诊断仪读取故障码，无故障码出现，显示一切正常。检查各缸喷油器、高压线及高压火，均正常；测量缸压，在规定范围内；检查正时齿带，有些松，但没有跳齿。检查各缸火花塞时看到 2、4、6 缸火花塞显示燃烧正常，而 1、3、5 缸火花塞上有一层黑色的炭灰。该车为顺序喷油，不可能出现左列与右列气缸喷油不一样的情况。根据该现象仔细观察左右排气管口，看到右排气管口排出的废气不如左边的有力，由此联想到右排气管可能有堵塞的地方。将车举升，用手触摸排气管，发现左侧烫手，右侧不烫手。经过细致检查，发现右侧排气管上的三元催化转化器已严重堵塞，造成排气不畅。这样就使进气歧管内混合气相互干扰，各缸得不到正常的可燃混合气，发动机也就不能正常工作了。更换右侧的三元催化转化器后，上述故障排除。

故障案例 2：雷克萨斯起动困难。

① 故障现象：丰田雷克萨斯 400 豪华轿车，故障初期主要表现为发动机转速提升困难，故障灯亮，随着故障的发展，又出现了起动困难的现象，且每行驶几公里即熄火，过一段时间才能再行起动。

② 故障排除：该车故障现象与燃油雾化不良很类似，燃油雾化不良为电喷车常见故障，主要原因为电动燃油泵泵油压力不足、燃油滤清器阻塞、喷油器积炭等。打开发动机罩，先进行汽油压力测试，正常。拆检燃油滤清器正常，喷油器有少许积炭，清洗装复后，故障依旧。

打开点火开关，读取故障码为“21”“28”和“71”，“21”“28”为发动机主氧传感器故障，“71”为废气再循环（EGR）系统故障。限于现实使用条件，主氧传感器是大部分现用电喷车常见故障。EGR 系统出现故障，常见部位为废气再循环阀，而随后对它的检查未见异常。据驾驶人反映，在偏远地区加油后，汽车行驶即逐渐不正常，于是怀疑油品质有问题，换油后故障依旧。

既然供油系统正常，油也没问题，只有从点火方面入手了。拆检火花塞，间隙正常，有轻微烧蚀和积炭。做火花试验，火花强劲，用正时灯检查，点火提前角正常。

起动中无意中听到进气管有连续的漏气声，查找漏气部位，发现漏气声是从废气再循环阀处产生的，而对该阀的检查未出现异常。仔细考虑推断，漏气声很可能是由于排气管堵塞后排气压力太大，直接顶开废气再循环阀产生的。起动电动机，果然排气很弱，拆下发动机与消声器之间的接口，发动机很顺利地起动了，当然，噪声很大。拆下排气管中段，目视三元催化转化器已经破裂，用撬棍打通并取出催化转化器，同时用乙炔烧过主氧传感器，装复，消除故障码后试车，发动机恢复正常。

③ 故障分析：为了有效减少排气污染，高档轿车排气管中均装有促进废气转化的三元催化转化器，为了提高转化效率，多制成孔状，以增大反应接触面积。该车因长期使用不良汽油，导致催化转化器中毒，堵塞排气管，排气背压剧增，直接顶开再循环阀，使其动作失准，产生故障码“21”“28”。排气管堵塞后，排气背压增大，导致各缸排气不彻底，同时经过废气再循环阀漏入的废气进一步劣化了混合气，使发动机加速性能下降，随着排气堵塞的加剧，加速性能不断恶化，最终出现难以起动、容易熄火的故障。

在排除电控系统故障时读取故障码，可以为故障诊断提供依据，但故障码并不一定能完全反映出故障的症结所在。有些时候，在排除故障码所指出的原因后，要根据故障码所示的内容，检查相关部件，经过合理的分析和判断来确定故障的根本原因。

6.3.2　废气再循环控制系统

NO_x（NO、NO_2）为空气中的氮气在发动机内与氧气结合而产生。在大气中氮气和氧气是不会结合的，但在发动机内高温、高压状态下会发生结合。在汽车内产生的阶段还是NO，但排放出来后与空气中的 O_2 反应，生成 NO_2。与HC反应将引起光化学烟雾，另外，还会导致发生酸雨，对人体有害。

废气再循环（EGR）控制系统的作用是将一部分适当的废气与吸入的新鲜空气（或混合气）混合后引入气缸，在燃烧过程吸取热量。这种方法能降低最高燃烧温度，减少 NO_x 的生成，是现在用于减少 NO_x 排放量的一种最有效的措施。

当发动机冷却液温度过低、怠速或节气门全开时，EGR阀关闭，系统不进行废气再循环。发动机暖机后，EGR阀打开，ECU监测EGR控制系统，并在该系统产生故障时点亮MIL。EGR控制系统一般需要每年检查一次。

1. EGR控制系统的结构与原理

按废气流经途径可将该系统分为内置废气再循环系统和外置废气再循环系统。内置废气再循环通过控制排气门的配气相位可以实现，如增大气门重叠角，可以增大内部EGR率，结构简单，但是控制精度不高。目前绝大多数的发动机都采用外置的废气再循环系统。

（1）EGR控制系统的类型　按控制的方式分类可以分为开环控制EGR系统和闭环控制EGR系统。开环控制EGR系统由EGR阀、EGR电磁阀、节气门位置传感器、曲轴位置传感器、冷却液温度传感器、起动信号和ECU等组成。在开环EGR控制系统中，EGR率只受ECU预先设置好的程序控制，不检测发动机各种工况下的EGR率，无反馈信号，如图6-16所示。而在闭环控制EGR系统中，ECU以EGR率或EGR阀开度作为反馈信号实现闭环控制。图6-17所示为EGR阀升程传感器。

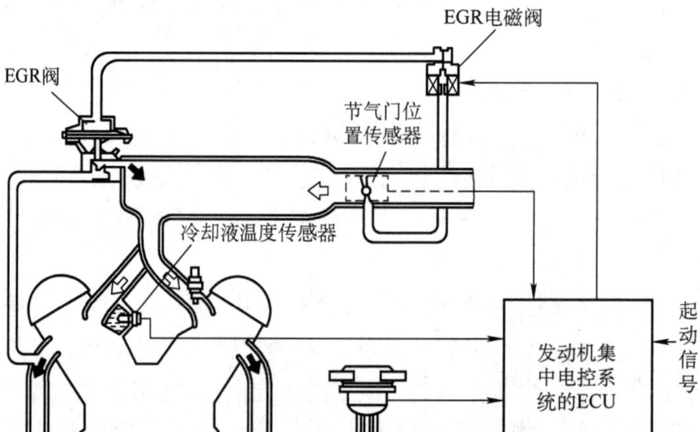

图6-16　开环控制EGR系统

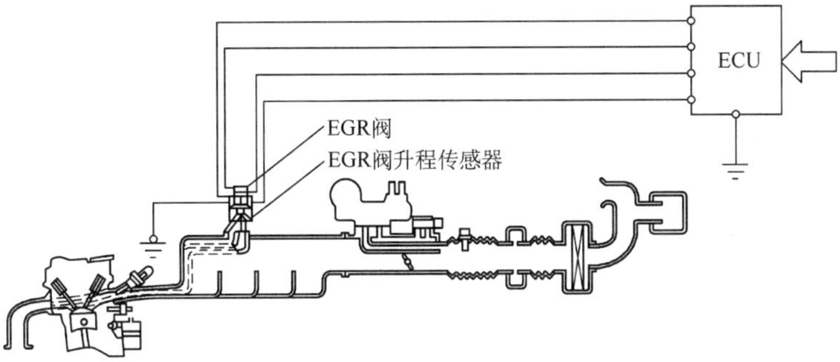

图 6-17　EGR 阀升程传感器（闭环控制 EGR）

（2）EGR 控制系统的结构　EGR 阀主要由膜片、阀门、回位弹簧和阀座等组成。当 EGR 阀上面有真空吸力时，膜片被向上提起，阀芯离开阀座，这时废气可以通过废气管及 EGR 阀进入稳压箱。当 EGR 阀上面没有真空吸力时，阀芯在回位弹簧的作用力下回到初始位置，这样阀芯与阀座贴合密封了通道，废气不能进入稳压箱。

EGR 电磁阀冷态测量电阻参考值为 33 ~ 39Ω，如图 6-18 所示，上面通道通大气滤网，下面通道接进气管侧软管接头，中间接 EGR 阀侧软管接头。EGR 电磁阀实际上是一个两位三通阀，在起动、怠速、冷车等工况，电磁阀接通，EGR 阀上面真空管与大气相通，也就是电磁阀的中间通道与上面通道相通，这时 EGR 控制系统不起作用。而在正常工况时，EGR 电磁阀不通电，EGR 阀上的真空管与进气管相通，也就是电磁阀的中间通道与下面通道相通。

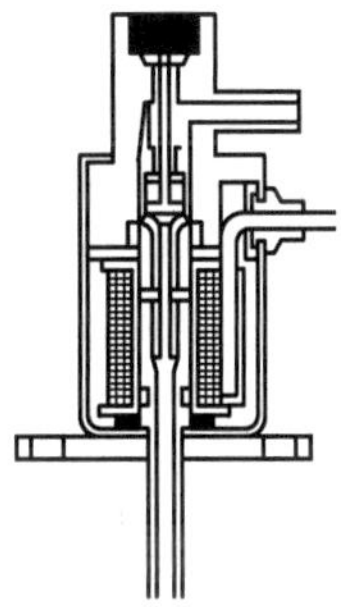

图 6-18　EGR 电磁阀

（3）EGR 控制系统的工作原理

1）开环控制 EGR 系统。如图 6-19 所示，EGR 阀安装在废气再循环通道中，用以控制废气再循环量。EGR 电磁阀安装在通向 EGR 阀的真空通道中，ECU 根据发动机冷却液温度、节气门开度、转速和起动等信号来控制电磁阀的通电或断电。ECU 不给 EGR 电磁阀通电时，控制 EGR 阀的真空通道接通，EGR 阀开启，进行废气再循环；ECU 给 EGR 电磁阀通电时，控制 EGR 阀的真空度通道被切断，EGR 阀关闭，停止废气再循环。

2）闭环控制 EGR 系统。闭环控制 EGR 系统将实际的 EGR 率或 EGR 阀开度作为反馈控制信号，其控制精度更高。与开环控制相比，闭环控制 EGR 系统只是在 EGR 阀上增设了一个 EGR 阀开度传感器，EGR 阀开度传感器安装在进气总管中的稳压箱上，新鲜空气经节气门进入稳压箱，参与再循环的废气经 EGR 电磁阀进入稳压箱，传感器检测稳压箱内气体中的氧浓度，并转换成电信号送给 ECU，ECU 根据此反馈信号修正 EGR 电磁阀的开度，使 EGR 率保持在最佳值。

随着 EGR 率的增加，燃烧速度减慢、燃烧稳定性变差、HC 和 CO 排放上升、发动机功率下降、油耗增大。因此，必须适当控制 EGR 率，总的控制要求是：NO_x 排放量随负荷增加而增加，EGR 率也应随之增加。发动机冷却液温度低于 50℃时，不应进行废气再循环；汽油发动机在怠速时，NO_x 排放量不高，不应进行废气再循环；全负荷和急加速时，不应进行废气再循环。

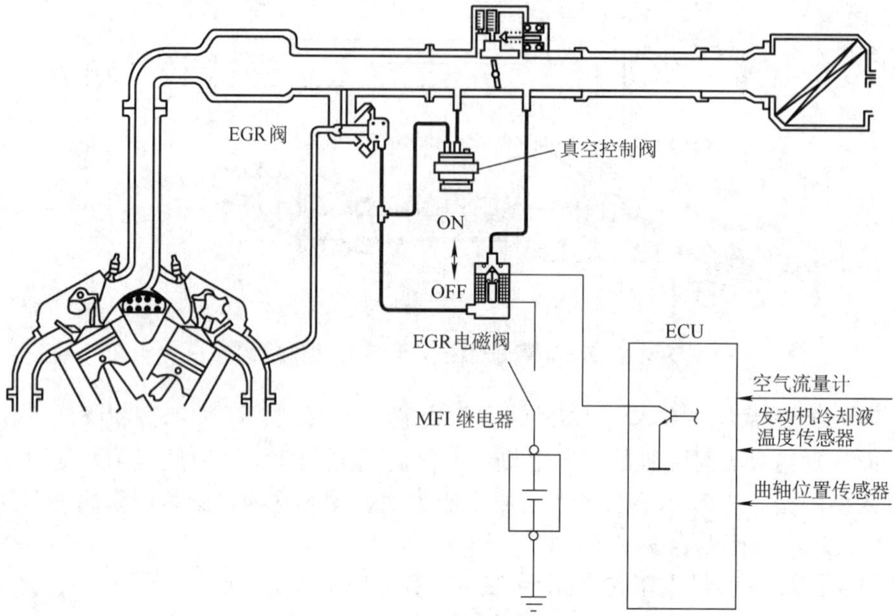

图6-19　开环控制EGR系统

2. EGR控制系统的故障及检修

EGR控制系统常见的故障原因有EGR阀卡死、起动及怠速时密封不严、真空管漏气、电磁阀在通电时密封不严等。EGR控制系统出现故障后会使发动机出现发动机温度过高、发动机无力、减速熄火、油耗增大、发动机起动困难等现象。

EGR控制系统出现故障后，可按以下方法进行检修：

（1）在线检查　怠速或冷机时，拆下EGR阀上的真空软管，发动机转速应无变化，用手触试真空软管应无真空吸力，如果有吸力，说明EGR电磁阀工作不正常，应检修EGR电磁阀及真空管路；发动机温度达到正常工作温度后，若转速提高到2500r/min左右，拆下真空软管，发动机转速有明显提高。

从EGR阀上拆下真空软管，用三通插接器连接手动真空泵，如图6-20a所示。在冷态

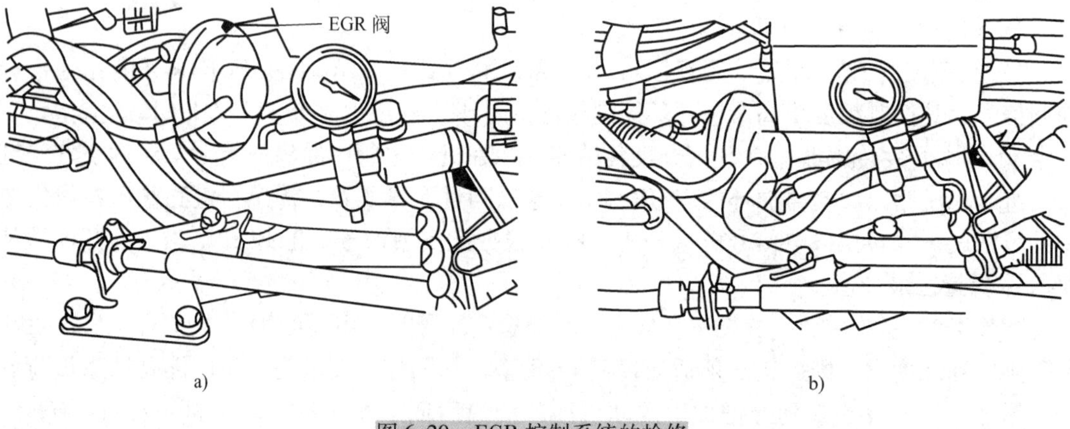

a)　　b)

图6-20　EGR控制系统的检修

a）用三通插接器连接手动真空泵　b）把手动真空泵接到EGR阀上

（冷却液温度低于 20℃）下，加速踩下加速踏板，真空表显示为大气压力且不变化。在暖态（冷却液温度高于 70℃）下，加速踩下加速踏板，负压升到高于 13kPa。

拆下三通插接器，把手动真空泵接到 EGR 阀上，如图 6-20b 所示。发动机怠速运转时，施加 31kPa 的真空，发动机将出现怠速不稳或失速。

（2）部件检查　如图 6-21 所示，分别拆开 EGR 电磁阀插接器 A 和 MFI 继电器插接器 B，将电路测试仪的 2 个表笔接到线束两端（3、1），检查 EGR 电磁阀和 MFI 继电器间线路的导通性，应导通。如果检查结果正常，进行下一步，否则修理线束。如图 6-22 所示，分别拆开 EGR 电磁阀插接器和 ECU 插接器，检查 EGR 电磁阀和 ECU 间是否断路和对搭铁短路。如果结果正常（应导通），检查完毕。否则，应修理线束。

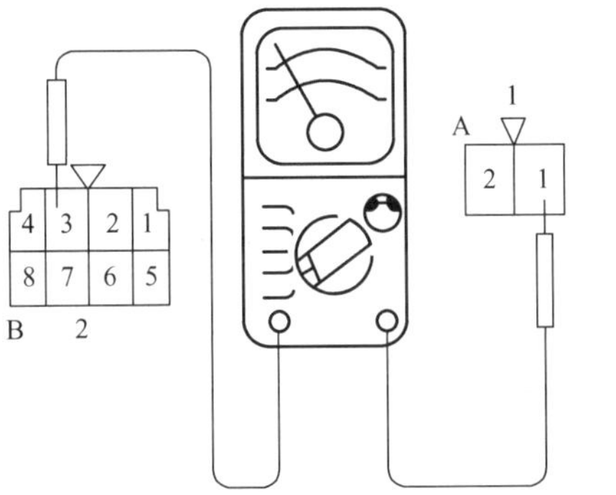

图 6-21　检查 EGR 电磁阀和 MFI 继电器间线路

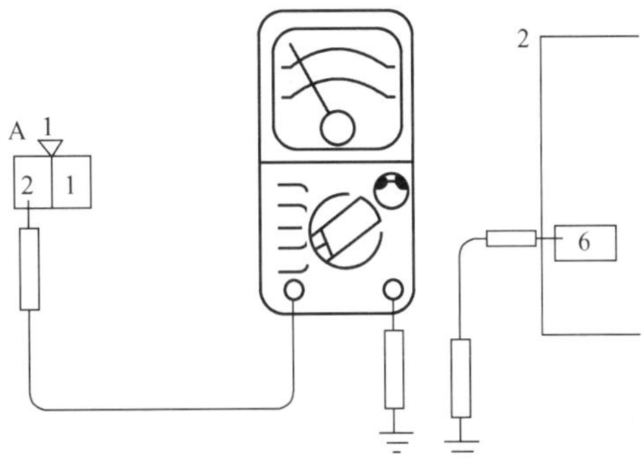

图 6-22　检查 EGR 电磁阀和 ECU 间线路

如图 6-23a 所示，从 EGR 电磁阀上拆下线束插接器，拆下真空软管，在拆下真空软管的管接口处连接手动真空泵，分别在 EGR 电磁阀通电和未通电的情况下，检查其气密性。测量电磁阀端子间的电阻，正常值为 36～44Ω。

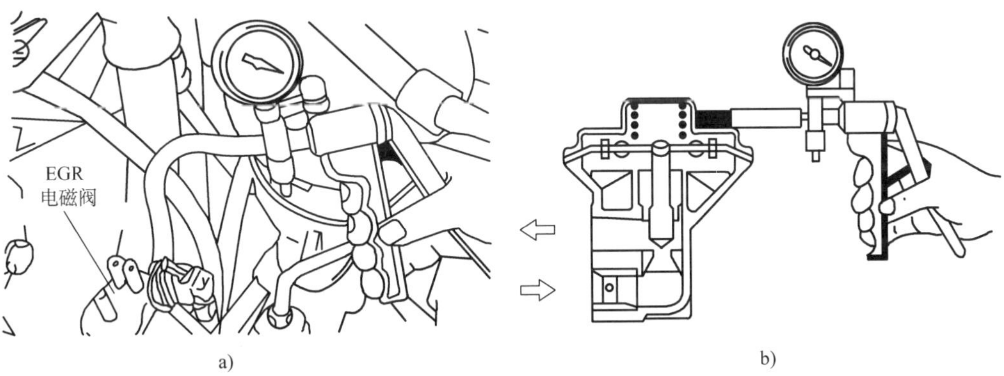

图 6-23　EGR 电磁阀密封性检查

a）EGR 电磁阀的位置　b）EGR 电磁阀的检查

拆下 EGR 电磁阀，检查阀门是否卡滞，是否有积炭等；用溶剂清洗，确保阀门座接触面贴合严密。如图 6-23b 所示，将手动真空泵连接到 EGR 电磁阀上，通过手动真空泵施加 67kPa 的真空，检查气密性。从 EGR 电磁阀的 1 个通道吹入空气，当施加真空不超过 4kPa 时，空气不通过；当施加真空高于 31kPa 时，空气应通过。

（3）失效情况　如果EGR控制阀出现故障，则EGR控制系统停止工作，发动机ECU可以监测到相应的故障信息。

（4）维修案例

1）故障现象：一辆进口美版奥迪A6 4.2L轿车，用户反映该车行驶过程中，经常出现突然松开加速踏板后发动机剧烈抖动或马上熄火的现象，车辆在行驶时并无其他不良状况。

2）故障排除：用故障诊断仪V.A.G1551检测发动机电控系统，但系统中无故障码。读取传感器及执行器的数据块，发现相关的参数在规定的范围内。分析引起此故障的原因：①进气系统漏气；②燃油系统压力不正常；③点火故障；④燃油蒸气排放控制系统故障；⑤EGR控制系统故障等。

测量进气系统的真空在正常范围内，测试油压也没有发现异常。暂时将燃油蒸气管隔断，故障依旧。将EGR控制系统的管路切断时，发动机运行良好。更换新的EGR阀，故障得到排除。

3）故障分析：发动机在突然松开加速踏板时属于怠速工况，EGR控制系统在怠速工况下应该是不工作的。但是EGR阀关闭不严就会使废气进入气缸，混合气的浓度被改变，发动机就出现抖动或熄火了。

6.3.3　二次空气喷射系统

发动机冷起动阶段未燃烧的HC及CO等有害物质排放相对较高，此时，三元催化转化器尚未达到工作温度（350℃以上）。所以轿车排放标准要达到欧Ⅲ或欧Ⅳ要求时，必须装备此净化装置——二次空气喷射系统。装备了二次空气喷射系统，可以改善催化转化器内的氧化过程，从而降低发动机冷起动阶段有害物质的排放。

发动机中装备了二次空气喷射系统可加快加热排气管，使汽车冷起动后，催化转化器提前进入工作状态，通过二次空气喷射系统可改善催化转化器内的氧化过程并减少废气中的有害物质。氧化过程所产生的热量可大大缩短催化转化器的起动时间，这样也就大大改善了冷起动阶段的排放状况。

1. 二次空气喷射系统的结构与原理

如图6-24和图6-25所示，二次空气喷射系统的功能是在一定工况下，将新鲜空气送入排气管，促使废气中的CO和HC进一步氧化，从而降低CO和HC的排放量，同时加快三元催化转化器的升温。在冷起动和预热阶段，由于混合气浓度较高，所以这时废气中的未燃烧HC的成分就增多了。将空气送入到排气阀后部就可以增大废气中的氧气浓度，这样就可以使HC和CO继续氧化（继续燃烧）。燃烧所释放出的热量又加热了催化转化器，使之很快达到工作温度。

点火开关接通后，蓄电池向二次空气控制电磁阀供电（图6-24），ECU控制二次空气控制电磁阀搭铁回路。电磁阀不通电时，关闭通向二次空气机械阀（膜片阀）真空室的真空通道（图6-26），二次空气机械阀弹簧推动膜片下移，关闭二次空气供给通道；ECU给二次空气控制电磁阀通电，进气管真空度将膜片阀吸起，使二次空气进入排气管。

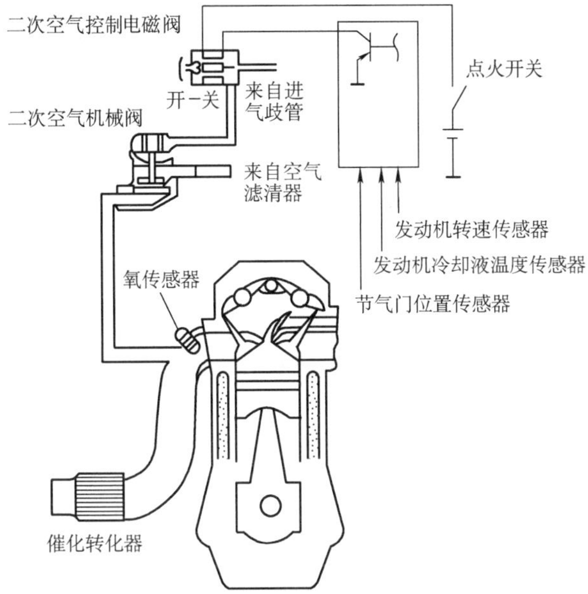

图 6-24　二次空气喷射系统的原理

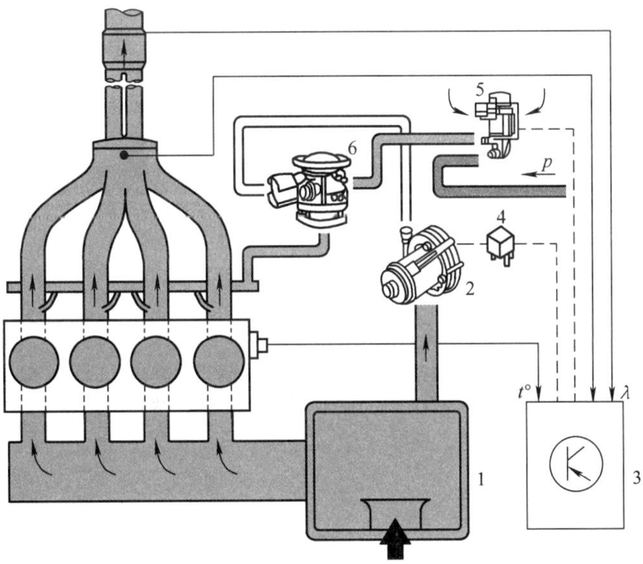

图 6-25　二次空气喷射系统的结构

1—空气滤清器　2—二次空气泵　3—发动机 ECU　4—二次空气继电器
5—二次空气控制电磁阀　6—二次空气机械阀

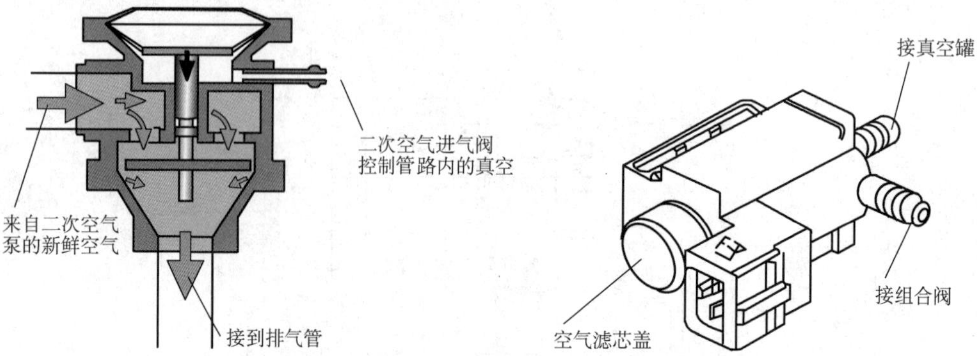

图6-26 二次空气机械阀和二次空气控制电磁阀

发动机起动后，经过滤清器的空气通过二次空气泵（图6-27）直接被吹到排气阀后，二次空气泵的电源通过继电器得到，它的作用是在很短时间内将空气压进排气阀后面的废气中。二次空气喷射系统未工作时，热的废气将停止在二次空气机械阀门处，阻止进入二次空气泵。在控制过程中，自诊断系统同时进行着检测。由于废气中所含氧气量的增加导致氧传感器电压的降低，所以氧传感器必须处于工作状态。二次空气喷射系统正常工作时，氧传感器将检测到极稀的混合气。

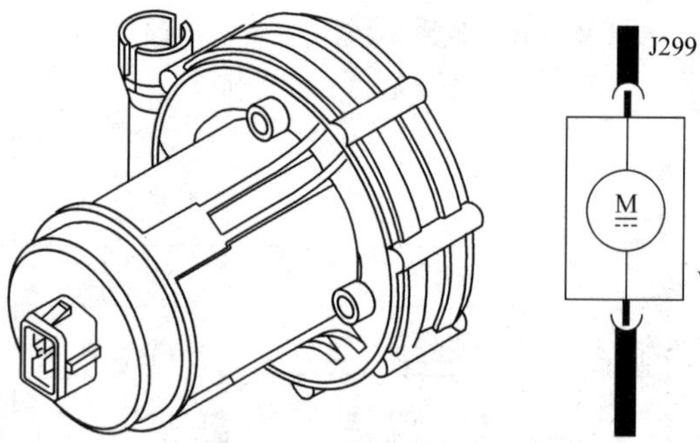

图6-27 二次空气泵及电动机

二次空气喷射系统的工作时间见表6-2，具体在以下两种工况下工作：冷起动后和热起动后怠速自诊断。

表6-2 二次空气喷射系统的工作时间

状　　态	冷却液温度/℃	工作时间/s
冷起动后怠速	5～33	100
热起动后怠速	最高96	10

2. 二次空气喷射系统的故障及检修

对二次空气喷射系统检修之前应先检查故障存储器，进行执行元件自诊断，真空管路及软管密封良好，不可阻塞或弯折真空管，用专用工具检查组合阀，常规方法检查导线连接是否完好。

（1）二次空气机械阀的检查　如图6-28所示，拔下二次空气机械阀上的真空管1，将其接到手动真空泵上，拆下二次空气电动机上的压力软管 3，按箭头方向向内吹气，二次空气机械阀应关闭；操纵手动真空泵，二次空气机械阀应打开。否则，应维修或更换二次空气机械阀。检查过程中不可使用压缩空气。

（2）**二次空气控制电磁阀的检查** 连接故障诊断仪 V. A. G1551，选择“01 发动机电控单元”。打开点火开关，进行执行部件诊断并触发二次空气控制电磁阀，二次空气控制电磁阀应发出“咔嗒”的声音，如果没有“咔嗒”声，则拔下二次空气控制电磁阀的两脚连接插头，将二极管电笔接到拔下的插头上，发光二极管应闪亮。进行执行部件诊断并触发二次空气控制电磁阀，二极管电笔应闪亮。如果发光二极管不闪亮，关闭点火开关。检查二次空气控制电磁阀的供电情况，其电路如图 6-29 所示。

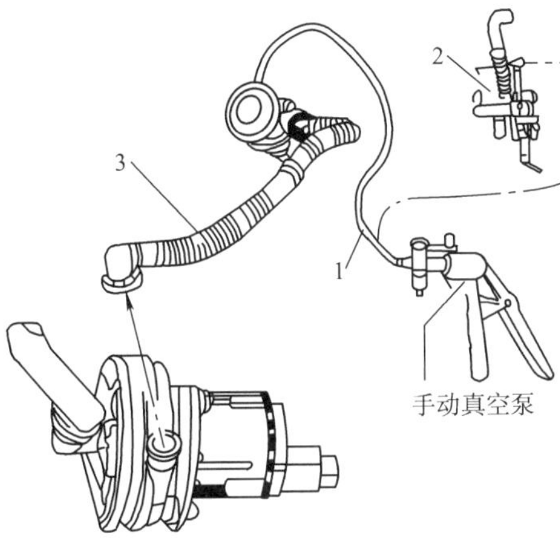

图 6-28 检查二次空气机械阀

1—真空管 2—手动真空泵阀 3—压力软管

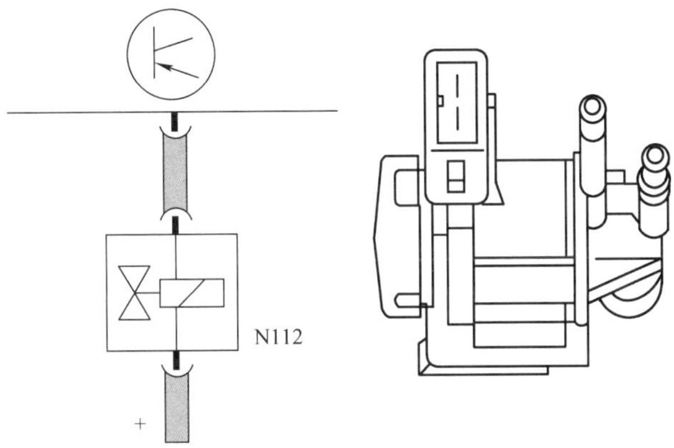

图 6-29 二次空气控制电磁阀

如果供电正常，检查二次空气控制电磁阀与控制单元之间的线束导通情况。如果导线没有发现故障，则更换二次空气控制电磁阀。

（3）**二次空气泵继电器的检查** 拆下二次空气泵上的压力软管，进行执行部件自诊断，起动二次空气继电器。二次空气泵应间歇工作，出风口出风。若电动机工作，不出风，则要更换二次空气泵。若电动机不间歇工作，则应检查二次空气泵继电器功能，具体检查步骤如下：

连接 V. A. G1551，选择“01 发动机电控单元”。打开点火开关，进行执行部件诊断，并触发二次空气泵继电器，屏幕显示：

执行部件诊断	→

二次空气泵继电器 J299

如图 6-30 所示，继电器控制二次空气泵电动机，该电动机间歇运转，直到按“→”键中止执行部件诊断。如果电动机没有间歇运转，从二次空气泵电动机上拔下两脚插头，用连接线将二极管电笔接到拔下的插头上，进行执行部件诊断并选择二次空气泵继电器。出现的情况有以下三种可能：

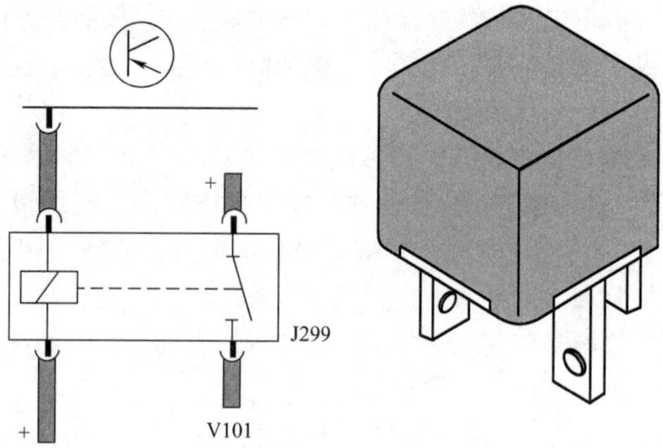

图6-30　二次空气泵继电器

第一种可能，二极管电笔闪亮。这说明继电器供电（负荷电路及控制电路）正常，发动机控制单元的控制正常工作。继电器正常接通，故障在二次空气泵上，应更换二次空气泵电动机。需注意的是，约1min后，执行部件的诊断被中止，如果再次进行执行部件诊断，必须起动发动机，然后关闭，但同时打开点火开关。

第二种可能，二极管电笔不闪亮，但二次空气泵继电器发出“咔嗒”声。这说明继电器控制电路供电及发动机控制单元的控制功能正常。故障可能在于熔丝和二次空气泵之间的负载电路的供电线路、二次空气泵搭铁连接及继电器本身。此时应检查二次空气泵继电器的熔丝。如果熔丝无故障，从继电器盘上拔下二次空气泵继电器，按电路图检查继电器供电（30号线）情况，如有需要，应更换二次空气泵继电器。如果从继电器盘上拔下继电器或控制单元时需使用专用工具，则应事先应断开蓄电池搭铁线。如果车上的收录机有防盗密码，则在断开蓄电池前，应读取收录机的防盗密码。

第三种可能，二极管电笔不闪亮，二次空气泵继电器也无“咔嗒”声。这说明继电器控制电路供电或发动机控制单元的控制功能失常，故障可能在于继电器本身（继电器线圈断路）。此时应关闭点火开关，将检测仪接到发动机控制单元线束上，不接发动机控制单元，按电路图检查检测盒端子到二次空气泵继电器盘间导线是否断路。如果导线无故障，则更换发动机控制单元。

（4）系统检修举例　奥迪A6在冷起动阶段（冷却液温度为8～65℃），二次空气喷射系统可将空气吹到排气门后面，吹入空气持续的时间由温度决定。控制过程是由多点喷射控制单元J192经二次空气泵继电器J299到二次空气阀N112和两个组合阀。在“基本设定”状态下可执行二次空气喷射系统诊断，自诊断包括通过性及密封性检查。

① 通过性自诊断。检查ECU对混合气进行开环控制（在此期间发动机在浓混合气下运转），同时二次空气泵被接通。于是新鲜空气被送入排气歧管，从而提高了废气中氧的含量。氧传感器这时测量到较稀的混合气。检测时，在一定时间内氧传感器都应测量到较稀的混合气。这意味着二次空气喷射系统正在送入足量的空气，即二次空气喷射系统正常。

② 密封性自诊断。密封性也是通过性检测的前提条件，发动机在正常温度下怠速时，二次空气泵被接通。但组合阀不由二次空气阀控制，也就是说组合阀仍处于关闭状态。二次空气泵一接通，发动机控制单元就开始监测氧控制。

如果系统密封性好，新鲜空气就不能到达排气歧管，氧控制应无反应（加浓或变稀）。如果系统漏气，由于二次空气而变稀的混合气，氧调节会使之明显变浓，控制单元可识别出明显过浓。

3. 二次空气喷射系统部件的拆装

（1）左侧组合阀的拆卸　从支撑上拧下冷却液膨胀罐螺栓，如图 6-31 所示，拔下真空管 1，从组合阀上拆下连接管 2（10N · m），从缸体上拧下组合阀 3 的螺栓（10N · m），拆下组合阀。

（2）右侧组合阀的拆卸　如图 6-32 所示，拆下空气流量计和导风管之间的空气导管，从节气门支撑上拔下空气导管护罩，拔下活性炭罐电磁阀插头，从支架上拔下活性炭罐电磁阀，拔下空气流量计的插头。

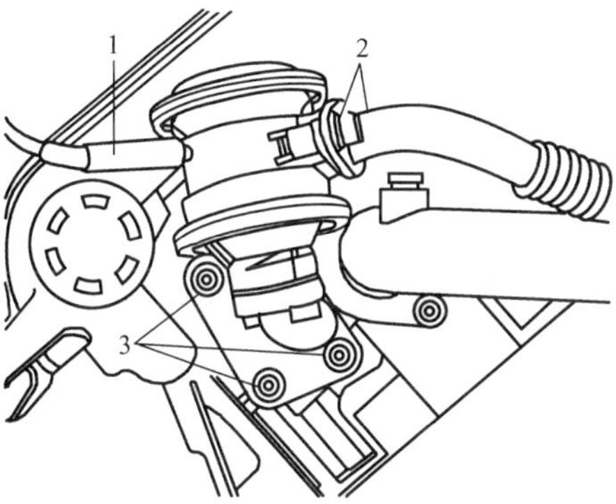

图 6-31　拆卸左侧组合阀

1—真空管　2—连接管　3—组合阀

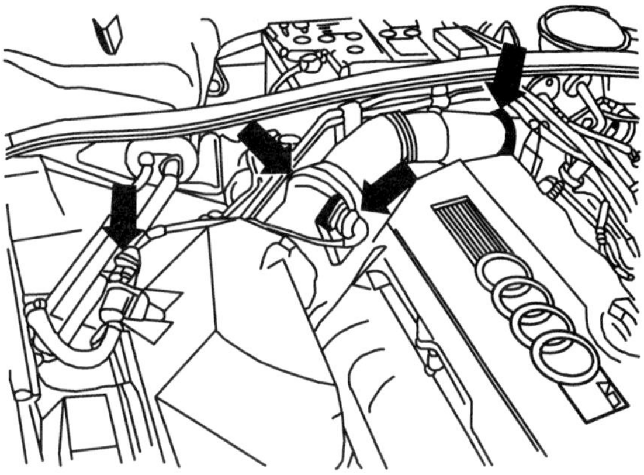

图 6-32　拆下空气流量计和导风管间的空气导管（箭头所指）

向右将空气滤清器上的二次空气泵连接管转 45°并向前拔出，拧下空气滤清器上的螺栓（20N · m）并取下空气滤清器。

如图 6-33 所示，拔下真空管 1，从组合阀上拧下连接管螺栓 2，从缸体上拧下组合阀 3 的螺栓（10N · m），如需要，从缸体上拧下连接管 4 的支架螺栓（20N · m）。

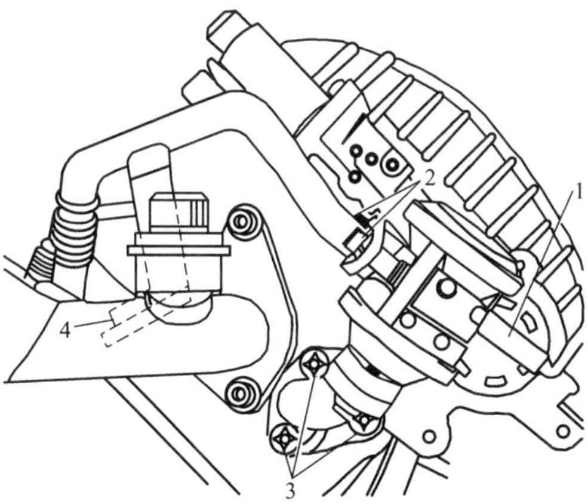

图 6-33　拆卸右侧组合阀

1—真空管　2—螺栓　3—组合阀　4—连接管

（3）**拆卸二次空气泵**　拆下隔声罩，拆下前保险杠。

如图6-34所示，拧下风扇边缘前面通向发电机的空气导管并将其拆下，拔下二次空气泵通向组合阀连接管的卡箍，打开扎带，松开二次空气泵的三个螺栓（螺母不拆下），从支架上向后拽下二次空气泵，拔下二次空气泵上空气滤清器的连接管。将空气滤清器上的连接管向右转45°并向前拔下，拆下二次空气泵。

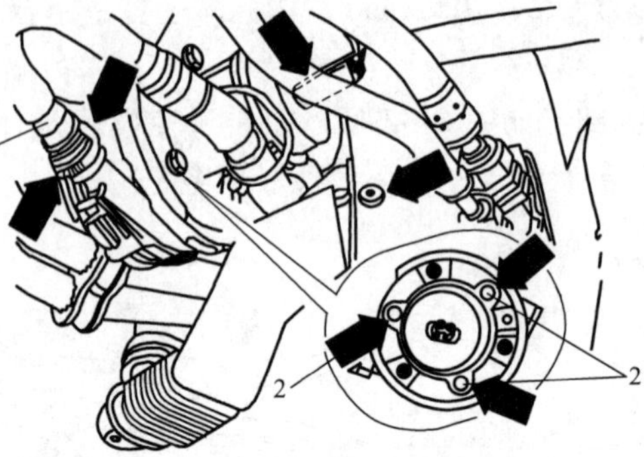

图6-34　拆卸二次空气泵

1—卡箍　2—空气泵固定螺栓

（4）**组合阀和二次空气泵的安装**　组合阀和二次空气泵的装配按与拆卸相反的顺序进行。

练习与思考题

一、填空题

1. 排放控制的项目主要包括废气再循环控制、活性炭罐电磁阀控制、氧传感器和________、________控制等。

2. 汽车排放污染主要来源于____________________。

3. 发动机排出的NO_x量主要与__________________________有关。

4. 开环控制EGR系统主要由__________和__________等组成。

5. 在开环控制EGR系统中，发动机工作时，ECU给EGR电磁阀通电停止废气再循环的工况有__________、__________、__________。

6. 随发动机转速和负荷减小，EGR阀开度将________。

7. 三元催化转化器的功能是____。

8. 影响三元催化转化器转化效率的最大因素有________________、________________。

9. 废气再循环的主要目的是____。

10. 减少NO_x的最好方法就是降低________________。

11. 汽油机的主要排放污染物有__________、__________、__________。

12. EVAP是英文________________缩写。

13. EGR系统主要有__________系统和__________系统。

14. 三元催化转化器是利用转化器中的__________将有害气体变为无害气体。

15. 二次空气喷射系统在一定情况下，将__________送入排气管，以降低CO和HC的排放量。

16. 装有氧传感器和三元催化转化器的汽车，禁止使用__________汽油。

17. 三元催化转化器的作用是减少__________的排放。

18. 燃油蒸气排放控制装置的作用是____。

二、选择题

1. 废气再循环的作用是抑制（　　）的产生。

A. HC　　B. CO　　C. NO_x　　D. 有害气体

2. 在（　　）时废气再循环控制系统不工作。

A. 行驶　　B. 怠速　　C. 高转速　　D. 热车

3. 采用三元催化转化器必须安装（　　）。

A. 前氧传感器　　B. 后氧传感器　　C. 前、后氧传感器

4. 如果三元催化转化器良好，后氧传感器信号波动（　　）。

A. 频率高　　B. 增加　　C. 没有　　D. 缓慢

5. 曲轴箱强制通风系统，简称（　　）系统。

A. ISC　　B. PCV　　C. EPC　　D. PCM

6. 下列部件不是曲轴箱通风控制系统的是（　　）。

A. PCV 阀　　B. 通风管　　C. 机油滤清器　　D. 真空电磁阀

7. 用手动抽真空泵对废气再循环阀膜片施加约 19.95kPa 的真空度，若此时发动机怠速运转性能变坏甚至熄火，说明废气再循环阀（　　）。

A. 漏真空　　B. 已损坏　　C. 工作正常　　D. 工作不良

三、简答题

1. 简述曲轴通风控制系统中 PCV 阀的工作原理。

2. 简述燃油蒸气排放控制系统的工作原理。

3. 三元催化转化器失效常见的故障原因有哪些?

4. 装备三元催化转化器的车型在使用与维修时的注意事项有哪些?

5. 简述废气再循环控制系统的工作原理。

第7章 电控发动机的辅助控制

基本思路：

本章所研究的控制系统，先根据电的流动路线来研究和分析有关控制项目，以力或气的传递路线来研究和分析执行机构，根据控制的项目和内容把系统内的主要零部件的结构、作用、位置、特征有机组合成一体。学习本章要把握住其系统故障分析、检测、拆装、维修和性能测试的步骤和方法，做到思路清晰、考虑全面、步骤正确、沉着冷静、操作干练。

7.1 电控发动机的怠速控制系统

7.1.1 怠速控制系统的基本部件

1. 怠速调整螺钉

如图7-1所示，怠速调整螺钉有两种：一种是节气门限位螺钉，另一种是CO调整螺钉。节气门限位螺钉用于限制节气门体内节气门的开度，通过调整节气门限位螺钉，可

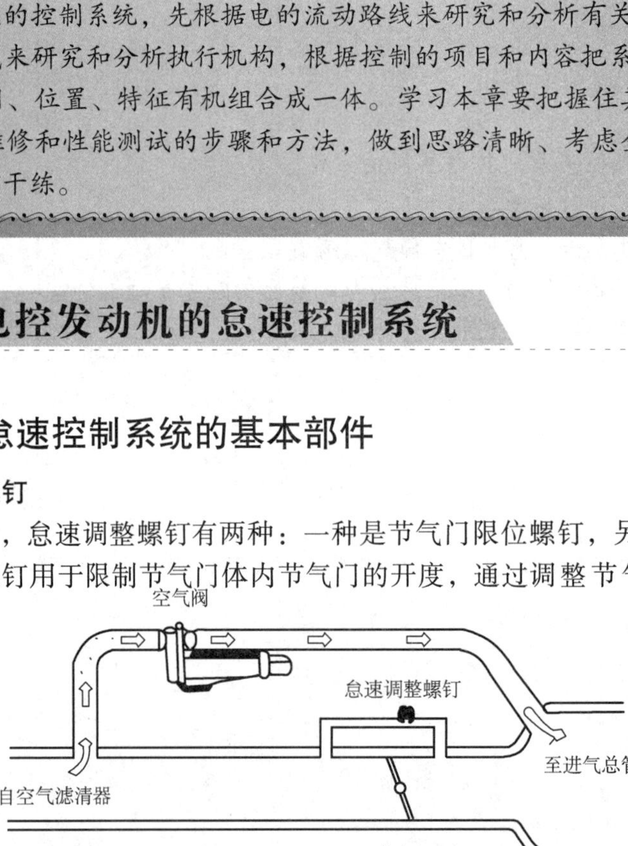

图7-1 怠速调整螺钉的位置图

以改变怠速时进入气缸的混合气的量。而通过调整 CO 调整螺钉，可以改变怠速时混合气的浓度。

2. 怠速辅助空气阀

除怠速旁通气道外，还有辅助空气阀在发动机低温起动及起动后暖机过程中，提供附加空气量，以利于快怠速运转和加速暖机，这常用于早期的汽油喷射发动机中。辅助空气阀根据发动机温度，自动改变旁通阀截面积的大小，调节流经旁通气道的空气流量，以控制发动机的怠速运转。常用的有双金属片式辅助空气阀和石蜡式辅助空气阀。

双金属片式辅助空气阀的工作原理如图 7-2 所示。当发动机温度低时，节气门关闭，空气经节气门的旁通道、辅助空气阀进入进气总管，吸入气缸的空气量增多，怠速升高为快怠速状态。发动机起动后，在怠速升高的同时，流入加热线圈的电流增加，双金属片受热变形而慢慢将阀门关闭，空气的流入量减少，发动机转速下降。发动机暖机后，双金属片不仅受到加热线圈的加热，而且受到发动机热量的加热，使阀门保持关闭状态，发动机恢复正常怠速运转。

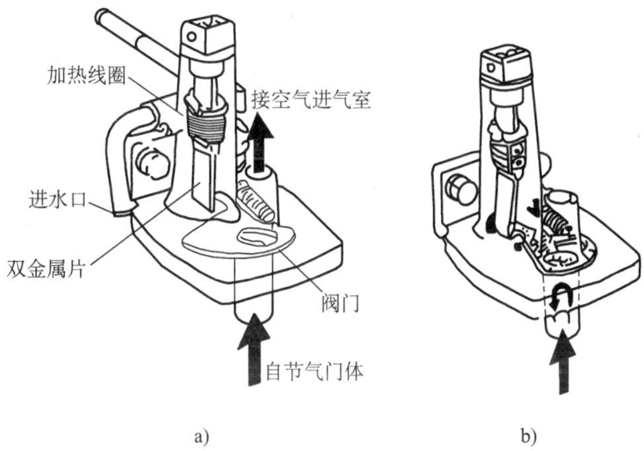

图 7-2　双金属片式辅助空气阀的工作原理

a）发动机低温时　b）发动机高温时

如图 7-3 所示，石蜡式辅助空气阀在工作时石蜡感温体浸在冷却液中，发动机冷却

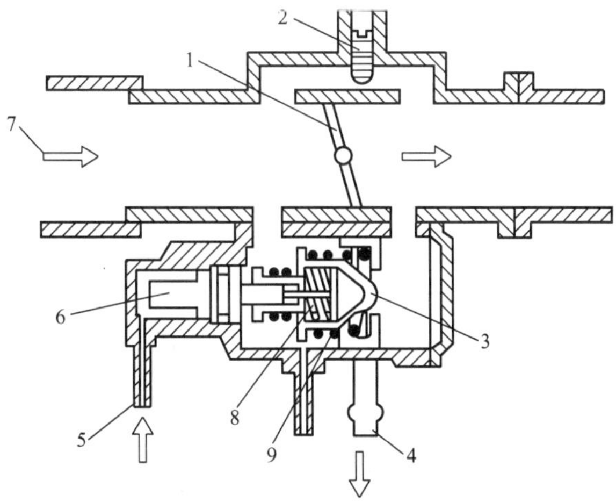

图 7-3　石蜡式辅助空气阀的工作原理

1—节气门　2—怠速调整螺钉　3—阀芯　4—冷却液出口　5—冷却液进口　6—蜡盒
7—进气气流　8—内弹簧　9—外弹簧

液温度低时，感温体收缩，带动弹簧左移，内弹簧压缩，外弹簧伸张，阀门打开，增加空气供给，发动机处于怠速、加速暖机状态。当冷却液温度升高时，阀门逐渐关闭，当温度升高至 80℃时，阀门全部关闭，不再提供附加空气。

辅助空气阀常见故障：加热线圈（双金属片式）不良，不能及时关闭空气阀，使热怠速过高；阀门堵塞或不能开启，使冷怠速不稳或熄火，冷起动不良。当怀疑辅助空气阀有故障时应进行如下检查：发动机在冷态下，将辅助空气阀空气软管夹住，发动机转速应明显下降，否则说明辅助空气阀不能开启或堵塞。发动机在热态下，夹住辅助空气阀空气软管，发动机转速不应明显下降，否则说明辅助空气阀关闭不严或不能关闭；拆下空气阀导线插头，用万用表测量辅助空气阀加热线圈电阻，阻值应为40 ~60Ω；将空气阀温度升至 80℃，检查阀是否关闭；当温度下降时，检查阀是否慢慢打开。

3. 怠速控制阀

ECU 根据输入信号控制旁通怠速控制阀或直接控制节气门（直动式或电子节气门）。旁通式怠速控制阀的功能是控制节气门体旁通气道的流通面积，以调节进入发动机的空气量，实现对发动机怠速的控制。旁通怠速控制阀的类型主要有辅助空气阀、旋转电磁阀、步进电动机式控制阀、占空比控制阀、辅助用的开关电磁阀等。

4. 怠速混合气浓度调节器

怠速混合气浓度调节器也称为可变电阻传感器，是一种用于控制怠速混合气浓度的精选电阻装置。怠速混合气浓度调节器的位置如图 7-4 所示。

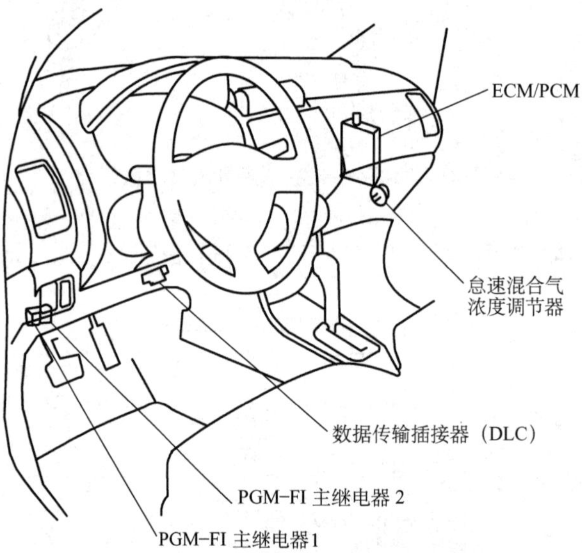

图 7-4　本田飞度汽车怠速混合气浓度调节器的位置

在 D 型汽油喷射系统中，有些使用可变电阻器改变混合气的浓度。旋转怠速混合气调整螺钉使可变电阻器内触点移动，VAF 端输出的电压变化。顺时针旋转该螺钉时，VAF 电压升高，ECU 便会使喷油量稍有增加，混合气变浓。皇冠 3.0 轿车可变电阻型传感器与 ECU 的连接电路如图 7-5 所示。

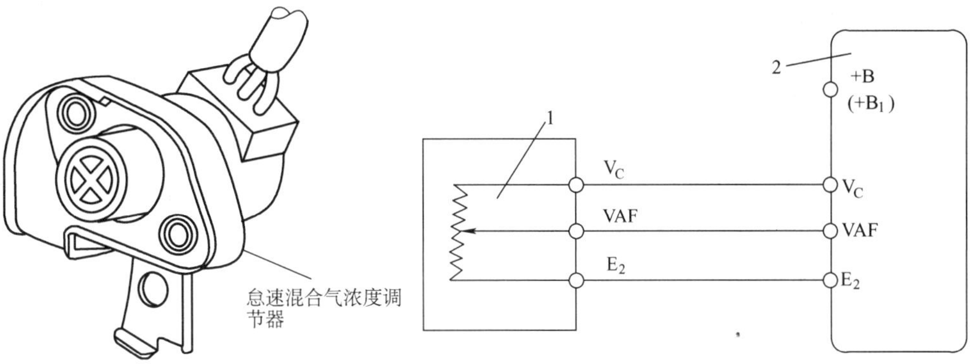

图 7-5　可变电阻型传感器与 ECU 的连接电路

1—可变电阻型传感器　2—ECU

（1）可变电阻型传感器的电阻检测　点火开关置于 OFF 位置，拔下可变电阻型传感器的导线插头，用万用表欧姆档测量 V_C 端子和 E_2 端子之间的电阻，阻值应为 4 ~ 6kΩ。

如图 7-6 所示，先逆时针转动怠速混合气调整螺钉，连接万用表电阻档于 VAF 和 E_2 端子之间，然后再顺时针转动怠速调整螺钉，此时 VAF 和 E_2 端子之间的电阻值应从 5kΩ 左右到 0，如果阻值不符，则必须更换可变电阻型传感器。

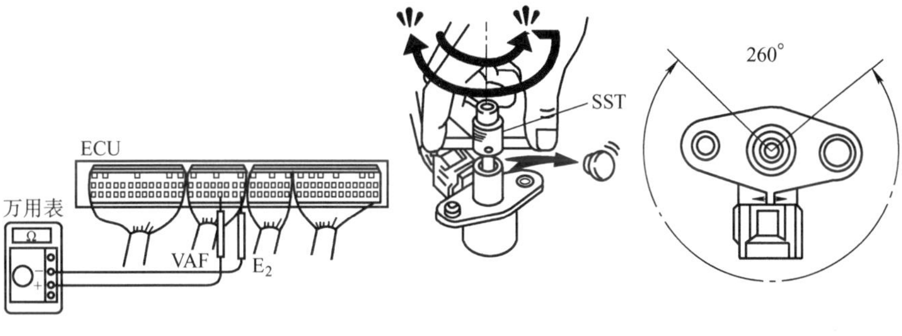

图 7-6　可变电阻型传感器的电阻检测

（2）可变电阻型传感器的电压检测　点火开关置于 ON 位置，用万用表电压档测量 V_C 端子和 E_2 端子间的电压，应为 4.5 ~ 5.5V。点火开关置于 ON 位置，当用专用工具转动可变电阻时，用万用表电压档测量 ECU 插接器的 VAF 和 E_2 端子之间的电压，VAF 和 E_2 端子间的电压应为 0 ~ 5V（不允许有突然跳跃 5V 或跌落到 0V 的现象），否则就需更换可变电阻型传感器。

5. 怠速开关

怠速开关位于节气门位置传感器内，为电控单元判断发动机是否处于怠速工况提供信号。

7.1.2　怠速电子控制阀的结构原理与检修

1. 节气门直动方式怠速控制装置

节气门直动方式怠速控制装置是通过控制节气门的开启程度，控制怠速时的进气量，实现怠速转速的控制。如图 7-7 所示，ECU 控制直流电动机，直流电动机旋转并通过减速齿轮的角位移转变为传动轴的直线运动，通过传动轴的伸出或退入，调节节气门全闭限制位置，从而调节节气门处空气通道截面积，进而实现怠速转速的控制。

2. 步进电动机型怠速控制阀

如图7-8所示，步进电动机型怠速控制阀是由永久磁铁构成的转子、励磁线圈构成的定子、把旋转运动变成直线运转的进给丝杠及阀门等组成的。它是利用步进转换控制，使转子可正转，也可反转，从而使阀芯沿轴向（上、下）移动以达到调节旁通空气道截面的目的。皇冠3.0轿车发动机就是应用这种怠速阀，该阀有125种不同的开启位置，转子由永久磁铁构成8对磁极，N极和S极在周围相间排列，定子由两个带有16爪的铁心组成，每个铁心上有两组线圈，两线圈的绕线相反，两铁心相差一个爪的差位，构成一个整体安装在外壳上。

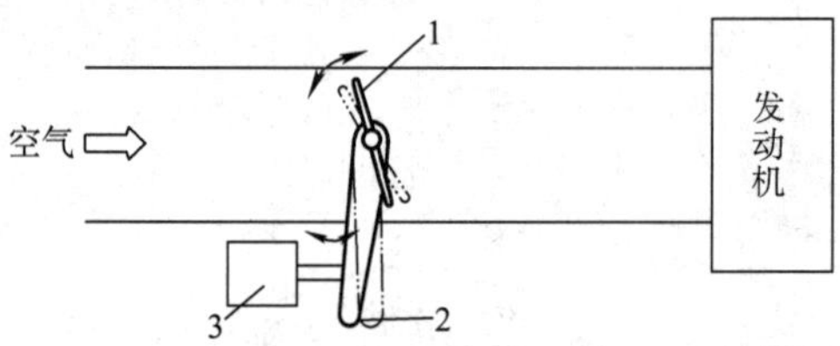

图7-7 节气门直动方式怠速控制装置

1—节气门 2—节气门操纵臂 3—直流电动机

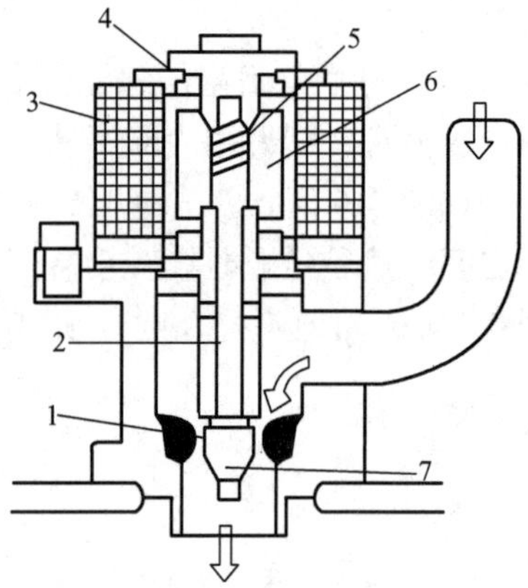

图7-8 步进电动机型怠速控制阀

1—阀座 2—阀轴 3—定子线圈 4—轴承 5—进给丝杠机构 6—转子 7—阀

怠速控制阀的主体是一个步进电动机，ECU通过数字化的方波信号，控制阀门的进/退和移动量。图7-9所示为皇冠3.0轿车发动机怠速控制阀电路。

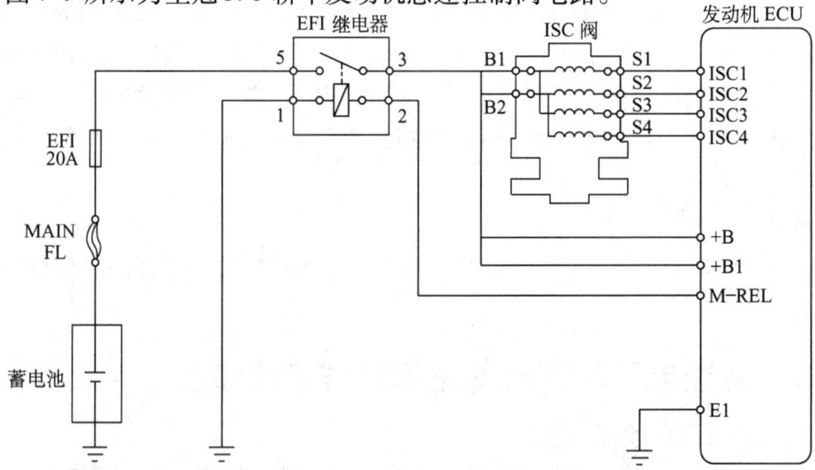

图7-9 皇冠3.0轿车发动机怠速控制阀电路

大多数电喷发动机都采用步进电动机型怠速控制阀，ECU 根据发动机的工况，调节步进电动机电磁线圈的通电顺序，使步进电动机轴上的锥阀体旋入或旋出，调节旁通空气道的开度，实现旁通气道进气量的调节，如图 7-10所示。

如果发动机起动困难但稍踩加速踏板却能起动，则说明怠速控制阀有故障。ISC（怠速控制）阀可能出现阀体锥面有较多积炭、胶质黏滞、油污堆积，其结果减小了锥形阀的可调范围，使冷车起动时，进气量减小、混合气过浓而出现起动困难。

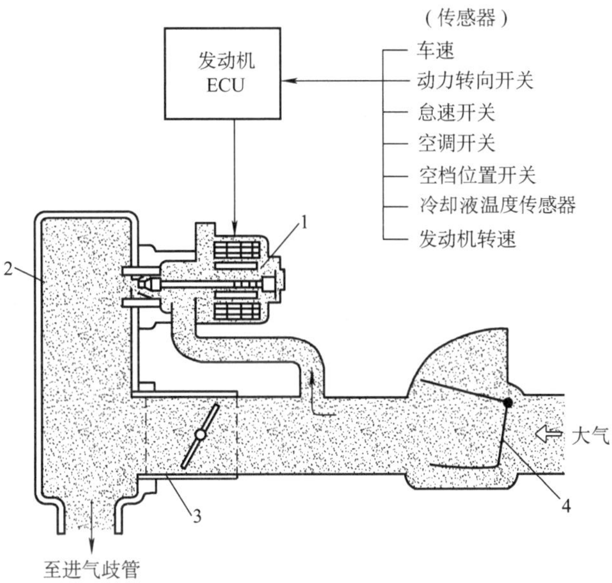

图 7-10　步进电动机怠速控制机构

1—怠速控制阀　2—稳压箱　3—节气门体　4—空气流量计

当怀疑步进电动机型怠速控制阀有故障时，可按以下方法进行检查：

（1）声音的检查

1）确认发动机冷却液温度低于 20℃。

2）当点火开关转到 ON 位置时，检查可否听到步进电动机的动作声。起动发动机后，再熄火，这时也可以听到怠速阀的声音（怠速阀为下一次起动发动机而复位）。

3）如果不能听到步进电动机的动作声，则应检查步进电动机的驱动电路。如果驱动电路正常，则可能是步进电动机或发动机 ECU 工作不良。

（2）线圈电阻的检查

1）脱开怠速控制伺服机构插接器，连接专用工具（测试用配线）。

2）如图 7-11a 所示，测量怠速控制伺服机构侧插接器的端子 2 与端子 1 之间的电阻值，或端子 2 与端子 3 之间的电阻值，阻值为 28 ~ 33Ω（20℃时）。

3）如图 7-11b 所示，测量怠速控制伺服机构侧插接器的端子 5 与端子 6 之间的电阻值，或端子 5 与端子 4 之间的电阻值，应为28 ~ 33Ω（20℃时）。

3. 旋转电磁阀型怠速控制阀

旋转电磁阀型怠速控制阀也称为旋转滑阀，如图 7-12 所示，它主要由永久磁铁、电枢、

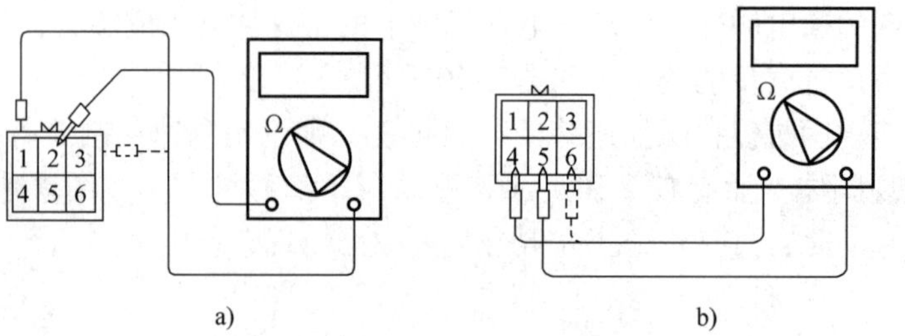

图 7-11　步进电动机的检查

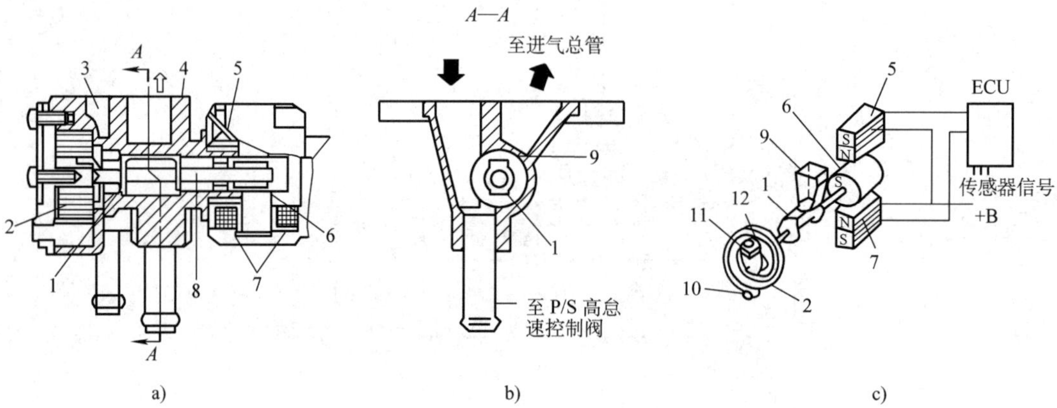

图 7-12　旋转电磁阀型怠速控制阀

a）结构　b）位置　c）工作原理

1—旋转滑阀　2—双金属带　3—冷却液腔　4—阀体　5、7—电枢　6—永久磁铁　8—轴　9—旁通口　10—固定销　11—挡块　12—杆

旋转滑阀、阀体等组成。旋转滑阀固定在电枢轴上，与电枢轴一起转动，用以控制流过旁通气道的空气量。永久磁铁固装在外壳上，其间形成磁场。电枢位于永久磁铁的磁场中，电枢铁心上缠有两组绕向相反的电磁线圈。ECU 将检测到的怠速转速实际值与储存的设定目标值相比较，并随时校正送至旋转滑阀的驱动信号的占空比，以实现稳定的怠速运行。

检查旋转电磁阀时，可以检查线圈的电阻，这种电磁阀有三条接线，一条是电源线，另外两条是电磁阀内两个线圈的控制线。也可以测量用来控制旋转电磁阀的占空比控制信号。

4. 占空比型怠速控制阀

如图 7-13 所示，占空比型怠速控制阀主要由电磁线圈、阀轴、阀芯、弹簧等部件组成。它是利用电磁线圈产生的吸力，使阀轴在轴向作线位移，从而使阀门开度变化。当弹簧力与电磁吸力达到平衡时，阀门开度处于稳定状态。电磁力的大小取决于 ECU，当驱动电流大时，电磁吸力大，阀门开度大；反之，阀门开度就小。波纹管的作用是为了消除阀门上下压差对阀门开启位置的影响。

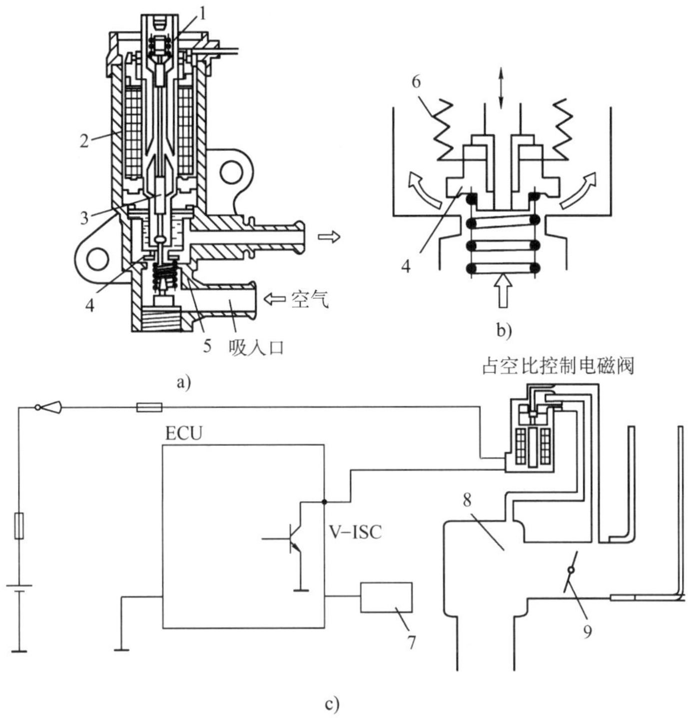

图 7-13　占空比型怠速控制阀

a）结构　b）示意图　c）工作原理

1—弹簧　2—电磁线圈　3—阀轴　4—阀芯　5—壳体　6—波纹管

7—传感器　8—进气总管　9—节气门

占空比型怠速控制阀有两条接线柱：其中一条是电源线，另一条是电磁线圈的控制线。检查时要检查电源及控制线。

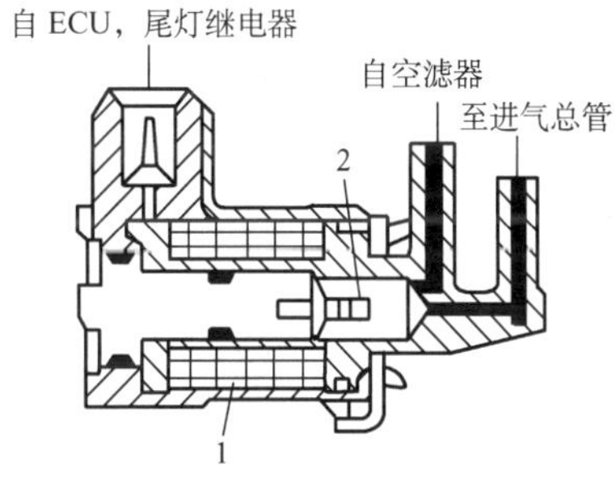

图 7-14　开关型怠速控制阀

1—电磁线圈　2—开关阀

5. 开关型怠速控制阀

如图 7-14 所示，开关型怠速控制阀只有两个位置，即开和关，控制比较单一，不精确。开关型怠速控制阀不能单独使用控制怠速，只能配合其他类型的怠速阀使用。

6. 电子节气门的怠速控制

电子节气门系统取消了怠速调节阀，而是直接由控制单元调节节气门开度来实现车辆的怠速控制，当发动机负荷增大，需要发动机快怠速运转，目标转速高于实际转速时，ECU 将控制节气门驱动电动机增大进气量来实现快怠速；反之，当发动机负荷减小，目标转速低于实际转速时，ECU 将控制节气门驱动电动机减小进气量来调节怠速转速。

节气门控制电动机一般选用步进电动机或直流电动机，经过两级齿轮减速来调节节气门开度。早期以使用步进电动机为主，步进电动机精度较高、能耗低、位置保持特性较好，但其高速响应性能较差，不能满足节气门较高的动态响应性能的要求，因此现在比较多地采用直流电动机，直流电动机精度高、反应灵敏、便于伺服控制。

7.1.3　怠速控制过程

不同怠速控制系统的控制方法不同，下面以步进电动机型怠速控制阀为例，介绍怠速的控制方法。步进电动机调节机构安装在进气总管内，步进电动机对怠速的控制主要有以下几种情况：

（1）**初始值设定**　步进电动机不具有复位功能，因此当点火开关关闭后，ECU 控制电源延时 3s 关闭，主继电器由 ECU 的 M-REL 端子供电，保持接通状态，待怠速控制阀起动初始位置设定后才断电。ECU 控制 ISC 阀全开（皇冠 3.0 轿车怠速控制阀 125 步），使步进电动机对怠速控制阀的初始位置进行设定，保证下一次起动。

（2）**暖机控制**　发动机起动时，怠速控制阀设定在全开位置，以便于发动机起动。起动后，当发动机转速达到一定值时，若 ISC 阀仍保持全开状态，则转速会升得过高，ECU 将怠速控制阀关小到当时与冷却液温度相应的最佳怠速转速值。因此，在发动机起动后，ECU 首先检测冷却液温度，当冷却液温度过低时，应执行暖机控制。所谓暖机控制就是在低温时使怠速控制阀开启量较大，使怠速转速升高，以加速暖机过程。在暖机中，ISC 阀随冷却液温度上升而逐渐关闭，当冷却液温度达到 70℃时，暖机（快怠速）控制结束。

（3）**稳定怠速控制**　在发动机暖机后，进入闭环控制，此时以怠速转速作为反馈量，根据转速的增减来相应地改变 ISC 阀的开度。如果发动机实际转速与 ECU 存储器中存放的目标转速相差超过 20r/min，ECU 则控制 ISC 阀增减旁通空气量，使发动机实际转速与目标转速相同。目标转速值随发动机工况而定，如空档起动开关是否接通、空调开关是否接通等。当使用电器增多时，由于蓄电池电压降低，为了保证 ECU 的常用电源线端子和受点火开关控制的电源线端子有正常的供电电压，需要相应地增加旁通空气量，提高发动机的怠速转速。

（4）**怠速提前控制**　在某些情况下，负荷的变化（自动变速器空档开关、空调开关的通断）会引起发动机转速发生较大的变化。为了防止这种转速变化，ECU 控制怠速控制阀提前开大或关小一定的值。ECU 通过步进电动机正反的步数来决定 ISC 阀的位置，调整发动机的怠速转速。即使步进电动机控制阀门的位置不变，怠速转速的初始数值也不同，因此 ECU 用反馈控制方法输出信号，使发动机转速达到目标值。ECU 将此时步进电动机转过的步数存储于备用存储器中，以便在以后的怠速控制中使用。

（5）**其他控制**

1）由于负荷等引起电源电压降低时，ECU 会自动控制提高发动机转速，保证正常供电。

2）随着机件的磨损等，ECU 控制步进电动机的步数已达不到原来的控制效果，此时发动机会通过发动机转速的反馈控制，使其达到原来的控制目标值。这种控制方式又称为怠速控制的自适应功能。

步进电动机型怠速控制系统中与冷却液温度、空调工作状态相对应的目标怠速转速都存放在 ECU 的存储器中。当 ECU 根据节气门开度和车速信号，判断发动机处于怠速运转时，按一定次序给步进电动机内线圈供电，驱动步进电动机调节旁通空气量，使发动机转速达到所要求的目标值。

7.1.4　怠速的检查调整和设定

在维修电控汽车时，经常发现一些怠速故障是因拆过蓄电池或更换控制单元后引起的。这时需要按一定程序或用专用仪器重新调整和设定。

调整怠速方法主要有以下几种：电控单元进入自诊断（丰田）；跨接设定线（三菱）；拆下节气门位置传感器或怠速电动机插头（日产）。

怠速设定时，诊断仪上出现的 TPS 设定值是指节气门怠速开关及节气门位置传感器在怠速时应有的信号电压值。在拆过蓄电池或清洗节气门体后，TPS 值应用专用仪器重新设定，否则会产生怠速太高、高速不稳。怠速学习是指 ECU 记忆资料消失或不正确时，必须以特定步骤或程序，重新建立怠速运转状况资料模式。这种设定即怠速学习，如果车辆仅仅是因为拆过蓄电池或清洗一些部件后，就出现耗油、混合比过浓或过稀、怠速不稳等症状，应做怠速学习记忆，可以用仪器或按以下程序设置：①变速杆置于 P 位或 N 位；②起动发动机，并使之到达工作温度，使冷却风扇运转；③将变速杆置于 N 位，维持怠速 1min，再移到 D 位，维持怠速 1min；④路试，使节气门开度保持在 21% ~50% 范围内加速。提升档位到最高位，再使车辆保持在 80 ~ 100km/h 的车速匀速行驶几分钟，怠速运转 1min，重复几次即可。

1. 怠速转速检查

捷达轿车 AHP 型发动机的怠速转速、点火提前角和 CO 含量均不可调，它是由节气门调节器与 DLS（数字式怠速稳定装置）共同将怠速转速调节到规定值，由氧传感器调节将 CO 含量调到规定值的。氧传感器调节的故障由自诊断识别并存储到故障存储器中。

进行怠速转速检查时要使用故障诊断仪 V. A. G1551 及导线 V. A. G1551/3。

进行怠速转速检查时要求所有用电设备关闭（在检测时散热器风扇不允许运转）、空调装置关闭以及节气门拉索的调节正常。

1）查询故障码，必要时排除现有故障，然后清除故障码。连接好故障诊断仪 V. A. G1551。让发动机继续怠速运转，按下 0 和 8 键，选择功能“读取测量数据块”。

2）按下 0、0 和 3 键选择“显示组 3”，按 Q 键确认输入。屏幕显示：

读取测量数据块		3	→
1	2	3	4

3）只有在显示区 3 中显示至少为 80℃时，才继续进行下面的检测，按下 C 键。

4）按下 0、0 和 5 键选择“显示组 5”，按下 Q 键确认输入。屏幕显示：

读取测量数据块		5	→
1	2	3	4

5）检查显示区，其中的怠速转速规定值为 800 ~ 880r/min，每 40 步显示刷新一次。如果怠速低于 800r/min，可能是发动机有额外负荷，应消除负荷（空调、动力转向等）；也可能是节气门控制机构卡滞或损坏，应检查节气门控制单元。如果高于 880r/min，可能是怠速开关未闭合或损坏，检查是否有故障码；检查是否有较大漏气（可测量发动机进气管的真空）；检查节气门控制机构是否卡滞或损坏，检查节气门控制单元，空调是否关闭。

2. 进行基本设定

利用基本调整可在点火开关打开时，将多点喷射控制单元与节气门控制单元匹配一致。进行基本调整必备的检测仪有故障诊断仪 V. A. G1551 或汽车系统测试仪 V. A. G1552 及导线 V. A. G1551/3。基本调整时要求故障存储器中无故障码。

1）连接故障诊断仪 V. A. G1551（或 V. A. G1552），用“地址码”01 选择发动机电子控制单元，在此期间点火开关必须打开。

2）按下 0 和 4 键选择功能“进入基本调整”，按 Q 键确认输入。

3）按下 0、9 和 8 键选择“显示组 98”，按 Q 键确认输入。屏幕显示：

系统处于基本调整	98
×. ×××V ×. ×××V 怠速自适应正在进行	

4）按下 Q 键后，节气门调节器进入应急运行状态，在最小至最大位置区间运行，控制单元将各自的节气门角度储存到永久性存储器中，该过程持续最多 10s，紧接着节气门短时间内处于起动位置，然后关闭。屏幕显示：

系统处于基本调整	98 →
×. ×××V ×. ×××V 怠速自适应正常	

5）发动机控制单元与节气门控制单元的匹配适应圆满完成。如果屏幕显示如下信息之一，则匹配中断。屏幕显示：

系统处于基本调整	98 →
×. ×××V ×. ×××V 怠速自适应不正常	

或屏幕显示：

系统处于基本调整	98 →
×. ×××V ×. ×××V 怠速自适应正在进行	

或屏幕显示：

系统处于基本调整	98 →
×. ×××V ×. ×××V 怠速出错	

或屏幕显示：

系统处于基本调整	98 →
×. ×××V ×. ×××V 部分负荷出错	

或屏幕显示：

功能未知或目前不能执行！

如果基本调整被控制单元中断，可能是由下述原因引起的：节气门由于脏污如积炭或节气门拉索调整错误等原因不能达到怠速机械止点位置。必要时清洗节气门支座或调整节气门

拉索；蓄电池电压太低；节气门控制单元或导线连接损坏。

中断后，“节气门控制单元 J338 基本调整有故障”就存储到故障存储器中，在下一次打开点火开关时基本调整再自动进行一次。

6）按→键结束发动机基本调整。

7）按 0 和 6 键选择功能“结束输出”，按 Q 键确认输入。

3. 本田车系基本怠速检查与调整

1）起动发动机，在无负荷下，加速到 3000r/min，等到散热风扇运转。

2）关闭点火开关，将 IAC 线拔掉，再起动，加速到 1000r/min，然后慢慢放加速踏板到怠速。

3）标准规格，ACCORD：500 ~ 600r/min；CIVIC：370 ~ 470r/min。如果不符合标准，需调整怠速调整螺钉。

4）熄火，装回 IAC，清除故障码。

5）再发动，检查基本怠速，ACCORD：650 ~ 750r/min；CIVIC：650 ~ 750r/min。

7.2　定速巡航控制系统

汽车定速巡航控制系统又称为恒速、稳速等系统，源于英文 Cruise Control System（CCS），有时也称为车速自动控制系统，该系统是集成在发动机电控系统中的一个子系统。目前已把巡航控制系统作为标准配置或选配设备的轿车有不少，例如别克、丰田皇冠、奔驰和宝马等车辆。装有 CCS 的汽车在良好路面（尤其是高速公路）上行驶时，设定巡航控制模式后，ECU 根据汽车运行工况和运行环境信息，再根据驾驶人设定要求的速度，无论风力和道路坡度引起汽车行驶阻力怎样变化，都能自动地适应外界阻力的变化控制发动机工作，使汽车自动维持一定车速行驶。

在发动机功率允许的范围内，当车速高于 40km/h 时，借助定速巡航控制系统可使车辆按设定的车速恒速行驶，驾驶人的脚可以离开加速踏板，这样可以减轻驾驶人的疲劳强度。由于汽车定速行驶，加速踏板及制动踏板的踩放次数减少，可使发动机燃料的供给与功率处于最佳配合，使耗油量降低，减少了排气中有害成分的排放。巡航控制是一个速度控制系统，它可以在正常行驶条件下保持大于 40km/h 的车速。

7.2.1　定速巡航控制系统的结构与原理

1. 结构

一般汽车定速巡航控制系统（CCS）主要由主（控制）开关、设置/恢复/清除开关、制动开关、离合器开关、巡航控制电控单元（ECU）、定速巡航指示灯等组成，如图 7-15 所示。

2. 定速巡航控制系统的功能

（1）基本功能

1）车速设定。当合上控制开关后，ECU 就能存储此时的行驶速度，并能保持这一速度行驶。

2）消除功能。当踩下制动踏板时，车速设定解除，但已设定的车速存储在 ECU 中。

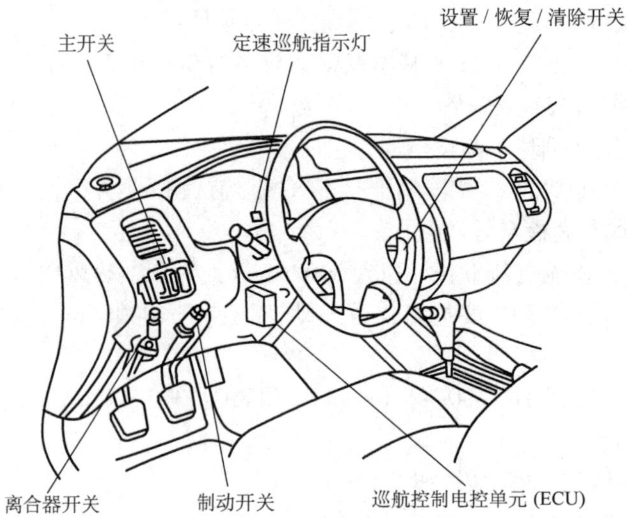

图7-15 巡航控制系统

3）恢复功能。按恢复开关，可恢复原来存储的车速。

4）滑行。继续按下开关进行减速，以离开开关时的车速稳定行驶。

5）加速。继续按下开关进行加速，以离开开关时的车速进行恒速行驶。

6）车速微调。在巡航速度行驶中，操纵开关以ON→OFF（接通→断开）的方式进行变换，车速略有提高。

（2）系统保护功能

1）低速自动消除。当车速低于40km/h时，原存储的车速自动消除，不能再恢复此车速。

2）踩制动踏板消除。通常在制动踏板上装有两个开关：一个用于对ECU的信号进行消除；另一个直接使执行器停止工作。

3）其他消除。有驻车制动、离合器（M/T车）、变速杆（A/T车）等控制开关功能的消除。

3. 定速巡航控制系统的工作原理

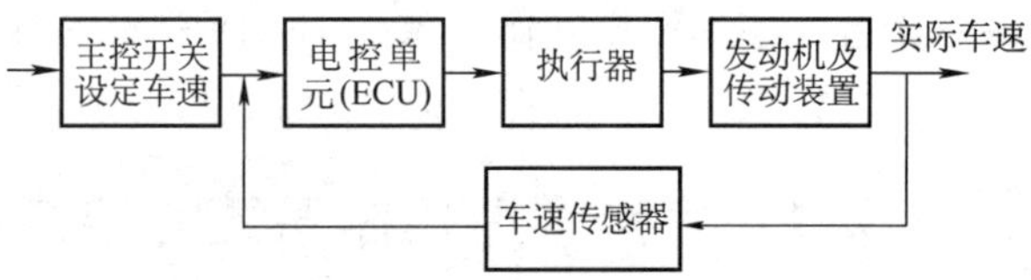

图7-16 定速巡航控制系统控制原理的框图

定速巡航控制系统控制原理的框图如图7-16所示。汽车电控巡航系统是一个闭环控制系统，ECU有两个输入信号：一个是驾驶人利用控制开关，设定巡航车速并记入ECU的存储器中；另一个是实际车速的反馈信号。当车辆处于巡航状态时，设定车速和实际车速同时输入ECU的比较电路，经计算、对比，ECU检测这两个输入信号之间的误差后，产生一个送至节气门执行器的节气门控制信号。节气门执行器根据所接收的控制信号调节发动机节气门开度以修正ECU所检测到的误差，从而使实际车速稳定在设定车速附近。实际车速由车速传感器测得并转换成与车速成正比的电信号反馈至ECU。常用巡航控制系统主要有电动式和真空式两种。

（1）**电动式巡航控制系统** 电动式巡航控制系统主要由传感器、电控单元（ECU）、执行部件、故障自诊断装置和操作开关等组成。

1）主控开关。巡航控制开关即驾驶人指令开关，也称为主控开关，如图7-17所示。主控开关的作用是控制巡航控制系统的起动、关闭及调节巡航工作状态，它由主开关和控制开关组成。主开关（MAIN）是巡航系统的主电源开关，采用按键式，压入（ON）则接通电源，再压入（OFF）则关闭。控制开关具有五种控制功能：SET（设置）、COAST（减速）、RES（恢复）、ACC（加速）、CANCEL（取消）。SET和COAST使用同一个开关，RES和ACC同用另一个开关。主控开关一般是杆式开关，安装在转向柱上驾驶人易于操纵的地方，控制开关属于自动回位开关，按箭头B、C和D指示的方向操纵开关时，开关导通。手放松时，开关断开。

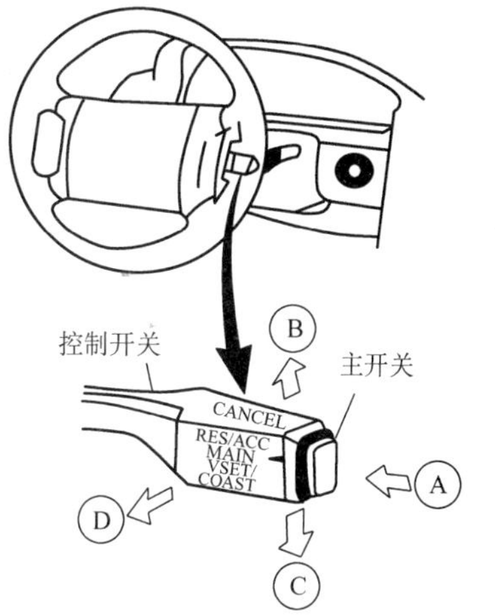

图7-17　巡航控制系统的主控开关

当巡航控制开关处于SET/COAST（设置/减速）档位时，只要按下按钮不动，车辆就不断加速。当达到所要求的车速时，松开按钮，巡航控制系统就使汽车按松开按钮时的车速保持恒速行驶。汽车在巡航控制状态中，一般当车速低于40km/h时，ECU自动将巡航控制取消，这样使汽车在制动、转弯时，巡航控制不起作用；当车速超出人为预定巡航车速6～8km/h时，ECU会自动将巡航控制取消；另外，在汽车的减速度大于2m/s以及汽车的制动开关动作时，ECU也会自动取消巡航控制，以确保汽车的行驶安全。当巡航控制开关转换到CANCEL（取消）档位时，巡航控制随即取消。RES/ACC（恢复/加速）档用于制动或换档断开后，使汽车重新按设定速度行驶。

也有把主开关和控制开关分开设置的，主开关安装在指示灯的附近，它是巡航控制系统的按钮式电源开关。当按下A/D（模/数）转换器开关后，汽车电源系统给巡航控制系统供电，此时Power（功率）指示灯亮；当按动设置开关时，Memory（存储）指示灯亮，此时的车速被存储起来。

2）车速传感器。车速传感器的作用是将汽车行驶中产生的车速信号送入ECU，作为汽车行驶的实际车速反馈信号，以便实现控制汽车恒速行驶功能。

车速传感器通常和车速表驱动装置相连。如果车速表是电子式的，其信号可直接用作巡航控制ECU的反馈信号，而不必为巡航控制系统另设车速传感器。如果车速表是机械式的，必须专门设置用于巡航控制系统的车速传感器。专门用于巡航控制系统的车速传感器一般安装在变速器输出轴上，这是因为实际行驶车速与变速器输出轴成正比。

3）电动式巡航执行器。执行器也称为伺服器，其作用是接受巡航控制ECU的控制指令，操纵节气门，改变节气门开度，使汽车加速、减速及恒速行驶。电动式巡航执行器一般采用步进电动机控制。

它利用蜗轮、蜗杆减速机构降低直流电动机的转速，使节气门臂动作，并通过电磁离合器调节节气门臂的位置，以最终实现对节气门的控制。如图7-18所示，伺服电动机通电后向正反两个方向旋转，始终以脉冲电流通电。如果控制臂到达规定位置就停止通电，利用减速齿轮机构的保持力仍确保此位置不变。此外，装有用于检测节气门开度的电位计，通过对控制臂的位置检测来提高控制性能。采用这种方式，在解除巡航功能时，电磁离合器脱开后又可恢复节气门的位置。电动式巡航执行器主要由伺服调速电动机、安全电磁离合器和控制臂位置传感器组成。

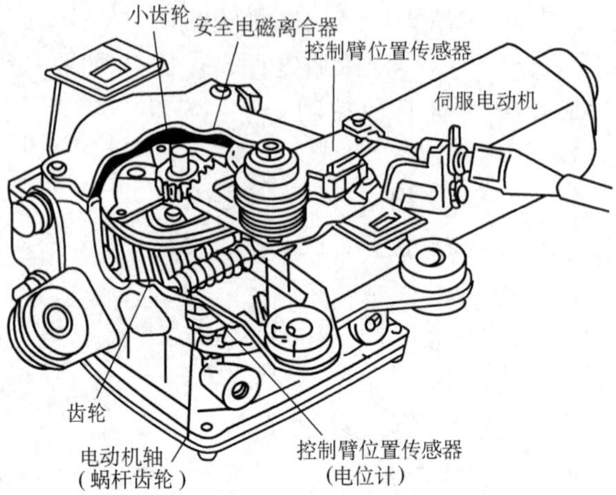

图 7-18 电动式巡航执行器的基本结构

① 安全电磁离合器。安全电磁离合器起锁住或释放节气门控制拉索的作用，当汽车沿平直的道路以高于 40km/h 的速度行驶，并且驾驶人已起动巡航按钮 SET 时，安全电磁离合器即将钢丝绳锁住，使节气门保持一定的开度，使车速基本稳定在驾驶人所设定的速度范围内。当进行下列操作之一时：踩下制动踏板、踩下离合器踏板（手动变速器车型）、从 D 位换至 N 位（自动变速器车型）、拉紧驻车制动手柄或将巡航控制开关换至取消位置，安全电磁离合器释放节气门拉索，巡航装置与节气门分离开，防止车辆失控而发生事故。

② 伺服调速电动机。汽车行驶时，会因路面高低不平、上下坡和转弯等道路状况的变化，而造成车速上下波动，影响车辆恒速行驶。为减少车速上下波动，必须对节气门开度进行微量调整，将车速控制在设定值范围内，在车速控制系统执行器中，装有一台调速伺服电动机。该调速伺服电动机采用的是永磁可逆式电动机，受 ECU 控制。其功能是微量调整节气门开度，因为电动机能将控制装置输出的脉冲数字信号转变为一定量的角位移。每输入一个脉冲，电动机便可带动节气门转过一定的角度，这就保证了节气门开闭动作的平顺与准确。电动机转过的角度即为节气门转过的角度，该角度与输入的脉冲数成正比。这样保持了车辆动态恒速行驶。同时调速伺服电动机还用于加速（ACC）和减速（如下坡滑行——COAST）的调整。

③ 控制臂位置传感器。控制臂位置传感器是一个由滑线电阻器构成的电位计，用于检测调速伺服电动机控制节气门的位置，即动态反映了节气门的开度情况。随时将反馈信息输入巡航控制 ECU。电动机式巡航控制装置与发动机节气门的关系如图 7-19 所示。

4）巡航控制电控单元（ECU）。巡航控制电控单元（ECU）的作用是接受车速传感器、巡航控制开关、制动开关等作用信号，经计算、记忆、放大及信号转换等处理后，输出控制信号，驱动执行器动作，如图 7-20 所示。

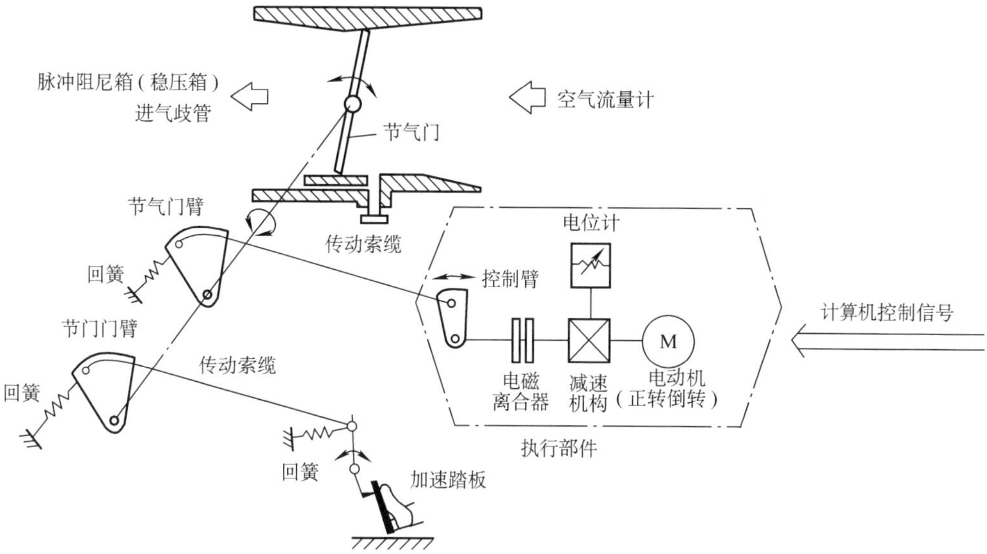

图 7-19　电动机式巡航控制装置与发动机节气门的关系

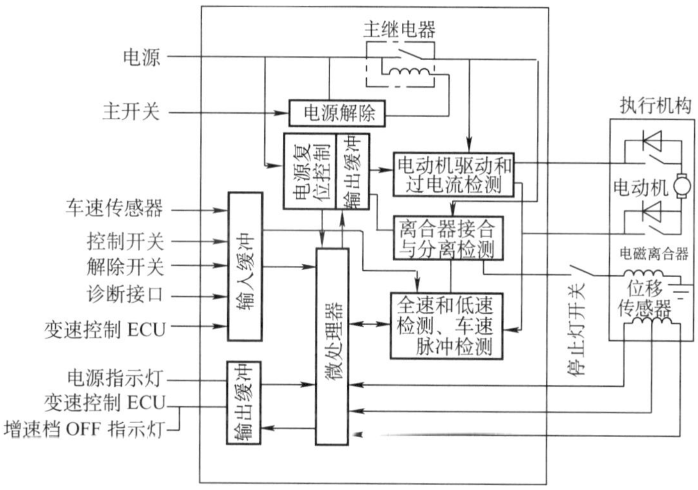

图 7-20　巡航控制系统电控单元（ECU）的结构框图

巡航控制电控单元（ECU）可以实现以下功能：

① 当驾驶人开启巡航控制系统，进入巡航状态并设定巡航车速后，ECU 可通过车速传感器自动记忆设定的巡航车速。当重新设定巡航车速时，ECU 可将原设定的车速消除并记住新设定的车速。

② 在巡航控制状态，ECU 不断对汽车行驶中各个时刻的车速进行检测，并和它记忆中的人为设定车速做比较运算，以作为调节控制的基础。

③ 当实际车速低于设定车速时，ECU 控制电动机驱动节气门向开度增大的方向转动，使车速升高；当实际车速高于设定车速时，ECU 控制电动机驱动节气门向开度减小的方向转动，使车速降低。当实际车速低于或高于设定车速时，ECU 不仅控制电动机驱动节气门改变开度，还可根据汽车减速度或加速度值的大小，控制电动机的转速随之改变，使节气门

的开度能实现较迅速或较缓慢的变化。

④ ECU 能够在人为干预时（如踩制动踏板、拉驻车制动手柄、变速器挂入空档或踩下离合器踏板等），迅速中断巡航控制状态，以保证行车安全。

⑤ ECU 具有故障自诊断功能，并设有诊断接口，以备检修时使用。

(2) 真空控制式巡航系统　真空控制式巡航控制系统一般由控制开关、真空系统和控制电路等组成。整个系统的控制目标是节气门，真空控制式巡航系统控制开关和巡航控制 ECU 的功能与电动式巡航系统基本类似，所不同的是执行器，真空式大多采用有进气歧管真空度控制的气动式结构。

如图 7-21 所示，真空控制式巡航系统的真空式执行器主要由真空筒、膜片、弹簧、两个空气电磁阀和一个真空电磁阀等组成。膜片和弹簧装置在真空筒内，膜片一端经拉索与节气门相连。真空筒内的真空度由空气电磁阀和真空电磁阀控制，电磁阀的通电时机则由巡航控制 ECU 控制。

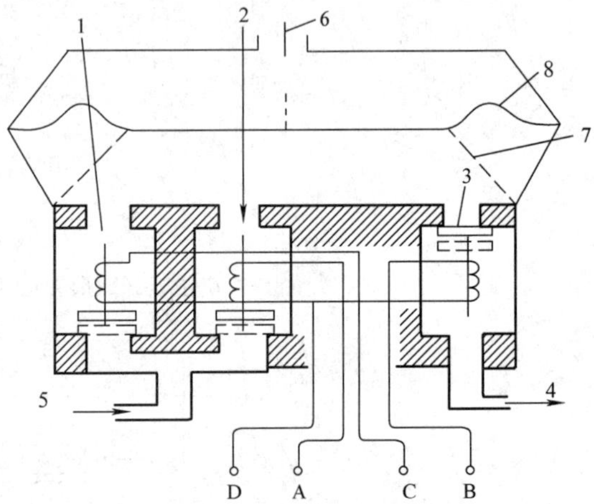

图 7-21　真空式执行器结构

1、2—空气电磁阀　3—真空电磁阀
4—真空吸气口（接节气门进气歧管）
5—空气进口　6—节气门拉索
7—弹簧　8—膜片

当巡航控制系统未工作时，真空电磁阀阀门关闭，空气电磁阀阀门打开，真空筒与大气相通，膜片在弹簧张力的作用下向上拱曲，将节气门拉索放松，使节气门开度减小。

当欲使汽车加速时，空气电磁阀及真空电磁阀线圈电流均经 ECU 内部搭铁构成通路，使真空电磁阀阀门打开，将进气歧管真空度引入真空筒，与此同时使空气电磁阀阀门关闭，切断真空筒与大气通路，由于真空筒内真空度增大，吸动膜片向下拱曲，通过拉索拉动节气门使其开度增大，汽车将加速行驶。

当汽车加速到一定车速后，需要保持恒速行驶时，巡航控制 ECU 将控制空气电磁阀及真空电磁阀线圈同时断电，阀门同时关闭，使真空筒内的真空度保持不变，从而维持节气门开度不变。

(3) 电子节气门式巡航控制系统　电子节气门式巡航控制系统又称为速度控制系统，它是一种减轻驾车者疲劳的装置。当驾驶人开启该系统时，车速将被固定下来，驾驶人不必长时间踩踏加速踏板。该系统工作原理如下：车速传感器将车速信号输入控制单元，控制单元根据行驶阻力的变化输出信号自动调节电子节气门开度，当汽车阻力增大（上坡）和车速降低时，控制节气门开度增大，反之减小，使行驶车速保持稳定。

7.2.2　定速巡航控制系统的故障及检修

当定速巡航控制系统出现故障时，汽车的巡航功能就不能工作或不能正常工作，为此必须排除。

1. 定速巡航控制系统不工作或工作不正常

1）检查制动灯工作是否正常。

2）检查节气门连接杆件是否有机械卡住现象，如果有卡住现象，会使系统出现故障。

3）检查巡航控制电缆的调节情况，该电缆应尽量没有松弛现象。

4）检查动力传动系统模块中是否存储有诊断代码，如果有，先根据故障码指示进行维修。

5）检查车速传感器信号是否稳定。

6）检查发动机转速是否稳定正常。

7）检查蓄电池充电是否正常。

对于定速巡航控制系统较难检查的是巡航控制 ECU，对于控制 ECU 检查可以查找具体的维修资料。如果在符合巡航条件的情况下，巡航系统不能工作或不能正常工作，检查控制 ECU 的电源线和搭铁线，检查对各个接线输送来的信号，如果正常可以更换巡航控制 ECU 再进行检查。

2. 巡航控制电缆的更换

（1）拆卸程序　如图 7-22 所示，从节气门操纵杆和加速器控制电缆托架上拆除电缆，在模块上逆时针旋转电缆，以便把电缆从模块上拆卸下来。

（2）安装程序　把电缆安装到模块上，按拆卸相反的顺序把电缆安装到节气门操纵杆和加速器控制电缆托架上，然后调整巡航控制电缆。

3. 巡航控制释放开关的调节

如图 7-23 所示，同时调节巡航控制释放开关和制动灯开关，两个开关中，任何一个开关的调节不当都有可能造成以下情况：制动系统管路的过早磨损；巡航控制系统不能正常运转。调节步骤如下：

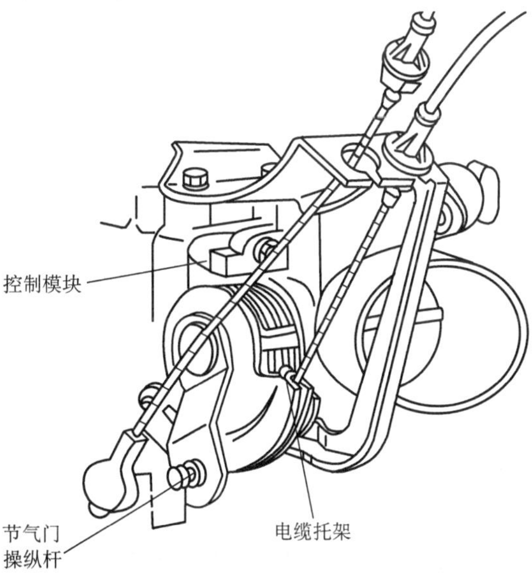

图 7-22　巡航控制电缆的拆除

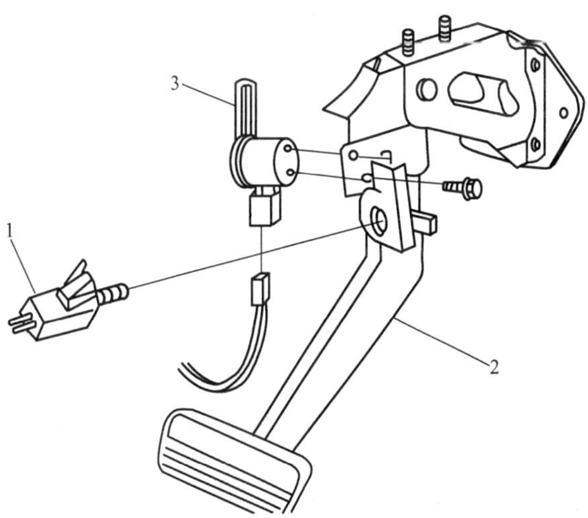

图 7-23　制动灯开关和巡航控制释放开关

1—制动灯开关　2—制动踏板　3—巡航控制释放开关

1）把制动踏板踩到底。

2）把两个开关推入座圈，直到开关完全入位。

3）背对踏板停止器把制动踏板向后拉，直到听不到“咔嗒”声。

7.3 电控单元的其他控制

7.3.1 电控单元对电源的监控

在充电过程中，交流发电机给电控单元发送信号。电源电压的高低对发动机的影响非常大，因此目前有很多发动机的电控单元对发电机的发电电压进行了监控。例如，三菱4G64发动机发电机电压超高，显示故障码P0560-0，说明是使用了错误的蓄电池或发电机调节器故障，导致系统电压超高。

电控发动机都需要根据蓄电池电压来修正对喷油量和点火时间等的控制，捷达王的蓄电池电压可以用数据流来读取，蓄电池电压正常值为12～14.5V，如果小于12V，原因可能包括：发电机损坏，蓄电池不良，应检查充电系统；发动机控制单元的电源或搭铁线接触不良；在关闭点火开关后有漏电情况，检查漏电。如果大于14.5V，可能是发电机调节器损坏或使用快速充电器引起的电压过高，应检查电控单元供电电压。读取数据块03组及可获得当前的蓄电池电压：

读取测量数据块03			
1	2	3	4

显示区1显示怠速转速；显示区2显示蓄电池电压；显示区3显示冷却液温度；显示区4显示进气温度。

7.3.2 失效保护功能及备用功能

失效保护功能是当一个传感器发出的信号不正常时，电控单元不受其影响，同时为该传感器设置一个预定值，使发动机能够继续运转，但是发动机的性能将下降。有些故障会对发动机的排放影响较大，电控单元就不会有预定值。例如，发动机工作时，如果点火系统发生故障，便会使未燃烧的混合气进入排气装置和排气管道，排气净化装置中的催化剂温度就会大大超过允许值。同时，未燃烧的混合气在排气管内集聚过多，还会引起排气系统的爆炸。为此，采用故障保护系统，当电控单元接收不到点火确认信号后，立即切断燃油喷射系统电源，停止燃油的喷射。

在监控回路内设有监视时钟，按时对电控单元进行复位。当电控单元发生故障时，程序不能正常执行，时钟就不能使电控单元复位，造成溢出，据此即判为故障。当电控单元自身出现异常时，一个独立于系统的备用电路将控制喷油器，使汽车还能进行短距离行驶。如果MIL亮起，但用维修检查插头短接后又无故障码输出，则表明系统的备用功能起动。现以大众辉腾W12型发动机部分失效保护功能为例说明如下：

1）若进气温度传感器失效，则用空调系统的环境温度传感器计算一个替代温度，故障指示灯亮起。

2）若空气流量计失效，则用节气门位置来计算空气质量，并随之产生一个替代模型。

3）若发动机转速传感器失效仍可以继续驾驶。但是，在下次尝试重新起动时，则不能起动发动机。

4）若其中一个燃油泵失效，发动机性能将因为缺油而降低，这样就无法获得最高转速，发动机在高转速运转时不平稳。

5）若有喷油器堵塞，诊断系统将会检测到空燃比偏离正常值。燃油供应中断，发动机的输出功率随之降低，发动机控制单元中记录一个故障。

6）若一个爆燃传感器失效，气缸组的点火提前角将向“滞后”方向调节到一个安全的点火提前角，这样也会造成燃油消耗增加。若所有的爆燃传感器失效，发动机管理系统将进行紧急爆燃控制，此时的点火提前角通常进行滞后调整且无法获得发动机的全部功率。

7）在可变配气相位系统中，若凸轮轴调节器的电线有故障或某个凸轮轴调节器由于机械卡死或油压过低而发生故障，则无法进行凸轮轴正时调整。相应的凸轮轴沿“滞后”方向移动到参考位置，发动机无法输出完全功率和最大转矩。

7.3.3　起动控制

起动时，电控单元需要了解发动机的准确位置，以便在压缩阶段给气缸定位。在起动发动机时，电控单元通过延长燃油喷射时间或采用异步喷射来提供浓混合气。在冷起动运行模式下，由起动时间确定燃油脉冲是一个比较长的喷射脉宽。发动机冷车运转是通过开环控制模式，在起动时，电控单元通过喷油器来控制燃油的流量。以非同步方式喷射的燃油量只取决于以下因素：冷却液温度、进气压力或进气流量。发动机一旦起动成功，则燃油以同步方式喷射，电控单元通过增加喷油器的持续时间而提供浓的混合气。喷油量随冷却液温度、进气压力或流量、发动机转速而变化。怠速由怠速控制步进电动机来控制。

有些发动机带有快速起动功能，如奥迪 A8 汽车的 V8 BFL 发动机，在起动发动机时，发动机电控单元就可以快速识别出最近一个气缸的点火上止点，计算来自霍尔传感器（凸轮轴位置传感器）和发动机转速传感器的信号，利用来自霍尔传感器的信号识别各缸。这样曲轴不需要转一圈，发动机电控单元就会获得一个相关信号，通过此方式，发动机电控单元在初期就可识别各相关气缸的曲轴位置并控制相应的电磁阀来进行喷射循环和控制相应气缸开始点火，因而就可以快速起动发动机（不必再与 1 缸同步了），这种情况称为快速同步或快速起动功能。

7.3.4　其他控制

1. 自诊断功能

当一个传感器发出的信号不正常时，电控单元为 MIL 提供搭铁，使 MIL 亮起，并且将诊断故障码（DTC）储存在可擦除存储器中，在刚接通点火开关时，电控单元为 MIL 提供搭铁电压 2s，以便检查 MIL 灯泡的状况；当 SCS 维修检查插头被短接时，电控单元通过控制 MIL 的搭铁电压来使其闪烁输出故障码。

2. 燃油泵预置压力控制

在点火开关刚刚接通时，电控单元控制燃油泵运转1～3s，使燃油系统加压，一旦发动机转速超过一定时，燃油泵持续运转。在发动机转动时，电控单元控制燃油泵工作，有的发动机电控单元可以控制燃油泵的转速；在发动机不运转而点火开关接通时，电控单元切断燃油泵的电流。

3. 电控单元对发动机断油的控制

发动机超速断油一般分为两种情况：一种是汽车行驶时；另一种是发动机停驶时。在发动机转速超过6200r/min（各个发动机厂家的数据不相同）时，不论节气门位置如何，切断供油，直到转速到达一定再恢复供油。当松开踏板或制动时，如果发动机转速高出某个范围，电控单元就切断喷射以便减少油耗和排放污染，避免三元催化转化器温度上升。如果发动机转速低于某个范围，就要实施再喷射，使发动机转速高于怠速，避免在减速时由于发动机惯性而产生熄火。

4. 过渡转速运行

在过渡转速时（加速/减速），喷射时间的计算由以下信息决定：发动机转速（发动机转速传感器）、节气门位置信息、进气压力（进气压力与温度传感器）、发动机冷却液温度信号等。加速工况的控制是闭环控制模式，电控单元增大喷油器的喷油脉宽。例如，本田飞度轿车对空调起动控制：当发动机电控单元从A/C系统收到制冷命令时，它将延迟压缩机的通电时间，并加浓混合气，以确保向A/C模式的顺利过渡。

5. 节气门全开模式

节气门位置传感器向电控单元提供节气门位置全开信息，一旦确认节气门全开，电控单元切断供给空调压缩机离合器继电器的电源20s。

6. 驾驶舒适性

电控单元通过获取以下部件信息来改善发动机转速，提高发动机运转的稳定性。例如，助力转向油压开关，车速传感器，交流发动机负载状况，空调压缩机运转状况，风扇电动机消耗功率，变速器传动比变化。为了确保驾驶舒适性的最佳力矩，电控单元主要确定点火提前角和怠速控制步进电动机的位置。

7. 电力保持

在熄火后维持电控单元供电，这项功能使电控单元可以进行管理。为了保留运行参数故障记录，在熄火时，电控单元应至少保持对多功能双继电器供电5s，这个时间可以根据发动机冷却液温度而变化，电力保持阶段可以保存上次熄火以来获得的最新参数，电力保持阶段后，电控单元不再供电。

8. 电控可调式机油泵

如图7-24所示，国产大众EA888发动机中采用的电控可调式机油泵，这种调节方式是通过采用两个不同的压力。低压（相对）约为1.8bar（$1\text{bar}=10^5\text{Pa}$）。当发动机转速达到约3500r/min时就切换到高压，这时压力（相对）约为3.3 bar。压力调节是通过调节齿轮泵的供油量来实现的。这样就可以按机油冷却器和机油滤清器下游所需要的机油压力来精确地供给机油了。机油循环是通过移动单元的轴向移动（就是两个泵齿轮的相对移动）来实现的：如果两个泵齿轮正对着，那么这时的供油能力是最大的；如果泵的从动齿轮在轴向产生最大移动，那么这时的供油能力是最小的（输送的只是齿间挤出的机油）。也就是说，齿轮的位移越大，供油能力越低。这个位移过程是通过将过滤完的机油的压力引到移动单元的前活塞端面上而实现的。移动单元的前活塞端面上还作用有压力弹簧力。移动单元的后活塞端面上一直加载着过滤完的机油的压力。电控可调式机油泵的工作过程是发动机控制单元根据发动机的运行工况与油压（发动机起动、中低速、高速）激活机油压力调节阀N428，调节可控压力通道的状态，使机油压力作用在调节活塞的所有面上进行调节。

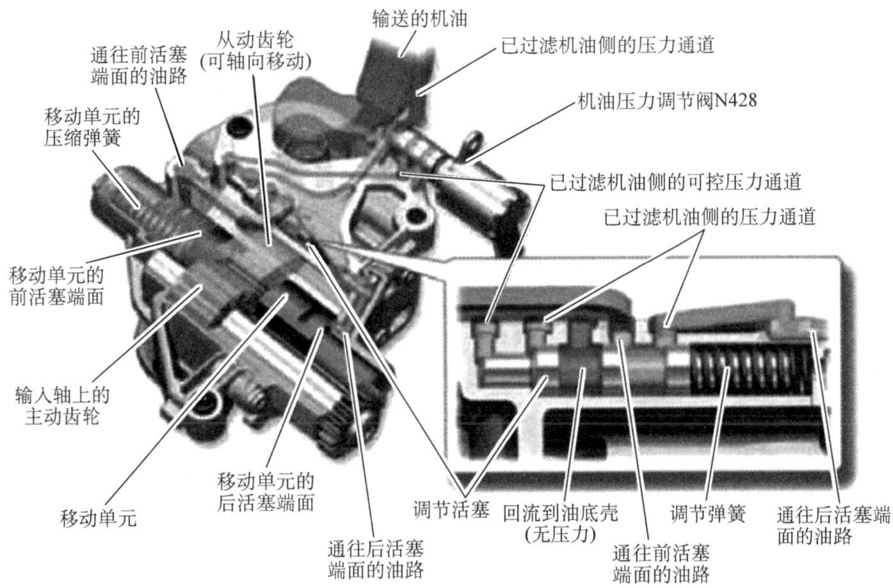

图7-24 大众EA888发动机电控可调式机油泵的基本结构

练习与思考题

一、填空题

1. 在L型电控燃油喷射系统中，流经怠速控制阀的空气首先经过________测量。

2. 在怠速控制系统中电控单元需要根据________、________确认怠速工况。

3. 怠速控制的实质就是对怠速工况下的________进行控制。

4. 巡航控制系统主要由________、________、________、________、________等组成。

5. 驾驶人通过操纵开关给电控单元输入巡航控制命令，主要用于________。

6. 巡航控制系统常见的故障主要有________、________、________、________等。

7. 根据控制节气门方式的不同，巡航控制系统可分为________和________两种。

8. 控制怠速进气量的方法有________和________两种类型。

9. 旋转电磁阀的开度是通过控制两个线圈的________来实现的。

10. 当电路或传感器发生故障时，故障自诊断系统自动起动________功能。

11. 在正常运行工况下，节气门位置传感器的怠速触点________。

12. STA信号的主要作用是＿＿＿＿＿＿＿＿，STA信号和起动机的电源连在一起，由＿＿＿＿＿控制。

二、选择题

1. 汽油喷射发动机的怠速通常是由（　　）控制的。

A. 自动阻风门　B. 怠速调整螺钉　C. 步进电动机　D. 继电器

2. 怠速（　　）在电控单元控制下，根据发动机的实际工况来改变怠速时进入发动机的空气量。

A. 调整螺钉　B. 空气阀　C. 控制阀　D. 电路

3. 对于步进电动机型怠速控制阀在电控单元的控制下，发动机熄火后的瞬间怠速控制阀有“咔嗒”声，说明怠速控制阀（　　）。

A. 故障　B. 需更换　C. 工作　D. 不工作

4. 石蜡式辅助空气阀，将其浸入热水，并将冷却液温度加热至80℃左右，此时附加空气阀应（　　）。

A. 完全关闭　B. 全部打开　C. 逐步打开　D. 保持不变

5. 发动机达到正常温度后，打开空调开关，发动机怠速下降，则说明（　　）有故障。

A. 空调开关　B. 空调系统　C. 怠速控制系统　D. 发动机油路

6. 巡航控制系统的一个重要部件是电子控制器，也称为（　　）。

A. 巡航控制ECU　B. 巡航开关　C. 车速传感器　D. 节气门执行器

7. 在巡航控制系统中，巡航控制ECU根据驾驶人设定车速和行驶阻力的变化，自动调节（　　），使行驶车速保持恒定。

A. 时刻　B. 喷油量　C. 节气门开度　D. 自动变速器档位

三、简答题

1. 怠速控制系统的功用是什么？
2. 进行巡航控制时，系统的基本功能包括哪些？
3. 巡航控制系统的优点是什么？
4. 怎样对捷达轿车进行怠速设定？
5. 失效保护功能和备用功能有何区别？

第 8 章

电控单元与自诊断系统

基本思路：

对电控单元的研究和分析要以信号的传输、接收、判断、分析、处理及发出指令的工作流程来开展，而这些都是以电的流动路线为基础。对电控系统的重点在于操作的每个步骤必须按照严格的规程来进行，否则事倍功半甚至无功而返，并造成新的故障。

8.1 电控单元的原理与检修

电控单元（俗称电脑），也称为计算机或电子控制器，一般简称为 ECU，是电控系统的核心，不同厂家对其的称呼不一样。例如，通用汽车公司称其为 ECM；福特汽车公司早期称其为 MCU，后来又称其为 EEC；本田汽车公司称其为 ECM（发动机控制模块）或 PCM（发动机和变速器的控制模块）。

不同发动机电控单元的功能是不相同的，早期的发动机电控单元有些只控制燃油喷射系统，不控制点火系统。而现在的发动机电控单元都是集中控制，既控制燃油喷射系统，又控制点火系统，还有其他的控制功能，如控制自动变速器。有的发动机还有两个电控单元，如大众辉腾 W12 型发动机中采用了完全相同的双控制单元设计，在这种设计中，两组气缸被认为是两台独立的发动机，每个控制单元只控制一个气缸组。

8.1.1 电控单元的基本原理

电控单元的作用是根据电控单元内存储的程序对发动机传感器输入的各种信息进行运算、处理、判断，然后发出指令，控制执行器动作，以达到迅速、准确、自动地控制发动机工作的目的。

发动机电控单元的主要功能：控制燃油喷射；控制点火；监控尾气排放；控制发动机冷却系统；给传感器供电并接收各传感器的信息；氧传感器加热；控制活性炭罐；通过喷射切断，限制发动机最大转速；助力转向的限位力矩补偿；自诊断；与其他计算机的通信；应答式防盗起动；控制发动机输出转矩；控制空调压缩机的运行等。

电控单元要实现各项控制功能，必须收集信号作为参考参数，如电控单元控制喷油器开启时刻的参考参数：节气门位置传感器信号电压，发动机冷却液温度传感器信号电压，空气流量或进气压力温度传感器信号电压，发动机转速和位置传感器信号电压，氧传感器信号电压，蓄电池电压等。电控单元计算点火提前角的参考参数有：发动机位置及转速传感器信号电压，进气压力（进气压力及温度）信号电压，爆燃传感器信号电压，发动机冷却液温度信号电压，车速信号电压，进气总量信号电压等。

电控单元的外形如图 8-1 所示，其主要由输入回路、模－数转换器和数－模转换器、微型计算机、输出回路组成。另外还有电源部分，用来对汽车所提供的电源进行滤波和稳压，以供给内部稳定的直流电源。

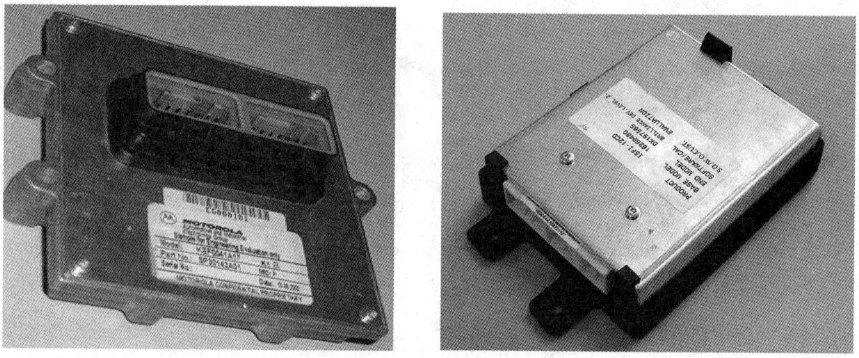

图 8-1　电控单元的外形

1. 输入回路

如图 8-2 所示，输入回路将传感器传来的模拟信号进行转换，去除杂波并变成数字信号供中央处理器进行处理，也有部分传感器直接传来数字信号，则无须进行转换，但需要进行整形，如光电式和霍尔式曲轴位置传感器传来的信号。

2. 模－数转换器

由于传感器输入的信号有模拟信号和数字信号两种，其中模拟信号是指输出信号随时间变化而连续变化，数字信号是脉冲信号。模拟信号虽经传感器输入回路处理，都已变成相应的电压信号，但这些信号不能直接处理，需经过相应的模－数转换器，将这些模拟信号量转换成计算机能识别的数字信号才能输入计算机，如传感器输出的信号已是脉冲信号，可不经转换器直接输入计算机。

3. 微型计算机

微型计算机是电控单元的核心部件，汽车上使用的一般都是 8bit 或 16bit 的处理器，也就是说一次可控制、计算和传输 8bit 或 16bit 的二进制数，这是微型计算机的中央指挥机构。微型计算机的作用是根据发动机工作的需要，把各种传感器送来的信号用内存的程序和数据进行处理，并把运算结果送往输出回路。它由中央处理器、存储器（包括只读存储器和随

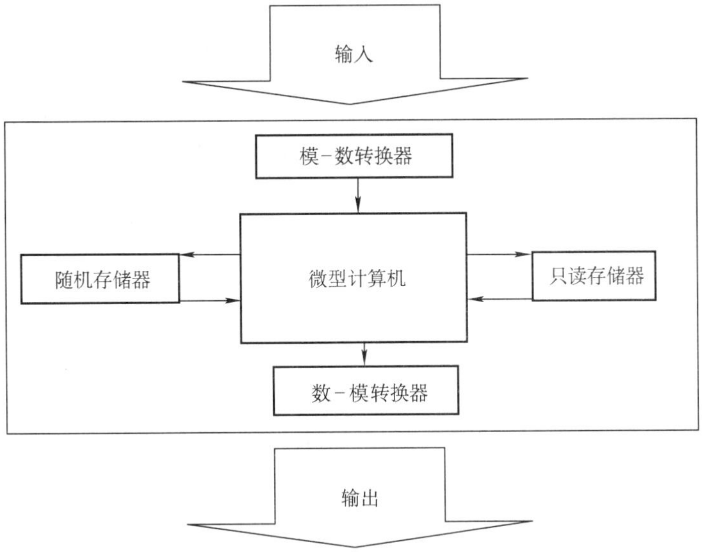

图 8-2　电控单元的原理

机存储器）和输入/输出口（I/O）等部分组成。

存储器是用来存储程序和各种数据，又可分为以下四种：

1）只读存储器（ROM），用来存放计算机的监控程序，即计算机本身运行所必需的一些程序。

2）可编程只读存储器（EPROM 或 EEPROM），用来存储执行装置或其他控制装置动作的控制程序。例如，燃油喷射的控制，点火提前角的控制，怠速控制和自我诊断的程序。

3）随机存储器（RAM），用于暂存来自各种传感器的数据，供中央处理器使用，也可存储系统的故障码，随机存储器中的内容在断电后就会消失。

4）自适应存储器（属于随机存储器的一种）用于计算机的“自我学习”和根据车况变化自动调整相关参数，如“怠速学习”等。

4. 输出回路

中央处理器在接收到各传感器传来的各种信号后，经过处理、分析、运算和对比，再发出相应的控制信号。由于控制信号是数字信号，而且输出的电流很小，用这种输出信号一般不能直接驱动执行器工作，要先经过转换变成模拟信号（即 D－A 转换），然后再经放大电路进行功率放大后才可驱动执行装置动作。也有部分输出信号无须进行转换，直接经放大后输出给执行部件。

目前，汽车发动机的电子控制装置除上述基本装置外，还增设了抗电磁干扰保护装置、自诊断装置和备用系统等。

8.1.2　电控单元的匹配和升级

发动机电控单元能够在一定范围内自动适应某些部件的参数变化，如节气门变脏、喷油器轻微堵塞及油压变化等。即使更换电控单元或节气门体后，电控单元也能通过自学习完成基本匹配，只是速度较慢。所以在更换电控单元后一定要进行匹配，对电控单元匹配只需要运行到可匹配的条件，然后使用故障诊断电脑选择相应的匹配功能即可。

故障案例：捷达前卫发动机刚起动或急加速时排气管冒黑烟

（1）**故障现象**　该车是一汽－大众生产的2V电喷LPG双燃料汽车，在使用液化石油气时没有不良感觉，把液化气用完后转换成汽油时，感觉怠速不稳，加速不良，油耗增大，观察排气管，发现冒黑烟。

（2）**故障检修**　首先用CO测试仪测量尾气中CO的含量，在怠速时是62%，用解码器检查故障记忆，无故障码。进一步测量有关数据发现有如下异常：

860r/min	479×10^2Pa	7.8%	3.7°	V. ot

显示区2是进气压力，它反映发动机负荷的大小，测量值比正常值大许多；显示区3是节气门开度，比正常值稍大。根据电喷发动机修理经验，节气门开度增大，所测得的负荷也随之变大，会造成怠速不良，但不会冒黑烟，这不一定说明进气压力传感器故障。怀疑氧传感器损坏，试更换氧传感器，故障不能排除。因捷达2V电喷车没有空气流量计，由进气压力传感器间接测量进气量，于是又更换了进气压力传感器，故障还是不能排除。影响尾气排放的两个主要部件都已经更换，只剩下发动机电控单元，故更换电控单元并进行基本匹配，再测量有关数据如下：

860r/min	316×10^2Pa	3.5%	4.5°	V. ot

观察排气管有轻微黑烟，但CO测量值已降到0.02%，证明故障已经排除，所冒黑烟为排气管中残留的积炭。后来发现，所有的LPG双燃料汽车在从液化气转换到汽油时都出现上述故障，燃料的转化应不会引起电控单元的硬件损坏，是什么原因造成上述故障？把原来更换下来的电控单元装回车上，并重新进行基本匹配，发现冒黑烟现象不再重现。由此可见，原车电控单元并没有损坏，只是燃料转换时自适应出现了偏差。

在发动机燃料从液化气转换到汽油时，有些参数发生了变化，超出了发动机电控单元的自适应范围，导致控制出现偏差，对于这种情况，只要进行基本匹配并清除自学习值即可恢复正常。对于行驶里程较长，节气门体变脏的车辆，需先清洗节气门体后再进行匹配，否则会产生怠速不稳的故障。

电控单元是可以升级的。例如，2005年款捷达伙伴轿车（发动机型号BJF，发动机电控单元版本号为00HS7005），起动后抖动，发动机运行不稳甚至出现熄火现象。用V. A. S5051进行升级编程。升级后，发动机的软件版本号改为00HS7010。故障原因是部分地区的燃油标准与状态不尽一致，需要进行燃油自适应。

8.1.3　电控单元的电源电路

向ECU提供电源的电路称为电源电路，它主要由继电器、点火开关和熔丝等组成。电源部分是由12V直流电源供电，来自蓄电池的电一路通过点火钥匙开关进入系统和ECU，它是系统工作的主电源，也向ECU传递系统电压信号，ECU据此修正对执行机构的控制；另一路是通过熔丝直接进入ECU，不间断的电源使ECU保持了系统自学习后的参数，并在关机瞬间为下一次起动做好准备。并不是所有电源电路都是这样的，常用的主要有以下几种形式。

1. 没有怠速步进电动机的电源电路

如图 8-3a 所示，点火开关直接控制主继电器工作，当点火开关接通后，主继电器的线圈通电，使主继电器触点闭合，接通蓄电池与 ECU 之间的电源电路，蓄电池给 ECU 的 +B 和 $+B_1$ 端子供电，ECU 的主要用电必须经该电路获得。断开点火开关，主继电器线圈断电，触点打开，ECU 的 +B 和 $+B_1$ 端子则不通电。蓄电池与 ECU 的 BATT 端，通过 EFI 熔丝始终相连，该电路称为 ECU 的备用电源电路。即使点火开关断开时，蓄电池也保持与 ECU 的 BATT 端通电，不受点火开关的控制，以免存储器中的故障码或存储的数据消失。

2. 装有步进电动机的电源电路

如图 8-3b 图所示，主继电器也受 ECU 的控制，其目的是当点火开关断开时，ECU 能继续接通继电器 2s，使步进电动机回位。

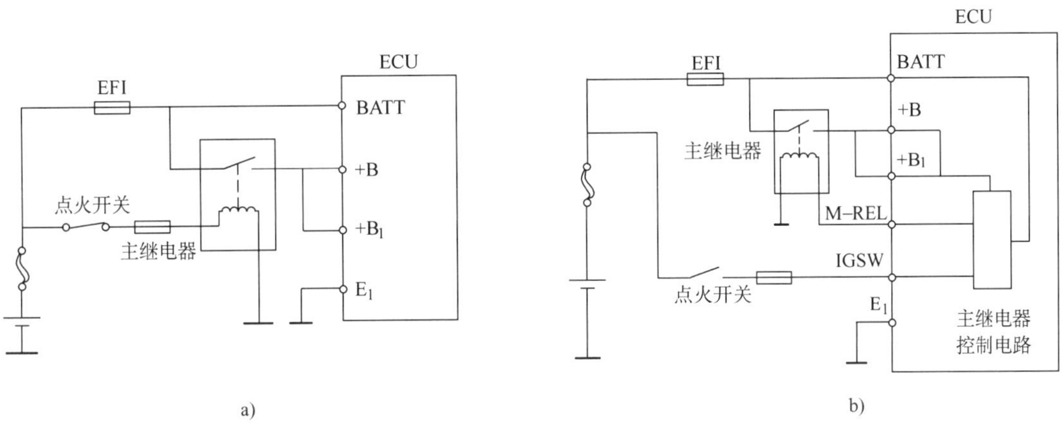

图 8-3　常见的电源电路

a）没有步进电动机的电源电路　b）装有步进电动机的电源电路

3. 其他类型的电源电路

各种发动机的电控单元的电源电路是不同的，本田飞度轿车的电控单元电源电路使用了双继电器来进行控制。

如图 8-4 所示，由点火开关供给 PCM 12V 信号，收到信号后 PCM 进行如下操作：

1）通过 E7 插脚控制主继电器 1，主继电器 1 触点接通后给 PCM 自身、主继电器 2、点火线圈等供电，所以作用非常重要。

2）通过控制主继电器 2，控制燃油泵的工作，燃油泵运转 2s 后停止工作，若在 2s 期间，发动机起动，则燃油泵一直运转，直至发动机熄火。

3）PCM 开始自检，并同时控制 MIL 工作。E9 断开会造成燃油泵不运转，发动机不点火，喷油器不工作，汽车无法起动，故障灯一直为熄灭状态。与 HDS（ECU 数据存储通道）无法通信，无故障码。

如图 8-5 所示，A2、A3 为主电源插脚，两个插脚都断开后，发动机无法起动，发动机故障灯不亮，无故障码。

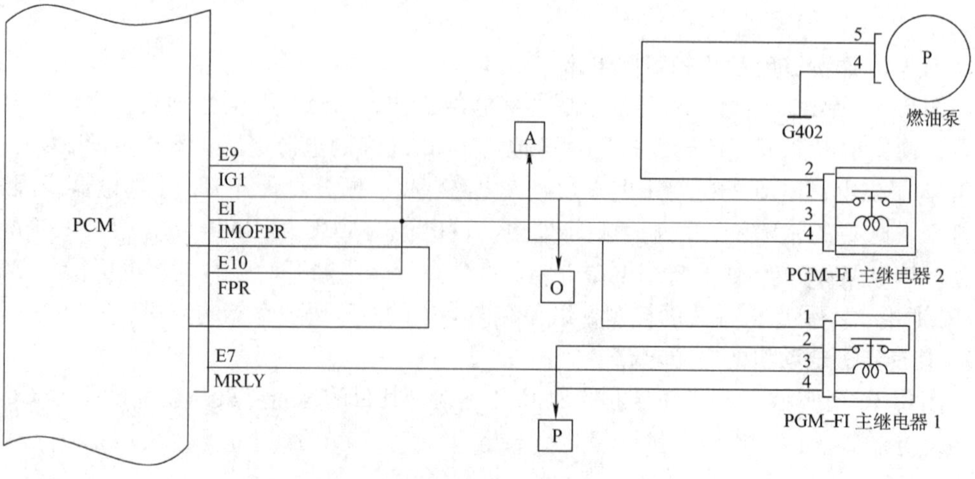

图 8-4　飞度 PCM 电源电路（一）

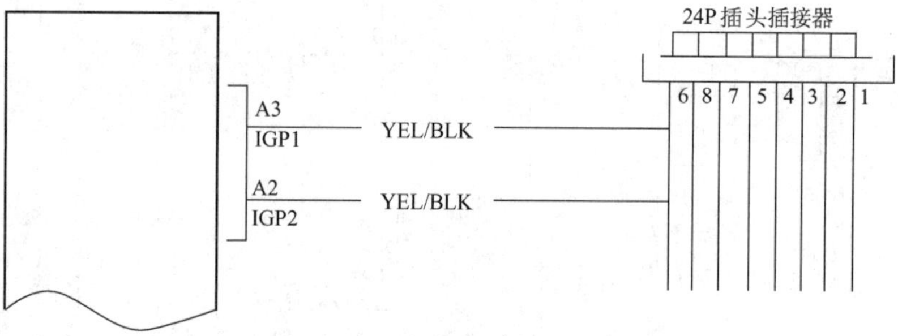

图 8-5　飞度 PCM 电源电路（二）

E7 与主电源插脚 A2、A3 相连，控制主继电器 1。此外，断开 E7 后，打开点火开关，PCM 内存储的故障码会被清除。

如图 8-6 所示，搭铁线路一共有四条：A5、A6 电源搭铁，断开任何一个都无故障症状，两个都断开，无法起动；A23、A24 为控制部件搭铁，两个都断开后能起动，有故障码，故障灯亮，故障码为 PGM-FI 的 P0700 和自动变速器的 P1894 和 P1895。

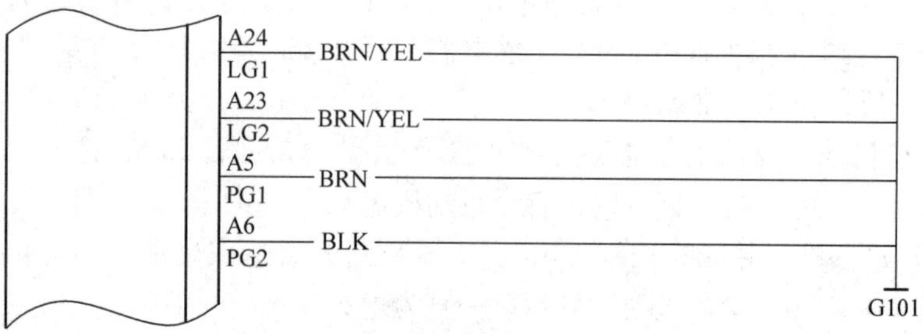

图 8-6　飞度 PCM 电源电路（三）

故障案例：奥迪 V6 发动机怠速异常。

（1）**故障现象**　装备奥迪 V6 发动机的汽车，由于车内起火，更换线束及内饰。一段时间后，该车发动机怠速升高，用解码器对该车发动机进行故障查寻，无故障码。于是用解码器对该车发动机做基本设定，怠速恢复正常。过了不久，怠速又出现不正常现象，有时游车，有时怠速偏高。

（2）**故障检修**　奥迪 V6 发动机，在系统突然断电、更换发动机控制单元、更换或拆卸怠速阀、更换发动机、更换进气管或发动机在运转时拔下怠速控制阀插头等情况下，都要对发动机电控系统进行基本匹配，如果匹配不正确就会造成怠速偏高、游车等现象。

用户将车取走后不可能去改变发动机的情况，而该车在做匹配后，故障消失过一段时间后又再出现，只能说明该车的发动机控制单元可能有突然断电的现象。奥迪 V6 发动机有一根电源线直接供给发动机控制单元，保证停车后控制单元的数据保存。

读取故障码，偶然发现在点火开关关闭时，屏幕没有显示（正常是应该在接上解码器测试时就有显示），诊断插头的电源线与发动机控制单元共用，没有显示，说明该线路没电，造成每次关闭点火开关后，发动机控制单元断电，设定值的数据丢失，所以发生怠速偏高和游车现象。问题可能是在更换线束时，把 30 号电源线的插头插在了由点火开关控制的 15 号电源线上。

从电路图分析，发动机控制单元的电源线与诊断接口的电源线，共用中央继电器盒上的 21 号熔丝，通过中央继电器盒下的 M/30ac 单孔插头，通过两根红色导线分别给发动机控制单元和诊断接口提供电源。打开该车的中央继电器盒，发现无 21 号熔丝，将熔丝插好后，继续检查中央继电器盒下的 M/30ac 单孔插头，结果该插头没有插在 M/30ac 位置，而是插在 M/75ak 上，将此插头重新插好，经用户试车，故障排除。

8.1.4　电控单元的外部电路检修方法

电控单元有的安装在驾驶室内，有的安装在发动机室中。在断定相关传感器、执行器、线束、插接器及其他系统零部件功能正常的情况下，出现以下情况就是电控单元有故障：系统无法与外界通信；防盗锁死；无法接受传感器信号等。主要原因是发电机调节器故障，输出电压过高，造成电控单元损坏或电控单元内部驱动器损坏，使驱动执行机构不工作等。

1. 用万用表检测电控单元端子的电压和电阻时的注意事项

1）在检测前，应先检查汽车电控单元系统及其他电气系统的熔断器、熔丝及有关的线束插头是否良好。在点火开关处于开启位置时，蓄电池电压应不低于 11V，过低的蓄电池电压会影响测量结果。

2）必须使用高阻抗的万用表（阻抗应大于 10MΩ/V），低阻抗的万用表会损坏电控单元。最好使用汽车专用万用表进行检测。如图 8-7 和图 8-8 所示，必须在电控单元和线束插接器处于连接的状态下测量电控单元各端子的电压，并且万用表的测试笔应从线束插头的导线一侧插入测量电控单元各端子的电压，如刺破导线的绝缘外皮可能导致电路接触不良或间歇性故障。

3）不可在未拔下电控单元的线束与插接器的状态下，直接测量电控单元各端子的电阻，否则会损坏电控单元。若要拔下电控单元的线束插接器测量各控制线路，则应先拆下蓄电池负极搭铁线。不可在蓄电池连接完好的状态下拔下电控单元的线束插接器，否则可能损坏电控单元。

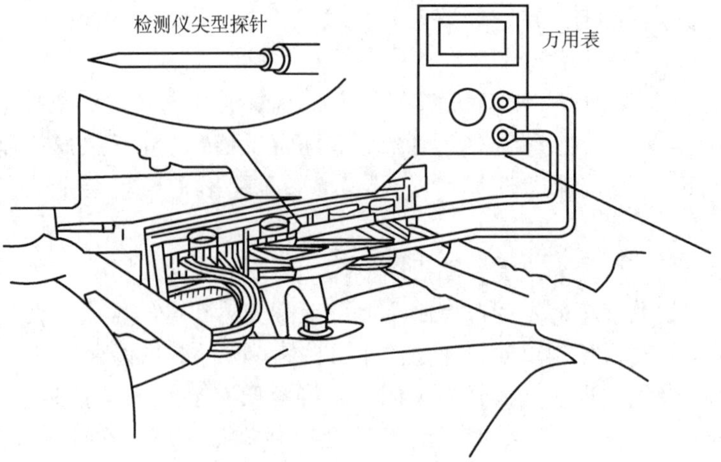

图 8-7　测量电控单元各端子的电压

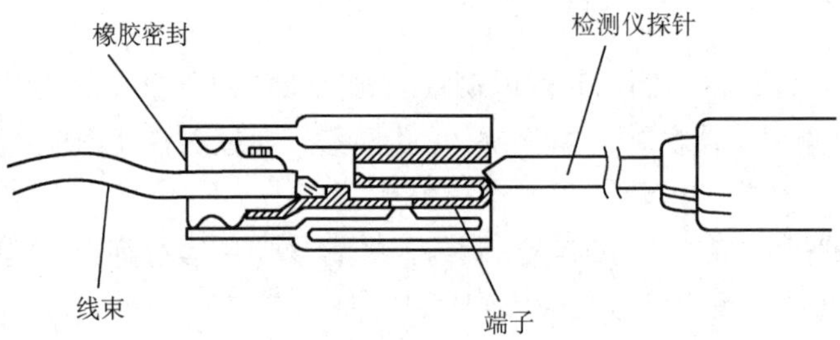

图 8-8　用探针测量插头端子

4）在检测时，应先将电控单元连同线束一同拆下，在线束插接器处于连接的状态下，分别在点火开关关闭、开启及发动机运转状态下测量电控单元各端子与搭铁端子之间的电压。也可以拔下电控单元线束插接器，测量各控制线路的电阻，从而确定控制线路是否正常。

5）如图 8-9 所示，连接电控单元线束插头时，将拨杆推到底，以便可靠地锁紧；在从电控单元上连接或断开针状端口时，小心不要损坏针状端口（图 8-10）。要确认电控单元上的针状端口没有弯曲或断裂。如图 8-11 所示，使用电路测试仪测量电控单元信号时，绝对不要使测试笔搭接，测试笔的意外搭接将会导致短路，损坏电控单元内的功率晶体管。

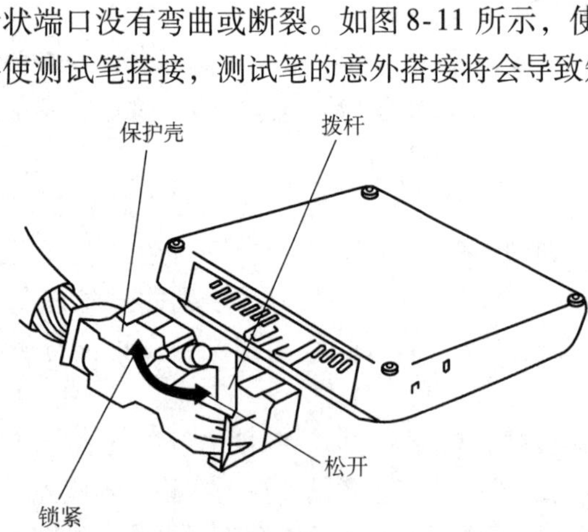

图 8-9　连接电控单元线束插头

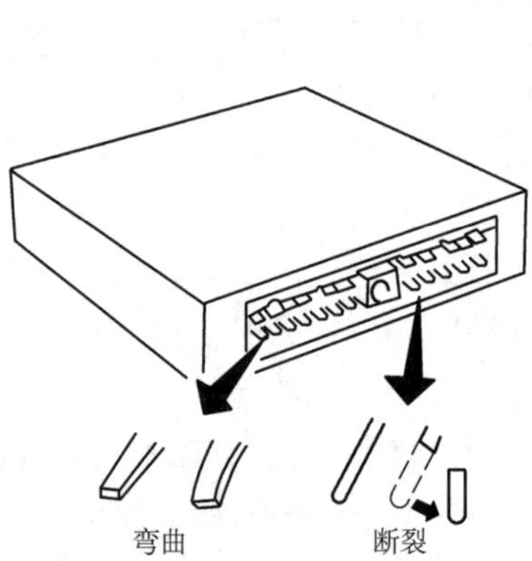

图 8-10　检查针状端口

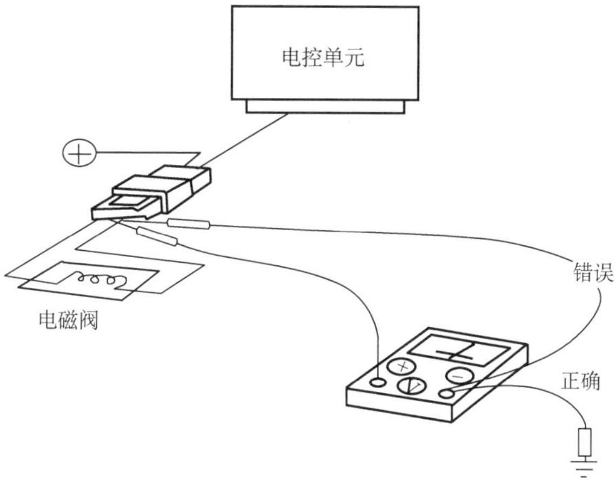

图 8-11　测量电控单元端子

2. 电控单元端子电压和端子间电阻的测量方法与步骤

（1）电控单元端子电压的测量方法与步骤

1）用万用表检测蓄电池的电压，应大于或等于 11V，否则充电后再测量。

2）从汽车上拆下电控单元，但保持线束插接器与电控单元处于连接状态（即不拔下线束）。

3）将点火开关置于 ON 位置。

4）将万用表置于电压档。

5）依次将万用表测试笔从线束插头的导线一侧插入，测量电控单元各端子与搭铁端子之间的电压。表 8-1 为三菱 4G64 发动机电控单元各端子电压的检查情况。

6）记录各端子与搭铁端子间的电压值，并与标准检测数据相比较，若测得的电压与标准值不符，则说明电控单元或控制线路有故障。

表 8-1　三菱 4G64 发动机电控单元各端子电压的检查情况

端子	检查项目	检查条件（发动机状况）	正常状况
A01	第 1 缸喷油器	发动机暖机后怠速运转时，突然踩下加速踏板	电压从 11 ~ 14V 瞬间略微下降
A14	第 2 缸喷油器		
A02	第 3 缸喷油器		
A15	第 4 缸喷油器		
A04	步进电动机线圈 A	发动机暖机后，立即起动发动机	系统电压 0 ~ 3V（重复变化）
A17	步进电动机线圈 B		
A05	步进电动机线圈 C		
A18	步进电动机线圈 D		
A06	EGR 电磁阀	点火开关：ON	系统电压
		发动机在怠速时，突然踩下加速踏板	从系统电压瞬间下降
A08	燃油泵继电器（电控单元无防盗）	点火开关：ON	系统电压
		发动机在怠速时	0 ~ 3V

（续）

<table>
<tr><th>端子</th><th>检查项目</th><th colspan="2">检查条件（发动机状况）</th><th>正常状况</th></tr>
<tr><td rowspan="2">A09</td><td rowspan="2">净化电磁阀</td><td colspan="2">点火开关：ON</td><td>系统电压</td></tr>
<tr><td colspan="2">发动机暖机后以3000r/min运转</td><td>0~3V</td></tr>
<tr><td>A10</td><td>点火线圈No.1、No.4（功率晶体管）</td><td colspan="2" rowspan="2">发动机：3000r/min</td><td>0.3~3.0V</td></tr>
<tr><td>A23</td><td>点火线圈No.2、No.3（功率晶体管）</td><td>0.3~3.0V</td></tr>
<tr><td>A12
A25</td><td>电源供应</td><td colspan="2">点火开关：ON</td><td>系统电压</td></tr>
<tr><td rowspan="2">A19</td><td rowspan="2">空气流量计再设定信号</td><td colspan="2">发动机：怠速</td><td>0~1V</td></tr>
<tr><td colspan="2">发动机：3000r/min</td><td>6~9V</td></tr>
<tr><td rowspan="2">A21</td><td rowspan="2">风扇控制器</td><td colspan="2">散热器风扇和冷凝器不运转</td><td>0~0.3V</td></tr>
<tr><td colspan="2">散热器风扇和冷凝器运转</td><td>>0.7V</td></tr>
<tr><td rowspan="2">A22</td><td rowspan="2">A/C继电器</td><td colspan="2">发动机：怠速</td><td rowspan="2">系统电压或瞬间>6V→0~3V</td></tr>
<tr><td colspan="2">空调开关：OFF→ON（空调压缩机工作）</td></tr>
<tr><td>A24</td><td>A/C开关2</td><td colspan="3">参照故障排除（A/C电控单元端子侧的检查，发动机电控单元输出端子的检查）</td></tr>
<tr><td rowspan="4">B03</td><td rowspan="4">交流发电机G端子</td><td colspan="2">（1）发动机：预热、怠速（散热器风扇：OFF）</td><td rowspan="4">电压升高0.2~3.5V</td></tr>
<tr><td colspan="2">（2）前照灯：OFF→ON</td></tr>
<tr><td colspan="2">（3）后除霜灯开关：OFF→ON</td></tr>
<tr><td colspan="2">（4）停车灯：ON</td></tr>
<tr><td>B06</td><td>发动机警告灯</td><td colspan="2">点火开关：OFF→ON</td><td>0~3V→9~13V（几秒后熄灭）</td></tr>
<tr><td rowspan="2">B07</td><td rowspan="2">动力转向开关</td><td rowspan="2">发动机：暖机后怠速运转</td><td>转向盘静止</td><td>系统电压</td></tr>
<tr><td>转向盘转动</td><td>0~3V</td></tr>
<tr><td rowspan="2">B08</td><td rowspan="2">控制继电器（电源）</td><td colspan="2">点火开关：OFF</td><td>系统电压</td></tr>
<tr><td colspan="2">点火开关：ON</td><td>0~3V</td></tr>
<tr><td rowspan="4">B11</td><td rowspan="4">交流发电机FR端子</td><td colspan="2">（1）发动机：预热、怠速（散热器风扇：OFF）</td><td rowspan="4">电压升高0.2~3.5V</td></tr>
<tr><td colspan="2">（2）前照灯：OFF→ON</td></tr>
<tr><td colspan="2">（3）后除霜灯开关：OFF→ON</td></tr>
<tr><td colspan="2">（4）停车灯：ON</td></tr>
<tr><td rowspan="2">B15</td><td rowspan="2">A/C开关</td><td rowspan="2">发动机怠速</td><td>A/C开关：OFF</td><td>0~3V</td></tr>
<tr><td>A/C开关：ON（压缩机工作）</td><td>系统电压</td></tr>
<tr><td rowspan="2">C10</td><td rowspan="2">氧传感器（前）加热器控制信号</td><td colspan="2">发动机：暖机后怠速运转</td><td>0~3V</td></tr>
<tr><td colspan="2">发动机：5000r/min</td><td>系统电压</td></tr>
<tr><td>C08</td><td>转速表信号</td><td colspan="2">发动机转速：3000r/min</td><td>0.3~3.0V</td></tr>
</table>

（续）

端子	检 查 项 目	检查条件（发动机状况）		正 常 状 况
D01	点火开关（ST）	发动机：起动		>8V
D13	冷却液温度传感器	点火开关：ON	冷却液温度为0℃	3.2～3.8V
			冷却液温度为20℃	2.3～2.9V
			冷却液温度为40℃	1.3～1.9V
			冷却液温度为80℃	0.3～0.9V
D12	点火开关（IG）	点火开关：ON		系统电压
D02	进气温度传感器	点火开关：ON	冷却液温度为0℃	3.2～3.8V
			冷却液温度为20℃	2.3～2.9V
			冷却液温度为40℃	1.5～2.1V
			冷却液温度为80℃	0.4～1.0V
D14	节气门位置传感器	点火开关：ON	节气门怠速位置	0.3～1.0V
			节气门全开	4.5～5.5V
D06	氧传感器（前）	发动机：暖机后运转到2000r/min（用数字式电压表检查）		0 ～ 0.8V（重复变化）
D05	氧传感器（后）	发动机：暖机后运转到2000r/min（用数字式电压表检查）		0 ～ 0.8V（重复变化）
D15	大气压力传感器	点火开关：ON	海拔为0m时	3.7～4.3V
			海拔为1200m时	3.2～3.8V
D16	车速传感器	缓慢向前移动车辆		0～5V（反复变化）
		点火开关：ON		
D17	怠速位置开关	点火开关：ON	节气门调整到怠速位置	0～1V
			微开节气门	>4V
D18	凸轮位置传感器	发动机：转动		0.4～3.0V
		发动机：怠速		0.5～2.0V
D19	曲轴转角传感器	发动机：转动		0.4～4.0V
		发动机：怠速		1.5～2.5V
D20	空气流量计	发动机：怠速		2.2～3.2V
		发动机转速：2500r/min		

（2）电控单元端子间电阻的测量方法与步骤

1）从汽车上拆下电控单元。

2）如图 8-12 所示，拔下导线插接器。

3）参照电控单元各端子的分布图（图 8-13），用万用表电阻档，测量导线插接器各端子间的电阻值（注意：不要触碰电控单元的接线端子，应将测试笔从导线侧插入导线插接器中）。

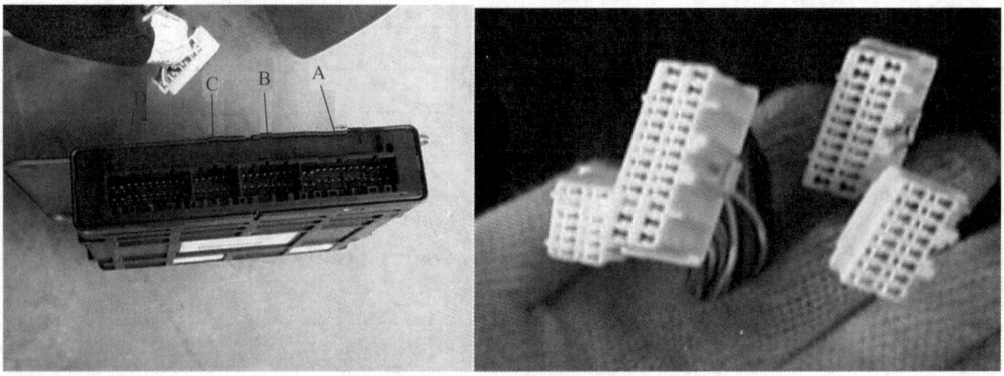

图 8-12　电控单元各区端子

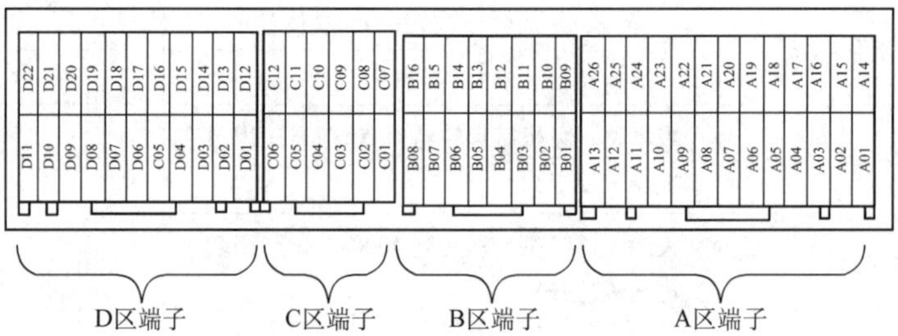

图 8-13　电控单元各端子的分布图

4）记录所测电阻值，并与标准检测数据相比较（表 8-2），从而确定电控单元控制线路是否正常。

表 8-2　三菱 4G64 发动机电控单元端子间的电阻检查

端子号码	检查项目	正常状况
A01—A12	第 1 缸喷油器	13 ~ 16kΩ（20℃）
A14—A12	第 2 缸喷油器	
A02—A12	第 3 缸喷油器	
A15—A12	第 4 缸喷油器	
A04—A12	步进电动机线圈 A	28 ~ 33Ω（20℃）
A17—A12	步进电动机线圈 B	
A05—A12	步进电动机线圈 C	
A18—A12	步进电动机线圈 D	
A13—车身搭铁	发动机电控单元搭铁	导通（0Ω）
A26—车身搭铁	发动机电控单元搭铁	
A06—A12	EGR 电磁阀	6 ~ 44Ω（20℃）
A09—A12	净化电磁阀	36 ~ 44Ω（20℃）

（续）

端子号码	检查项目	正常状况
D13—D22	冷却液温度传感器	5.1～6.5kΩ（冷却液温度为0℃时）
		2.1～2.7kΩ（冷却液温度为20℃时）
		0.9～1.3kΩ（冷却液温度为40℃时）
		0.26～0.36kΩ（冷却液温度为80℃时）
D02—D22	进气温度传感器	5.3～6.7kΩ（冷却液温度为0℃时）
		2.3～3.0kΩ（冷却液温度为20℃时）
		1.0～1.5kΩ（冷却液温度为40℃时）
		0.3～0.42kΩ（冷却液温度为80℃时）
C10—C12	氧传感器	大约12Ω
D17—D22	怠速位置开关	导通（节气门在怠速位置）
		不导通（节气门轻微开启）

若通过上述检查确认电控单元有故障，也不可轻易废弃它，应再通过总成互换的方法再次进行确定是否真的是电控单元损坏，互换时须注意将怀疑有故障的电控单元安装在没有故障的车上。

8.1.5　电控单元内部电路的初步检修方法

电控单元损坏，多数情况下是能够维修的。因为电控单元损坏多数是因检测或使用不当引起的二极管、晶体管、电容、电阻的损坏，而这些元器件是通用标准件，市场上可购得，只要熟悉电子电路维修技术就可以更换。但电控单元中的专用集成电路或PROM等损坏是无法维修的。

在动手检修电控单元之前，要先对电控单元的控制电路（即外电路）进行检查，排除电路中的故障。因为在外电路中存在故障的情况下，易对电控单元进行误修，即使修好了或是买回了一块新电路板，装上去一用又会因外电路的故障而再次损坏。例如，一辆皇冠2.8轿车由右方向改为左方向后，发动机不能起动，经过几名电工多次检查均未查出问题，便怀疑是电控单元损坏，但不敢断定。后经检查外电路，发现发动机电控单元线束中有两根颜色和线径均相同的线，一条通至节气门位置传感器，另一条通至点火放大器，因此怀疑这两条线有可能因颜色和粗细的相同而接错。打开电控单元盒，查看与这两条线相连的电控单元插脚在电路板上的缩写符号，发现一个是“IDL”，另一个是“IGL”，且“IDL”通向点火放大器，而“IGL”通向了节气门位置传感器。至此，可以判定这两条线接反了，应相互交换。将这两条线交换接通后试车，发动机运转正常。

外围电路故障排除后，如果确定是电控单元损坏，可对电路板进行检修。下面就实际工作中的常见故障及其修理方法进行介绍。

1. 电控单元电源部分故障

一般是因为就车充电时，充电机电压调整过高，或极性接反，或充电的同时打开点火开关，甚至起动发动机，或发动机在运转过程中，电池插头松脱造成发电机直接给电控单元供电等造成的。这种情况一般会烧坏大功率稳压二极管等元器件，更换即可，比较容易修复。

2. 输入/输出部分故障

一般是放大电路元器件烧坏，有时伴随着电路板上覆铜线条烧断。例如，某修理厂在对一辆雪佛兰轿车翻新烤漆后，发现发动机不能起动，且如果打开点火开关时间较长，汽油会从排气管、油底壳等处溢出来。打开点火开关后，发现6个喷油器全部处于全开状态，汽油直接从喷油器流入气缸，流满后溢出，检查外电路并未发现问题，可以断定是电控单元中的输出控制有故障。打开电控单元盒发现对喷油器控制信号进行放大的一个大功率晶体管已经击穿短路，造成了喷油器通电即处于常开状态。更换一个相似型号的晶体管并清理更换发动机机油后，发动机即可正常运转。

3. 存储器部分故障

前面讲到存储器共有4种，对于可消除编程存储器（EPROM 或 EEPROM）出现问题，可进行更换，需找一个已知良好的带有程序内容的存储器芯片，再买一个同型号的空白芯片，通过读写器，从原片中读出程序，再写入到空白芯片中，复制出新的芯片，再将新的芯片装入电控单元。但一般汽车厂家都规定了最多只能复制3~7次，次数超过后就不能再使用，也有的厂家通过加密手段使芯片一次也不能复制。对于大众系列的汽车，可用原厂仪器对电控单元进行程序更换，或对空白芯片进行程序写入。

4. 特殊故障

被水浸过的车辆，电路板会出现腐蚀，造成元器件引脚断路、粘连或元器件损坏，可逐一检查修复或更换元器件。例如，某修理厂接修一辆凯迪拉克轿车，故障现象如下：发动机正常运转时，如果开、闭前照灯或其他电器设备就会出现排气管“放炮”的现象，严重时可将排气管炸裂。经检查发现外电路并无问题，怀疑电控单元有故障，打开电控单元盒仔细检测，发现有一处搭铁线因腐蚀断路，此搭铁线正是氧传感器的信号屏蔽线通过电控单元内部搭铁的位置，因断路使屏蔽失效，而造成氧传感器信号受到其他电器的干扰所致，用锡焊接通后，即恢复正常。

以上是几种常见的电控单元故障，在实际工作中还会碰到各种各样的故障现象，只要弄清了原理，并掌握一定的方法，具体问题具体分析，问题就不难解决。下面介绍本田轿车和捷达轿车发动机电控单元检修案例。

故障案例1：本田轿车发动机电控单元故障。

一位车主拿来了一个本田雅阁发动机的电控单元，据说该车钣金整形后，再也没有了高压火。当把另外一个同型号的电控单元装车后，汽车顺利起动。

按照常规检修思路，应先外后内、先易后难，即先观察电控单元对外插脚是否松动、歪曲；电控单元内部元器件是否变形、断裂；内部有无任何烧蚀、锈蚀或异味。通过这些直观检查，均未发现可疑之处，对照相关资料，查找电控单元对外每一插脚的功能，并根据故障现象，从中找出最可能导致故障的插脚。借助汽车专用万用表来检测，在断电时，边测量相关插脚的电路有没有断路或短路之处，边画出相应的电路原理图；在给其通电时，根据已绘制的电路图，检测其关键部位的电压、电流有无异常，从而最终确认故障部位。

用数字式万用表检测的具体步骤如下：把电控单元对外插脚中的所有12V电源，包括A25、D1插脚，用带电线的母插头分别插到位后连在一起；把所有搭铁线（地线），包括A24、A26、D16插脚，也用同样的方法连在一起。利用数字式万用表的电阻档，把其正表笔固定在电源 A25、D1 插脚上，用负表笔依次检测剩余所有插脚，均未发现过低阻值的插脚，这说明电源电路没有和其他插脚短路。当把负表笔固定在搭铁线 A24、A26、D16 插脚上，用正表笔再次测量剩余的插脚对搭铁电阻时，只有 D19 插脚阻值异常，显示 0Ω（D19 插脚的功能为电控单元向外输出的 5V 参考电压），这说明 D19 插脚对搭铁短路。接着从 D19 插脚开始，边测量其内部电子电路的通路、断路、短路情况，边绘制出相应的原理电路，当检测到稳压二极管 D4 时，其两端对搭铁电阻均为 0Ω，当断开 D4 负极时，D19 插脚对搭铁阻值为 460Ω。再测稳压二极管 D4，其两端阻值仍为 0Ω，这说明 D4 已击穿短路（其型号为 T1AZ6.8），用同型号稳压二极管焊装在原 D4 处，再测 D19 插脚，不再有对搭铁短路现象。为进一步确认电控单元还有没有其他故障，还需通电检测其静态电流、电压，即把 10A 档的数字式万用表串接在 12V 蓄电池正极和 A25、D1 插脚之间，蓄电池负极用合适的导线接在 A24、A26、D16 插脚上，电流表读数为 300mA（这属正常的电流参数）。再用另一个数字式万用表，使用电压档测量 D19 插脚，有稳定的 5V 电压输出。同时，用手摸电控单元内带散热片的各功率元器件，温度没有异常变化，也没有闻到任何异常气味。这样，初步认为电控单元故障已经排除。

电控单元装车前，必须对其外围所有线束、插接件、熔丝、继电器进行全面细致的检查。在确认电控单元外围电路无误后，装车，打开点火开关，发动机故障灯亮 5s 后自动熄灭，点火开关拨到起动档，车顺利起动，且工作平稳。

分析稳压二极管烧坏的原因，很可能是钣金工对车使用电焊时，未拔下蓄电池线束，使过电流通过电控单元所致。在维修汽车中使用电焊时，必须拔下蓄电池线束或拆下电控单元插座。

故障案例 2：捷达轿车发动机电控单元故障。

一辆捷达前卫汽车冷车起动困难，有时易熄火。

连接故障诊断仪 1552，进入 01-02 显示为 17580，清洗节气门体后，发动机怠速在 1500~3000r/min 之间上下浮动，进入 01-08-003 区，喷油信号有时过高，有时过低，重新匹配无用，更换发动机电控单元，故障消失。

8.2 电控单元的自诊断系统

8.2.1 自诊断系统概述

一般装有微处理器控制单元的汽车，都具有故障自诊断系统（车载诊断系统 OBD）。可以用它来对汽车相关控制系统各部分工作状态进行自动检查和监测。自诊断系统的原理如图 8-14所示。汽车故障自诊断系统实时监控汽车的运行状况，有时哪怕是一根小小的导线松动了，也会反映出来，以便及时发现隐患，保证汽车的安全运行。特别是随着现代汽车电子化程度不断提高，不断优化汽车技术性能的同时，也使得汽车的控制系统变得越来越复杂，这些复杂的电子装置一旦出现故障，就会给诊断带来很大的困难。为了迅速诊断故障部位，提高维修效率，世界各大汽车厂家纷纷开发汽车故障自诊断系统。

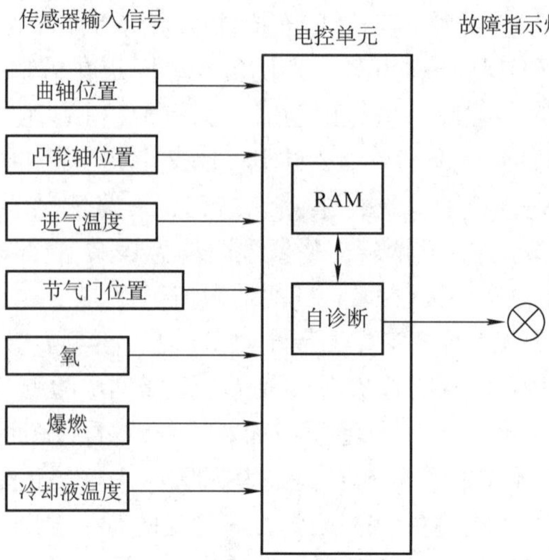

图 8-14　自诊断系统的原理

自诊断系统即随车诊断系统，是指排放控制用车载诊断系统，简称 OBD，种类分为 OBD、OBD-Ⅰ、OBD-Ⅱ。1994 年全球 20% 的制造商采用 OBD-Ⅱ，1996 年全面采用 OBD-Ⅱ，其随车诊断的目的为排放系统有故障时提示车主注意，使维修技术人员快速地找到故障原因，减少汽车废气对大气的污染。

OBD-Ⅰ于 1985 年由加州空气资源委员会制定，1988 年全面实施。欧Ⅲ环保标准要求汽车一定要装备 OBD-Ⅱ。仪表中有警示车主的指示灯，用来提示车主车辆的控制系统存在故障；系统有记忆和传送有关排放的故障码；能对 EGR 阀、燃油供给系统和其他有关废气排放系统进行测试保养。

OBD-Ⅰ不能有效全面地进行排放监控、催化转化器效率监测、EVAP 泄漏监测、连接线路监测。各厂家采用不同的自诊断系统和排除方法，资料传输不是统一的 SAE 和 ISO 标准。OBD-Ⅰ诊断座的位置没有规定，表 8-3 为部分国内生产汽车诊断座的位置。

表 8-3　部分国内生产汽车诊断座的位置

车　　型	诊断座的位置及简要说明
奇瑞 QQ 四缸	三孔诊断座：检测线颜色是棕白，联电系统或大众系统；诊断座在驾驶人左侧熔丝盒附近
奇瑞风云 7160EX	三孔诊断座：诊断座在发动机室内中间的制动泵附近
长安之星	三孔诊断座：联电系统，诊断座在蓄电池负极附近
华洋汽车	OBD 诊断座：德尔福系统，诊断座在驾驶人左侧熔丝盒附近
五菱之光	OBD 诊断座位置在驾驶人右侧座下，不同发动机和所配的电控单元有所不同。还有些五菱汽车的诊断座在电控单元附近
爱丽舍	OBD 诊断座在驾驶人左护板侧熔丝盒内
福特翼虎（ESCAPE XLT）	OBD 诊断座在驾驶人左护板侧
别克君威 3.0	OBD 诊断座在加速踏板上方
本田雅阁	OBD 诊断座在仪表板的下方

（续）

车　　型	诊断座的位置及简要说明
北京吉普 2500	OBD 诊断座在驾驶人左护板侧
北京现代索纳塔	OBD 诊断座在加速踏板上方
桑塔纳 2000	OBD 诊断座：大众奥迪系统，诊断座在变速杆前方
帕萨特 B4	OBD 诊断座：帕萨特系统，诊断座在仪表板右下方的装饰板内
奥迪 A6	OBD 诊断座：大众奥迪系统，诊断座在驾驶人左护板侧
一汽红旗	OBD 诊断座：一汽红旗系统，诊断座在驾驶人左护板侧
中华	OBD 诊断座：诊断座在熔丝盒附近或在加速踏板上方
哈飞路宝 7110	OBD 诊断座：五菱 N1 电控单元，诊断座在前右座下电控单元处
吉利美日	OBD 诊断座：M1. 5. 4 系统，诊断座在熔丝盒附近
丰田佳美（CAMRY）2. 2L	丰田-1、丰田-2 诊断座：诊断座在发动机室内右侧减振器附近或驾驶室内熔丝盒附近
马自达 M6	OBD-Ⅱ诊断座：诊断座在驾驶人左护板侧
飞度	OBD-Ⅱ诊断座：诊断座在转向盘下面

带电控系统的汽车仪表板上的故障指示灯（MIL），开启点火钥匙而不起动发动机，灯就会亮，如图 8-15 所示。发动机故障指示灯工作不正常时要优先排除故障，对大多数汽车来说，若 MIL 不亮，PCM 不会进入自诊断状态，解码器也无法利用。这种情况还可能阻碍系统进入闭环状态，造成驾驶性能故障。有的发动机故障指示灯不正常时，自诊断系统也能对它进行监控，如本田雅阁故障指示灯线路对搭铁短路、插接件脱落或电磁阀损坏，会记录故障码 P0650-2（故障诊断仪会提示故障指示灯线路对搭铁短路或开路）；故障指示灯线路与蓄电池短路，会记录故障码 P0650-1（故障指示灯线路对蓄电池短路）。

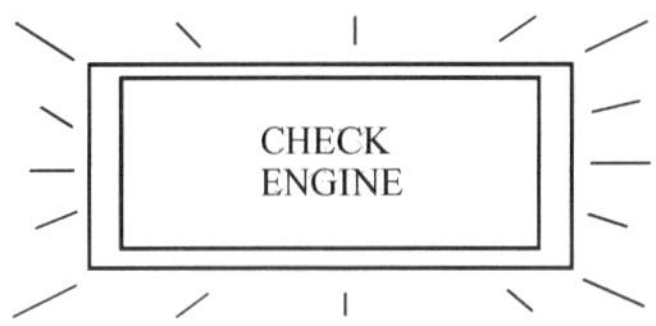

图 8-15　故障指示灯

这里简要介绍故障码的读取。当 MIL 亮时，本田雅阁汽车可以按照以下方法读取诊断故障码（这个操作也可以用 HondaPGM 检测仪与 3 芯数据传输插头相连接来完成）。如图 8-16 所示，将 SCS 短路插头与维修检查插头相连接（2 芯的维修检查插头位于轿车内驾驶侧的仪表板下面），接通点火开关，故障指示灯通过闪烁的时间长短和次数来表示故障码。故障指示灯也可以一个接一个分别发出故障码，以此来显示不同的故障。故障码1 ~ 9通过单独短闪烁显示。故障码 10 ~ 41 通过一系列的长闪烁和短闪烁显示，长闪烁的次数表示十位数字，短闪烁的次数表示个位数字。这样的故障码显示时常难以一次看清，因

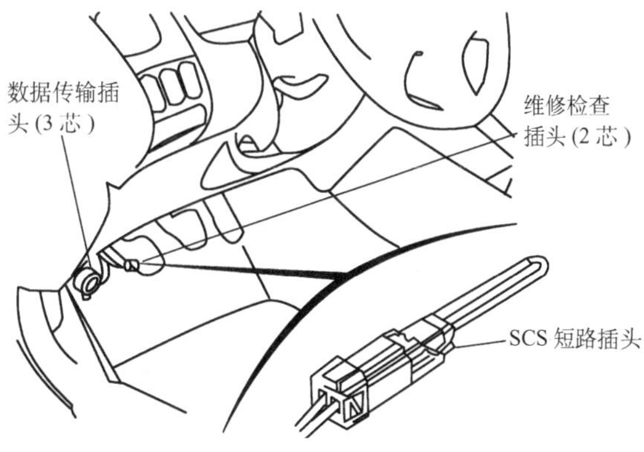

图 8-16　短路插头与维修插头相接

此要通过两次计数以验证故障码。

8.2.2 第二代随车自诊断系统 OBD-Ⅱ

1. OBD-Ⅱ的提出

20世纪80年代中期各厂家独立自行设计诊断座和自定义故障码，各个车型之间无法公用，必须采用不同的诊断系统。OBD有两种标准，SAE美国版的OBD，ISO欧洲版的E-OBD（相比较是没有EVAP泄漏测试要求）。OBD-Ⅱ监视排放控制系统效率的目标是随着汽车运行中效率的降低，根据美国联邦测试步骤，当汽车排放水平已达到新车排放标准的1.5倍时，点亮故障指示灯并存储故障码。

美国加州环保局于1989年正式公布，称之为OBD-Ⅱ，直到1996年各汽车生产厂才在加州车辆上实施了新标准。

新标准于1990年写入了美国联邦大气清洁法，它要求全部49个州的车辆于1996年起一律装备OBD-Ⅱ，严格遵守法规的时间定为1999年。所以，有些1996年的车辆装载的OBD-Ⅱ系统可能会缺少1999年车辆装载的OBD-Ⅱ所规定的规范特性，如燃油蒸发污染排放清洁测试。

OBD-Ⅱ系统技术先进，对探测排放问题十分有效。但对驾驶者是否接受MIL的警告，OBD-Ⅱ是无能为力的。

从1999年起，汽车界又采用了第三代随车自诊断系统，即OBD-Ⅲ。其增强了汽车尾气排放检测功能，OBD-Ⅲ也只能用故障检测仪进行检测诊断。

2. OBD-Ⅱ的特点

（1）**统一诊断座** DLC诊断座为统一16PIN插脚，并装置在驾驶室、驾驶侧仪表板下方。在16个插脚中，其中7个是标准定义的信号插脚，其余9个由生产厂家设定。ISO—9141—2标准规定第7号和第15号插脚的作用是传送资料。SAE J1850标准规定第2和第10号插脚的作用是传送资料（表8-4）。

表8-4 OBD-Ⅱ DLC插头标准PIN插脚功用

插脚	功　用	插脚	功　用
1#	提供制造厂应用	9#	提供制造厂应用
2#	SAE J1850所制定的资料传输线	10#	SAE制造厂所制定的资料传输线
3#	提供制造厂应用	11#	提供制造厂应用
4#	直接车身搭铁	12#	提供制造厂应用
5#	信号回路搭铁	13#	提供制造厂应用
6#	提供制造厂应用	14#	提供制造厂应用
7#	ISO—9141—2所制定的资料传输线K	15#	ISO—9141—2所制定的资料传输线L
8#	提供制造厂应用	16#	直接蓄电池正电源

（2）**通信规则标准化** 解码器和车辆之间采用标准通信规则。

（3）**统一故障码含义** OBD-Ⅱ的故障码含义见表8-5。故障码由五位字母和数字组成，见表8-6。第一位是总成控制单元故障码，规定用英文字母表示，共有四个：P代表汽车发动机和自动变速器控制单元；C代表汽车底盘控制单元；B代表汽车车身控制单元；U代表规定内容。第二位是企业的故障码，企业的故障码规定由一位阿拉伯数字表示。其中：0代表 SAE 定义的故障码；其他 1，2，3，…，9 为各汽车制造公司自行定义的故障码。第三位是系统故障码。第四位和第五位是原厂编码顺序故障码。例如，P1352，P 代表总成控制单元故障码，1 代表编码企业故障码，3 代表系统故障码，52 代表原厂编码顺序故障码。

表 8-5　OBD-Ⅱ的故障码含义

故障码	含　义	故障码	含　义
P0	发动机变速器电脑控制系统，由 SAE 统一制定的故障码	P03XX	点火系统
P1	发动机变速器电脑控制系统，由厂家各自制定的故障码	P04XX	废气控制系统
P2	发动机变速器电脑控制系统，预留故障码	P05XX	怠速控制系统
P3	发动机变速器电脑控制系统，预留故障码	P06XX	电脑控制系统
C0	底盘电脑控制系统，由 SAE 统一制定的故障码	P07XX	变速器控制系统
C1	底盘电脑控制系统，由各厂家各自制定的故障码	P08XX	变速器控制系统
C2	底盘电脑控制系统，预留故障码	P09XX	SAE 预留的故障码
C3	底盘电脑控制系统，预留故障码	P00XX	SAE 预留的故障码
B0	车身电脑控制系统，由 SAE 统一制定的故障码	P10XX	以后是由厂家自行制定的一部分
B1	车身电脑控制系统，由各厂家各自制定的故障码	P11XX	燃油和空气侦测系统
B2	车身电脑控制系统，预留故障码	P12XX	燃油和空气侦测系统
B3	车身电脑控制系统，预留故障码	P13XX	点火系统
U0	网络连接相关故障码	P14XX	废气控制系统
U1	网络连接相关故障码	P15XX	怠速电动机控制系统
U2	网络连接相关故障码	P16XX	电脑控制系统
U3	网络连接相关故障码	P17XX	变速器控制系统
P01XX	燃油和空气侦测系统	P18XX	变速器控制系统
P02XX	燃油和空气侦测系统	P19XX	SAE 预留的故障码

表 8-6　10 类发动机与变速器的故障码

OBD-Ⅱ故障码	系 统 区 分	OBD-Ⅱ故障码	系 统 区 分
P01XX	燃料和进气系统	P06XX	控制单元相关系统
P02XX	燃料和进气系统	P07XX	变速器
P03XX	点火系统	P08XX	变速器
P04XX	废气控制相关系统	P09XX	SAE 预留部分
P05XX	车速感知，怠速控制相关系统	P00XX	SAE 预留部分

（4）**具有行车记录器功能**　标准的 OBD-Ⅱ测试模式即制定测试模式功能，此功能可在

故障码发生时，瞬间记录下相关的数值，以便发现间歇性故障，进而简化了检查和维修的程序，从而减少故障发生和维修的间隔时间。

（5）监控排放控制系统　OBD 系统随时监测零部件和系统的故障，保证车辆在使用中排放不超过 OBD 法规的要求。这种持续监测排放的过程，大幅度减少了由于故障造成的排放超标。

三项连续监控：失火检测、燃油系统和大部分的部件监控。

八项非连续的监控：触媒、加热式触媒、燃油箱油气蒸发、二次空气喷射、空调系统、氧传感器、氧传感器加热器和 EGR。

（6）OBD-Ⅱ对配置某些附加的传感器的要求　如附加的加热氧传感器，装在催化转化器排气的下游；采用更精密的曲轴或凸轮轴位置传感器，以便更精确地检测是否缺火。

3. OBD-Ⅱ的工作

OBD-Ⅱ要求检测任何一个与排放有关的部件或系统，重点检测燃油和空气测定系统故障、点火系统故障或发动机间歇熄火故障、废气控制辅助装置故障。

（1）触媒转换器监控　触媒转换器排放监控起动条件如下：

① 发动机冷却液温度高于 76℃。

② 保持车速大于 20km/h 至少 2min。

③ 打开节气门。

④ 闭环运行。

⑤ 转速为 1248～1952r/min（自动），或 1248～2400r/min（手动）。

⑥ 进气压力传感器电压应为 1.5～1.6V。

⑦ 系统依靠前、后加热式氧传感器的信号，检测触媒转换器的工作效率。

（2）氧传感器监控

① 具有完整的测试氧传感器的功能。

② 能够完成监控九项有关含氧传感器的项目。

（3）失火监控

① 监控和提示车主发动机失火后对触媒的破坏或引起发动机排放标准的变化。

② 气缸在失火时会导致燃烧压力下降，使活塞运动速度减慢。因此失火会导致发动机曲轴转速下降，曲轴位置传感器的波形循环就会出现中断，通过对比曲轴位置传感器与凸轮轴位置传感器的信号，电控单元就会判断出哪一个气缸失火。

（4）燃油系统监控

① 用来判断监控系统调整空燃比的工作情况。

② 监控的两个参数——短效修正和长效修正，在没有进行燃油修正时，数值为 0，修正时，数值的范围为 -100%～100%。

（5）燃油蒸发系统监控

① 用来检测活性炭罐气体容积和泄漏情况。

② 监控系统的部件炭罐阀、EVAP 电磁阀和压力传感器。

（6）废气再循环监控

① 用来检测 EGR 的流量和判断其工作效率。

② 电控单元使 EGR 阀全开或全关，并侦测 EGR 传感器的电信号，然后通过动态的采

样数值与其原厂设计的标准相比，并判断 EGR 系统的工作效率，若其工作效率达不到设定标准，则故障灯亮起并发出设置故障码。

4. OBD-Ⅱ的局限性

1）OBD-Ⅱ不能测量车辆的排放物 CO、NO_x 和 HC 等，只是起随车排放监测器的作用。因此，如果需要准确分析车辆尾气排污状况，尚需其他的监测手段或配备其他尾气分析仪。

2）OBD-Ⅱ的可靠性受车辆运行环境的影响，在一定的工作条件，如恶劣的运行状况和异常的工作环境中，OBD-Ⅱ有可能出错，此时一般要暂停 OBD-Ⅱ的工作。而且错误的故障指示会降低用户对 OBD-Ⅱ的可信度，以至于部分用户对 OBD-Ⅱ发出故障警告不予理会，使 OBD-Ⅱ应有的功能无法实现。

3）OBD-Ⅱ不能指示如何对车辆进行维修，它只能对车辆进行实时监测，把检测到的故障以故障码的形式存入存储器，以点亮故障灯的方式通知驾驶人发生故障的部位或表明存在着被确诊的故障，提醒驾驶人对车辆进行维修。

4）OBD-Ⅱ不能诊断出汽车电控系统内的所有故障，它仅能监测出汽车电控系统中 70%~80% 的故障。仅依靠故障显示灯的方式还不能有效地判断汽车系统的恶化状况。

5）OBD-Ⅱ给软件带来了巨大的挑战。OBD-Ⅱ软件大约是整个汽车电控软件的一半。其中任何一个软件错误都能导致错误的故障指示或违规。在软件精度上，即使 99.9% 的精度依然会造成很多系统问题。另外，还有许多有关 OBD 系统软件及检测的困难，如太敏感、太不敏感和检测不准确等。

8.2.3　OBD-Ⅲ展望

OBD-Ⅱ技术先进，对探测排放问题十分有效，但对驾驶人是否接受 MIL 的警告，OBD-Ⅱ是无能为力的。为此，比 OBD-Ⅱ更进一步的 OBD-Ⅲ的开发已提上了议事日程。

OBD-Ⅲ主要利用小型车载无线收发系统，通过无线蜂窝通信、卫星通信或 GPS 系统将车辆的 VIN、故障码及车辆所在位置等信息自动通告管理部门，管理部门根据该车辆排放问题的等级，对其发出指令，包括去何处维修的建议，解决排放问题的时限等。在法律允许的前提下，对超出时限的车辆发出禁行密码指令。总之，OBD-Ⅲ的主要特点是需要社会法规的支持。在我国，结合国情也有一些可行的方案正在研究之中，如 MIL 的设置时限，超限车辆将自动禁行等。此外，OBD-Ⅲ不仅能对车辆排放问题向驾驶人发出警告，而且还能对不接受警告者进行应有的惩罚。

练习与思考题

一、填空题

1. ____________是发动机控制系统的核心。

2. 汽车电控单元中的存储器分为两种：__________和__________。

3. 模－数转换器的作用是______________________。

4. 当怀疑发动机控制模块有故障时，首先要检查______________是否正常。

5. OBD 是______________系统。

6. 电控单元主要由__________、__________和__________、微型计算机、输出回路等组成。

7. 传感器输入的信号有____________和____________两种。

8. 微型计算机的作用是根据汽油机运行工况的需要，把各种传感器输送来的信号用__________中的处理程序和数据进行运算处理，并把处理结果送到__________。

9. 本田轿车的诊断座位于________________。

10. DLC 诊断座为统一________________脚。

二、简答题

1. 自诊断系统的功用是什么？

2. 电控单元的功能是什么？

3. 简述失效保护系统的功能。

4. 发动机使用步进电动机式怠速控制阀，其电控单元的电源电路有何特点？

5. OBD-Ⅱ的故障码由几位组成？各有什么含义？

6. OBD-Ⅱ自诊断系统有何局限性？

第9章 电控发动机的常见故障分析

基本思路：

本章的重点是解决“做”的问题，在掌握相关工具、量具和设备的使用后，关键就在于思路和操作流程，要根据已掌握的基本知识正确看清故障现象；全面分析故障原因；采用合理的检测设备进行检测；正确处理相关检测数据和结果；找准故障部位；彻底排除故障。在操作过程中要坚持先易后难、先简后繁、先外后内、先电后液再机械。切记盲目拆装，野蛮修车，否则会扩大故障，增加修理难度，造成更大的经济损失。

9.1 电控发动机的故障特征及分析方法

9.1.1 电控发动机常见故障的分类

1. 按照故障的难易程度分类

电控发动机控制系统故障按故障的难易程度可分为常见故障和疑难故障两种。

常见故障：发动机电脑控制系统有明显的异常症状时，经仪器检测、车载自诊断或依靠维修经验能顺利确定的故障，其诊断较为容易。

疑难故障：它是指利用仪器检测未能发现，使用车载自诊断无故障码显示，或者是有故障码，但不是故障的真正原因，以及依靠维修经验还不能诊断的故障。疑难故障具有多重性，是发动机电脑控制系统故障诊断中的技术难点。随着汽车高新技术的不断发展，发动机电脑控制系统的疑难故障也呈逐渐增加的趋势，这种故障也称为软故障。

归纳故障出现的概率，总结疑难故障存在的性质，疑难故障大体有以下7种：

（1）潜伏性故障　潜伏性故障是指发动机电脑控制系统确实存在故障，但是没有明显的故障症状，故障原因难以查明。它的症状表现为发动机电脑控制系统故障特征不明显，通常为发动机电脑控制系统故障的隐蔽性状态，且隐藏很深，平时很难发现。通常是在特定情况下其症状才有所显示，故应特别注意车辆的日常及二级维护时的性能检测。

(2) 间歇性故障 间歇性故障是指发动机电脑控制系统出现故障后，症状表现极不确定，即时而出现、时而消失，故障原因难以查明。它的症状表现为发动机电脑控制系统故障特征极不稳定，通常为发动机电脑控制系统故障的断续性状态。现代汽车发动机电脑控制系统相当复杂，有上千个电子元器件、上百个插接件、几十个传感器和执行器，如果一个元器件、一处插接件、一个传感器和执行器松动或接触不良，都会引起电控系统产生间歇性故障。间歇性故障很多是由于某些插头或导线连接不良所致。

(3) 交叉性故障 交叉性故障是指发动机同时出现机械、液压、油路和电控系统综合故障后，非发动机电脑控制系统故障交叉掩盖发动机电脑控制系统故障，故障原因难以查明。交叉性故障表现为电控系统故障特征极不明显，通常为发动机电脑控制系统故障的错觉性状态。发动机出现交叉性故障后，各种不同性质的故障混为一体，故障症状相互混淆，易使检修人员判断错误。

(4) 虚假性故障 虚假性故障是指发动机电脑控制系统出现单一故障后，由于发动机处于运转状态，使得故障损坏程度进一步延伸并恶化，将发动机电脑控制系统故障以非电脑控制系统故障的症状显示，故障原因难以查明。其故障表现为完全以虚假的非电脑控制系统故障出现，通常为发动机电脑控制系统故障的假象性状态，如当发动机电脑控制系统中的传感器出现故障时，其测定的信号参数出现异常，电控单元接收到虚假的信号参数，则以异常数据进行程序控制，其结果必然引起汽车控制程序紊乱，造成故障的恶性循环。

(5) 误导性故障 误导性故障是指发动机电脑控制系统出现故障后，由于驾驶人错误描述或车载自诊断故障码紊乱出现误导，维修人员未经深思照搬硬套，而造成新的电脑控制系统故障。它的表现为过分依赖于驾驶人和车载自诊断故障码，通常为发动机电脑控制系统故障的盲目性状态。发动机电脑控制系统的程序设计，是根据发动机的不同工况，预先设定运行方案存储于电控单元中，对于各种传感器输入电控单元的参数，经电控单元内部的 A-D 参数转换，组成各种运行方案的地址码，当某一个传感器参数发生变化时，必然引起地址码的变化，使其对应的运行方案也发生变化。

当某一个传感器损坏后，其参数超过正常值范围，电控单元就只能调用备用参数来代替错误的传感器信号，以维持发动机最基本的工作，并记录下故障码，如果传感器输入电控单元的信号参数，远远超出车载电控单元的逻辑判断范围，这样电控单元就会产生错误的故障码，通常称为“假码”。

在一些传感器损坏后，有时会产生较大的电磁波干扰，严重影响电控单元的正常工作，引起电控单元输入故障码的紊乱，通常称为“乱码”。

另外，由于发动机电脑控制系统控制单元所检测的参数有些是间接参数，故障码所反映的不是某个器件的状态，而是某个系统的状态，如果简单地认为某个器件损坏，就可能产生误导。

(6) 人为性故障 人为造成电控系统新的故障，其原因是驾驶人反映情况有误或车载自诊断系统紊乱（出现假码或乱码）时，维修人员未经科学分析和检测维修失误而使电控部分产生了新的故障。

（7）配件不符合要求的故障　这种故障维修的难度非常高，有时是新换上的元器件本身质量不达标，有时是新换上的元件不匹配。

2. 按照电控单元是否自诊断出故障码（DTC）分类

此种分类可以将发动机故障分为有故障码故障和无故障码故障两种类型。

博世 MP5.2 系统（神龙富康 TU5JP/K 发动机应用这种系统）将有故障码的故障分为永久性故障和临时性故障。永久性故障是指系统出现持续性故障被计算机记录后，在故障排除以前的故障，永久性故障只有检修后才能消除；临时性故障是指系统出现的瞬时性故障或持续性故障已被排除，计算机储存的信息为临时性故障。如果发动机起动达 50 次，曾出现过的瞬时性故障未再出现，计算机将消除该故障码。捷达轿车的临时性故障可以用故障诊断仪诊断出来，用大众专用故障诊断仪 V. A. G1551 诊断时，临时性故障在屏幕上显示“/sp”标记。发生临时性故障的原因可能是接触不良或线路瞬时中断，如一个临时性故障在 35 次发动机起动中不再出现，则从故障存储器中消除。

发动机电控系统的故障原因可以分成以下几种：

1）传感器损坏或性能不良。

2）执行器损坏或性能不良。

3）电控单元损坏。

4）线路故障，如线路断路、线路接触不良（有接触电阻或间歇性接触不良）、线路与其他线路短路造成不正常电压供给等。

有的故障发生后，电控单元能够设置故障码，并且记录故障发生时的数据。有的故障发生后，电控单元无法设置故障码。有故障码的故障处理起来通常比较容易，因为故障诊断仪上会有提示，维修手册也有比较详细的故障处理流程。但是对于有些故障码，处理时要注意逻辑关系，如氧传感器信号电压较高和较低的故障码，如果只是简单地更换氧传感器，很有可能排除不了故障或者是一段时间后故障又会重现。对于这类故障码要进行仔细地分析，找到故障的真正原因。

无故障码的电控系统故障的原因有以下几种：

1）传感器损坏或性能不良。

2）执行器损坏或性能不良。

3）电控单元损坏。

4）线路故障，如线路断路、线路接触不良（有接触电阻或间歇性接触不良）、线路与其他线路短路造成不正常电压供给等。

5）机械部分工作不良。

在实际工作中，处理难度比较大的是无故障码的电控系统故障，首先明确一点，无故障码，故障的部位可能在电子控制系统，也可能在机械部分。这时排除这样的故障要多读数据流、多看传感器和执行器的波形以及综合其他的故障诊断手段来进行。

9.1.2　电控发动机常见故障的分析方法

1. 望闻问切法

首先是问诊法，问诊时除了要听清楚客户对车辆故障的描述外，还要针对不同的故障现象，引导客户补充必要的故障说明以供维修参考。

(1) 询问故障情况　询问时需了解的内容：该故障出现在什么时候（早上、中午或晚上等），出现了多久，出现故障的现象怎样，在什么路面情况下出现（烂路、泥路、水泥路面或沥青路面等），在什么天气或温度下出现（下雨、雪、炎热或寒冷等），何人驾驶（驾驶习惯），何种工况（起动、怠速、加速或减速，巡航等），如果属于周期性故障还要询问以往是否在其他地方修过以及修过什么等。要注意，不同的故障所询问的参考资料不尽相同。

(2) 核实故障现象　问清楚故障现象后，要根据故障情况进行核实，必要时邀请车间主管或试车员进行路试确认，核实工作是非常重要的，因为客户本人并不是专业人士，对于汽车本身的认识处于很粗浅的阶段，有时很难说清楚是哪个系统出了故障或者该现象对于某种车型来说并不一定是故障，如果照搬车主的叙述直接制定工作单而不进行核实，就有可能使下一步的维修工作陷入误区。

通过以下实际案例对上述步骤加以理解：客户报修项目为发动机早上有时难起动。由于接车员缺乏经验，没有问清楚难起动的具体故障现象（起动机是否工作有力等），就直接按照客户描述制定了早上难起动的维修接车单，车间维修人员按照发动机起动的三要素（压缩压力、点火及空燃比）进行检查，两天过后却没有发现异常，也试不到难起动的故障现象，无奈之下只好交车，就在准备交车时却发现发动机真的不能起动了，同时也发现了不能起动的真正现象，即在转动点火钥匙起动时起动机没有反应，很快检查到是起动机的50号供电端子的插头腐蚀松动，造成蓄电池电源不能供给，使起动机不能工作。因为该车进厂后一直停放在维修工位上不曾移动，准备洗车交车，移动车辆时碰巧就出现了故障。如果接车人员能将故障现象问得更清楚一些，那么就不会浪费两天的时间了。

问诊法虽然能直接反映故障的一些情况，但是要注意客户毕竟不专业，描述故障的能力有时是有限的。有些故障其实是可以摸出来的，这就是触摸法。通常就是通过感受元器件的温度（也有用手感觉一些元器件的振动），来判断元器件的好坏，如点火线圈、点火模块高温就可以判断点火线圈、点火模块损坏；导线发热说明连接不好或有短路现象，如搭铁线发热就是搭铁不良；电池接柱发热一般可以说明接柱上有锈。

除了触摸法，还可以使用观察法、听诊法和闻诊法。例如，观察发动机冒蓝烟就是烧机油，冒黑烟就是混合气燃烧不完全，冒白烟就是可能有水进入了气缸。观察法应用最多的是观察火花塞的颜色、氧传感器的颜色等，火花塞的状态如受潮、熏黑、绝缘体表面形成沟痕、电极消耗等都能目测出来。听诊法主要用于对异响的诊断，闻诊法主要用于对排气、线路短路等的诊断，这里不再赘述。

2. 比较法

(1) 是否参与工作比较　通过一定的手段，使需要判断的系统（或元器件）工作或不工作，来判定该系统（或元器件）是否损坏。例如：

① 断缸法。通过断开某气缸的高压线或喷油器插接器，使该气缸不工作，以判定该气缸是否工作良好。

② 断开EGR系统的连接管，以判断EGR是否参与工作。

③ 断开EVAP系统的连接管，以判断EVAP系统是否参与工作。

④ 断开三元催化转化器与排气管的连接，以判断三元催化转化器是否堵塞。

(2) 换件法比较　换件法就是将怀疑有故障的元器件用无故障的元器件替换的方法。

无故障的元器件可以是备用的新件，也可以是其他同类车上的元器件，或者是将同一台发动机的同样的元器件调换，如有的发动机有多个同样结构的点火线圈，就可以采用元器件调换法。

在维修过程中，要注意经常出现以下情况：当维修人员找到了故障原因，采取相应措施，更换相应的配件后，故障并没有排除。这时，维修人员首先想到的是故障判断可能有误，于是又考虑其他相关因素，进行故障排除。结果操作了半天，还是觉得第一次故障判断、排除并没有错。再仔细检查，发现原来换上的配件质量存在问题。那为什么一开始维修人员考虑不到呢？关键是这些配件都属于正品，使维修人员对其不敢产生怀疑。

(3) 利用保护功能来比较（拔插接器法）　有些传感器有故障，但是电控单元并没有发现，依然按照传感器的信号来控制喷油和点火，这就有可能产生各种各样的故障。利用发动机的失效保护功能，把传感器信号断开（点火开关关闭的情况下拔下连接插头），让发动机利用失效保护功能来工作，这样来判定传感器是否异常。例如，发动机有起动征兆，但是无法起动。如果怀疑空气流量计有故障，但是又没有故障码。这个时候可以拔下空气流量计的插接器，让电控单元起动失效保护功能对空气流量计的信号进行忽略。如果发动机能够起动，故障的原因可能是空气流量计，否则故障的原因可能不是空气流量计。应用这种方法时要注意拔下插接器的时候须断开点火开关。现用以下案例说明此方法的运用：

桑塔纳2000发动机起动困难，拔下冷却液温度传感器后，发动机能起动，更换冷却液温度传感器后故障排除。故障分析：发动机冷却液温度传感器给电控单元错误信号，使混合气及点火提前角与当前工况不匹配。断开发动机插接器后，电控单元启用失效保护功能，冷却液温度信号的失效保护预定值为19.5℃，这样与常温相接近，所以能够起动。

3. 排除法

汽车电控发动机和化油器发动机故障一样，它的某一故障产生可能是由多种原因造成的。因此在排除故障时，可按传统方法，把这些影响因素一一列出来，按步骤进入问题的实际部位，称为排除法。例如，电控发动机的点火系统不能产生高压火花，可以先检查容易检查的部件，如火花塞、高压线、点火线圈（高压包）、导线等，再检查传感器信号和发动机电控单元的控制，如果都没有问题就检查点火模块的电源线及搭铁线，如果也没有问题就需要更换点火模块。利用排除法可以检查那些较难检查的部件，也比较快地发现故障的部位。例如，丰田汽车发动机的点火模块上一般都有IGT点火信号和IGF点火确认信号，如果电控单元没有收到IGF信号就会停止发动机的燃油供给，切断喷油器喷油电路，反过来，只要喷油器喷油正常就能初步判断有IGT和IGF信号，在发动机无法起动的情况下，如果系统中没有高压火，而喷油器喷油电路正常就可以判断故障在火花塞、高压线及点火线圈、点火模块，初步排除曲轴位置转速信号及电控单元存在故障的可能性。

4. 利用电控发动机正常工作三要素来分析诊断故障

所谓电控发动机正常工作三要素是指气缸能建立足够的气缸压力、足够的点火能量与正确的点火时刻、发动机在不同工况下要求不同浓度的混合气（混合气要能进入气缸和废气能排出）。三要素可简称为油、压、火。运用此法时须注意：火花塞或高压线在气缸外跳火并不代表火花塞就能在气缸内跳火，更不能说明火花是符合要求的；油管内有油压并不能说明油就进入了气缸，更不能排除混合气引起故障的可能性。

5. 利用氧传感器信号特征诊断法

利用氧传感器输出电压随混合气的浓度变化而变化的特性，检查和诊断电控发动机故障的方法，称为氧传感器诊断法。这种方法主要诊断在氧传感器完好的情况下，由空气系统、燃油或者机械部分引起混合气过稀或过浓的原因。诊断步骤如下：

1）检查氧传感器，确定氧传感器良好（参照氧传感器的检查）。可人为加浓混合气（拔下燃油压力调节器的真空管）和调稀混合气（L型发动机可拔下其他的真空管，D型发动机可利用手动真空泵给燃油压力调节器施加负压）检查氧传感器的感应电压，以确认氧传感器的性能。

2）根据氧传感器的电压来检查混合气过浓或过稀的原因。

6. 读取故障码法

故障码的读取方法有两种：一种是手工读码法；另一种是利用故障诊断仪来读取故障码。目前维修时绝大多数是利用故障诊断仪来读取故障码，读码前一定要排除MIL的故障。

1）在进行故障码分析时，建议按照以下步骤进行：

① 首先读取并记录（可打印）所有故障码。

② 清除所有故障码。

③ 确认故障码已被清除（再次读取故障码时，应显示此时无故障码）。

④ 模拟故障产生的条件进行路试以使故障重视。

⑤ 再读取并记录此时的故障码。

⑥ 区分间歇性（软）故障码和当前（硬）故障码。

⑦ 区分与故障症状相关的故障码和无关的故障码。

⑧ 区分诸多故障码或相关故障码中的主要故障码（它可能是导致其他故障码产生的原因）。

⑨ 按照上述分析，进一步精确地检查测量故障码所代表的传感器、执行器或控制单元及相关的电路状态，以便确定故障点发生的准确位置。

车辆类型不同手工读码的方法也不一样，读取故障码一般分为三个步骤：首先进入自诊断测试，也称为读取故障码的操作方法或触发故障码；然后读取故障码；维修完毕后清除故障码。

故障码的触发方式有很多类型，以下列举三种：

a. 点火开关位于“ON”，不起动发动机，用跨接线跨接“诊断输入端子”和“搭铁端子”。丰田佳美等系列汽车是跨接诊断插座内端子TE_1和E_1；三菱车系、本田车系短接A和B。

b. 转动电控单元上的“诊断开关”，日产ECCS喷射系统属于此类。

c. 将点火开关在5s内由ON→OFF →ON→OFF→ON依次完成一个循环，北京切诺基汽车属于此类。

进入自诊断测试状态时，不同的自诊断模式，将完成不同的诊断测试功能。一般有两种诊断测试模式：一种是静态测试（Key ON Engine OFF，KOEO）模式，即点火开关置于“ON”位置，在发动机不运转情况下测试。测试的目的主要是提取存储器中的间歇性故障的故障码和在静态测试状态下发生故障的故障码。另一种是动态测试（Key ON Engine Run，KOER）模式，在发动机运转的情况下测试，该模式测试的目的是读取在动态测试状态下发生故障的故障码；或进行混合气成分的监测。

当故障码被触发以后，就可以读取了，故障码的显示方式也有很多的种类。以下列举三种：

a. 数字显示，在部分豪华级轿车上采用数字直接显示故障码。

b. 用 LED（发光二极管）显示，LED 可以安装在电控单元中或设置在诊断插座上。

c. 用“CHECK ENGINE”警告灯闪烁显示，如图 9-1 所示，故障码不同，闪烁的频率不同。

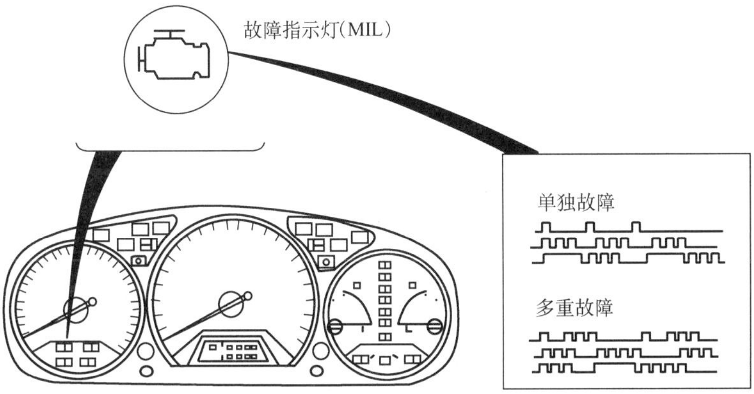

图 9-1 故障灯的位置及显示方式

维修完毕后故障码信息仍保留在存储器中，因此故障排除后，应设法将存储器中无用的故障码清除。清除的方法如下：一般汽车可拆下蓄电池的负极至少 10s 以上，以清除故障码，气温低时断电时间可适当延长。很多有防盗的汽车不允许用上述方法，那么可拔下“EFI”熔丝 30s 以上，以清除故障码。

现在读取故障码一般都是使用汽车故障诊断仪，手工调码因为调出的故障码需要查询其含义，必须具备完整的维修资料才可以，目前应用不多。这里以奇瑞 A250 轿车为例简单介绍发动机控制系统故障码的人工读取方法及故障码含义。

2006 年上市的奇瑞 A5 轿车，搭载的是 SQR484F 发动机，排量是 2.0L，当电控系统有故障时，接通点火开关，仪表板上的故障指示灯将一直点亮。

该系统采用“K”线通信协议，并采用 ISO 9141—2 标准诊断座，其中用于发动机管理系统 EMS 的是标准诊断座上的 4、7 和 16 号插脚，4 号插脚连接车上的搭铁线，7 号插脚连接电控单元的 71 号插脚，16 号插脚连接蓄电池。将诊断座的 7 号插脚搭铁超过 2.5s 后，仪表板上的故障指示灯将闪烁显示故障码的数值，如故障码 P0302 的闪码方式为：连续闪 10 次—间歇—连续闪 3 次—间歇—连续闪 2 次。如果系统没有故障，将诊断座的 7 号插脚搭铁超过 2.5s 后，仪表板上的故障指示灯以 2Hz 的频率闪烁。手工读码后需要查询故障码的含义，这就需要很多的维修资料（表 9-1），所以不是很方便。

表 9-1　发动机故障码

故障码	故障含义	故障码	故障含义
P0107	进气压力传感器电路电压过低	P0340	凸轮轴位置传感器信号故障
P0108	进气压力传感器电路电压过高	P0342	凸轮轴位置传感器电路电压过低
P0112	进气温度传感器指示温度过低	P0343	凸轮轴位置传感器电路电压过高
P0113	进气温度传感器指示温度过高	P0443	活性炭罐控制阀驱动级控制电路故障
P0117	发动机冷却液温度传感器指示温度过低	P0444	活性炭罐控制阀驱动级控制电路电压过低
P0118	发动机冷却液温度传感器指示温度过高	P0445	活性炭罐控制阀驱动级控制电路电压过高
P0122	节气门位置传感器电路电压过低	P0480	空调冷凝器冷却风扇继电器控制电路故障
P0123	节气门位置传感器电路电压过高	P0500	车速信号不合理故障
P0130	上游氧传感器信号不合理故障	P0506	怠速转速低于目标怠速值
P0132	上游氧传感器电路电压过高	P0507	怠速转速高于目标怠速值
P0134	上游氧传感器信号故障	P0508	怠速控制阀控制电路电压过低
P0135	上游氧传感器加热电路故障	P0509	怠速控制阀控制电路电压过高
P0171	空燃比闭环控制自适应超上限	P0511	怠速控制阀控制电路故障
P0172	空燃比闭环控制自适应超下限	P0560	系统电压信号不合理
P0201	1 缸喷油器电路故障	P0562	系统电压过低
P0202	2 缸喷油器电路故障	P0563	系统电压过高
P0203	3 缸喷油器电路故障	P0601	电控单元校验码错误
P0204	4 缸喷油器电路故障	P0602	电控单元诊断数据识别码错误
P0230	燃油泵控制电路故障	P0645	空调压缩机继电器控制电路故障
P0325	爆燃传感器电路故障	P0646	空调压缩机继电器控制电路电压过低
P0335	曲轴位置传感器信号故障	P0647	空调压缩机继电器控制电路电压过高
P0336	曲轴位置传感器信号不合理故障	P1651	故障灯控制电路故障

2）故障码指示的是电控单元所控制的仅发动机的电喷部分，而无法兼顾（监测）发动机的全部（尤其是纯机械部分）。通过解读故障码，大多能正确区别故障可能发生的原因和部位。有时也会出现判断失误，造成误导。实际上，故障码仅是一个是或否的界定结论，不可能指出故障的具体原因；若欲判定故障部位，还需根据发动机的故障现象，进一步分析和检查才能做到。

① 在电控单元自诊断系统正常的前提下，若发动机有故障现象而故障警告灯未亮（即无故障码出现），这些故障往往与电喷控制系统无关。因此，在进行维修时，必须首先正确区别故障的发生部位和表现特征，方能准确、迅速地判定和排除故障。

此时，应按传统发动机故障的判断步骤进行排查，切记不要盲目检查电控系统的执行器、传感器和电路，否则不仅徒劳无功，稍有不慎反会损坏与电控单元相关的某些器件。例如，当火花塞的高压线有缺陷时，往往会出现怠速不稳、加速断火、排气“放炮”等故障现象，而电控单元并不能检测到这类故障。

② 电喷发动机控制系统的工作可靠性很高，使用中出现故障的概率很小。故在一般的检修中不要随便拆检其器件或无意识地拆除其插接器或导线（尤其是电控单元的有关部

分）。只有在确认发动机本身及点火系统已排除机械类故障后，才可对其进行检查。检查时，要根据本车型资料，按规定的程序和要求进行。

③ 即便是电喷控制系统本身的故障，往往也是以一般的机械故障形式出现，如接线不良、喷油器或滤清器脏污堵塞、进气道有积炭等。

因此，在对电控单元自诊断系统所显示的故障进行检查时，也应首先从简单的机械故障查起。尤其是显示“进气系统故障”时，应特别注意加注机油口和机油尺管孔是否密封可靠、空气流量计与进气系统相配零件是否松脱、进气歧管压力传感器的真空软管是否破裂或密封不严甚至脱落等。

④ 自诊断系统也有显示不出来的传感器故障。电控单元在对传感器信号进行检测时，只能接收其内设范围以外的（传感器）超常信号，从而判别传感器有无故障。

一般在解读故障码后，只要对相应的传感器、插接器、导线进行检查，找到并排除断路、短路的故障点，即算成功。但是，若因某种原因使传感器的灵敏度下降（虽在电控单元设定的范围内，但反应迟钝、输出特性偏移等），则自诊断系统就检测不出来了。尽管发动机确有故障表现，但自诊断系统却输出了表示无故障的正常故障码。这时就应该根据发动机的故障症状进行分析判断，继而对传感器单体进行针对性的检测，以找到并排除传感器的故障。

例如，当发动机怠速不稳并伴有行驶中发动机运转失调，系统又无故障码输出时，首先值得考虑（怀疑）的便是空气流量计或者进气歧管（真空）压力传感器出现了故障。因为这两个传感器性能的好坏直接影响到基本燃油喷射量，尽管此时没有显示相应的故障码，也应该对它们进行检查。

⑤ 故障码所指示的内容有可能不是故障的部位。维修不当会引发错误的故障码，如在发动机运转过程中，若随意拔下传感器插头进行试验，则每拔下一个传感器插头，电控单元就会记忆一个相应传感器的故障码。另外，若上一次对电喷汽车修理后，由于操作不当而未能完全消除旧的故障码，那么在本次读码时，那些残存的旧码仍然会重复显示，给维修工作带来混乱及困难。

自诊断系统可能显示错误的故障码，是由于工况信号失误而引起的。例如，一辆搭载 V6 发动机的奥迪 2. 8L 轿车，故障码显示的是“冷却液温度传感器短路或断路”故障；而发动机的故障症状却是无论冷车或热车都不好起动，并且伴有回火、怠速不稳，发动机的转速始终无法提高。显然这些故障与冷却液温度传感器的关系并不密切（检查冷却液温度传感器，并无故障）。后经调查询问才知道该车曾加注过含铅汽油。当将三元催化转化器从车上拆下后，发动机工作恢复正常，剖开三元催化转化器后，发现其内部严重堵塞，可断言该车的故障是由此而引起的。

有一些特殊的故障码值得注意，如大众汽车公司警告说，如果在以下车型的发动机中加注了过量的机油，就会导致在 PCM 中激活失火诊断故障码：最新型的高尔夫、捷达、帕萨特、箱式货车和新型甲壳虫。大众汽车公司建议，发动机的机油灌注量应比最大容量小 0. 57L 左右。加注适量的机油后，可起动发动机，将它预热至正常工作温度。这时，关掉发动机，等候约 3min，检查量油尺。最后，如有必要，再灌注 0. 57L 机油。

虽然有些故障码所指的并不是故障的真正部位，但有时也能利用故障码来分析故障的真正原因。例如，出现失火的故障码，不能简单地理解为点火系统出了故障，要理解其原理。

如图9-2所示，电控单元监控失火故障是这样的：电控单元通过监测发动机转速的不均匀性，判断失火的存在；失火气缸特征和失火模式判断；通过曲轴转角周期进行数学处理，生成诊断参数，诊断参数大于某一特定值时，判断为失火并且开始计数。失火判断：当失火计数器在大于某特定基准值时，判断为失火监控故障。缺火故障码通常是由以下原因造成的：真空泄漏、燃油压力低、喷油器脏或点火问题等。OBD-Ⅱ自诊断系统能跟踪缺火直至个别气缸，缺火率在2%以下为正常。但若汽油中有水或其他原因造成的汽油品质下降，会导致缺火率超过限值而触发故障码。

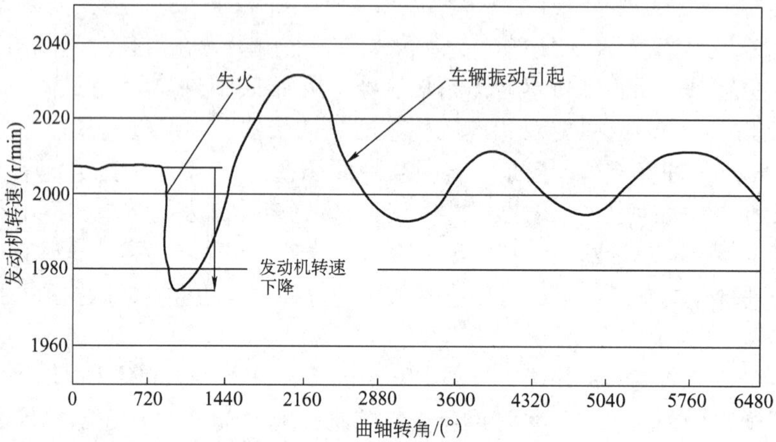

图9-2　电控单元对失火故障的监测

7. 参照流程图（表）法

流程图（表）用来表示从开始到结束的维修步骤，别克GL8 3.0L（LW9）发动机控制系统废气再循环（EGR）流量不足的故障DTC P0401的诊断流程见表9-2。

表9-2　别克GL8 3.0L（LW9）发动机废气再循环（EGR）流量不足的故障DTC P0401的诊断流程

步骤	操　作	数值	是	否
1	是否已执行动力系统车载诊断系统的检查	—	至步骤2	至动力系统车载诊断系统检测
2	（1）检查排气系统上是否对原装零件进行过改装或是否存在任何泄漏 （2）如果发现故障，必要时维修排气系统 （3）是否出现需要维修的状况	—	至步骤5	至步骤3
3	（1）拆卸废气再循环阀 （2）从外观上检查如下项目：枢轴、阀门通道和适配器是否有脏物严重沉淀或任何形式的堵塞；废气再循环阀衬垫和管路是否泄漏 （3）如果发现故障，必要时清理或更换任何废气再循环系统的部件 （4）是否出现需要维修的状况	—	至步骤5	至步骤4

（续）

步骤	操　　作	数值	是	否
4	（1）从排气歧管和进气歧管上拆卸废气再循环进口和出口管 （2）检查歧管废气再循环端口和废气再循环进口、出口管路是否因严重脏物沉淀、铸件冲刷或其他损坏 （3）如果发现故障，必要时予以排除 （4）是否出现需要维修的状况	—	至步骤 5	至诊断帮助
5	（1）查看并记录扫描工具上的故障记录数据 （2）在按诊断帮助中的规定操作车辆时，清楚诊断故障码并扫描工具上监视废气在循环测试的计数显示 （3）继续操作车辆废气在循环测试计数，直到采集 9～12 个测试样本 （4）对于 DTC P0401，选择扫描工具具体诊断故障码信息并记录测试结果。扫描工具是否指示 DTC P0401 测试，能否运行并通过	—	系统完好	至步骤 2

8. 故障征兆模拟诊断方法

对于发动机电脑控制系统的疑难故障可以利用故障征兆模拟的方法进行检测诊断，此方法实际上就是以调查研究和科学试验的方式，让待修车辆以相同或相似的条件和环境再现其故障，然后经过模拟验证和分析判断后，确切诊断出故障原因和部位。故障征兆模拟诊断方法主要有以下三种：

（1）振动模拟法　在问诊的时候如果客户提到在颠簸的道路上才出现故障时，可采用此方法。振动模拟法可以用来检查导线插接器是否松脱或断路，如轻轻摇动插接器或配线即可；用手轻拍传感器、继电器或其他零件，检查其是否失灵。以下案例检修时就是运用了振动模拟法。

捷达前卫行车偶尔熄火，用 V. A. S5051 检测无故障码，检测燃油压力正常，经试车当熄火时发现无高压火，检测线路无发现异常，检测点火线圈电阻正常，高压线火花塞均正常。用木槌敲击点火线圈时忽然熄火，更换点火线圈后多次试车故障消失。

（2）增减模拟法　在发动机电脑控制系统疑难故障的检测诊断中，针对油路和电路故障常采用增减模拟法。它是利用在油、电路中增减载荷模拟验证油、电路的故障症状，以诊断由载荷（负荷）而引起的疑难故障。当怀疑故障可能是用电负荷过大而引起时，可逐个接通电气负载，检查是否发生故障。

由载荷（负荷）大小所造成的故障，必须在与产生故障时相似的载荷条件下再现，一般常用以下两种增减模拟法进行检测诊断：增加模拟方法和减少模拟方法。

（3）输入模拟法　在电控发动机检测诊断工作中，经常会遇到电路被改动的车辆，给发动机电脑控制系统的检测诊断带来许多困难。例如，车载自诊断检测不能进行，原车的电路图也不能直接使用，检测诊断前还要辨清被改动过的电路部分。在这种情况下，通常采用输入模拟法对发动机电脑控制系统进行检测诊断。输入模拟法实质上就是怀疑电路中某些元器件有故障，将电路参数（电阻、电压、电流）输入到相关的元器件，进行模拟验证后诊断故障。以下是三种基本输入模拟法。

1）电阻输入模拟法。电阻输入模拟法又称为串联法，是以电阻元件代替某些被怀疑损坏的电阻式传感器，进行模拟验证，以便诊断该传感器是否损坏。例如，怀疑冷却液温度传感器可能损坏时，可将一个与冷却液温度传感器阻值相似的电阻（或直接使用可变电阻），串接在冷却液温度传感器的插接器上，进行模拟验证，以便诊断该冷却液温度传感器是否存在故障。

2）电压输入模拟法。电压输入模拟法又称为并联法，是以外接电压或用合适的元器件，来代替某些被怀疑损坏的传感器，进行电压信号模拟验证，以便诊断该传感器是否损坏。利用电压信号模拟还可以诊断除了损坏的传感器以外，其他电子设备性能的好坏。

3）电流输入模拟法。在发动机电脑控制系统的检测诊断中，利用万用表的电流档，对怀疑有故障的电阻式元器件施加电流，即模拟电子元器件工作状态以诊断故障，该方法诊断故障较为精确、实用。例如，在诊断发动机电脑控制系统电子设备的故障时，经初步诊断后，可通过模拟晶体管的导通状态，去判断电子设备的工作性能。用万用表给晶体管基极输送电流，设法使晶体管导通，进而触发电子设备进入工作状态，以诊断故障部位。

（4）状态模拟法 状态模拟法是根据发动机电脑控制系统检测诊断时，将电子电路中怀疑有故障的元器件的某电路状态改变，即将局部电路或某一元器件断电，或在通电状态下进行检测，以此来诊断故障。这种方法的优点是不将元器件从电路板上脱焊下来，而直接在电子设备上进行模拟检测。以下是两种常用的状态模拟检测诊断方法。

1）断电模拟法。当怀疑某晶体管有故障，以及对电路电压不清楚时，可采用断电模拟法检测诊断。使用较多的是晶体管基极电流切断法，即将发射极和基极之间暂时短路，其集电极负载电阻两端的电压降通常为0V，如果能测到任何电压，即可诊断出晶体管损坏。还可以将万用表接在晶体管的集电极和发射极两端，然后再将基极和发射极之间短路，这时万用表的读数应为电源电压值。如果不是电源电压值，则可判断出晶体管损坏。

2）通电模拟法。通电模拟法是在电路通电状态下进行电压测定的方法，可检测发动机电脑控制系统电子设备中的晶体管和IC的好坏。在晶体管处于放大状态时，分别测定硅管的电压为0.6～0.7V，锗管的电压为0.2～0.3V，否则为晶体管损坏。

（5）加热法 当怀疑某一部件可能是受热而引起的故障时，可用加热法。此方法也可以引申为降温法，这里不再赘述。加热时要注意温度，一般选用电吹风机加热可避免温度超过60℃，从而避免电子器件损坏。

（6）水淋法 当故障在雨天或高湿度环境下产生时，可用水喷淋在车辆上，检查是否发生故障，但应注意不可将水直接喷淋在发动机的电控零件上。

9. 读取数据流法

把电控系统的一些主要传感器和执行器正常工作时的参数值（如转速、蓄电池电压、空气流量、喷油时间、节气门开度、点火提前角和冷却液温度等）提供给维修者，然后按不同的要求进行组合，形成数据流或是数据块。这些标准数据流是厂方提供的，或者是车在行驶过程中，故障自诊断系统把各种有关数据资料记录下来。使用中，这些数据资料可通过故障诊断仪，把各种传感器和执行器输入或输出的瞬时值以数据的方式在显示屏上显示出来，这样可以根据汽车工作过程中各种数据的变化与正常行驶时的数据或标准数据流对比，诊断出电控系统故障的原因。

在进行数据分析时要注意以下原则：仔细分析各个参数在发动机各种工况下的数值是否异常，大多数参数需要和其他的参数进行组合分析，必要时还要对此参数采用波形分析。其中不同的参数需要不同的检查方法，如参数的数值范围是否正常；参数的变化幅度及灵敏度；参数的稳定性，在稳定工况时很多参数应该是比较稳定的，尤其要注意变化不定的执行器的参数。下面以广州本田 2003 年款 CM5 发动机数据列表中的参数为例进行说明。

1）发动机转速。由发动机转速传感器（CKP）信号转换来的重要参数，由于此信号非常关键，所以往往一旦有故障会造成发动机无法起动，在怠速工况时，也可以作为怠速稳定性的判断数据。

2）车速（km/h）。控制 VTEC 系统的打开、关闭，在高速行驶时的燃油切断控制，控制在驾驶期间的空燃比调整，用于车速表。

3）冷却液温度传感器（ECT）。一定要注意故障诊断仪的数据显示和实际的冷却液温度是否相同。如果不同会影响控制喷油量、怠速、点火正时、VTEC、起动等。

4）进气温度传感器（IAT）。它用于喷油量和点火的修正信号，须真实反映进气温度。

5）进气歧管绝对压力传感器（MAP）。此传感器的信号在 D 型发动机中是非常重要的信号，它与进气温度信号一起反映空气量，应非常灵敏。读取数据流时，改变节气门的大小看数值的变化情况。

6）大气压力传感器（EARO）。不同海拔时的标准数据要参考维修资料。

7）节气门位置传感器（TP）。检查节气门位置传感器的全部数据，从全闭到全开。要注意与标准值进行比较。

8）空燃比传感器。注意本田雅阁 CM5 发动机的空燃比的单位是 mA，是一个电流变化信号，用于检查废气中的氧含量。

9）空燃比过量空气系数。表示目前实际的混合气的浓度情况，显示 >1 时表示混合气稀；等于 2 时，发动机将熄火；显示 <1 时表示混合气浓。

10）ST 燃油微调——短期性燃油调整（计算）。这是燃油供给系统中非常重要的参数，它的含义是对燃油供油量的短期修正，当氧传感器反馈给电控单元的信号表明混合气过稀时，ST 燃油微调数值将增加，同时 PCM 将控制喷油器脉宽使之更长些。

在燃油供给系统开环控制时，ST 为 1，表明此时 PCM 会忽略氧传感器的数值，执行开环控制。开环控制的工况有：起动时，起动后的一段暖机时间，氧传感器的温度未到正常值时，大负荷，中断供油时，氧传感器有故障时等。

在开环控制时影响供油量的原因有：燃油系统压力不足；用来控制喷油量的传感器信号不准确；进气系统有漏气（包括从 EGR 等系统泄漏的）；气缸工作不正常。

在闭环工况下，正常时 ST 将会在 1 左右变化，当同样发生以上故障时，PCM 会根据 A/F 传感器反馈的信号进行喷油脉宽的修正，尽量保证在闭环工况时混合气的浓度在理论空燃比附近。

ST 数值的变化范围为 0.69 ~ 1.47，0.69 是达到了调稀混合气的极限，已经无法调整，如果这时氧传感器仍然传来混合气浓的信号，有的车型设置了故障码，故障码内容为氧传感器信号过高；1.47 是达到了调浓混合气的极限，已经无法调整，如果这时氧传感器仍然传来混合气稀的信号，有的车型设置了故障码，故障码内容为氧传感器信号过低。有的车型没有故障码，但有油耗增压、排放增加等故障现象。

当ST燃油微调的数值没有在范围内时，说明有故障。根据数值和其他的故障现象进行诊断。

11）LT燃油调整——长期性燃油调整（计算）。从短期性燃油调整数值中获得，用于燃油供油量的长期性修正，用于开环控制时确定基准喷油量，如果显示的数值不是1，表明存在长期的影响，造成了需要调整基本喷油量。

例如，喷油器磨损，喷油量就多一些。为了改善开环控制时的故障症状，就需要LT燃油调整，LT燃油调整的数值从短期性燃油数值中获得，与进气压力信号、发动机转速信号一起决定基本喷油量数值，这样可以在一定程度上改善了这些故障发生时开环的故障症状。

12）从氧传感器数据得出的有PCM控制目标空燃比，怠速时的范围是14.2～15.2。

13）FSS（燃油系统状态）。燃油系统状态引起的开环控制；由驱动引起的开环控制；由DTC引起的开环控制；由氧传感器故障引起的开环控制。它指出反馈条件和燃油系统处于给定操作模式的理由，用于反映目前处于燃油供给控制的状态是开环控制还是闭环控制，对于判断燃油供给方面的故障有帮助。在一个需要闭环控制的工况下，发生了开环控制，表明有故障，需要进行维修。

14）氧传感器加热器（打开/关闭）。氧传感器加热器的打开/关闭由PCM控制，并且平时它是处于常开位置。在冷却液温度低于0℃、蓄电池电压过高、发动机停止时它会关闭。

10. 波形分析法

发动机发生的故障，有时属于间歇性故障，时有时无，很难用数据流分析和判断。同时在电控系统，很多传感器和执行器的信号采用电压、频率或其他数字形式表示。在发动机实际运转过程中，由于信号变化很快，很难从这些不断变化的数字中发现问题所在。但用示波器显示的波形却能捕捉到故障中细小的、间断的变化。它利用电控发动机正常工作时各种传感器信号所描述的波形图与有故障时的波形图相比较，若有异常之处，则表示该信号的控制线路或部件本身出现了问题。读取电子部件的信号必须采用示波器，有些解码器也带有示波功能。

波形的识读如图9-3所示，汽车示波器在汽车电子控制故障诊断中，有两种应用方式：某个电器或电路的故障分析，可以用来确定在整个系统运行正常的情况下，某个电器或某段电路的故障；整个系统运行状态的分析，可以用来确定整个系统运行的情况。

电器电路故障分析，这项分析可以帮助分析某个电器电路是否有故障。汽车电子信号根据特征可以分为直流信号、交流信号、频率调制信号、脉宽调制信号和串行数据信号，见表9-3。对于某一个传感器或执行器以及其他电路信号，可以用幅值、频率、形状、脉宽、阵列来加以判断，其意义分别是：幅值——信号最高电压；频率——信号的循环时间；形状——信号的外形模样；脉宽——信号的占空比或所占时间；阵列——信号的重复特性（如同步脉冲或串行数据）。

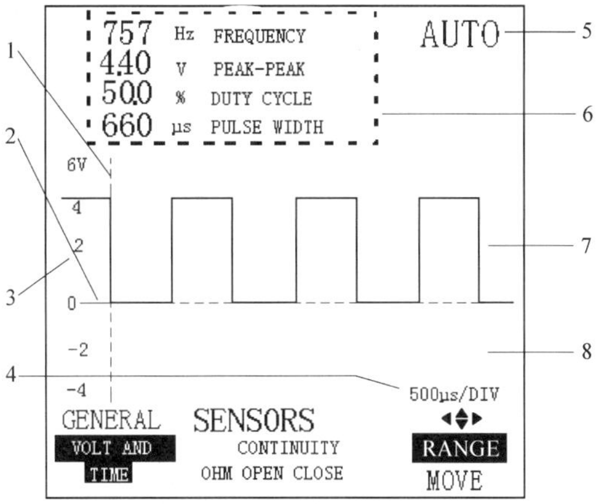

图 9-3　波形的识读

1—水平时基的零线，时间点代表触发事件　2—信号垂直幅度的零线（即 0V）　3—垂直量程（每格 2V，可以利用光标键改变量程）　4—水平时基（每格 500μs，可以利用光标键改变量程）　5—自动量程（同时适用于水平时基）　6—根据信号计算机的读数　7—信号波形　8—格线（表示水平和垂直格）

表 9-3　汽车波形的类型

类型	具　体	波　形
直流（DC）信号	蓄电池电压或电控单元输出的传感器参考电压，如温度传感器、节气门位置传感器、废气再循环阀位置传感器、旋转翼片式或热线式空气流量计以及部分进气歧管绝对压力传感器等	
交流（AC）信号	车速传感器（VSS）、磁脉冲式曲轴位置（CKP）传感器、从模拟进气歧管绝对压力传感器（MAP）信号得到的发动机真空平衡波形等	
频率调制信号	数字式空气流量计、数字式进气歧管绝对压力传感器、光电式和霍尔式速度传感器等	
脉宽调制信号	初级点火线圈、电子点火正时电路、废气再循环控制（EGR）阀、排气净化电磁阀、涡轮增压电磁阀和其他控制电磁阀、喷油器、怠速控制电动机和怠速控制电磁阀等	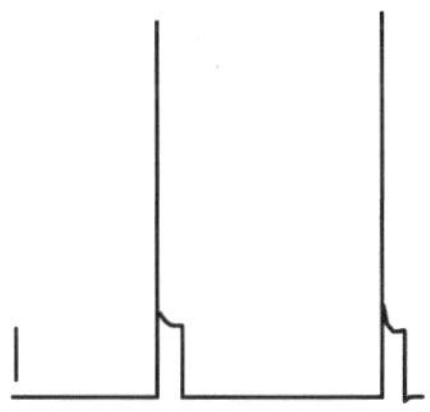
串行数据信号	汽车发动机电脑控制系统故障自诊断功能和其他串行数据传输能力的控制模块、发动机电控单元、车身控制模块（BCM）和制动防抱死系统控制模块（ABS 电控单元）	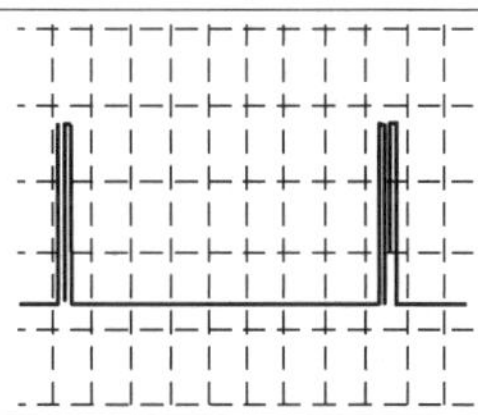

故障电路从损坏状态到被修复状态，在汽车示波器上显示的波形几乎总是在它的幅值、频率、形状、脉宽、阵列上发生变化。示波器用电压随时间变化的图形来反映一个电信号，它显示的电信号准确、形象。电子设备的信号有些变化速率非常快，变化周期达到千分之一秒。通常测试设备的扫描速度应是被测信号的5~10倍，许多故障信号是间歇的，时有时无，这就需要仪器的测试速度高于故障信号的速度。汽车示波器不仅可以快速捕捉电路信号，还可以以较慢的速度来显示这些波形。汽车示波器可以显示出所有信号部件电压的波形。知道如何去分析部件信号电压的波形，判定这个信号部件电压的波形是否正常，就可以进一步检查出电路中传感器、执行器以及电路和控制单元等各部分的故障，也可以进行修理后的结果分析。氧传感器信号电压的波形见表9-4。

表9-4　氧传感器信号电压的波形

波　形	说　明
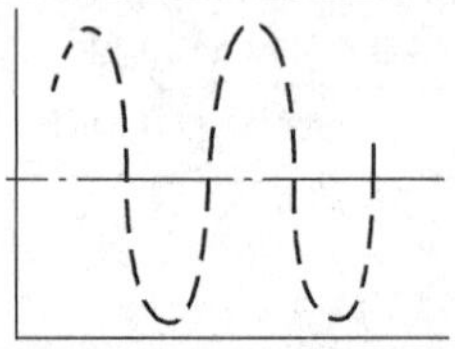	氧传感器正常，新件（虚线为新件的标准信号）
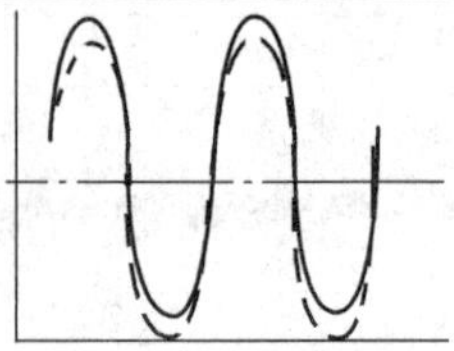	信号异常特征：信号电压靠近混合气浓测 故障内容：①有故障使传感器高温而造成内部电阻上升；②传感器老化阻值上升 故障现象：氧传感器给电控单元混合气浓的信号，电控单元控制调稀混合气 需要检查氧传感器和传感器高温的原因
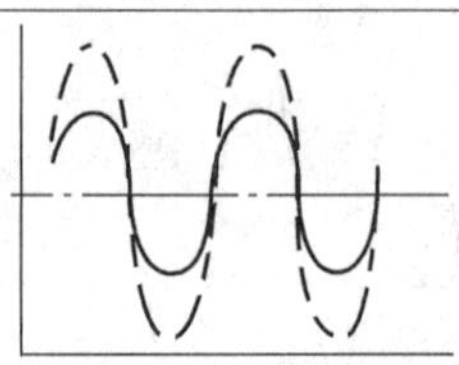	信号特征：振幅变小 故障内容：①硅、锰（机油添加剂）混入；②传感器中毒 故障现象：电控单元无法检测氧传感器信号，电控单元进入开环控制 需要检查机油及氧传感器
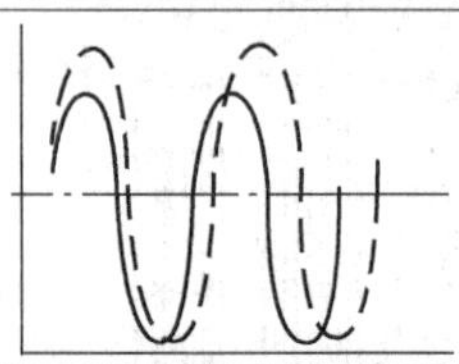	异常信号特征：信号最高电压比标准信号电压低 故障内容：①汽油中含有铅；②传感器中毒 故障现象：氧传感器信号靠混合气测，电控单元检测到稀的信号后会加浓混合气 需要检查氧传感器及汽油质量
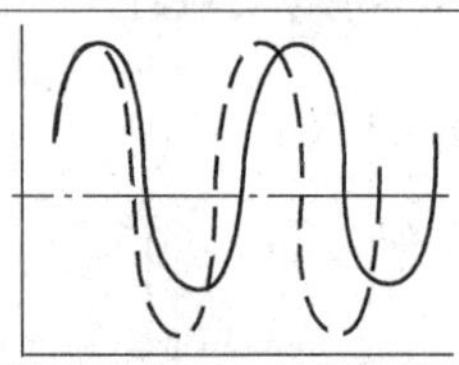	异常信号特征：信号最低电压高于标准信号电压 故障内容：①氧传感器中毒；②钾、磷等堵塞 故障现象：混合气变稀 需要检查氧传感器的性能
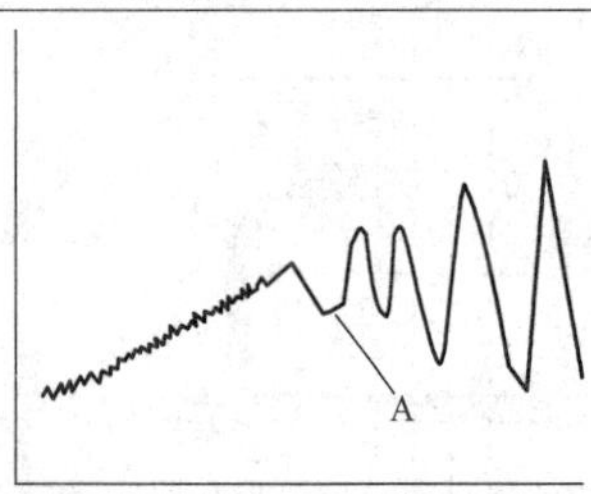	根据氧传感器的信号电压波形可以判断系统是否已经进入闭环控制状态。左图是发动机起动后的氧传感器输出的信号电压波形，由图可以看出发动机起动后氧传感器输出的信号电压先逐渐升高，然后进入升高和下降（混合气变浓和变稀）的循环，图中A右部分表示燃油反馈控制系统进入了闭环状态

系统运行情况分析：汽车示波器能够帮助修理人员确认故障是否真的被排除了（而不是仅知道故障码是否清除），通过观察氧传感器修理前后的信号电压波形即可加以判断。发动机上的电控单元、传感器、执行器及电路的工作是为了使空燃比在理论空燃比附近，以保证催化转化器的工作效果，这样可以实现电控发动机的环保性。检查故障时，将燃油反馈控制的氧传感器信号作为一个测试点，进行最初的系统检查和后来的维修验证。氧传感器有作为整个电控发动机的看门狗的功能，利用汽车示波器测量氧传感器电路，可以快速有效地监视整个燃油反馈控制系统的工作。与其他的测试仪表相比，汽车示波器能提供更多的关于随着氧传感器信号的变化所发生情况的全部信息。一个好的氧传感器是非常敏感的，而且容易被各种情况所干扰，因此若氧传感器能够产生良好的波形，可以确信修理项目是成功的，整个系统无论发动机还是电子控制部分都是正常的。用分析氧传感器信号电压波形的方法还可以诊断真空漏气、点火不良、喷油不平衡、气缸压力等问题。

排除故障要注意：在考虑发动机加速故障及油耗故障时要注意考虑到其他系统的故障影响。有的故障现象出现在发动机在原地加速良好，而在汽车行驶时可能是加速不良。有可能是变速器或底盘其他系统的原因。例如，汽车在行驶中出现加速不良，而高速时却很正常，则可能是变矩器导轮单向离合器工作不良，造成功率损失。要判断发动机的故障还是底盘的故障，可以在空档或自动变速器在 P 位或 N 位的情况下，对发动机进行急加速，如果发动机转速能在急加速时很顺畅地上升，则说明发动机是正常的。故障排除可能还有一些后续工作，如冒黑烟的发动机在清除故障以后，排气管还会有黑烟，这时要对排气管进行清理。有些故障表面上是排除了，但是并没有找到故障的真正原因，只是暂时性清除了故障码而已。为了真正地判断是否排除故障，可以进行维修后的 OBD-Ⅱ测试循环检验。

OBD-Ⅱ测试循环从冷起动开始，冷却液温度低于 50℃，而且冷却液与空气的温度差 6℃。在冷起动之前，应先将点火开关置于开位置，使加热型氧传感器达到其工作温度。

1）发动机起动后，在怠速状态下打开空调和后除霜器 2.5min，OBD-Ⅱ检查氧传感器加热电路，空气泵和 EVAP 净化。

2）关闭 A/C 和后除霜器，加速至 88km/h，节气门保持半开。OBD-Ⅱ检查点火缺火，燃油调整和炭罐净化。

3）保持 88km/h 的稳态速度 3min。OBD-Ⅱ检查 EGR、空气泵、氧传感器和炭罐净化。

4）减速至 32km/h，不踩制动和离合器踏板，OBD-Ⅱ检查 EGR 和净化功能。

5）再加速至 88～96km/h，节气门开度为 3/4。OBD-Ⅱ再次检查缺火，燃油调整和净化功能。

6）保持 88～96km/h 稳态速度 5min。OBD-Ⅱ检查催化转化器效率、缺火、EGR、燃油调整、氧传感器和净化功能。

7）减速（方式同步骤 4））至停车不踩制动踏板，OBD-Ⅱ最后检查 EGR 和炭罐净化。

9.1.3　电控发动机常用故障诊断设备介绍

发动机故障诊断设备也称为故障诊断仪，主要包括解码器与示波器等，目前有很多种。解码器是唯一能与汽车电控单元直接进行交流信息的故障诊断仪。它通过汽车电控单元的自诊断座在一定协议支持下与汽车电控单元进行互相通信交流各种信息，从而获取电控单元工作的重要参数。自诊断座是现代电控汽车上用来诊断故障的接口，自诊断座的端子直接与汽车电控单元相连。解码器利用诊断接口与汽车自诊断座匹配相连，进行互相交流数据，如图

9-4 所示，各车型自诊断座接口的形状、安装位置各不相同，使得解码器的诊断接口也各不相同。故障诊断仪包括通用故障诊断仪和专用故障诊断仪。通用故障诊断仪适用于不同车型，价格相对低但针对性不强，如修车王（图 9-5）、金德 K8（图 9-6）、元征电眼睛 X431（图 9-7）和红盒子等。专用故障诊断仪只能诊断本公司生产的汽车，价格非常高，但功能强，可提供各种交流诊断功能，主要产品有奔驰 WINSTAR、宝马 GT1 等。

图 9-4　各车型接口

图 9-5　修车王

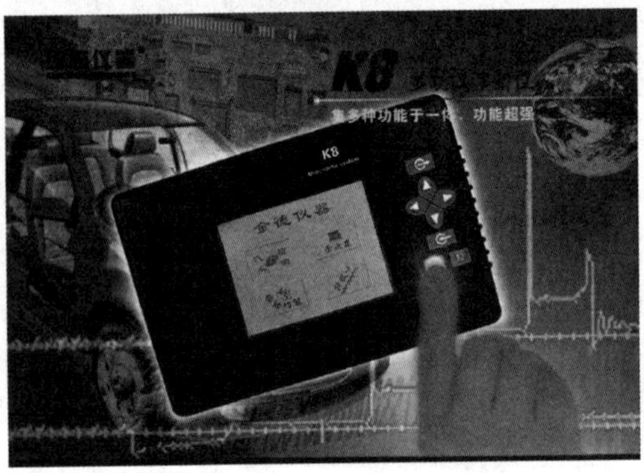

图 9-6　深圳威宁达金德 K8

图 9-7　深圳元征电眼睛

1. 故障诊断仪的主要功能

（1）**读取故障码方便可靠**　传统读取故障码是利用仪表板故障指示灯，还要查找资料才能知道故障码的具体含义。而仪器读取故障码只要诊断仪与诊断座接口连接好就可以按照提示自动读取。

（2）**清除故障码**　通过仪器操作非常方便。

（3）**读取动态数据流**　解码器通过与汽车电控单元交流通信，可以随时取得电控单元内部运行的重要参数，把电控单元传送来的一系列参数称为数据流。

数据流的长度与数目，因生产厂家、年份、型号、发动机、燃油系统、点火方式、排放净化设备和在解码器上选定的数据列的不同而不同。

（4）**部件动作测试**　解码器通过汽车电控单元直接发出指令使汽车的执行器（线圈、各种电磁阀、喷油器等）开始动作，通过判断部件响应动作情况（声音、运行快慢等），可以判断部件是否工作正常，如没有相应的响应动作就说明该部件或回路有问题。

（5）其他辅助功能　匹配、基本设定等。

2. 故障诊断仪的优缺点

故障诊断仪使用方便，数据可靠准确；可以直接与汽车电控单元互相交流信息；利用解码器可以得到一些强大的诊断功能，如行车数据记录、配钥匙、基本设定。但是需要定期升级，维护费用高；在检查机械部分故障时，解码器就很难发挥作用；当汽车无法用解码器交流信息时，解码器就没用了；解码器可能会显示错误的信息；数据信息并不总是很可靠；利用解码器进行检查时，很容易出现对DTC的不理解或误解；在检查非PCM控制部分的故障时，解码器并不是很有用。当汽车无法提供数据或数据无法取出时，解码器就无法发挥作用。

3. 大众专用故障诊断仪V. A. G1551

V. A. G1551（V. A. G1552不带打印功能，其他类似）是大众系列车型专用诊断仪，它体积小、重量轻，为便携式汽车故障阅读器。它主要由液晶显示屏、键盘、检测程序卡等组成。其功能有查询电控单元版本号、查询故障码、执行部件诊断、基本调整、清除故障码、结束输出、电控单元编号、读取测量数据块、自适应。

连接故障阅读仪V. A. G1551进行发动机电子控制单元检测时，应保证满足以下条件：蓄电池电压至少11V；发动机和变速器搭铁良好。下面结合一汽大众捷达轿车来介绍V. A. G1551的使用方法：

（1）诊断仪的连接

1）如图9-8所示，将左边的继电器盒盖打开，用V. A. G1551/3导线将故障诊断仪V. A. G1551连接上，连接好故障诊断仪后，按所需的功能不同，打开点火开关或起动发动机。

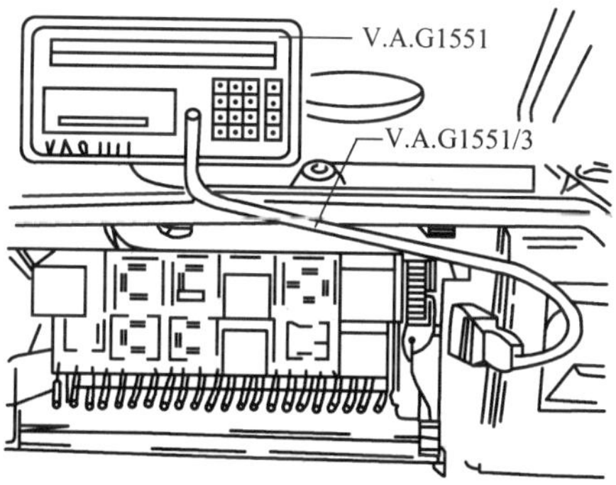

图9-8　连接故障诊断仪

如果由于输入错误而显示“数据传递错误!”，拔下故障诊断仪的导线，重新插上，把操作过程再重复一遍。屏幕显示：

V. A. G-自诊断	帮助
1-快速数据传递*	

2-闪光码输出*

* 交替显示

2）操作故障诊断仪，注意屏幕上的显示。按下1键选择“快速数据传递”。屏幕显示：

快速数据传递 输入地址　××	帮助

3）按下0和1键，选择“发动机电子控制单元”，用Q键确认输入（如果输入0和2就是进入自动变速器系统，如果输入0和3就是进入自动防抱死系统）。故障诊断仪V. A. G1551的屏幕将显示控制单元信息，如：

06A906018G 1. 6L　　R4/5V 编码 04000	发动机 299V ××→ WSC 00000

06A906018G为控制单元零件号；1. 6L为发动机排量；R4/5V表示发动机结构方式（4缸-直列式-5气门）；299为程序号；V××表示数据版本号；编码04000为控制单元编码；WSC 00000为服务站代码。

4）按下→键，屏幕显示：

快速数据传递 功能选择　××	帮助

（2）查询和清除故障码

1）连接故障诊断仪V. A. G1551，用“地址码”01选择发动机电子控制单元，在发动机没有起动时，打开点火开关。用Print键接通故障诊断仪的打印机，键上的指示灯应亮。屏幕显示：

快速数据传递 功能选择　××	帮助

2）操作故障诊断仪，注意屏幕显示，按下0和2键选择功能“查询故障码”，用Q键确认输入。屏幕显示已存储的故障数目或“无故障!”

识别到有X个故障

或

无故障!

3）如果存储了一个或多个故障，所存储的故障将被依次显示并打印出来。如有显示SP则为“偶然故障”。已存储的故障打印后，屏幕显示：

快速数据传递 功能选择　××	帮助

4）按下0和5键，选择功能“清除故障码”，用Q键确认输入。如果在“查询故障码”和“清除故障码”之间关闭了点火开关，则故障码不能被清除。屏幕显示：

快速数据传递	→
故障码被清除!	

5）按下“→”键，接着按下 0 和 6 键选择功能“结束输出”，用 Q 键确认输入。

按照故障表排除打印出的故障，排除故障后，必须对车辆进行路试。试车中应满足以下条件：冷却液温度升高到超过 80℃；达到规定温度后，必须多次在怠速、部分负荷、全负荷、超速切断等工况之间切换；全负荷时转速必须提高到超过3500r/min。

6）重新查询故障码。若没有故障存储，按下→键。屏幕显示：

快速数据传递	帮助
选择功能　××	

7）按下 0 和 6 键选择功能“结束输出”，用 Q 键确认输入。

(3）执行部件诊断　利用执行部件诊断功能可以按指定的顺序控制各缸喷油器（N30、N31、N32、N33）和活性炭罐 N80 的电磁阀 1。

进行执行部件诊断时必备的专用工具、检测仪和辅助工具包括：故障诊断仪 V. A. G1551 及导线 V. A. G1551/3、检测盒 V. A. G1598/22、万用表 V. A. G1715、二极管测试笔 V. A. G1527、成套辅助接线 V. A. G1594 以及电路图。

进行执行部件诊断时应保证 15 号熔丝正常，发动机停转且点火开关打开，如果发动机起动或有转速脉冲信号，则立即中止执行部件诊断。

在执行部件诊断中，单个执行部件被控制，每按下“→”键时，切换到下一个执行部件。可以通过声音或接触来检查执行部件是否工作。在重新进行执行部件诊断之前，没有必要短时间起动发动机，但要关闭点火开关约 20s。

在执行部件诊断期间电动燃油泵在运转，执行部件诊断超过 10min 则自动停止。

1）连接故障诊断仪 V. A. G 1551。用“地址码”01 选择发动机电子控制单元，为此应打开点火开关，操作故障诊断仪并注意屏幕上的显示。按下 0 和 3 键，选择功能“执行部件诊断”。屏幕显示：

快速数据传递	Q
03-执行部件诊断	

2）按下 Q 键确认输入。屏幕显示：

执行部件诊断	→
1 缸喷油器 N30	

3）旋转节气门控制单元上的节气门操纵机构，当怠速开关打开时，1 缸喷油器“咔嚓”开闭 5 次。每次按下“→”键则切换一次喷油器（也可以不检查每个阀而继续切换）。

4）用这种方法依次检查全部喷油器。如果有一个喷油器没有被控制（没有“咔嚓”开闭声），则检查喷油器，按下“→”键。屏幕显示：

执行部件诊断	→
活性炭罐 N80 电磁阀!	

5）电磁阀必须有“咔嚓”开闭声。从活性炭罐电磁阀上拔下软管，将一个辅助软管插到阀的自由端。在执行部件诊断期间辅助软管内鼓风（向节气控制单元方向）阀门必须开启和闭合。按下“→”键结束执行部件诊断。屏幕显示：

快速数据传递	帮助
选择功能　××	

6）按下 0 和 6 键选择功能“结束输出”，按 Q 键确认输入。

7）关闭点火开关，如果电磁阀不“咔嚓”开闭。从电磁阀 2 上拔下插头 1 并将二极管电笔 V. A. G1527 和 V. A. G1594 的辅助导线接到拔下的插头上，发光二极管必须闪亮（亮/暗）。如果发光二极管闪亮，按下→键。接着按下 0 和 6 键选择“结束输出”功能，按 Q 键确认输入。

8）关闭点火开关。如果发光二极管不闪亮，按下“→”键。按下 0 和 6 键选择“结束输出”功能，按 Q 键确认输入。关闭点火开关，将检测盒 V. A. G1598/22 接到控制单元线束上。按照电路图检查检测盒插孔 15 和 2 两插头之间的导线是否有断点，导线电阻值最大为 1.5Ω。另外检查导线对蓄电池正极和负极是否短路，规定值为∞。检查 2 孔插头触点 2 与继电器之间的导线，按电路图寻找断点，导线电阻值最大为 1.5Ω。如果确定在导线中没有故障，则更换多点喷射控制单元（J220）。

4. 读取测量数据块

读取测量数据块的专用工具和检测仪应使用大众公司专用故障诊断仪 V. A. G1551 及导线 V. A. G1551/3。读取测量数据块时要保证以下几点：冷却液温度最低为 80℃；关闭所有用电设备（散热器风扇在检测过程中不允许运转）；关闭空调装置；故障存储器中无故障。

1）连接故障诊断仪 V. A. G1551，用“地址码”01 选择发动机电子控制单元，使发动机怠速运行。屏幕显示：

快速数据传递	帮助
选择功能　××	

2）按下 0 和 8 键选择功能“读取测量数据块”，按 Q 键确认输入。屏幕显示：

读取测量数据块
输入显示组号　×××

3）输入显示组号，按 Q 键确认输入。屏幕显示示例如下：

读取测量数据块 0	→
1　2　3　4　5　6　7　8　9　10	

4）如果从一个显示组换成另外一个显示组可按如下方式进行操作：显示组号要升高，可按下 3 键；显示组号要减少，可按下 1 键；显示组号要跳跃，可按下 C 键。

所有的显示组号 000 ~ 099 及其所对应的内容和检测参数见表 9-5 ~ 表 9-33。

表 9-5 显示组 000 及其参数

显示组 000（1 进制显示值）

显示区

显示区	内容	规定值	相当于
10	氧传感器调节的自适应值（减）	118 ~ 138	-8% ~ +8%
9	氧传感器调节的自适应值（加）	242 ~ 255	-0.64 ~ +0.64ms
8	氧传感器调节值	78 ~ 178	-10% ~ +10%
7	怠速空气流量自适应值	112 ~ 144	-4 ~ +4kg/h
6	怠速空气流量调节值（怠速调节器）	118 ~ 138	-2.5 ~ +2.5kg/h
5	节气门角度	4 ~ 12	2° ~ 5°
4	蓄电池电压	176 ~ 212	12 ~ 14.5V
3	发动机转速	80 ~ 88	800 ~ 880r/min
2	发动机负荷	26 ~ 50	1.3 ~ 2.5ms
1	冷却液温度	170 ~ 210	80 ~ 110℃

表 9-6 显示组 001 的基本功能

读取测量数据块 1 →				◢屏幕显示
800 ~ 880 r/min	1.3 ~ 1.5 ms	2° ~ 5°	6° ~ 12° V.OT（上止点前）	

显示区	内容
4	点火角
3	节气门角度 加速踏板踩到底时显示为 80° ~ 90° 只要识别出节气门故障，就显示一个固定值 35°
2	发动机负荷
1	怠速转速每 40 步显示变化一次

表 9-7 显示组 001 的检测表

显示区	V.A.G1551 上显示	故障原因	故障排除
1	<800r/min	◆ 发动机有额外负荷 ◆ 节气门控制单元卡死或损坏	消除负荷（空调装置，动力转向等）
	>880r/min	◆ 怠速开关 F60 没有关上或损坏 ◆ 有较大漏气（可能是没有怠速稳定平衡） ◆ 节气门控制单元卡死或损坏 ◆ 空调装置没有关闭	查询故障码 消除漏气 检查节气门控制单元 关闭空调装置

（续）

显示区	V. A. G1551 上显示	故 障 原 因	故 障 排 除
2	<1.3	◆ 较小的值仅在超速切断工况时出现	
	>2.5	◆ 空气流量计损坏 ◆ 节气门控制单元损坏 ◆ 用电设备用电 ◆ 转向盘位于终止点	查询故障码 检查节气门控制单元 关闭用电设备 将转向盘调到中部位置
3	<2∠°	◆ 不可能	
	>5∠°	◆ 没有进行节气门控制单元的基本调整 ◆ 节气门控制单元的节气门电位计损坏或调节不正确 ◆ 调整节气门拉索 ◆ 节气门悬挂	对节气门控制单元进行基本调整 查询故障码 检查节气门控制单元 调节节气门拉索 维修保养节气门操纵机构
4	< 上止点前 6° > 上止点前 12°	◆ 用电设备用电 ◆ 转向盘在终止点位置 ◆ 漏气	除进气道漏气外，其他是正常现象

表 9-8　显示组 002 的基本功能

读取测量数据块 2　→ 800 ~ 880 r/min　1.3 ~ 1.5 ms　2.0 ~ 5.0 ms　2.0 ~ 5.0 g/s	◢屏幕显示

- 吸入空气量
- 每个工作循环已校正的喷油时间
- 曲轴每转一周理论上的喷油时间
- 怠速转速每 40 步显示变化一次

表 9-9　显示值 002 的检测表

显　示　区	V. A. G1551 上显示	故 障 原 因	故 障 排 除
1		◆ 见显示组 001，显示区 1	
2		◆ 见显示组 001，显示区 2	
3	<2.0	◆ 来自活性炭滤清器系统（AKF）的油量太多 ◆ 安装的喷油器有错，流量太大	检查活性炭罐电磁阀 执行部件诊断 检查喷油时
	>5.0	◆ 由于使用用电设备、空调或动力转向而使发动机负荷升高	消除负荷

（续）

显　示　区	V. A. G1551 上显示	故 障 原 因	故 障 排 除
4	<2.0	◆ 在进气管与空气流量计之间有较大漏气	检查进气系统密封性
	>5.0	◆ 发动机有额外负荷	消除负荷（空调、动力转向等）

对显示组 002 的说明如下：

① 显示区 2 所显示的喷油时间与吸入的空气量和怠速时发动机的负荷相对应。这是一个计算的理论值，它只指曲轴转一周时的情况。怠速时发动机负荷是指要克服的发动机自身摩擦及邻近结构之间的摩擦。吸入的空气量在显示区 4 中表示出来。

② 在显示区 3 中给出的喷油时间是指一个完整工作循环，即曲轴转 2 周的喷油时间。

③ 在显示区 3 中的喷油时间值并不是显示区 2 中值的 2 倍，而是一个经过校正的、实际的喷油时间。校正的影响因素有氧传感器调节、来自活性炭罐的燃油供给、空气密度与空气温度和车上蓄电池电压（喷油器快/慢开启）。

④ 如果发动机吸入的空气量有误（有漏气），则只能使显示区 2（曲轴转一周的喷油时间）的计算值改变，每工作循环的实际喷油时间通过氧传感器调节。

表 9-10　显示组 003 的基本功能

读取测量数据块 3　→	◢屏幕显示
800 ~ 880 r/min	怠速转速每 40 步显示变化一次
12 ~ 15 V	蓄电池电压
80 ~ 110 ℃	冷却液温度
… ℃	进气温度（显示受环境温度的影响）

表 9-11　显示值 003 的检测表

显示区	V. A. G1551 上显示	故 障 原 因	故 障 排 除
1		◆ 见显示组 001，显示区 1	
2	<12V	◆ 发动机损坏，蓄电池亏电严重 ◆ 起动后短时间内蓄电池由于充电电流和额外负荷而被加载 ◆ 发动机控制单元的正极或接地有接触电阻 ◆ 关闭点火时有耗电	检查电压，给蓄电池充电 将转速提高几秒，关闭多余的用电设备 检查发动机控制单元 消除耗电
	>15V	◆ 发电机电压调节器损坏 ◆ 由于辅助起动或快速充电器而使电压过大	检查电压，更换调节器 查询故障码

（续）

显示区	V. A. G1551 上显示	故障原因	故障排除
3	<80℃	◆ 发动机太冷 ◆ 冷却液温度传感器或通向发动机控制单元的导线异常	必要时进行试车 检查冷却液温度传感器和导线
	>110℃	◆ 散热器脏污 ◆ 散热器风扇不转 ◆ 冷却液调节器损坏（节温器） ◆ 冷却液温度传感器或通向发动机控制单元的导线异常	清洗散热器 检查风扇功能 检查冷却液调节器 检查冷却液温度传感器和导线
4	恒定值 19.5℃	◆ 进气温度传感器上有故障	查询故障码 检查进气温度传感器

显示区3与故障码“00522”相关，显示区3的温度曲线在20～60℃的范围内与一个设置在控制单元内的标准曲线相比较，标准曲线上升比实际值缓慢。如果由于故障原因实际值变得缓慢，则它们在某处重合，该故障被识别为发动机控制单元不可靠。

表9-12 显示组004的怠速阀调整显示

读取测量数据块 4 →	◢屏幕显示
2～5 ∠° −1.7～+1.7 g/s 0.00 g/s 怠速	

工况（怠速、部分负荷、全负荷、加浓、超速切断）

汽车手动变速器的显示值总是“0”

怠速空气流量自适应

节气门角度

表9-13 显示组004的检测表

显示区	V. A. G1551 上显示	故障原因	故障排除
1		◆ 见显示组001，显示区3	
2	< −1.7g/s	◆ 通向节气门有漏气处	检查进气系统密封性
	> +1.7g/s	◆ 有额外负荷 ◆ 进气区域有堵塞或异物	关闭空调及用电设备 消除堵塞或清除异物

显示区 2 所显示的值，表明了怠速稳定偏离设计给定平均值的“自适应”程度。在新发动机上该值由于摩擦较大的原因而处于正值区域，在已走合的发动机上处于负值区域。-1.7g/s的数值与显示组 005 中的值太低有关，显示区 4 表明漏气。显示区 2 显示的值不是在空气流量计上测量到的，而是从节气门电位计的信号计算出来的。显示区 4 显示怠速、部分负荷、全负荷、超速切断和加浓（全负荷加浓）工况。

表 9-14　显示组 005 怠速稳定（怠速）工况

读取测量数据块 5			→	
800 ~ 880 r/min	840 r/min	-10 ~ +10 %	2.0 ~ 2.5 g/s	◢屏幕显示

空气流量

怠速调节器

发动机转速（规定值）每 10 步变化显示一次

发动机转速（实际）每 10 步变化显示一次

显示值：10 步中最大 2550r/min

显示区 3 显示的转速不变时通过改变怠速时的负荷，改变所必需的怠速空气流量，怠速空气流量的变化用% 表示。只要怠速稳定的自适应过程平衡了这个变化，平均值就又调节出来。偏离平均值的程度取决于负荷变化量（如用电设备的开和关）。

自适应过程是以很小的步距随着怠速开关的每次关闭进行的，偏差较大时需多步。为此必须每隔约 20s，轻击加速踏板（给油）这样每次就能再进行一步自适应过程。自适应偏离值在显示组 004 显示区 2 中显示，若显示组 004 的显示区 2 中的自适应值到了极点，则怠速调节器的值在允许公差之外。

表 9-15　显示组 006 的怠速稳定显示

读取测量数据块 6			→	
800 ~ 880 r/min	-10 ~ +10 %	-10/ +10 %	6° ~ 12° V. OT（上止点前）	◢屏幕显示

点火角

λ 调节器

怠速调节器

转速每 10 步变化显示一次

表 9-16 显示组 006 的检测表

显示区	V. A. G1551 上显示	故 障 原 因	故 障 排 除
1		◆ 见显示组 001，显示区 1	
2		◆ 见显示组 005，显示区 3	
3	超出允许范围	◆ 负值，发动机混合气太浓，影响氧传感器调节变稀 ◆ 正值（“+”号不显示），发动机混合气太稀，影响氧传感器调节加浓 ◆ 漏气 ◆ 喷油器损坏 ◆ 氧传感器自适应值到极限值	等待 30s，至显示值稳定 消除漏气 检查喷油器 检查氧传感器自适应值，见显示组 008
4		◆ 见显示组 001，显示区 4	

显示区 3 的显示值必须在 0 值附近变动，如果显示恒定值 0，则氧传感器调节由调节切换为开环控制，因为在氧传感器调节上有故障。工况氧传感器的调节见显示组 021 显示区 4。

表 9-17 显示组 007 氧传感器调节及 AKF 系统显示

读取测量数据块 7 →				
-10 ~ +10 %	0 ~ 1 V	0 ~ 99 %	0.3 ~ 1.1	◢屏幕显示

- 0.3 ~ 1.1：燃油箱通风的氧传感器校正系数
- 0 ~ 99 %：活性炭罐 N80 的电磁阀 1 的占空比
占空比为 0 表示 N80 全闭
占空比为 99 表示 N80 全开
- 0 ~ 1 V：氧传感器电压
- -10 ~ +10 %：氧传感器调节器

显示区 2 的电压信号，“混合气太浓（剩余氧少）”显示为 0.7 ~ 1.0V（相对于参考流量）；“混合气太稀（剩余氧多）”显示为 -0.1 ~ +0.3V（相对于参考流量）。在从“太浓”向“太稀”过渡或相反过程中（$\lambda=1.0$），电压产生一个由 0.7 ~ 1.0V 向 -0.1 ~ +0.3V 的跃变。如果由于电压变化急剧，氧传感器调节不能保持相当于 $\lambda=1.0$ 的理想混合气浓度，调节始终在“略稀”和“略浓”之间摇摆。

显示区 4 的显示值为 0.3 时，发动机得到来自 AKF 系统的很浓的混合气。因此，调节器必须将喷油量减少 30%；显示值为 1.0 时，来自 AKF 系统的混合气为理想混合气（不需要加浓或变稀），或者 AKF 阀关闭（见显示组 008 显示区 4）；显示值为 1.01 ~ 1.2 时，来自 AKF 系统的混合气太稀，氧传感器调节必须加浓。

表 9-18　显示组 008 氧传感器自适应值显示

读取测量数据块 8 → 2.0 ~ 5.0 ms　　-10 ~ +10 %　　-8 ~ +8 %　　TE 活性或 TEn 活性	◢屏幕显示

“TE 活性”表示活性炭罐阀按节拍开闭（1 ~ 6min）
“TEn 活性”表示活性炭罐电磁阀始终关闭（1min）

全负荷时氧传感器自适应值（减）

怠速时氧传感器自适应值（加）

喷油时间

表 9-19　显示组 008 的检测表

显示区	V. A. G1551 上显示	故 障 原 因	故 障 排 除
1		◆ 见显示组 002，显示区 3	
2 和 3	正常	◆ 在正常氧传感器部分负荷适应值时氧传感器怠速适应值低：可能机油稀释（机油中有较高燃油成分）	经过长距离不间断行驶后或经过一次更换机油后消失 显示组 007，显示区 2
	氧传感器自适应值低	◆ 喷油器损坏 ◆ 燃油压力太高 ◆ 活性炭罐电磁阀始终开启 ◆ 空气流量计损坏 ◆ 氧传感器加热器损坏或氧传感器脏污	检查喷油器 检查燃油压力 检查活性炭罐电磁阀 检查空气流量计 检查氧传感器加热
	氧传感器自适应值高	◆ 氧传感器部分负荷自适应值不高时氧传感器怠速自适应值高：可能进气管有漏气 ◆ 喷油器堵塞 ◆ 显示区 2 和 3 高：空气流量计损坏 ◆ 燃油压力太低 ◆ 空气流量计和节气门之间有漏气 ◆ 歧管密封垫有漏气 ◆ 氧传感器加热器损坏或氧传感器脏污	消除原因 显示组 007，显示区 2 检查喷油器 检查空气流量计 检查燃油压力 检查进气系统密封性 检查氧传感器加热

显示区 2 和显示区 3 显示值较低时，表示发动机混合气太浓，因此氧传感器调节变稀。显示区 2 和显示区 3 显示值较高时，表示发动机混合气太稀，因此氧传感器调节加浓。控制单元断电时所有自适应值会复位。

表 9-20　显示组 009 氧传感器自适应值显示

读取测量数据块 9			→	
r/min	-10 ~ +10 %	0 ~ 1.0 V	-10 ~ +10 %	◢屏幕显示

- 显示区 4：怠速时氧传感器自适应值（加）
- 显示区 3：氧传感器电压
- 显示区 2：氧传感器调节器
- 显示区 1：发动机转速每 10 步变化显示一次

表 9-21　显示组 010 燃油箱通风显示

读取测量数据块 10			→	
0 ~ 99%	0.3 ~ 1.2	-3 ~ +3.2	0.00 ~ 0.30	◢屏幕显示

- 显示区 4：活性炭滤清器冲洗程度（AKF）
  数值为 0.00 时，AKF 系统没有输入
  数值为 0.30 时，吸入空气量的 30% 来自 AKF 系统
- 显示区 3：活性炭罐的充满程度
  数值为 -3 时活性炭罐中无燃油蒸气
  数值为 +3.2 时活性炭罐中充满燃油蒸气
- 显示区 2：活性燃油箱通风的氧传感器校正系数
- 显示区 1：活性炭罐（AKF）电磁阀 1 的占空比

显示区 4 的 AKF 系统的体积比例是相对于吸入的总体积而言的。

表 9-22　显示组 011 燃油消耗显示

读取测量数据块 11			→	
800 ~ 840 r/min	1.3 ~ 2.5 ms	0 km/h	0.5 ~ 1.5 1/h	◢屏幕显示

- 显示区 4：油耗：所显示的规定值只适用于无额外负荷
  （空调、发动机、动力转向时的怠速）
- 显示区 3：行驶速度
- 显示区 2：发动机负荷（喷油时间）
- 显示区 1：发动机转速每 40 步显示变化一次

海拔每升高 1000m，显示区 2 显示的发动机最大负荷降低约 10%。外界温度很高时发

动机最大负荷同样会降低，最大幅度可降低 10%。全负荷行驶时显示区在 4000r/min 时喷油时间约为 7.5ms；在 6000r/min 时约为 6.5ms。

表 9-23　显示组 013 爆燃调节显示

读取测量数据块 13			→	
0°～15° kW	0°～15° kW	0°～15° kW	0°～15° kW	◢屏幕显示

- 通过爆燃调节减小 4 缸点火提前角
- 通过爆燃调节减小 3 缸点火提前角
- 通过爆燃调节减小 2 缸点火提前角
- 通过爆燃调节减小 1 缸点火提前角

显示组 013 的爆燃调节在发动机负荷大于 40% 后起作用，发动机负荷超过 40% 时显示当时的点火角度减少值，低于 40% 时恒定显示最后使用的值。在可听到爆燃声，但无点火角度减少识别时，为能识别爆燃传感器故障（诊断），可将转速提高到 3500r/min 超过 5s。如果一个气缸的点火角度减少值与其他气缸的值有偏差，则可能有其他结构总成松动、连接插头锈蚀和发动机故障（如损坏的活塞处有燃油燃烧）。如果所有气缸都有较大的点火角减小值，则可能是插头处锈蚀、拧紧力矩（规定值为 20N·m）不够、导线断开、附加装置松动或燃油质量不好（辛烷值小于 91ROZ）。

表 9-24　显示组 014 爆燃调节显示

读取测量数据块 14			→	
r/min	ms	0°～15° kW	0°～15° kW	◢屏幕显示

- 2 缸通过爆燃调节点火角的减小
- 1 缸通过爆燃调节点火角的减小
- 发动机负荷（每转的喷油时间）
- 发动机转速每 40 步显示变化一次

利用显示组 014 可以在一定的转速和负荷下检查 1 缸和 2 缸的点火角减小情况。

表 9-25　显示组 015 爆燃调节

读取测量数据块 15			→	
r/min	ms	0°～15° kW	0°～15° kW	◢屏幕显示

- 4 缸通过爆燃调节点火角的减小
- 3 缸通过爆燃调节点火角的减小
- 发动机负荷（每转的喷油时间）
- 发动机转速每 40 步显示变化一次

利用显示组 015 可以在一定的转速和负荷下检查 1 缸和 2 缸的点火角减小情况。点火角减小的原因见显示组 013。

表9-26　显示组016 爆燃调节（怠速）显示

读取测量数据块16　→	
0.4~2.0 V　0.4~2.0 V　0.4~2.0 V　0.4~2.0 V	◢屏幕显示

- 4 缸爆燃传感器信号
- 3 缸爆燃传感器信号
- 2 缸爆燃传感器信号
- 1 缸爆燃传感器信号

如果显示组016 显示爆燃传感器信号的最小值和最大值之间的差超过50%，则原因可能是连接插头处锈蚀。如果在对爆燃传感器进行电方面的检查，其导线和插头都无异常，则检查发动机附加装置是否松动及本身是否有故障，见显示组013。在高转速和大负荷时所显示的爆燃传感器信号电压值可达5.1V。

表9-27　显示组018 高度自适应显示

读取测量数据块18　→	
800~880 r/min　1.3~2.5 ms　… ms　-50~+25 %	◢屏幕显示

- 高度校正系数
- 节气门角度的发动机负荷（自转的喷油时间）
- 空气流量计的发动机负荷（自转的喷油时间）
- 怠速转速每40 步显示变化一次

发动机控制单元将来自空气流量计的信号与一个由节气门角度和转速计算出来的负荷值相比较，由二者的差异给出高度校正系数（显示组018 显示区4）。在超出海平面400m 和普通气候条件下不要求有高度校正系数，在海平面处校正系数为0；2000m 高度处校正系数约为-20%。高度自适应会影响起动的喷油量和进气管脉动平衡。

表9-28　显示组020 工况显示

读取测量数据块20		
00000100 EIN 00000000 Aus	A/C-High （空调-高） A/C-Low （空调-低）	Kompr. EIN （压缩机开） Kompr. Aus （压缩机关）

- 空调压缩机开/关
  在没有空调的车上总显示“压缩机关”（Kompr. Aus）
- 空调装置
  High = 采暖或制冷功率大
  Low = 采暖或制冷功率小
- 低辛烷值切换
- 发动机转速每40 步显示变化一次

如果燃油质量不好（低于 91ROZ），则点火角切换到低辛烷值特征曲线区域，屏幕上显示区 2 显示：00000100EIN（开），关闭点火后又重新切断了低辛烷值的切换，屏幕显示 00000000Aus（关）。

表 9-29 显示组 021 工况氧传感器调节显示

读取测量数据块 21 →	
r/min ms ℃ 氧传感器调节关 氧传感器调节开	◢屏幕显示
氧传感器调节关/开	
冷却液温度	
发动机负荷	
发动机转速每 40 步显示变化一次	

发动机控制单元根据发动机温度、发动机起动温度和进气温度情况决定是否启用氧传感器调节，显示区 4 显示氧传感器调节关或开。关闭氧传感器调节后发动机由特性曲线控制运转。

表 9-30 显示区 023 节气门控制单元自适应显示

读取测量数据块 23 →	
6% ~43% 01000000 73% ~97% 54% ~85%	◢屏幕显示
节气门调节器 V60 最大估计值	
节气门调节器 V60 应急估计值	
节气门调节器 V60 最小估计值	
自适应需要显示值	

如果显示区 1 没有达到显示值，则进行节气门控制单元 J338 的自适应。显示区 2、3、4 显示最后一次基本调整的自适应估计值。显示区 1、2、3 和 4 如果在进行基本调整后还没有显示规定值，则在更换节气门控制单元之前，检查导线是否断路或短路以及插头连接处是否有脏污或锈蚀。显示区 2 的 8 位显示值所代表的含义见表 9-31。

显示区 4 中的 ADP = 自适应，检查节气门控制单元的自适应。在显示组 004“基本调整”功能下选择显示组 098，则进行节气门控制单元 J338 对发动机控制单元的自适应。

进行故障诊断时，选择显示组 099，用“基本调整 04”关闭氧传感器调节，或用“读取测量数据块 08”打开。结束功能 04“基本调整”时氧传感器调节自动恢复功能。通过按动 V. A. G1551 的 04 和 08 键可以在功能 04“基本调整”和功能 08“读取测量数据块”之间反复切换操作。

表 9-31 显示组 023 显示区 2 显示值的含义

××××××××	显示区 2 显示值所代表的含义
1	1 = 无意义
2	2 = 节气门调节器的电位计自适应过程最小估计值 数值“0” = 自适应过程已进行，自适应过程正常 数值“1” = 自适应过程没有进行，自适应过程不正常
3	3 = 节气门调节器的电位计自适应过程最大估计值 数值“0” = 自适应过程已进行，自适应过程正常 数值“1” = 自适应过程没有进行，自适应过程不正常
4	4 = 节气门电位计 G69 自适应过程最小估计值 数值“0” = 自适应过程已进行，自适应过程正常 数值“1” = 自适应过程没有进行，自适应过程不正常
5	5 = 节气门电位计 G69 自适应过程最大估计值 数值“0” = 自适应过程已进行，自适应过程正常 数值“1” = 自适应过程没有进行，自适应过程不正常
6	6 = 无意义
7	7 = 节气门电位计 G69 与节气门调节器的电位计相比较 数值“0” = 必须进行比较 数值“1” = 自适应过程没有进行，自适应过程不正常
8	8 = 无意义

表 9-32 显示组 098 节气门控制单元自适应显示

读取测量数据块 98 →				◢屏幕显示
0～5 V	0～5 V	怠速 部分负荷	ADP 工作 ADP 正常 ADP 错误	
节气门电位计的电压	怠速调节器电位计的电压	工况	自适应状态 ADP = 节气控制单元自适应	

表 9-33 显示组 099 氧传感器调节显示

读取测量数据块 99 →				◢屏幕显示
r/min	℃	-10～+10 %	氧传感器调节关 氧传感器调节开	
发动机转速	冷却液温度	氧传感器调节器	氧传感器调节关/开 基本调整 04：氧传感器调节关 读取测量数据块 08：氧传感器调节开	

9.2　电控发动机疑难故障的基本检查项目

在排除故障时，要做直观检查。检查发动机有没有明显的漏油、漏电和漏水等，检查一般项目如下：

1）发动机的冷却液有没有渗漏，液位是否正常，冷却液是否干净。

2）空气滤芯是否堵塞或潮湿，传统化油器发动机空气滤芯堵塞了会造成发动机混合气过浓，而电控发动机如果是空气滤芯堵塞不仅影响发动机的功率，还可能会让电控单元产生错误的故障码。

3）拔下机油尺，检查发动机机油，应没有杂质且干净，油量也符合要求。要注意机油过量对发动机也是有影响的，会烧机油冒蓝烟，使燃烧室积炭，影响混合气的成分等。机油压力对气门液压挺杆以及可变配气相位是有影响的。

4）熄火后检查蓄电池电压约为 12V，蓄电池电解液位要正常，连接接柱没有松动和锈蚀。还要检查一些线路的插接器是否有脱落和松动的情况。

5）检查仪表板上故障灯的亮或灭，发动机的转速表是否平稳，燃油压力灯是否报警，燃油表是否工作。

6）检查正时带的松紧度，正时带过松会影响配气正时进而影响发动机的综合性能。

7）查询故障码，要注意有故障码时故障灯不一定亮。为了减少 MIL 点亮的机会，OBD-Ⅱ系统设计规定如下：某一类故障需要在相同的行驶工况下探测到两次，MIL 才能点亮；而另一类（那些能立即引起排放明显增加的）故障，则只需探测到一次，MIL 立即点亮。所以，在进行故障诊断时，应分清故障码类型。OBD-Ⅱ将故障码分为 A、B、C 和 D 四种类型。

A 类故障码是最严重的一类，只发生一次，就触发 MIL。为了诊断方便，当 A 类故障码被设置时，OBD-Ⅱ系统同时还储存了一个历史故障码、失效记录和一帧现场数据。

B 类故障码是次严重的一类排放问题。在 MIL 点亮之前，这类故障应在两次连续的行驶过程中都至少发生一次。若在一次行驶过程中发生，而在下一次行驶过程中没有发生，则该故障码还未“成熟”，MIL 不点亮。当 MIL 点亮的条件满足时，所储存的历史故障码、失效记录和一帧现场数据与触发 A 类故障码时完全相同。

汽车行驶过程（或循环）不只是一次点火循环，而是一次暖机循环，即起动发动机，行驶车辆让冷却液温度升高至少 22℃（如果起动时温度低于 72℃）。

一旦 A 类或 B 类故障码已设置，只有在通过了三次连续的行驶过程的 OBD-Ⅱ系统自诊断后，MIL 才会熄灭。如果故障涉及随机缺火或燃油平衡问题，那么只有当 OBD-Ⅱ系统通过在与触发故障码时相同的工况（允许误差：发动机转速 375r/min，负荷 10%）下的自诊断后，MIL 才会熄灭。如果问题仍然存在，用人为的方式，如用解码器或给 PCM 断电，清除故障码，MIL 还会重新点亮。

若将一个传感器有意断开，MIL 不一定会亮，这取决于这个传感器影响排放的程度（优先级）和 OBD-Ⅱ自诊断所需的行驶循环数。

C 类和 D 类故障码与排放问题无明显关系。C 类故障码点亮 MIL（或其他报警灯），但 D 类故障码不点亮 MIL。

在排除发动机疑难故障时，有时会陷入僵局，这时可以对基本项目进行检查。

例如，一辆丰田雷克萨斯ES300型轿车（采用热线式流量计V8型汽油喷射发动机）出现怠速不稳、加速无力、排气管过热等故障现象，故障灯报警。

利用故障诊断仪检测出的故障码是“25”“26”（即空燃比A/F过浓和过稀）由于故障码自相矛盾，修理人员最初无从下手。后来怀疑是点火正时错误或喷油器工作不良，若喷油器工作不良，气缸内的供油量将时多时少；若分电器紧固螺钉松动，势必导致点火时间时早时晚，混合气的燃烧状况也就时好时坏，与汽油的供应量时多时少相类似。根据以上判断，将喷油器全部更换并重新紧固分电器并调整点火正时，故障依旧存在。

当检测发动机气缸压力时，其值基本正常。最后，检修人员利用真空表对进气管真空度进行了检测，发现其值为50kPa（正常情况下稳定怠速时的真空压力为65~72kPa），同时还发现左侧点火线圈所发出的电火花较弱。至此，初步断定左侧点火线圈发生故障。

更换左侧点火线圈，与之相关的高压电火花恢复正常；重新起动发动机后，进气管真空度迅速回升。经消除故障码、试车等工作后，发动机工作恢复正常。

由于左侧点火线圈产生故障，使发动机的有效工作缸数明显减少，功率损失较大，导致进气管真空度较低，部分未曾燃烧的混合气在排出时又被排气管中的高温燃气点燃。由于在不同工况下混合气被点燃的程度有所不同，故障传感器检测出混合气浓度不同的故障信号。

☞ 9.2.1　点火系统的检查

拆下火花塞检查其状态和跳火强度，通过检查火花塞的间隙、颜色、电极的状态等来判断故障的真正原因。

检查点火提前角是否符合要求，点火提前角应随发动机的负荷变化而变化。检查点火提前角一般用点火正时枪，故障诊断仪也能检查点火提前角，但其准确度不如点火正时枪。火花塞和点火提前角在前面章节已有叙述，这里不再重复。

☞ 9.2.2　燃油压力及滤清器的检查

有些新的燃油滤清器也有可能是不符合要求的，其内部滤芯可能堵塞、松动或过滤性能太差。检查燃油系统的压力要按照不同汽车维修手册的规定要求操作，要注意不能只测量发动机运行时的压力，燃油系统的预置压力和残余压力也很重要。

☞ 9.2.3　尾气排放的检查

测量发动机尾气压力及含量（检查CO/HC）对排除疑难故障有很大的帮助。例如，在气缸压力正常的前提下，如果发动机加速不良，而尾气压力及含量正常，则可以认为混合气在气缸内燃烧状态一般不会有问题，故障多是需要加速的信号没有提供给电控单元或是电控单元无法控制增多喷油量。由此判断故障的原因可能是节气门位置传感器、电控单元本身故障和空气滤清器堵塞等，点火系统的故障概率就很小了。测量发动机尾气的步骤如下：

1）起动发动机。

2）使发动机保持转速2500r/min运转约180s。

3）在怠速时，将CO/HC检测仪测试棒插入排气管内至少40cm。

4）在怠速和转速2500r/min时，检查CO/HC的排放浓度。

提示：3min 内完成测量。按标准测试怠速和转速 2500r/min 时的 CO/HC 排放浓度。

5）如果 CO/HC 浓度不符合标准，应检查氧传感器的运作；根据表 9-34 找出可能的原因，并检查修理。

表 9-34　尾气与发动机故障

CO	HC	问　题	原　因
正常	高	怠速不良	点火正时不正确及火花塞脏污、短路或火花塞间隙不恰当 气门间隙不正确；进气和排气门漏气；气缸漏气
低	高	怠速不良（HC 读数波动）	PCV 管、进气歧管、节气门体、制动助力器管路等进气系统漏气，混合气过稀导致缺火
高	高	怠速不良（排气有黑烟）	空气滤清器堵塞；PCV 阀堵塞；电控单元故障；燃油压力调节器故障；冷却液温度传感器有问题；空气压力机有问题；喷油器故障；节气门位置传感器故障

9.2.4　进气系统泄漏的检查

进气系统漏气包括向内漏气和向外漏气（带有涡轮增压的发动机），这里介绍向内漏气。向内漏气有两种情况：一种是外部向进气管漏气，如各真空管、进气管结合垫等；另一种是从其他系统向进气系统漏气，如 PCV 阀漏气，真空助力器向进气系统漏气，废气再循环系统向进气系统漏气等。

（1）利用化油器清洗剂检漏法　利用化油器清洗剂喷在进气管周围，如果进气系统有漏气，那么就会吸进化油器清洗剂，因为化油器清洗剂可以燃烧，这时发动机的转速就会提高，继而可以判断进气系统是否有漏气。这种方法简单但是准确度不高，而且化油器清洗剂不但会腐蚀一些物件而且能够燃烧容易引起火灾。

（2）用真空表检查　在前面的章节已有介绍，这里不再赘述。

（3）利用检验液来检查　如捷达轿车的进气系统检漏方法可以用检查进气系统的密封性必备的检测仪和故障诊断仪 V. A. G1551 或汽车系统测试仪 V. A. G1552 及导线 V. A. G1551/3、发动机泄漏检验液 G 001 800 A1。

特别提示：通过进气系统的真空度，泄漏检验液与漏气一同被吸入。泄漏检验液降低混合气的可燃性，这可导致发动机转速的降低和 λ 值的改变。

1）连接故障诊断仪 V. A. G1551（V. A. G1552），用“地址码”01 选择发动机电子控制单元，使发动机怠速运转。

2）按 0 和 8 键选择功能“读取测量数据块”，按 Q 键确认输入。

3）按 0、0 和 9 键选择“显示组 009”，按 Q 键确认输入。屏幕显示：

```
读取测量数据块　9　　　　→
 1　　2　　　3　　　　　4
```

4）注意显示区 4 的发动机转速和显示区 3 的 λ 调节电压及其变化幅度。

5）将泄漏检验液全面喷洒在进气系统的零部件上。如果发动机转速或氧传感器电压不变，按→键，再按0和6键选择功能“结束输出”，按Q键确认输入。

6）如果发动机转速下降或氧传感器电压改变，按→键，再按0和6键选择功能“结束输出”，按Q键确认输入。检查进气系统喷洒过泄漏检验液的部件的密封性并排除故障。

9.2.5 气缸压力的检查

做气缸压缩压力测试，根据测定值可以了解气缸、活塞、气门、活塞环密封是否良好以及各气缸之间的压缩压力差。

气缸压缩测试（以时代超人为例）步骤如下：

1）起动发动机并运转到正常工作温度（冷却风扇运行一次以上），熄火并等发动机停止运转后，冷却液温度、燃油温度正常。

2）拔掉火花塞和喷油器插头。

3）节气门全开。

4）压力表装在被测试的气缸火花塞孔里，把压力表安紧即可。

5）用起动机转动曲轴3～5s，此时仪表上的指针会逐渐上升，到某一数值即会停止，此时的指示值就是气缸的压缩压力保持最大为止，然后停止。

6）标准数据为（10～13）$\times 10^5$Pa，极限为7.5$\times 10^5$Pa。

7）按下按钮，使指针归零，然后按以上步骤，重复测量2～3次，以提高测量精度。

8）清除故障码。

9）气缸压缩试验结果分析：

① 各气缸压力与标准相符，每缸压力与平均压力差不超过8%。

② 如果测定值小于规定值，检查进气系统，如果进气系统正常，可说明气缸与活塞、缸盖存在泄漏，可能的原因为气缸、活塞、气门、活塞环出现磨损、烧蚀等不良情况。

③ 两个相邻气缸读数低于标准，可能是两缸之间的气缸垫泄漏。

④ 一个气缸的压力为零，可能活塞有孔或进排气门严重损坏。

⑤ 如果测定值大于规定值，检查进气和排气系统，如果进排气系统正常，可能的原因为燃烧室严重积炭。

在测试值小于规定值时，进气系统没有堵塞的情况下，可以向气缸压力过低的气缸火花塞孔内注入20～30mL机油，然后用气缸压力表重测气缸压力并记录。如果重测的气缸压力比第一次高，接近标准压力，则表明是气缸、活塞环、活塞磨损过大或活塞环对口、卡死、断裂、缸壁拉伤等原因造成气缸不密封，这种情况一般需要解体维修。如果重测的气缸压力与第一次相同，表明是进、排气门或气缸垫密封不严。

9.3 常见故障分析方法及案例

电控发动机的故障有很多类型，如容易熄火、不能起动、异响、加速不良、回火、排气管“放炮”等。排除故障要先易后难，先外后内，先思后行，不要盲目地拆卸。要理清故障的本质，如发动机排气管“放炮”是混合气在排气管内燃烧所致，那么故障的原因就是混合气太浓或混合气在气缸内没有充分燃烧；发动机加速回火是因在加速时点火时间太早和加速时混合气太稀，现在很多发动机的点火系统机械部分较少，因此发生加速时点火时间太早的可能性较少，而混合气稀的原因则是加速时的燃油压力不够或是加速漏气而空气流量计没有测量这部分空气等。

9.3.1　发动机不能起动及起动困难的故障分析及排除

发动机不能起动的故障有很多种，主要体现如下：

1）起动系统故障不能起动。

2）防盗系统故障不能起动。

3）起动系统及防盗系统正常而发动机不能起动，无着火迹象。

4）有起动迹象但发动机起动困难。

1. 故障的一般原因

（1）进气系统故障　空气滤清器堵塞、进气管漏气等。

（2）点火系统故障　火花塞故障、高压线老化或断路、点火线圈不能产生高压、点火模块故障。

（3）燃油供给系统故障　燃油泵工作不正常或滤网堵塞、燃油泵单向阀关闭不严、滤清器堵塞、燃油压力调节器不正常、喷油器工作不好等。

（4）排放方面　三元催化转化器堵塞、消声器堵塞、EGR 系统故障、燃油蒸发排放控制系统故障。

（5）气缸压力不足　正时带过松或断裂发生跳齿故障、气缸漏气等。注意气缸漏气不单有机械方面的原因，也有其他的原因。例如，喷油器漏油，汽油冲刷气缸壁后使气缸壁上没有机油密封而使气缸内压力下降。

（6）传感器的原因　曲轴位置传感器无信号、凸轮轴位置传感器无信号、空气流量计信号错误、冷却液温度传感器信号错误等。

（7）执行器的原因　怠速阀工作不正常等。

（8）其他原因　如早期的发动机有冷喷油器，冷喷油器工作不正常就很难起动。附加的怠速控制阀工作不正常也很难起动发动机。电控单元有故障也会难起动，虽然电控单元内有后备功能，但是有些故障是电控单元没有发现自身损坏而不启用后备功能，所以电控单元损坏也可能起动不了发动机。

2. 检查故障的步骤

1）检查有无明显的线路脱落，正时带有无断裂或松动等，对发动机进行直观检查。

2）检查有无故障码，如有故障码，对故障码进行分析，按照前面所述的步骤处理。

3）踩下加速踏板看是否能起动，如能起动说明怠速控制阀或其线路有故障，也有可能是进气管漏气。

4）检查点火系统。如火花塞的状态，火花的强弱以及点火正时等。

5）检查燃油系统的预置压力，喷油器是否喷油。

6）检查气缸压力和进气管真空度。

7）运用读取数据流等方法对电控系统进行检查。

在检修发动机突然熄火难以起动的故障的同时，要注意先检查是否有机油，摇转发动机看发动机是否有机械部分的卡死，如果是机械部分的卡死而没有先检查可能会损坏发动机。

发动机不能起动的故障本质是气缸内混合气不能很好地燃烧，不同的汽车不同的故障现象采用的排除手段各异，通过下面的案例可加强对故障排除的理解。

故障案例1： 奥迪A6（1.8L）车辆行驶中，冷却液温度过高，空调不工作且发电机指示灯常亮，行驶一段时间后发动机熄火，无法再次起动。

测量蓄电池，电压为11.5V，表明蓄电池电压过低，严重亏电，经检测发现发电机不发电。由于发电机不发电，在发动机工作过程中由蓄电池单独向点火系统及空调系统供电，长时间运行电量严重损耗，电风扇无法运行而导致发动机温度过高。空调系统也由于供电系统电压过低而停止工作，最终导致发动机点火系统也无法获得足够的能量而使发动机熄火。

故障案例2： 奥迪A6有时停车后不能着车。

用V.A.G1552检测一切正常，点火起动立即着车。把车开到维修站后，检查燃油泵泵油压力是否为2.5×10^5Pa，压力正常，怀疑油泵脏，打开燃油箱取出油泵，发现漏网周围全是杂质。清洗油泵及燃油箱后，试车一切正常。驾驶人接车后没几天又坏在半路，上述故障又重复出现。

用V.A.G1552检测一切正常，联想到上次油泵的情况，怀疑燃油泵工作不良，换了一新的油泵，路试一切正常。几天后车又坏到半路，故障依旧，问题还是没有解决。

再次接上V.A.G1552进行路试，行驶1个多小时后，未发现故障。根据前两次的维修，油路故障的可能性很小，应在电路上找问题。经分析认为曲轴位置传感器（转速传感器G28）有可能偶然信号中断，发动机不运转，因此用万用表测量传感器上2与3端之间的电阻约为860Ω（正常值480~1000Ω），正常。拆下曲轴位置传感器检查，发现该传感器测量头上有很多脏物，清洗传感器测量头后，让用户行驶观察未发生故障。由于曲轴位置传感器过脏，偶然发生无信号输出，造成不能起动的故障。

故障案例3： 有一辆切诺基越野车，配装六缸电控发动机，行驶了一年多时间，在一次正常行驶后，发动机突然无法起动。

检查电路，无高压火。读取故障码，共显示6个故障码，分别是12（电控单元曾经断过电）、14（进气歧管绝对压力传感器）、21（氧传感器）、22（冷却液温度传感器）、24（节气门位置传感器）、54（同步信号传感器）和55（结束码）。为防止其中有原故障码，清除电控单元存储，再起动发动机，然后再次提取故障码，结果还是这几个故障码。

在同一辆车上，几个传感器同时出现故障的可能性很小，极有可能是它们共用的电源线或搭铁线出了问题，也可能是电控单元出了问题。

因本车无高压火花，所以先检查同步脉冲信号发生器（安装在分电器内）。将点火开关置于ON档，万用表置于电压档，用黑表笔接蓄电池负极，红表笔接在分电器三线插座的橘黄色线上（到分电器传感器），接线时注意不要拔下插座，从其背面接入即可。此时显示电压为8V，属正常。再把红表笔接在褐/黄色线上（同步信号传感器），点火开关置于起动档，让发动机运转，此时万用表读数应在0~5V之间，说明同步信号发生器也正常。第二次检测时，把黑表笔接到黑/蓝色线上（传感器搭铁线），红表笔接到橘黄色线上，再次测量时，橘黄色线上只有1.7V左右的电压，而褐/黄色线上的信号电压更微弱。测量黑/蓝色线与蓄电池负极间的电阻值达几千欧，而正常值应小于1.5Ω。由于电控单元本身搭铁良好，显然是电控单元内部出现了故障，于是把传感器地线与电控单元搭铁线短接后，清除故障码，起动发动机一次成功。

说明：本故障是由于传感器搭铁线在电控单元内部出现故障，导致几个传感器都在非正常电压下工作，而电控单元又误认为传感器有故障，致使发动机无法起动。因此，在排除此类故障时，要认真分析电路，找出其重点进行突破，才能快速排除故障。

故障案例 4：有一辆雪佛兰多用途乘用车，配装 3.8L V6 多点喷射发动机，在一次正常行驶中发动机突然熄火，仪表板上的故障指示灯亮，再起动发动机不能着火。

由于故障指示灯亮，用修车王故障检测仪进行检测，检测出的故障为：EGR 阀控制线路不良、凸轮轴位置传感器不良。据车主反映，一年前曾发生过类似的故障，当时还更换了凸轮轴位置传感器。

首先检查燃油泵的工作状况，发现燃油泵及其线路均正常。然后对被烧坏的线路进行必要的检查和包扎。根据车主要求更换了曲轴位置传感器和凸轮轴位置传感器，更换后起动发动机，发动机有着火的迹象，但只要点火开关不处于起动档，发动机就立即熄火。重新用修车王检测仪进行检测，检测到的故障与开始检测时显示的故障相同。消除故障，再起动发动机 6s，重新调取故障码，消除的故障码又出现了。

根据突然熄火故障的发生，其原因可能出在点火系统。于是拔下各分缸高压线做跳火试验，发现第 1 缸及第 4 缸高压线不跳火，其他分缸高压线跳火正常。因为该车采用无分电器点火系统，共有三个点火线圈，每个点火线圈负责两个气缸的点火，而第 1 缸和第 4 缸刚好由同一个点火线圈负责点火，故障原因可能就出在这个点火线圈上。为了准确确定故障部位，把负责第 2 缸和第 5 缸的点火线圈与 1、4 缸的点火线圈进行调换，调换后仍然是第 1 缸和第 4 缸无高压火花，这说明故障原因可能在电子点火控制器上，于是对其进行了检查。

检查电源电路正常，更换电子点火控制器后起动发动机，发动机立即着火，路试表明，发动机工作正常，故障彻底排除。

根据该故障的原因，用修车王故障检测仪检测该例故障时，故障检测仪应出现“ECT-BYPASS”电子点火信号的故障内容，但该车却未出现此故障码，而出现别的故障，说明是假码。在排除故障时，不能过分依赖故障码。若在排除疑难故障中，检测到故障码所指零部件是好的，就应从其他方面找原因。

9.3.2　怠速不良的故障分析及排除

怠速不良是发动机最常见的故障之一。发动机怠速不良主要分为下面三种情况：一是怠速不稳；二是怠速偏高；三是怠速偏低或无怠速。有时故障与负荷和温度有关，如冷车怠速不稳。

1. 故障的一般原因

1）节气门装置调整不当。

2）怠速阀调节不当，怠速阀脏污。

3）点火电路故障。包括点火提前角不当和点火能量不足两方面，如火花塞损坏、高压线老化等。

4）有未经空气流量计测量的空气进入进气管。其故障包括漏气、EGR 故障、EVAP 故障、PCV 故障等。

5）油路故障，喷油器工作不良。

6）气门漏气，液压挺柱工作不良。

7）怠速时混合气空燃比不当。

8）各缸压力相差过大。

9）水道不通畅或节温器卡死。

2. 怠速过高的故障诊断步骤

1）检查节气门联动机构（应不发卡）。

2）检查点火正时，必要时调整。

3）检查怠速阀和辅助怠速阀是否正常。

4）检查节气门位置传感器（节气门位置信号和怠速开关信号）。

5）检查故障码，检查电控系统部件。

6）检查 PCV 系统、燃油蒸发控制系统等。

7）检查喷油器是否泄露或磨损。

怠速过低的故障原因是怠速时气缸内混合气燃烧后产生的功率不足，怠速过高的故障原因是混合气燃烧后的功率超过了正常时的要求。怠速不稳的故障原因是单缸工作不好或混合气在气缸内不能充分燃烧。

故障案例1：奥迪 A6 汽车的 V6 发动机，排量为 2.8L，大修之前发动机怠速正常，大修之后怠速抖动，中高速正常，感觉发动机的动力也正常。重新分解发动机后更换了6个原厂的活塞，又找了一相同的车把所有发动机电控件及发动机线束对换，故障还是没有消除。

（1）故障排除

1）发动机转速在800r/min时快速高频抖动，加速至1000r/min时抖动消失，怠速时开空调、挂档、打方向都有提速。

2）接上仪器进入发动机系统读故障码，系统正常无故障码。读数据流，左右氧传感器电压在0.1～0.8V之间变化，氧传感器的学习值在+0.02%～-0.02%范围内变化，其他数据也都正常。

3）测量汽油压力。怠速时连接油压调节真空管时为 3.3×10^5Pa，断开真空管时为 2.9×10^5Pa。

4）测量气缸压力都为（11～12）$\times10^5$Pa，相邻的两缸相差不超过 10^5Pa。

5）用示波器观察点火波形，初级及次级波形正常，做单缸动力平衡试验，各缸失速均衡。

6）用尾气分析仪分析尾气。怠速时 CO 为 0.3%，HC 为 136×10^{-6}；1500r/min 时 CO 为 0.4%，HC 为 145×10^{-6}。

7）拆开正时带护罩，对准曲轴传动轮正时记号检查正时，发现奇怪的问题，右边的凸轮轴错了180°，拆下正时带重新对好正时。试车，发动机怠速不再抖动，故障排除。

（2）故障分析　做功顺序是1—4—3—6—2—5。如果两凸轮轴都正确，1缸活塞处于压缩上止点时，6缸为排气上止点，2缸与4缸，3缸与5缸依次对应。当右边凸轮轴，即4、5、6缸反过180°，1缸、6缸同为压缩上止点时，2缸与4缸，3缸与5缸也是依次对应。此车使用的是双点火系统，对错时两缸同时到达上止点，又有高压火，两个缸就同时做功，所以在动力性方面并不会有影响，它仍然是一个正常的6缸发动机的动力。但是在做功的间隔时间方面就不同了，当需要4、5、6缸时，它们已与1、2、3缸同时做功，即每缸间隔的时间长了，正常时每一个完整的循环周期有 6 次做功。错时只有 3 次做功（每次两缸），仅相当于一个三缸发动机，这样就造成了怠速时抖动，中高速时由于发动机的转速足够高，每缸之间的做功间隔时间已很短，发动机就不会抖动了。

故障案例 2：宝来 1.6L 轿车怠速时，坐在车内的乘员会明显感到车辆抖动，此抖动会在几秒钟内产生一次。

故障诊断过程

1）检查发动机基本正时、气缸压力正常。试着更换火花塞、点火线圈、分缸线、喷油器、空气流量计、节气门体。

2）测量 01 ~ 08 各项数据流没发现异常，读取 01 ~ 02 无故障码存储。

3）怀疑可能是发动机支撑垫过软，引起发动机抖动传至车身后所感知的抖动，检查各发动机脚后发现变速器与车身的连接胶垫前后运动较明显，故决定更换一个新件试一下，更换后肉眼就能看出连接胶垫前后位移减少。

4）坐在车内的乘员感觉抖动减轻了很多。

5）在发动机怠速的情况下松掉几个支承的固定螺栓，怠速 10min 后再重新紧固螺栓，再试抖动现象，坐在车内的乘员已难以感知抖动。

故障案例 3：捷达王发动机运行无力、怠速抖动、油耗不断升高。用户反映该车，行驶了几千公里后便出现了动力下降、油耗升高、怠速抖动的现象。在以后的行驶中，情况越来越恶劣，动力性能越来越不好。

故障码为爆燃调节超出调节值，抽取少量燃油检查发现该车燃油颜色呈黄色且透明度低，明显标号不够，就抽掉了所剩的燃油并清洗了油路，加注了达标的燃油。

起动后出现了“滴滴”的气门敲击声比较清脆，检查气缸压力偏差过大，缸与缸之间偏差大于 3×10^5Pa。拆下进气歧管检查偏差原因，发现该车由于长期加入低标号劣质燃油，使进气门根部结满积炭和胶质，时间越长积累越多，从而影响了气门的密封性，造成气门杆润滑不良，起动发动机时，出现了活塞顶气门的现象，从而引起了动力性能越来越不好，各缸压力偏差过大造成动力下降，怠速抖动，油耗升高。

拆下气缸盖进行分解，清除气门上的积炭和胶质并重新研磨气门，安装调试后故障排除，动力恢复。

故障案例 4：一辆本田雅阁 CD5 轿车，在使用过程中突然出现了发动机怠速在 800 ~ 1200r/min 之间波动的现象。该车冷机起动时，发动机转速为 1200r/min，属于冷机怠速，此时发动机运转平稳，但发动机大约运转 5min 后，转速忽高忽低，其转速表在 800 ~ 1200r/min之间有规律地波动，仪表板上的发动机故障指示灯不亮。

由于该车故障发生在冷机运转工况向热机运转工况转换的过渡阶段，所以应重点检查冷机怠速控制系统。其中水暖式蜡式快怠速阀是冷机工况怠速控制系统的重要部件之一，该阀位于节气门体下方，其开闭动作原理同石蜡式节温器相似。也就是说，水暖式蜡式快怠速阀在热机时没有空气通向节气门后部的进气室。拆下节气门前面大塑料进气道，可以看见在节气门内下方有一个直径约为 12mm 的圆孔，该孔是通向水暖式快怠速阀进气通道的。由水暖式快怠速阀的工作原理可知，在发动机冷机时，此孔有空气流过为正常，而在热机工况时，此孔有空气流过为不正常。用手指将该孔堵住，发动机转速不再忽高忽低，转速表指针指示 750r/min，可见故障就产生在水暖式快怠速阀上。为慎重起见，又将水暖式快怠速阀放入冷水中后再放入开水中煮，结果证实该阀是好的。

既然该阀是好的，那么问题在哪里呢？此时不禁想起在拆卸该阀通向节温器座的小水管时，小水管中的冷却液温度很高，而且两者温差也很大。那么小水管中的冷却液为什么和散热器中的冷却液温差这么大呢？会不会是这段小水管堵塞？经仔细观察，发现与水暖式快怠速阀相连的小水管中间部分是铁质的，铁质水管呈U状，两端用橡胶管分别和水暖式快怠速阀及节温器座连接。拆下铁管，用压缩空气吹，果然不通。再用铁丝疏通后，清理出许多灰白色粉末状东西，估计是被劣质防冻液腐蚀的金属碎屑，水泵泵水时的压力将腐蚀的金属碎屑冲到这里。

故障案例5：利用数据流诊断福莱尔的怠速不稳。

一辆福莱尔轿车装备了韩国大宇M-TECF8CV型三缸电喷发动机，无论冷车、热车，发动机都怠速不稳，转速在920～1024r/min之间变化，发动机抖动，行驶中加速无力，松加速踏板时怠速有时下降到500～600r/min，易熄火。尤其是在使用空调时，松加速踏板更易熄火。

针对故障现象询问车主，车主反映：故障现象已发生半年多，修理过数次。在修理过程中，曾更换过怠速电动机、进气歧管绝对压力传感器、火花塞、高压线等零件，但故障依然存在。

首先使用金德K81汽车解码器调取故障码，屏幕显示P0340和P1510两个故障码。P0340的含义是凸轮轴位置传感器不良；P1510的含义是故障码说明无法获得。为了进一步验证故障码的真实性，先用汽车解码器消去原故障码，然后起动发动机运转数分钟，再调取故障码，结果汽车解码器显示系统正常，无故障码。

起动发动机，用金德K81解码器测试该车的动态数据流。从屏幕上得到下列主要数据流：进气压力为60～69kPa；进气压力传感器信号电压为2.84～3.25V；节气门开度为10%；节气门位置传感器信号电压为0.50mV；冷却液温度为84℃；进气温度为39℃；氧传感器信号电压为638～654mV；发动机怠速为920～1024r/min；喷油脉宽为7.3～8.5ms；点火提前角为9°～11°。

从实测的数据流中可以看出怠速极不稳定；在怠速工况下，进气压力也和正常值（40kPa左右）相差较大；由于怠速时进气压力大（换句话说就是怠速时节气门后的真空度小），所以进气压力传感器信号电压也比正常值（1.5～1.7V）大了不少；喷油脉宽也比正常值（3～4ms）大了许多。通过对数据流的分析，在全面检查过程中，重点检查造成进气歧管中真空度小的原因。

造成进气歧管内压力过大的主要原因可能有：进气歧管及其真空胶管存在漏气故障；废气再循环阀失效，使废气在发动机怠速运转时就参加了循环；排气系统堵塞，造成发动机负荷增大；发动机进、排气门关闭不严。

首先仔细检查进气歧管及相关的真空管、炭罐等，都没有发现漏气现象。接着检查废气再循环电磁阀、废气再循环阀关闭严密；用手动真空泵吸动其真空输入管，其阀门动作灵活；检查排气管上三元催化转化器畅通；消声器也畅通。起动发动机，逐缸做跳火试验，结果是各缸都有反应。把火花塞从发动机上拆下来，目测其电极微黑，这是混合气偏浓、混合气燃烧不完全造成的。等待一段时间，发动机温度降下来后，用气缸压力表逐缸测量气缸压力，三个缸均为10×10^5Pa，虽然偏低些，但也属于正常值范围内。把拆下来的零件复位，再次起动发动机，故障依然存在。

发动机熄火后，脱开进气歧管压力传感器的胶管并把它连接到手动真空泵上，用手动真空泵把进气歧管压力传感器的压力调整到 66.7kPa 左右，起动发动机，然后用手动真空泵逐步将真空度向 40kPa 处调整。在调整过程中随着真空度的增加，发动机立刻熄火。

通过一系列的检查，没有发现明显的故障原因，使检查工作陷入了困境，结合以往的维修经验，决定从气缸压力偏低的现象入手，全面检查该车进、排气门的间隙。根据维修资料，该车冷态时，进气门的间隙为 0.13～0.17mm，排气门的间隙为 0.30～0.34mm，而热态调整气门间隙时要增加 0.10mm，即进气门的间隙为 0.23～0.27mm，排气门的间隙为 0.40～0.44mm。热车时拆除气门室盖，先检查原来的进、排气门间隙，果然偏小。按照上述数据，选用 0.25mm 的塞尺调整进气门，选用 0.40mm 的塞尺调整排气门，经过仔细调整后，起动发动机，发动机怠速运转平稳，抖动也大大减少。

最后再用金德汽车解码器测试动态数据流，测得主要数据流如下：进气压力为 40kPa；进气歧管压力传感器信号电压为 1.65V；发动机怠速为 960r/min；喷油脉宽为 3.5ms。这几项主要数据都符合标准数值，故障完全排除。

通过该案例，可总结出这样的诊断规律，在检测电喷车的故障时，若能读出故障码，可按故障码的内容诊断故障；若读不出故障码，则需借助动态数据流来进一步诊断故障。

9.3.3　动力不足的故障分析及排除

汽车电控发动机动力不足就是指它的动力性差。发动机动力不足是汽车常见的一种故障现象，它产生的原因有很多，涉及面很广。

1. 动力不足的一般原因

1）高压火花过弱或点火不准时。

2）可燃混合气不符合要求。

3）气缸压力不足。

4）真空管路泄漏。

5）配气相位异常。

6）排气管堵塞。

7）发动机自身的机械损失过大。

8）废气再循环阀不能关闭或不能正常工作。

9）电控方面的原因，如节气门位置传感器、空气流量计、冷却液温度传感器或其控制线路等有故障。

2. 动力不足的故障诊断流程

1）检查离合器是否有打滑现象，制动器是否有拖滞现象，如果是装配自动变速器，也要检查其是否有故障，或故障是否出现在发动机部分，可进行失速试验。

2）检查空气滤清器，滤芯是否堵塞。

3）检查进气系统是否漏气。

4）检查故障码。

5）检查点火正时。

6）检查燃油压力。

7）检查喷油器喷射情况与火花塞状态。

发动机动力不足的故障本质是没有充分的混合气进入气缸内或是气缸内的混合气燃烧后产生不了足够的动力。

故障案例1：捷达GIX轿车加速无力发动机冒黑烟。

该车三档爬坡加速发动机转速下降。正常查询01-08-07第二区氧传感器信号电压在0.7~1.0V之间变化，变化率明显慢，更换氧传感器。开始时黑烟还有，工作一段时间后，黑烟逐渐消失，三档爬坡加速发动机转速依然下降，平路高速行驶一切正常，显然发动机输出功率不够。

更换爆燃传感器后，三档爬坡加速时，发动机转速下降比原来少，有一定改善，但没有彻底解决。查询01-08-02第四区，怠速时空气流量在4~5g/s之间变化，当空气流量在4g/s以下时，问题不大；当流量大于4g/s、接近5g/s时，发动机有时就会出现不正常的工作。

更换空气流量计，怠速时空气流量在3~4g/s之间变化，故障排除。

故障案例2：一辆桑塔纳2000轿车行驶里程为10多万km，该车在缓加速时发动机工作尚可，但在急加速时发动机严重抖动，并有“放炮”现象。

首先用修车王故障检测仪读取故障码，无故障码显示。观察数据流，除喷油时间偏长（5.5ms）外，其余也正常。由于无故障码，数据流也正常，所以先从非电控部分着手检测。

先后检查了燃油管路、高压线、点火线圈、火花塞和配气机构等，并无异常。拆下喷油器，发现有积炭附着在喷油器头部，将喷油器用超声波清洗机清洗后，故障有所好转，但加速时还有“放炮”现象。这时再查数据流，发现喷油时间短了一些，约为4.8ms，但与标准值相比，还偏长。

从喷油时间来分析，影响因素有很多，如发动机负荷、冷却液温度、空气流量、进气温度及氧传感器反馈的信号等，都能直接影响喷油时间。于是先后测量了冷却液温度传感器和进气温度传感器的电阻值，均正常。由于怠速状态下没有开空调，没有转动转向盘，全车用电器均处于关闭状态，所以不存在负荷增大的问题。氧传感器反馈给电控单元的氧含量信号采样率为8次/10s，也正常，那会不会是空气流量计出现问题呢？

更换了空气流量计后试车，故障排除。这是一个典型的空气流量计在检测空气流量过程中信号失准的故障。

由于电控单元得到的空气流量信号数据与发动机在当时工作状态下的标准信号数据不一致，而这一变化后的数据又没有超出电控单元内存中的数据，所以无故障码。同时由于电控单元检测不到该空气流量计有故障，所以仍根据空气流量计所给出的错误信号来确定喷油持续时间，这必然会造成喷油持续时间不正常。不过，由于氧传感器的反馈信号修正了喷油器的喷油持续时间，所以发动机转速变化的速率不大时，该故障现象不明显，因为它会在平均每10s的时间内反馈给电控单元8~10次氧含量信号，使发动机在这一情况下还可以勉强工作；但当转速变化的速率加大时，由于氧传感器给电控单元的氧含量信号采样率远远没有发动机转速的变化来得快，这时也就修正不了喷油持续时间，所以造成在发动机急加速时“放炮”。

故障案例3：捷达轿车怠速抖动加速无力故障检修。

根据用户的描述和初步检查，该车的故障主要表现在以下3个方面：①发动机怠速运转时发抖，中、高速运转基本稳定；②发动机排放品质变差，中度冒黑烟，油耗增大，平均燃油消耗增加约 20%；③发动机动力性能变差，中高速行驶时转速下降，爬坡加速时明显加速无力。

首先用大众的 V. A. G1552 故障诊断仪进行自诊断，通过 02 功能“故障查询”没有查到故障信息。根据用户的描述，该车行驶了 90000km。由于工作很忙，平时对车辆的保养不是很重视，经过查看用户的使用说明书，车辆的常规保养记录确实很少，除了首次 7500km 免费保养之外，只有 30000km 时有一次常规保养。

通过查看 V. A. G1552 的 08 数据阅读功能，该车喷油器的喷油时间为 4ms 左右，比正常值 3.3ms 要长一些。另外节气门开启角度的变化随着发动机转速的升高显得比较迟缓，因此维修人员先从喷油器和节气门体开始查起。经拆检，喷油器比较脏。用户说这还是原车的喷油器，一直没有清洗过更没有更换过，而节气门总成也比较脏，转动不灵活。由此基本可确定喷油器有关闭不严和漏油的可能，更换了新的一组喷油器并且清洗保养了节气门总成，更换了空气滤清器。之后试车检查，发动机怠速发抖现象基本排除，排放有明显改善但仍有轻微的冒黑烟，看起来混合气浓度还是偏高，燃烧也不彻底，加速性能似乎没有明显的改善。

根据该车的保养情况，维修人员又怀疑到车辆的氧传感器。果然在 V. A. G1552 的 08 数据阅读功能中，氧传感器信号电压在 0.4 ~ 0.6V 之间变化，电压变化频率也明显比正常变化要慢，正常的氧传感器信号电压应在 0.3 ~ 1.0V 之间快速变化。因为氧传感器是有寿命的，行驶 9 万 km 以上的车辆也需要更换氧传感器，再加上用户经常在矿区工地工作，油品质量和空气污染也是影响氧传感器使用寿命的一个重要因素。

在更换了氧传感器后进行试车，开始时黑烟还有，工作一段时间后，黑烟逐渐消失。排放品质得到明显改善，预期经济性能应该得到提高，燃油消耗量可恢复到正常范围。但是发动机动力性能似乎仍然比较差，中高速行驶时加速不畅，爬坡时感觉到动力还是不足，显然发动机输出功率还是不够。

维修人员怀疑是点火时间慢，发动机还是工作在微爆燃状态下。根据经验又更换了爆燃传感器后试车，当爬坡加速时，发动机转速下降比原来少，但还是没有得到彻底解决。最后维修人员又仔细检查该车的空气质量计，用 V. A. G1552 查询，在 08 数据阅读功能中查看空气流量计的工作状态。怠速时，空气流量在 4 ~5g/s 之间变化，此值为上限。根据经验，当空气流量在 4g/s 以下时，问题不大；当空气流量大于 4g/s、接近 5g/s 时，发动机有时就会出现一些不正常的工作现象，于是便更换了空气流量计。再用 V. A. G1552 检测，空气流量在 3 ~4g/s 之间变化。

试车过程中，三档爬坡加速时，感觉动力充足，发动机转速不再下降并随着车速的提高而稳步上升。在以上故障基本排除之后，又对车辆进行了一些必要的养护，然后进行了大约 60km 路程的路试，发动机动力性和经济性均明显得到改善。

故障案例 4：丰田皇冠 3.0 轿车怠速不稳与加速不良。

一辆丰田皇冠 3.0 轿车，装备 2JZ- GE 直列 6 缸电喷发动机，行驶里程为 15 万 km，出现怠速抖动、加速不良的现象。

读取故障码，发现没有故障码。拆检火花塞，发现火花塞间隙较大（标准值为 0.8mm）。测量高压线电阻，均小于 25kΩ，符合标准。测量另一个主要装置——点火线圈，初级线圈电阻和次级线圈电阻也完全正常。打开分电器盖检查分火头，发现有些损耗，于是更换了分火头及火花塞。

接下来检查空气滤清器，只是有些浮尘，用压缩空气吹净后装复。由于怠速调节阀在控制怠速运行方面也十分关键，拆下后发现有一些污物，用清洗剂彻底清洗后装复。对节气门体也进行了清洗，在此要特别注意，不要乱调节气门位置传感器的固定位置。另外对燃油系统也不能轻视，拆下喷油器进行清洗，然后测量其电阻值，正常；检测喷油量、雾化及密封性能，均良好。经过上述的维修后试车，怠速情况有些好转，但加速状况仍然较差。

接上燃油压力表，测量油压，怠速时油压为0.26MPa，符合标准；急加速时油压的瞬时跃升及熄火后的保压情况也未见异常，看来油路系统没有问题。检查点火正时也没有问题，拆下火花塞对6个气缸的缸压进行测量，均能达到1.2MPa左右。

至此对电控部分进行了检测。因为通过该车节气门位置传感器的触点能相应判断出发动机应处的负荷状态，因此，若电控单元收不到加速信号，必然造成加速无力的故障，经测量该传感器输出信号准确稳定。该车的基本喷油量信号是由翼板式空气流量计提供的，翼板摆角的大小决定了喷油量的多少。经万用表测量，该流量计的输出电阻，能够随翼板开度的变化平滑地变化，并且翼板转动灵活，检查空气流量计也没有什么新的发现。

既然主要的电控部分传感器和油气供给部分都检查过了，决定还是查一查点火系统。拆下1缸火花塞进行试火，发现火花偏弱，此时感觉问题可能出在这里。点火系统中的高压线、火花塞和点火线圈已经查过了，这次决定检查分电器。用塞尺测量信号转子与感应线圈凸起部分之间的间隙，满足0.2~0.4mm的标准。感应线圈电阻也均正常。转动发动机曲轴，用电压表从分电器线插接处测量感应线圈产生的感应交流电压，均达到了标准值（G1和G2与G－：0.1~0.3V，NE和G－：0.2~0.5V）。

最后试换一套新的高压线，结果发动机怠速平稳，加速强劲有力。拆下高压线进行测量，可电阻仍然小于25kΩ，符合规定值。

那么故障原因在哪儿呢？经过推测，高压线超出使用寿命期限后，虽然自然状态下电阻值合乎要求，但在高能负荷情况下，工作稳定性变差，造成发动机工作不良。

练习与思考题

一、填空题

1. 发动机正常工作必须满足________、________、________三方面条件。

2. 故障诊断仪可分为________、________两大类。

3. 采用普通方式调取丰田车系故障码时，是用专用跨接线短接故障诊断插座上的________、________端子。

4. 采用丰田专用跨接线读取故障码时，在拆装跨接线时，点火开关必须处于________位置。

5. 故障诊断仪的主要功能有________、________、________和________。

6. 电控发动机控制系统的故障可以分为________和________两种。

7. ________故障多是由于某些插头或导线连接不良所致。

8. 在一些传感器损坏后，有时会产生较大的电磁波干扰，严重影响电控单元的正常工作，引起电控单元输入故障码的紊乱，通常称为“________”。

9. 用示波器显示的________可以捕捉到故障中细小的、间断的变化。

二、简答题

1. 故障诊断仪的功能有哪些？
2. 问诊时一般包括哪些内容？
3. 发动机的工作三要素是什么？
4. 简述发动机电控单元如何对失火进行监控。
5. 故障征兆模拟诊断方法有哪几种？
6. 电控发动机疑难故障的基本项目有哪些？
7. 气缸压力不正常会是哪些原因造成的？
8. 发动机起动困难的原因有哪些？
9. 怠速过高的故障原因有哪些？
10. 发动机冒黑烟且动力不足的故障原因有哪些？

第10章 电控发动机的新技术

10.1 稀薄燃烧技术

10.1.1 采用稀薄燃烧技术的优缺点

目前世界各国均面临着温室效应引发的全球气候变暖，以及石油资源渐趋枯竭的双重压力。为了降低汽车排放污染，将空燃比控制在理论空燃比附近，采用闭环电控燃油喷射技术已成为汽油机的主流技术，但是这种方法是以牺牲燃料的经济性为前提的。稀薄燃烧由于具有燃油经济性好、排放低等优点，成为解决这两大问题的有效途径。

将过量空气系数 α 从 1 左右提高到超过 1.1 的水平，可以降低发动机的油耗，并改善 CO_2 排放，这就是稀薄燃烧的优点。稀薄燃烧是指通过提高发动机内混合气的空燃比，使混合气在空燃比大于理论空燃比数值的状态下燃烧，即让汽油在很稀的混合状态下燃烧。传统汽油机的空燃比一般为 12.6 ~ 17.0，稀薄燃烧是指空燃比大于 17，目前直喷式汽油机已经实现了在空燃比为 25 ~ 50 的范围内稳定工作。

稀薄燃烧技术的最大特点是燃烧效率高、经济、环保，同时还可以提升发动机的功率输出。因为在稀薄燃烧的条件下，混合气点火比理论空燃比条件下困难，爆燃也就不容易发生，所以可以采用较高的压缩比设计提高热能转换效率，再加上汽油能在过量的空气里充分燃烧，因此在这些条件的支持下能最大限度地提取每滴汽油所产生的能量。

10.1.2 稀薄燃烧技术的种类

1. 按喷射位置分类

稀薄燃烧按照喷射位置可分为缸外喷射稀薄燃烧和缸内喷射稀薄燃烧。

本田 1.3L 飞度匹配的i-DSI发动机采用的是比较少见的缸外稀薄燃烧技术，虽然没有缸内直喷技术先进，但是相对直喷发动机而言成本低廉。

缸内直喷混合气的形成如图 10-1 所示，缸内直喷技术是稀薄燃烧技术的一个分支。这种技术有两种好处：一是发动机能在火花塞点火之前把汽油直接喷射到高压的燃烧室，由于喷射压力高，有利于混合气的形成，同时在电控单元的精确控制下，使混合气体分层燃烧；二是燃烧速度加快，爆发压力高，有利于提高发动机的功率和转矩。这种技术可以让靠近火花塞的混合气相对较浓，远离火花塞的混合气相对较稀，从而更有效地实现稀薄燃烧的点火和分层燃烧。由于汽油是直接被喷射到气缸内的，与传统的缸外喷射相比，混合气体不需要经过进气阀，因此能减少进气阀对混合气体产生的气阻。

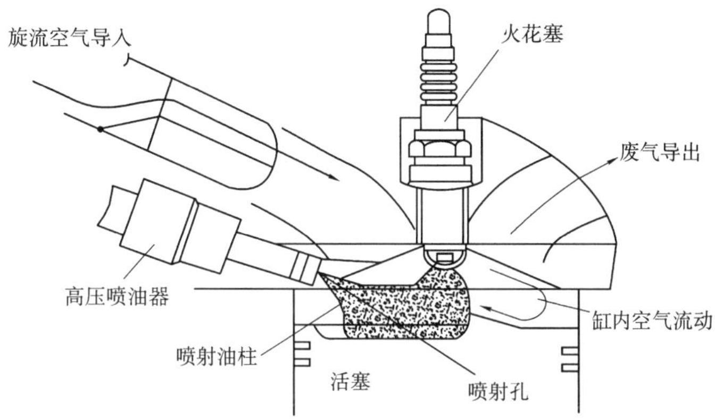

图 10-1　缸内直喷混合气的形成

2. 按混合气的分布分类

（1）**均质稀混合气燃烧**　这种燃烧方式主要是通过提高压缩比、改进点火系统以及加强混合气的紊流等来实现的。有代表性的均质稀混合气燃烧室有梅花型火球燃烧室、射流燃烧室等。

（2）**分层稀混合气燃烧**　这种燃烧方式主要是通过控制混合气的浓度分布来实现的，其在火花塞附近混合气比较浓，空燃比为 12 ~ 13，保证可靠点火，在其余大部分区域混合气较稀，空燃比在 20 以上。分层充气燃烧系统主要有三种，即直喷式分层燃烧系统、分隔式燃烧室分层燃烧系统和轴向分层燃烧系统。

（3）**混合燃烧**　混合燃烧方式是将发动机分为高负荷和低负荷区，在低负荷区使用分层燃烧，在高负荷区仍然利用常规燃烧。1995 年三菱公司研制成功的 GDI 发动机首次实现了混合燃烧，三菱公司的 GDI 发动机在低负荷区的空燃比达到 30 ~ 40，高负荷区的空燃比为 13 ~ 14。

10.1.3　实现稀薄燃烧的关键技术

过稀的混合气也会给燃烧带来麻烦，主要的问题有点燃困难、燃烧不稳定、催化转化器的 NO_x 转化效率下降等。如果要让发动机实现稀薄燃烧，就必须具备两个条件：很强的点火能量和混合气充分混合。

首先，稀薄燃烧技术需要很强的点火能量。例如，本田飞度 i-DSI 发动机采用了双火花塞设计来满足此要求（可参照前面点火系统的介绍），在汽油机中，只要形成火焰，在火焰传播的过程中，即使是相当稀的混合气也能正常燃烧，分层进气实现稀薄燃烧的原理就基于此。在点火瞬间，火花塞电极周围局部区域具有较浓的混合气，而在燃烧室的大部分区域具有较稀的混合气。浓稀之间，有从浓到稀的各种浓度的混合气，以利火焰传播。

其次，稀薄燃烧技术需要空气能跟汽油充分混合。传统的发动机是缸外喷射，其燃料是被喷射到进气管当中的。为了让汽油被喷射到进气管以后有足够的时间跟空气混合，喷油器需要与气门隔着一段距离，待汽油与空气在这段空间充分混合以后，再被引入到气缸内燃烧。对于这种传统的设计，如果将汽油直接喷射到气缸内，势必会造成空气与汽油没有足够的时间混合，这种没有混合的气体，显然是不能满足发动机点火需求的。如果混合不充分，点火将更加困难。

1）汽油机采用缸外喷射稀薄燃烧技术时，燃油喷射必须与气流运动相结合。按进气流动形式不同分为涡流分层和滚流分层两种技术。涡流进气可实现混合气在缸内轴向分层，在一个或两个气门不对称进气时，充分在缸内形成斜轴涡流。混合气分层的控制因素是进气涡流和喷射定时，涡流起维持混合气分层的作用，喷油定时决定着浓混合气在缸内的位置。一般认为，进气初期喷油，燃油先进入缸内下部，随着活塞的运动在缸内均匀分布；进气后期喷油，浓混合气在缸内上部且维持到点火时刻。稀燃极限与喷油定时关系很大，只有在进气行程的某一区段喷油，才能实现理想的混合气分层。

2）与采用缸外稀薄燃烧技术的汽油机相比，缸内直喷汽油机（也简称为 GDI 发动机）具有进气损失小、传热损失小、充气效率高、抗爆燃性好及动态响应快等特点。

现代直喷式汽油机需要 2 个、甚至 3 个或更多的不同操作模式为发动机在整个运行工况范围内提供雾化良好的可燃混合气。全负荷工况时，期望燃油扩散充分以保证在最大油量时形成油气的均匀预混合，一般通过在进气行程内喷射燃油来实现；部分负荷时，期望在压缩行程后期，即活塞接近上止点时快速喷射，并形成紧凑的、雾化良好的混合气分层。

燃油喷射压力对汽油的雾化和贯穿度有重要影响。提高喷射压力，能够减小油雾颗粒的平均直径，而较低的喷油压力可以减小油泵的负荷、系统准备时间和喷油器噪声，从而延长燃油系统的工作寿命。如图 10-2 所示，直喷式发动机的油路与普通电控发动机的油路有很大区别。目前大多数 GDI 发动机选用的供油压力为 4～13MPa，高的喷油压力（20MPa）固然有利于燃油雾化，但同时也增加了油束的贯穿度，易造成湿壁现象，使排放恶化。

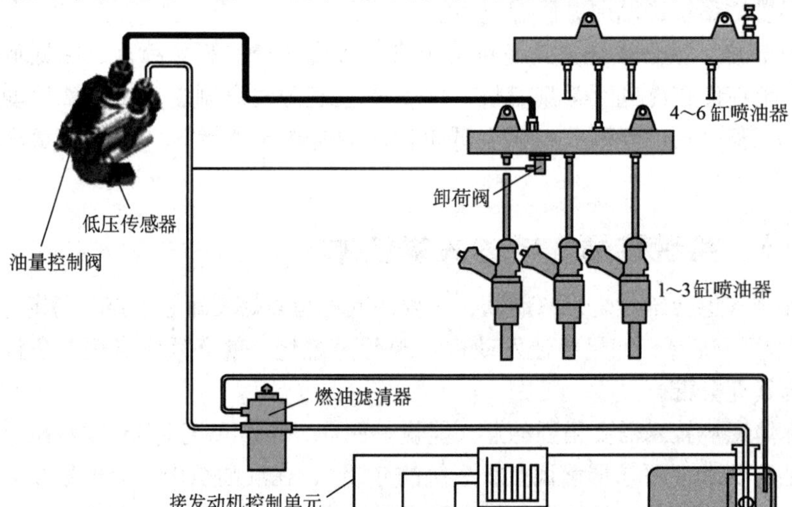

图 10-2　直喷燃油供给系统

喷油器是直喷式汽油机最关键的零部件，其工作特性直接影响着发动机的性能和排放。它必须保证精确计量燃油，且响应性和重复性都要好。目前，GDI 发动机广泛采用单流体、轴针内开式旋流型喷油器。这种喷油器只有一个喷孔，工作压力为 5.0 ~ 10MPa。可将其看成有无限个喷孔的多孔喷油器，沿着喷雾锥面的周向燃油均匀分布。由于它在轴向动量的基础上增加了很强的径向旋转动量，因而使得燃油进入燃烧室时能够形成空心锥形油束，燃油的雾化程度得以提高，油束也更加趋向轴向对称。

紧凑型和紊流型燃烧室可以增大火焰前锋面积，加强紊流，提高燃烧速度，同时减小已燃气体与燃烧室壁的接触面积，降低传热损失，是稀燃发动机燃烧室的发展方向。合理的燃烧室形状、进气口和进气道结构形状应能在气缸内形成紊流运动。宏观紊流通常表现为涡流、滚流和挤流。如果燃烧室、进气道、进气口结构形状和运行参数有利于产生较大的挤流及较强的进气涡流和滚流，则会提高压缩终点附近的紊流强度，产生尺度较小的紊流团。多点点火、高能点火及宽火花塞间隙等提高点火能量的点火系统，有利于火核的形成，着火滞后期短，循环变动小，稀燃极限大。

电控发动机的喷油控制与进气量控制密切相关，精确地控制混合气浓度是实现良好燃烧的基础。在稀燃发动机上必须采用稀燃氧传感器。与普通氧传感器不同，稀燃氧传感器的输出信号与废气中氧的浓度基本呈线性关系，可以测得混合气的平均空燃比，测量的范围也比较宽（空燃比为 10 ~ 30）。

10.1.4 直喷式发动机范例

GDI 发动机能在 40:1 的超稀空燃比情况下正常运转。三菱的 GDI 发动机通过稀薄燃烧技术，让燃料消耗减少 20%~35%，让 CO_2 排放减少 20%，而输出功率则比普通的同排量发动机提高 10%。

三菱 GDI 发动机采用了垂直的进气歧管设计，并且在活塞头部设计了一个凸起的形状。采用这种设计后，当活塞处于压缩行程时，气缸内会形成强大的涡流。此时汽油被直接喷射到燃烧室内，这股强大的涡流能让汽油跟空气充分混合，从而解决缸内直喷燃油与空气混合的问题。

当发动机运转在压缩行程时，气缸内的压力是非常大的。这对于缸内直喷发动机来说，普通的燃油泵就无法满足需求了。缸内直喷发动机的另一个重要特征就是它的燃油泵的供油压力非常高，这样才能将汽油有效地喷射到高压的燃烧室内。

GDI 发动机的喷油过程比普通喷射多一个辅助喷油阶段，在发动机运转在进气行程时，发动机会进行一次喷油，喷油的数量不大，喷油的主要目的也不是为了点火燃烧。当一定数量的汽油在进气行程中被喷射到气缸内时，这部分少量的汽油会挥发，从而降低气缸内的温度，提高进气密度，也减少了爆燃。

虽然 GDI 发动机可以降低整体的废气排放污染，但是同时它有一个非常大的缺点，那就是 NO_x 的排放非常高。这就需要采用有效的有针对性的三元催化转化器才能保证尾气的排放达到相关环保要求。而国内油品中的含硫量非常高，容易使三元催化转化器中毒而失效。

稀薄燃烧只是在部分负荷工况范围实行稀薄燃烧，起动、怠速、加速和全负荷都不能实行稀薄燃烧。

奥迪 A6 汽车采用了 FSI 的 V6 发动机，这种发动机也应用在奥迪 A8 和 A4 汽车上。通过表 10-1 对比可以知道该款发动机实现了下述的开发目标：①达到了欧 IV 排放标准；②降低了燃油消耗；③提高了功率和发动机的输出转矩；④轻便灵活，舒适性好。

表 10-1 FSI 发动机和其他发动机的参数比较

主 要 参 数	奥迪直喷 FSI 发动机	奥迪普通发动机
发动机的代码	AUK	ATX
气缸数	6	6
排量/L	3.1	2.8
功率/kW	188 转速为 6500r/min	142 转速为 6000r/min
转矩/N·m	330 转速为 3250r/min	280 转速为 3200r/min
压缩比	12.5∶1	10.1∶1
电子油门（E-Gas）	有	有
缸径/mm	84.5	82.5
行程/mm	92.8	86.4
发动机最高转速/（r/min）	7200	6800
燃油标号（ROZ）	95/91	98

直喷 AUK 发动机的机械部分也做了一些特殊的处理：①连杆材料改变，新连杆的尺寸更小，强度更好，能承受更大的气体压力；②活塞是锻造出来的，其上有一个专门用于 FSI 的燃烧室凹坑，活塞销上涂有一层亚铁抗磨层。

10.2 发动机电控冷却系统

传统的冷却方式不能适合发动机的要求，很多汽车公司都在开发新的冷却系统。例如，本田飞度汽车采用了双温式冷却系统。

如图 10-3 及表 10-2 所示，传统的冷却方式仅通过节温器的温控开关实现大小循环及混合循环的切换，而双温式冷却系统是根据发动机理想工作条件，对发动机的冷却循环路线进行细分：冷机时只冷却气缸盖，使气缸的油温在短时间内上升以降低摩擦损耗；暖机后，经散热器冷却的冷却液流经缸体/缸盖，提高了抗爆燃性。

a) b)

图 10-3 双温式冷却系统与传统冷却模式的比较

a）传统冷却模式 b）双温式冷却模式

表 10-2　传统冷却模式与双温冷却模式的比较

	冷机状态	热机状态
传统模式	缸盖→水泵→缸体→缸盖	散热器→水泵→缸体→缸盖→散热器
双温模式	缸盖→水泵→缸盖	散热器→水泵→缸体→缸盖→散热器
优点	采用双温模式，缸体油温快速上升降低摩擦损耗，提高抗爆燃性	

现在的冷却系统为闭环冷却系统，系统内冷却液压力加到 $(1.0\sim1.5)\times10^5$Pa，提高了冷却液的沸点。采用水与冷却液添加剂的混合液，具有防腐、抗寒等作用。

正确的发动机工作温度不仅对发动机的动力输出、燃油经济性影响较大，同时也有利于降低有害物质的排放。而正确的温度不是一个恒定值，是根据发动机的性能发动机的负荷与发动机的冷却方式相对应的。而传统的节温器加冷却风扇对冷却的控制无法达到精确的要求，采用新型电控发动机冷却系统就是要依据发动机的负荷为发动机在该状态下设定一个适宜的工作温度。这样可以在中小负荷时，让冷却液温度相对较高，降低燃油消耗和有害物质的排放。在全负荷时，让冷却液温度相对较低，进气加热作用较小，提高发动机的性能、增加动力输出。

电控发动机冷却系统最先应用于大众宝来汽车 APF（1.6L 74kW 4 缸直列）发动机上，如图 10-4 所示。下面以 APF 发动机电控冷却系统为例简单介绍其工作原理。

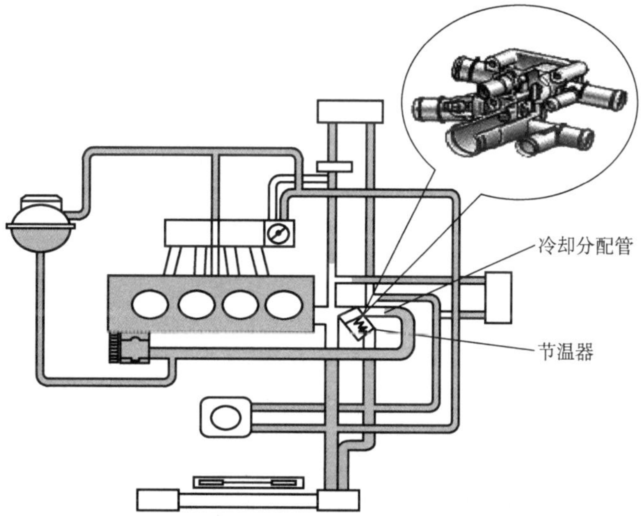

图 10-4　宝来 APF 发动机的冷却系统

10.2.1　电控冷却系统的特点

1）以最小的更改，完成冷却循环的重新布置。

2）冷却液的分配单元与节温器合成一个信号单元。

3）发动机气缸体上不需要任何温度调节装置。

4）发动机控制单元内设有电子控制冷却系统的特性图。

5）冷却液温度调节、冷却液的循环（节温控制）、冷却风扇的控制，均由发动机负荷决定是此系统独有的特征。

10.2.2　电控冷却系统的主要组成部件

电控冷却系统的组成如图 10-5 所示，它由传感器、电控单元及执行器组成。其中传感器包括发动机转速传感器、进气温度传感器、冷却液温度传感器、散热器温度传感器等。执行器由发动机的电控单元进行控制，包括温度调节单元、散热风扇等。

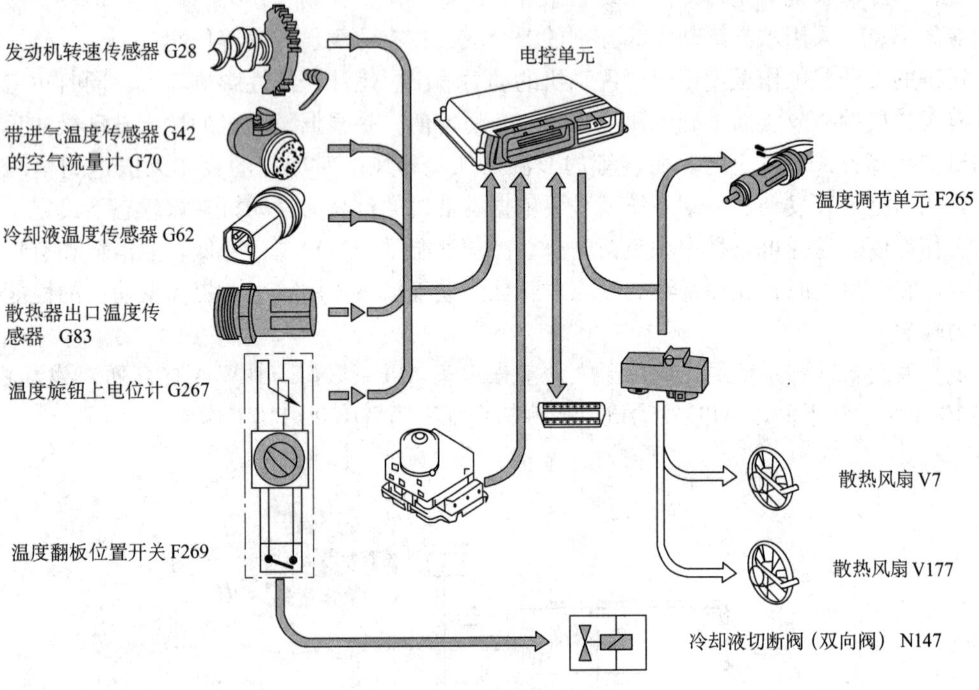

图 10-5　电控冷却系统的组成

1. 冷却液分配单元

如图 10-6 所示，冷却液分配单元是冷却系统的中心，它为冷却液温度传感器 G62 和冷却液控制单元（也称为温度调节单元）F265 提供安装位置。

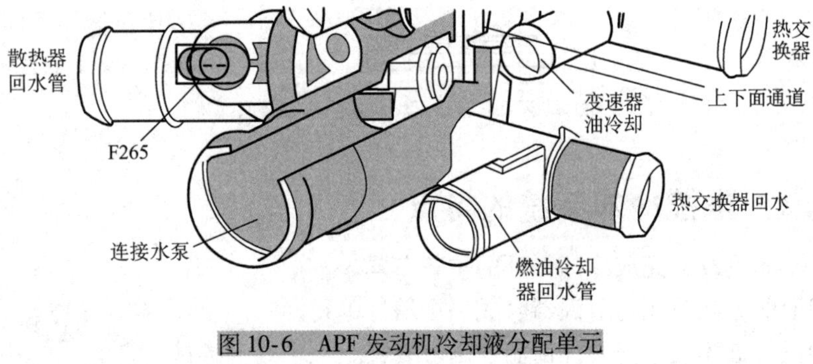

图 10-6　APF 发动机冷却液分配单元

2. 冷却液控制单元

如图 10-7 所示，冷却液控制单元由加热电阻、升程销、膨胀元件、小循环阀（小阀门）、大循环阀（大阀门）、压力弹簧、连接插头等组成。

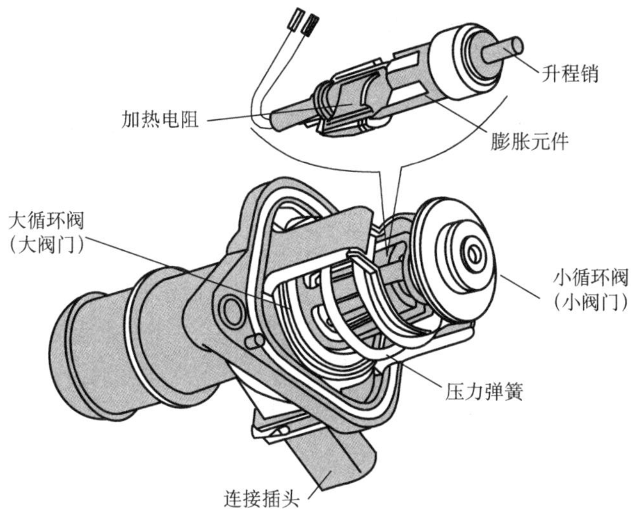

图 10-7　冷却液控制单元

当车辆固定或处于起动工况时，无电压加载。冷却液控制单元的加热系统不是加热冷却液，而是加热节温单元的控制部分，使大循环阀打开，由于加热电阻位于膨胀式节温单元的石蜡中，电阻加热石蜡，使膨胀单元发生位移，冷却液控制单元通过此位移来进行机械调节。加热是由发动机控制单元发出的一个脉冲信号来完成的，加热程度由脉宽和时间决定。

3. 发动机电控单元

发动机电控单元的功能已经扩展，与电控冷却系统的传感器、执行器相连接。接收下列传感器的信号输入：发动机转速传感器 G28、带进气温度传感器 G42 的空气流量计 G70、冷却液温度传感器 G62、散热器出口温度传感器 G83、温度旋钮上电位计 G267、温度翻板位置开关 F269 等，来控制温度调节单元 F265、散热风扇 V7 和 V177、冷却液切断阀（双向阀）N147。

发动机电控单元收集传感器采集的信息，然后对这些信息时刻进行计算，并根据计算结果，进行相应控制：激活加热电阻，打开大循环，调节冷却液温度；激活冷却风扇，迅速降低冷却液温度。

4. 冷却液温度传感器

冷却液温度传感器的材料是负温度系数的可变电阻，其电路如图 10-8 所示。电控冷却系统有两个冷却液温度传感器，分别采集发动机散热器的进水口和回水口的温度。冷却液温度传感器 G62 安装于冷却液法兰的冷却液出口处，散热器出口温度传感器 G83 安装于散热器前出水口处。电控单元 J361 根据内部程序比较两个冷却液温度传感器的温度值，以调节散热风扇。根据内部程序比较装在

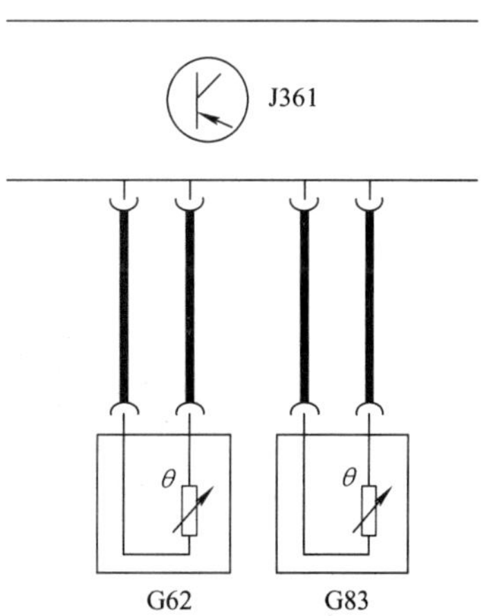

图 10-8　冷却液温度传感器的电路

冷却液出口处的传感器G62的温度值，给出一个脉冲信号，为节温器的加热电阻加载电压。

10.2.3 电控冷却系统的控制

1. 冷却循环的控制

（1）**发动机在冷起动、部分负荷时** 部分负荷工作的发动机尽快热机，达到正常工作温度。如图10-9所示，水泵使冷却液循环，冷却液经过发动机气缸盖、分配器上平面流入，此时，小循环阀打开，冷却液经过小阀门直接流回水泵处，形成小循环。发动机在中小负荷时的冷却液温度控制在95～110℃。

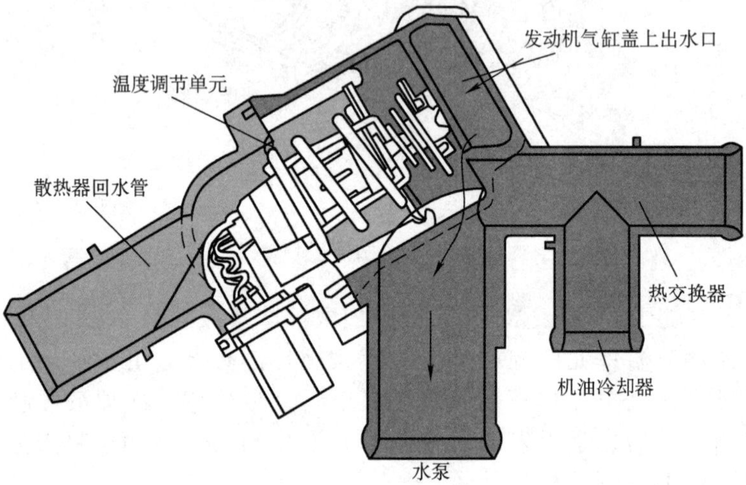

图10-9 发动机部分负荷时的冷却情况

（2）**发动机在全负荷时** 发动机全负荷运转时，要求较高的冷却能力，冷却液的温度控制在85～95℃。如图10-10所示，控制单元根据传感器信号得出的计算值给温度调节单元加载电压，溶解石蜡体，使大循环阀打开，接通大循环。同时，机械关闭小循环通道，切断小循环。

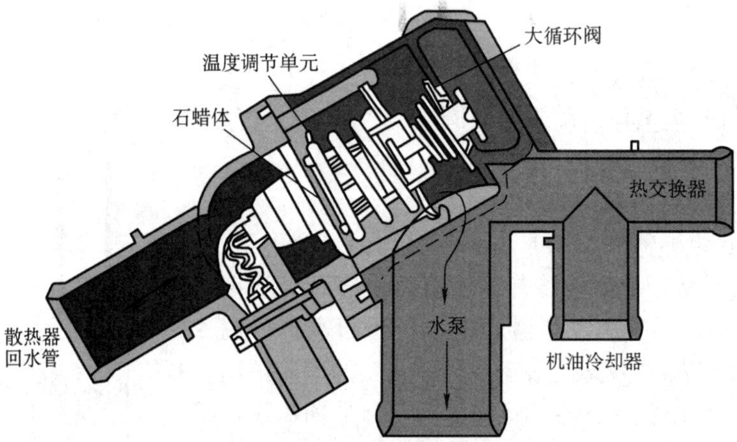

图10-10 发动机全负荷时的冷却情况

2. 散热风扇的控制

实际的冷却液温度值是通过循环系统中两个不同的传感器，冷却液温度传感器 G62 识别冷却液法兰处的温度和散热器出口温度传感器 G83 识别散热器前出水口处的温度，电控单元根据内部程序比较两个冷却液温度传感器的温度值，以调节散热风扇。

如果冷却液温度传感器 G62 损坏，冷却液温度控制以 95℃ 为替代值，并且风扇以一档常运转；如果散热器出口温度传感器 G83 损坏，控制功能保持，风扇以一档正常旋转；如果其中一个温度超出极限，风扇二档被激活；如果两个传感器都损坏，最大的电压值被加载于加热电阻，并且风扇以二档正常运转。

冷却液低温时（全负荷）要求具有足够的冷却能力，为了提高冷却能力，电控单元为风扇电动机设置了两个转速，依靠发动机出水口与散热器出水口温度的差异来控制风扇的转速。发动机电控单元中储存有风扇介入和切断的两个特性功能，它们的决定性因素是发动机转速和空气流量（发动机负荷）。

如果故障发生在第一风扇的输出端，则第二风扇被激活（替代）；如果故障发生在第二风扇的输出端，则电控单元将节温器完全打开（安全模式）。

关闭发动机后，由于温度的影响，风扇会继续运转一段时间。车速超过 100km/h 时，风扇不能介入，因为高于此车速行驶，风扇无法提供额外的冷却。车辆带牵引或空调系统介入后，两个风扇电动机均工作（大循环）。

图 10-11　温度旋钮上电位计 G267

3. 加热过程中电控冷却系统的控制

车辆加热过程中，通过温度旋钮上电位计 G267（图 10-11）识别驾驶人对车辆加热的要求，调节冷却液的温度，使其处于合适的温度范围。

如图 10-12 所示，车辆使用暖风过程中，当温度旋钮处于 70% 位置时，冷却液温度为 95℃。温度旋钮开关处于“非关闭”位置时，温度翻板位置开关 F269（图 10-13）打开，激活双向阀 N147 并且通过真空激活热交换器的冷却液切断阀，使其打开。

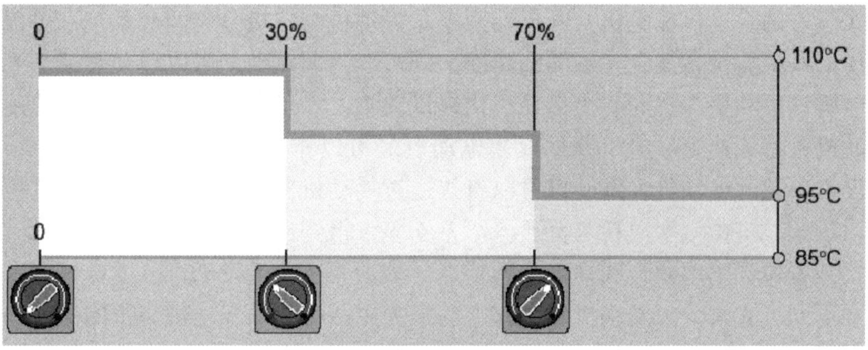

图 10-12　加热过程的控制

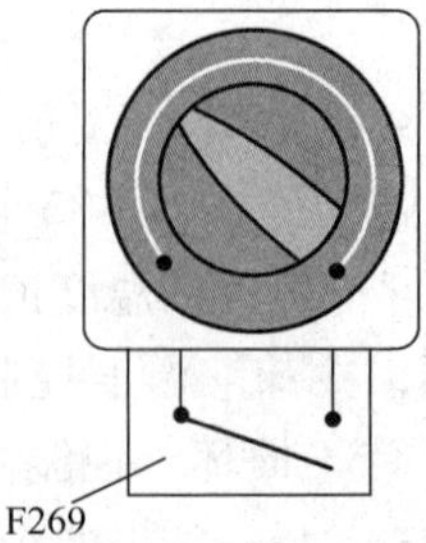

图10-13　温度翻板位置开关F269

10.3　油电混合动力

10.3.1　油电混合动力概述

活塞连杆式发动机的缺点之一是低速时需要利用较多的能量来克服内部的摩擦力，这样低速时的效率就比较低，更为严重的是污染环境，统计表明一辆普通轿车在市区仅利用了动力潜能的25%。而混合动力汽车则针对不同的道路环境实施不同的供能方案，可以大大降低排放污染程度。例如，在城市运行时，当交通堵塞或遇到红灯时发动机会关闭，当车队移动或信号灯转为绿灯时驾驶人只要轻踩加速踏板，电动机就能驱动汽车前进。在市区内当汽车发动机无效率空转或车辆移动缓慢时，使用电动机作为动力源不但对环境有利，而且还减少了噪声。因此，越是在交通日益拥挤的大城市使用混合动力汽车，就越能够显示出它的节能、环保、适应能力强的优越性。

混合动力总成按动力传输路线分类，可分为串联式、并联式和混联式三种。

串联式动力由发动机、发电机和电机三部分动力总成组成。发动机驱动发电机发电，电能通过控制器输送到蓄电池或电动机，由电动机通过变速机构驱动汽车。串联式结构适用于城市内频繁起步和低速运行工况，可以将发动机调整在最佳工况点附近稳定运转，通过调整蓄电池和电动机的输出来达到调整车速的目的。使发动机避免了怠速和低速运转的工况，从而提高了发动机的效率，减少了废气排放。但是它的缺点是能量几经转换，机械效率较低。

并联式装置的发动机和电机共同驱动汽车，发动机与电机分属两套系统，可以分别独立地向汽车传动系统提供转矩，在不同的路面上既可以共同驱动又可以单独驱动。当汽车加速爬坡时，电机和发动机能够同时为传动机构提供动力，一旦汽车车速达到巡航速度，汽车将仅依靠发动机维持该速度。电机既可以作电动机又可以作发电机使用，也称为电动-发电机组。由于没有单独的电动机，发动机可以直接通过传动机构驱动车轮，这种装置更接近传统的汽车驱动系统，机械效率损耗与普通汽车差不多，得到比较广泛的应用。

混联式装置包含了串联式和并联式的特点。动力系统包括发动机、发电机和电动机，根据助力装置不同，它又分为发动机为主和电动机为主两种：以发动机为主的形式中，发动机作为主动力源，电动机作为辅助动力源；以电动机为主的形式中，电动机作为主动力源，发动机作为辅助动力源。该结构的优点是控制方便，缺点是结构比较复杂。

10.3.2 电动机及其他主要部件

1. IPU（智能动力单元）

IPU 的布局如图 10-14 所示。IPU 控制各种设备达到更高的效率，它将各种零件集成后尺寸较小，重量轻，但散热不便，所以采用了冷却技术。如图 10-15 和图 10-16 所示，风扇通过进气管吸入车内空气并冷却 IMA 蓄电池，然后冷却 PDU、DC/DC 换流器（DC/DC 换流器用于连接蓄电池和高压蓄电池），并把气体排到行李箱。冷却空气进气口在后排座后面的储物箱上，注意不要将物件放在冷却空气进气口附近，否则容易因空气阻塞而造成 IMA 蓄电池高温、电动机助力受阻和 IMA 系统指示灯点亮故障。

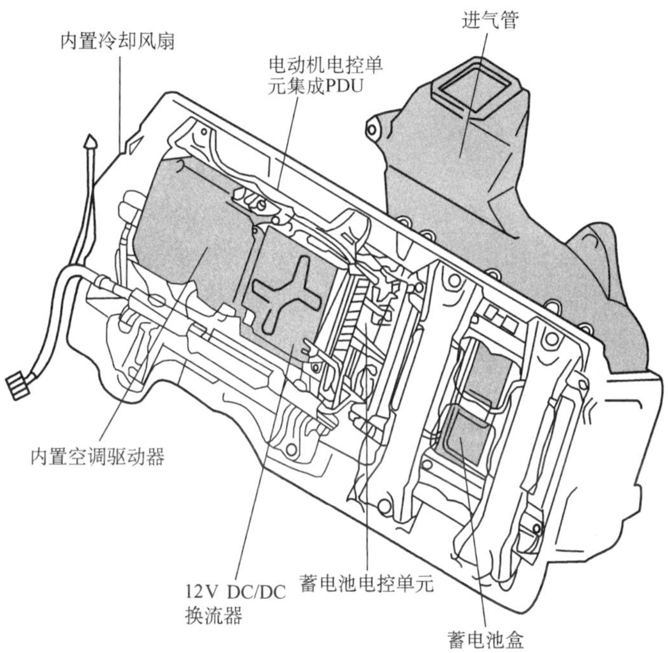

图 10-14 IPU 的布局

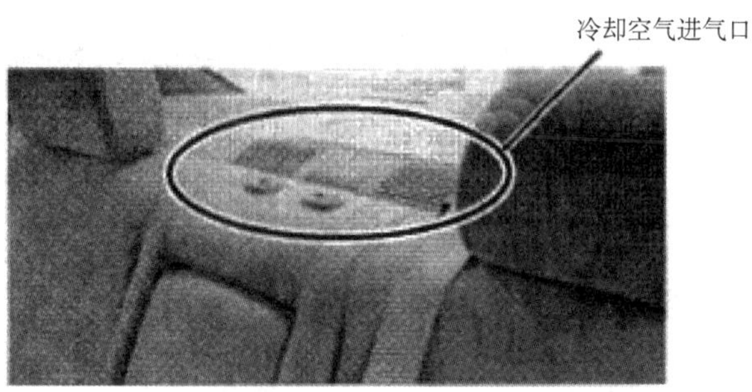

图 10-15 冷却空气进气口位置

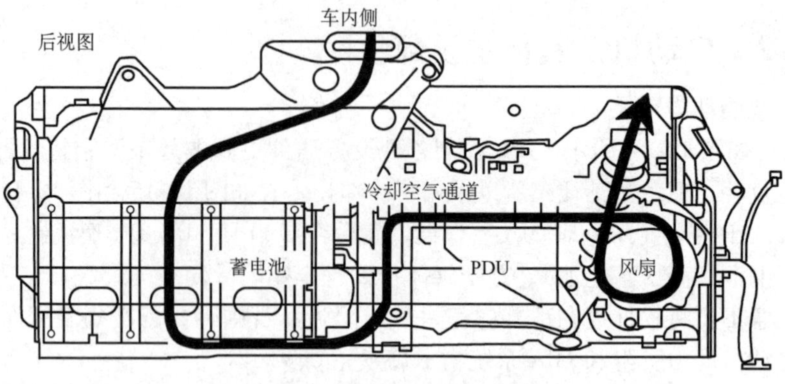

图10-16　冷却空气流动图

2. IMA蓄电池

IMA蓄电池的结构如图10-17所示。IMA蓄电池总电压约为158V，安装在后排座椅后部的盒内，共有22个单元。为了具有更高的空间利用率各单元按犬牙状分布，每个单元由6个1.2V电池构成。高压蓄电池的型号和容量为401.5×265.5×172/18.3L，重量为31.4kg。注意：如果长时间不用车辆，高压蓄电池会老化而寿命缩短，所以需要每个月进行一次30min以上的巡航用掉高压蓄电池中的存电，以对高压蓄电池重新充电。

如果环境温度低于－20℃，用于电动机助力或者再生的IMA蓄电池的工作就会变慢，因而充电/助力反应也比较慢。

如果发动机在极低的温度下起动（环境温度低于－30℃），在预热期间，充电系统指示灯可能短时间（少于1s）点亮。然而一旦车辆行驶，IMA蓄电池温度会上升并且充电系统指示灯会间歇熄灭，这不会影响正常的驾驶状态。如果用户更换12V蓄电池、蓄电池电量耗尽或者断开端子，在发动机起动后，将不立即显示IMA蓄电池的剩余电量。需要行驶30min左右才能显示准确的IMA蓄电池剩余电量（图10-18）。因为电控单元计算IMA蓄电池剩余电量的准确值需要一段时间，这时再生性能暂时有所降低，但不能算作故障。

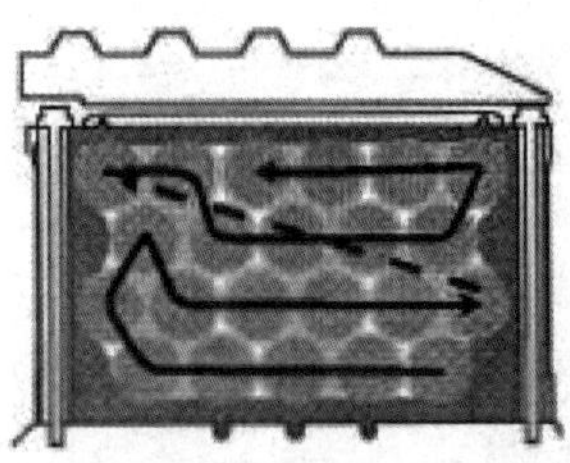

图10-17　IMA蓄电池的结构

图10-18　高压蓄电池的仪表指示

蓄电池电控单元位于IPU内，并且可对IMA蓄电池进行各种管理。

3. PDU（动力驱动单元）

PDU的安装位置如图10-19所示，它用来驱动IMA电动机，为了减小尺寸，PDU与IMA蓄电池、电动机的电控单元集成在一起。

4. IMA（集成式电机辅助系统）

采用高性能的磁铁和矩形绕组，输出的转矩得到了加大。

5. 高压电动机动力电缆

电动机动力电缆是非密封电缆，穿入铝管的包皮之中，采用地板下的卡扣固定。

自动怠速停止指示灯如图 10-20 所示。

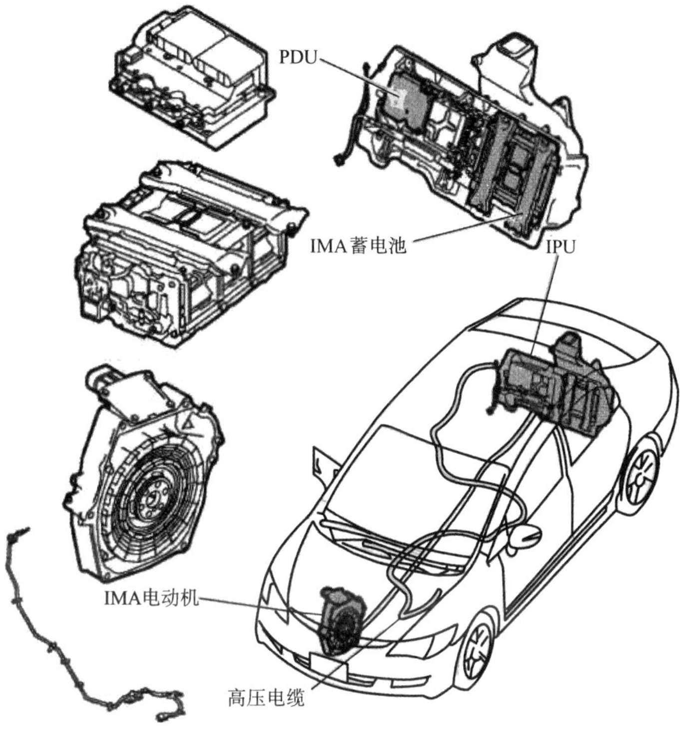

图 10-19　PDU 的安装位置

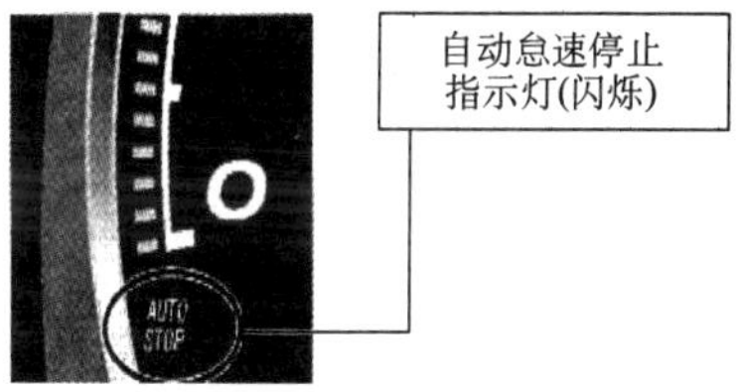

图 10-20　自动怠速停止指示灯

10.3.3　油电混合动力的工作原理

不同油电混合动力的工作原理有所差别，这里以本田思域混合动力汽车为例介绍油电混合动力的工作原理。

本田思域混合动力汽车的工作原理见表 10-3。

表 10-3　本田思域 2006 年款混合动力汽车的工作原理

工 作 情 况	工作情况说明
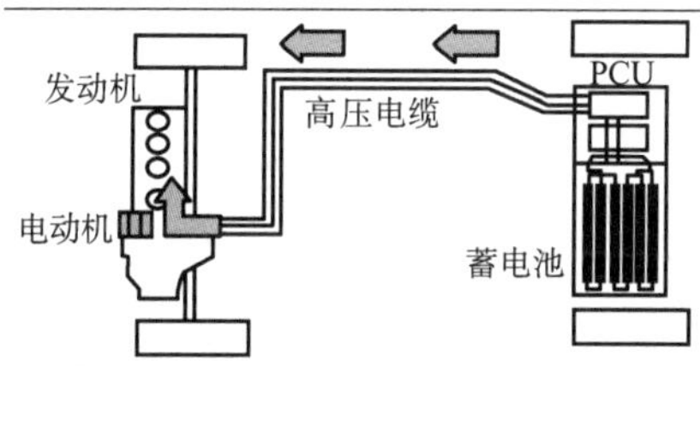 正常的发动机起动情况	在正常条件下，高压蓄电池提供动力，通过 IMA 电动机起动发动机，在一定温度下或在蓄电池充电不足的低电压状态下，也可以使用一个 12V 电压的起动机系统起动发动机。发动机起动后，IMA 电动机转矩减小，车辆仅靠发动机起步和加速

（续）

工 作 情 况	工作情况说明
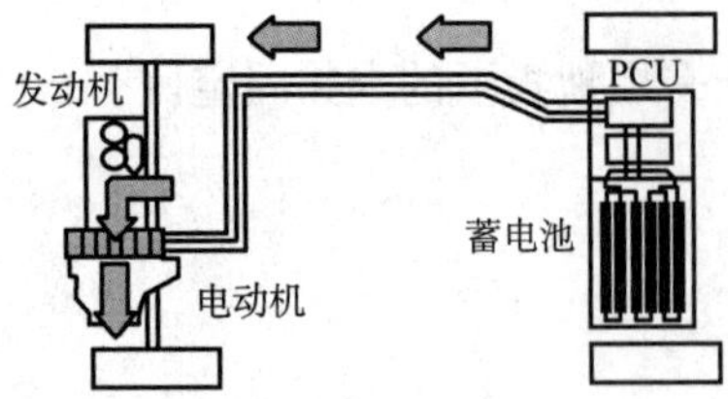 加速电动机助力情况	车辆紧急加速时，IMA电动机将提供额外的转矩来改善性能，这样可以允许使用较小排量的发动机，从而提高燃油经济性
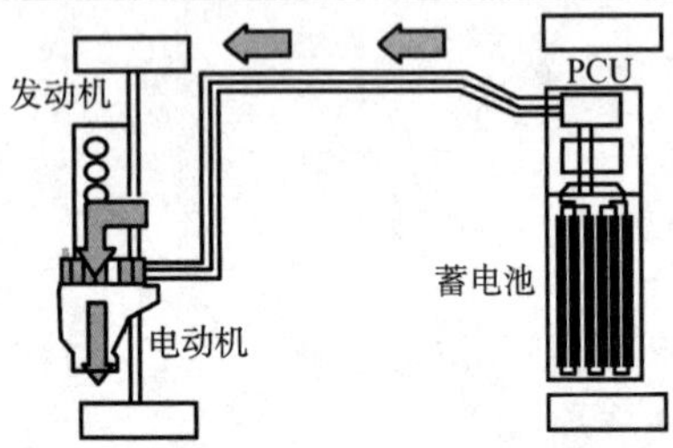 巡航时的工作情况	2006年款思域混合动力车型的一个特点是使用IMA的巡航模式在保持一定驾驶速度的状态下，汽油发动机“滑行”，车辆仅由IMA电动机提供动力。车辆行驶速度必须在10～50km/h之间且发动机转速小于1000～1300r/min，这时才能进入此模式。进入或退出此模式时，乘员将不会觉察出变化，指示灯也不点亮。巡航过程中，由于所有的气缸不工作就减少了摩擦，这样可以改善燃油经济性（传统的巡航过程中发动机与IMA电动机共同工作）
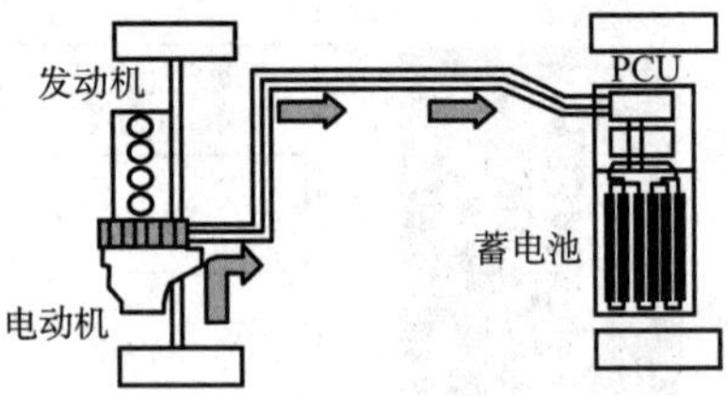 减速时的工作情况	车辆减速时，当驾驶人的脚离开加速踏板被加速踏板位置传感器感应到后，发动机控制单元切断燃油供应，发动机气门在三级i-VTEC系统下进入0缸模式（气门不工作），这样可以降低发动机的损耗。这时IMA以发电机的状态工作，这样不但可以帮助车辆降速，还可以将车辆滑行的动能转换成电能被高压蓄电池储存，为IMA电动机下次工作（电动机状态）储备能量
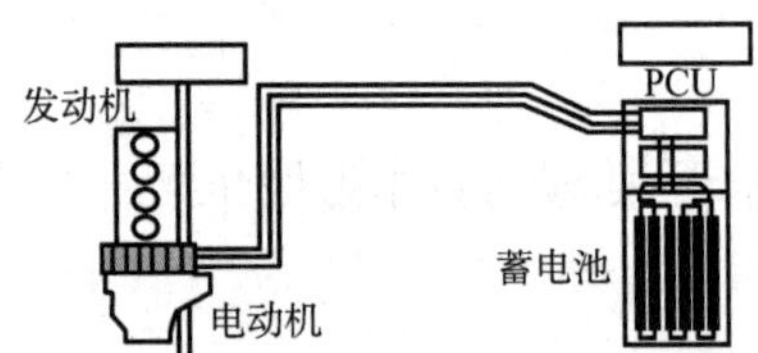 停止时的工作情况	从减速到怠速停止过程中，发动机在车速低于12km/h后停止运行。车辆停止时，发动机会进入怠速停止模式，并完全关闭从而达到节油目的。在怠速停止时，自动怠速停止指示灯会闪烁，IMA蓄电池会继续向空调压缩机和车辆12V电气系统提供电能。当制动踏板松开时，IMA电动机会重新起动发动机

10.4　动力传动局域网系统

如图10-21a所示，现代汽车的电控制单元有很多，能达到几十块甚至上百块，它们在工作过程中，不断接收外界传感器的信号，然后发出指令去控制执行器的动作。在汽车工作过程中，电控单元采集的许多动态信号必须与车速同步。为了满足各系统对数据的实时性的要求，减少数据线，实现数据共享已显得很有必要。随着汽车电子技术的快速发展，车用电气设备越来越多，使汽车电气系统形成了一个庞大的系统。传统的布线形式已经不能满足现代汽车高速智能化的发展，新型汽车的控制系统中采用了一种新型的数据传输网络，即CAN。

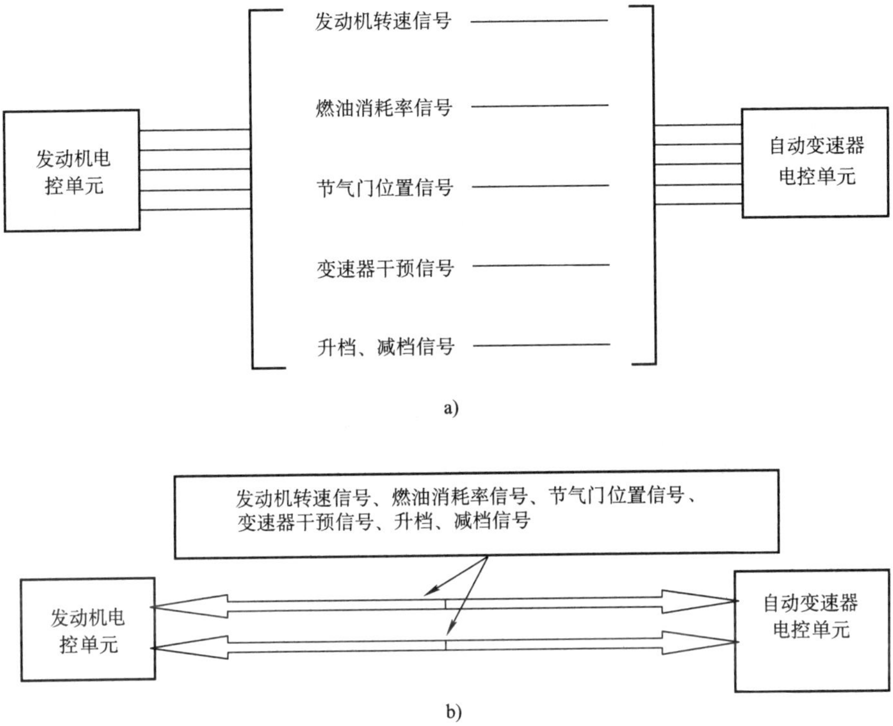

图 10-21　CAN 传输系统

a）多线数据传输系统　b）双线（总线）数据传输系统

CAN（Controller Area Network）总线又称为汽车总线，其全称为控制器局域网，目的是使汽车控制系统的数据传输实现高速化，并使汽车控制系统简单化。CAN 总线是德国博世公司为解决现代汽车中众多的电控单元之间的数据交换而开发的一种串行通信协议。CAN 总线在诸多汽车总线中具有重要地位，现已成为汽车总线的代名词。

10.4.1　CAN 数据传输系统的原理

数据总线是控制模块之间传递数据的通道。CAN 数据传输系统将传统的多线传输系统改变为双线（总线）数据传输系统，如图 10-21b 所示。这样一辆汽车不论有多少控制模块，也不管其信息容量有多大，每个控制模块都只需引出两条线接在两个节点上，这两条导线称为数据总线。数据总线好比一条信息高速公路，信息通过在高速公路上行驶的 BUS 来传递，所以 CAN 数据传输系统又称为 CAN-BUS。

CAN 数据传输系统中的每个控制单元内部都含有一个 CAN 控制器和一个 CAN 收发器。每个控制单元之间都通过两条数据总线连接，在数据总线两端都装有数据传输终端。CAN 数据传输系统由以下四部分组成：

（1）**CAN 控制器**　CAN 控制器的作用是接收控制单元中微处理器发出的数据，处理数据并传给 CAN 收发器。同时，CAN 控制器也接收 CAN 收发器收到的数据，处理数据并传给微处理器。

（2）**CAN 收发器**　CAN 收发器是一个发送器和接收器的结合，它将 CAN 控制器提供的数据转化为电信号并通过数据总线发送出去；同时，它也接收 CAN 总线数据，并将数据传输给 CAN 控制器。

（3）**数据传输终端**　数据传输终端实际上是一个电阻器，其作用是保护数据，避免数据传输到终端被反射回来而产生反射波。

（4）**CAN 数据总线**　CAN 数据总线是传输数据的双向数据线，分为高位数据线和低位数据线。如图 10-22 所示，为了防止外界电磁波干扰和向外辐射，CAN 数据总线通常缠绕在一起。这两条线上的电位和是恒定的，如果一条线上的电压是 5V，则另一条线上的电压为 0。

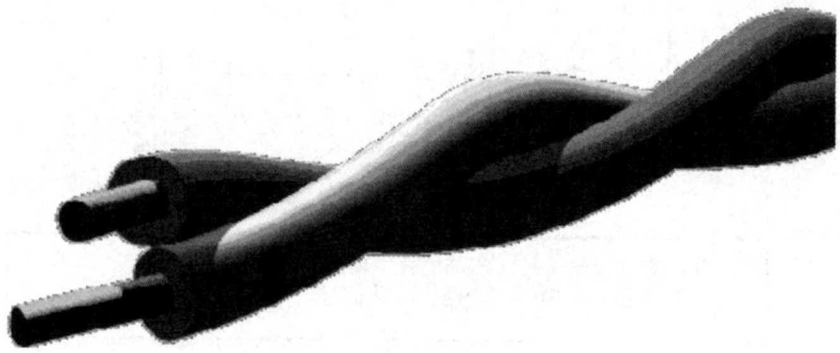

图 10-22　CAN 数据总线

10.4.2　动力传动局域网系统

车用局域网的应用非常广泛，如果按照应用系统加以划分，车用局域网大致可分为 4 个系统：动力传动系统、车身系统、安全系统和信息系统。

动力 CAN 数据总线一般连接 3 个电控单元，它们是发动机、ABS 和自动变速器电控单元。总线可以同时传递 10 组数据，发动机电控单元 5 组、ABS 电控单元 3 组和自动变速器电控单元 2 组。数据总线以 500kbit/s 速率传递数据，每组数据传递大约需要 0.25ms，每个电控单元 7～20ms 发送一次数据。为了避免多个信息在传递时发生冲突，CAN 数据总线在同一时刻只允许传递一个数据。数据传递的先后顺序是按数据的优先级别来确定的，具有更高优先级别的数据首先发送。优先权顺序为 ABS 电控单元→发动机电控单元→自动变速器电控单元。

在动力传动系统中，要求数据传递应尽可能快速，以便及时利用数据。所以，在动力系统中采用的是高性能的发送器。

10.4.3　动力传动局域网系统故障案例

故障案例 1：宝来汽车起动着车后即熄火。

（1）**故障现象**　一辆宝来 1.6 手动档汽车，行驶里程为 600km。车辆起动着车后即熄火，类似被防盗锁锁住。

（2）**故障分析及排除过程**　连接 VAS5051，除了地址 03 能进入，其他无法进入。查看仪表显示灯，只有蓄电池指示灯一闪一闪，以为搭铁不良所致，重新进行搭铁处理，故障依旧。更换仪表总成，各指示灯显示正常，无法进入地址 01，更换发动机控制单元，也无法进入地址 01。检查线束，发现两根 CAN BUS 总线已断裂搭在一起，原因是客户在加装防盗器时弄断了线束，更换发动机线束，一切正常。

处理结果：更换仪表总成及发动机线束。

故障案例 2：Polo 轿车怠速转速不能下降。

（1）**故障现象**　一辆 Polo 1.4L 轿车，行驶 3.5 万 km，怠速转速不能下降，该车在起动后发动机怠速为 650r/min，但在稍微踩下加速踏板后怠速转速上升至 950r/min 后不能下降，若将车辆熄火后重新起动，怠速转速则又能恢复正常。

（2）**故障检查**　连接专用故障诊断仪 V. A. G1152 对发动机电控系统进行检测，系统中无故障记忆存储。根据该车的故障现象，对电子节气门按照规定进行匹配，但故障依然存在。利用故障诊断仪进入车载网络控制系统，发现了“01598——驱动蓄电池电压”的故障码。经查阅相关线路图，发现车载网络控制单元上 T18A/8 端子搭铁线与蓄电池负极相连，经检查该搭铁线松动。

（3）**故障分析**　在 Polo 轿车的车载网络控制单元管理系统中，其中一项功能就是在该系统电压低于 12.7V 时，发动机控制单元提升发动机的怠速转速，以增加发电机的发电量。由于该车的车载网络控制单元的搭铁线虚接，导致该管理系统的电压不稳，从而产生了该车的故障现象。

故障案例 3：奥迪 A6 轿车发动机无法起动。

（1）**故障现象**　一辆奥迪 A6 轿车，配装 2.4L 发动机和自动变速器，发动机型号为 APS。行驶中突然发现 ASR（防滑驱动控制系统）警告灯点亮，接着仪表板上所有的指示灯全部熄灭。此时车辆加速困难，无奈熄火检查，从此发动机再也无法起动。

（2）**故障排除**　把该车拖到修理厂后，第二天检查时，发动机又起动了，而且工作正常，各仪表指示灯指示准确。用金德 K80 故障诊断仪对该车进行了检测，各部分 ECU 显示的故障内容如下。

发动机 ECU：CAN 数据总线缺少 ABS 单元信息；CAN 电脑通信网络有故障；发动机 ECU 锁死；电子节气门故障灯 K132 有故障。

自动变速器 ECU：CAN 电脑通信网络有故障。

仪表 ECU：发动机控制单元闭锁；CAN 数据总线驱动不良；发动机 ECU 没有信号；自动变速器 ECU 没有信号。

ABS ECU：CAN 电脑通信网络有故障。

用故障分析仪的检查还表明上述故障都为偶发（SP）故障。用故障分析仪清除所有故障码后进行路试，在正常行驶 20km 后，同样的故障又重复出现。无奈之下，只好拖回修理厂重新检查，又用金德 K80 故障检测仪对该故障进行诊断，结果情况相同。综合故障检测仪上显示的所有故障内容都与 CAN 总线有关。

该型号奥迪轿车发动机的 CAN 总线有两条，即 CAN-L、CAN-H，它们分别与该车的其他三个 ECU 相连，与各 ECU 相连的端子号如下：

正常情况下各 ECU 插接器连接牢固时，18 号、60 号及 30 号端子应是相通的；19 号、

58号和29号端子也应是相通的，但它们对搭铁应不相通。

于是用万用表测量上述端子的通断情况，发现18号、60号和30号端子完全不通，而19号、58号和29号端子则相通，19号端子和29号端子的电阻约为130Ω。用万用表顺线查找，发现在发动机ECU后有一排插接器，在其中找到了红色的CAN数据总线的插接器，发现CAN数据总线插接器连接松动，将其连接牢固后，用金德K80故障分析仪清除故障码后试车，一切正常，故障彻底排除。

练习与思考题

一、填空题

1. 稀薄燃烧是指空燃比大于________，目前直喷式汽油机已经实现了在空燃比为25~50的范围内稳定工作。

2. 按喷射位置可以分为________稀薄燃烧和________稀薄燃烧。

3. 1995年三菱公司研制成功的__________发动机首次实现了混合燃烧。三菱公司的__________发动机在低负荷区的空燃比达到30~40，高负荷区的空燃比为13~14。

4. 让发动机实现稀薄燃烧，就必须具备两个条件：________________和________________。

5. 目前大多数GDI发动机选用的供油压力为________，高的喷油压力（如20MPa）固然有利于燃油雾化，但同时也增加了油束的贯穿度，造成湿壁现象，使排放恶化。

6. 在稀薄燃烧发动机上必须采用________氧传感器，与普通开关型氧传感器不同，它输出的信号与废气中氧的浓度基本呈线性关系，可以测得混合气的平均空燃比，测量的范围也比较宽（空燃比为10~30）。

7. 电控冷却系统在中小负荷时，让冷却液温度相对________，降低燃油消耗和有害物质的排放。在全负荷时，让冷却液温度相对________，进气加热作用较小，提高发动机性能、增加动力输出。

8. 宝来汽车APF发动机上的电控冷却系统由________、________、________和冷却液温度传感器等组成。

9. 2006年款本田思域混合动力车型的一个特点是仅用________的巡航模式。

二、简答题

1. 简述油电混合动力汽车比较节油的原因。

2. 稀薄燃烧技术目前并没有普遍应用，其原因是什么？

3. 发动机最佳的冷却液温度是什么样的？

4. 汽车上为什么要采用数据传输系统？

参考文献

[1] 李宪民，阎岩. 现代汽车电子控制系统故障诊断与检修［M］. 北京：人民邮电出版社，2005.

[2] 董克发. 电控发动机疑难故障分析排除精华［M］. 北京：机械工业出版社，2007.

[3] 刘仲国，阮少宁. 汽车维修工、汽车维修电工、汽车驾驶员职业技能鉴定考试指南（技师）［M］. 广州：世界图书出版公司，2006.

[4] 杨维俊. 怎样维修汽车车载网络系统［M］. 北京：机械工业出版社，2006.

[5] 闵永军，万茂松，周良. 汽车故障诊断与维修技术［M］. 北京：高等教育出版社，2004.

[6] 麻友良，丁卫东. 汽车电器与电子控制系统［M］. 北京：机械工业出版社，2003.

[7] 宁海春. 汽车电脑原理与维修精华［M］. 北京：机械工业出版社，2007.

[8] 张春华，佟荣长. 广州本田飞度轿车维修手册［M］. 北京：机械工业出版社，2005.

[9] 王运朋，等. 丰田汽车维修手册［M］. 广州：广东科技出版社，2000.

[10] 廖发良，等. 汽车典型电控系统的结构与维修［M］. 北京：电子工业出版社，2007.